집에서 배우는
가상화의 기본 개념

Takaoka Susumu, Takazoe Osamu 지음
이영란 옮김

정보문화사
Information Publishing Group

おうちで学べる 仮想化のきほん
(Ouchi de Manaberu Kasouka no Kihon : 4112-1)
Copyright ⓒ 2015 by Susumu Takaoka, Osamu Takazoe.
Original Japanese edition published by SHOEISHA Co.,Ltd.
Korean translation rights arranged with SHOEISHA Co.,Ltd.
in care of HonnoKizuna, Inc. through BC Agency.
Korean translation copyright ⓒ 2015 by Information Publishing Group.

이 책의 한국어 판 저작권은 BC 에이전시를 통한 저작권자와의 독점 계약으로
정보문화사에 있습니다. 저작권법에 의해 한국 내에서 보호를 받는 저작물이므로
무단전재와 복사를 금합니다.

집에서 배우는
가상화의 기본 개념

초판 1쇄 인쇄 | 2015년 10월 26일
초판 1쇄 발행 | 2015년 10월 30일

지 은 이 | Takaoka Susumu, Takazoe Osamu
옮 긴 이 | 이영란
발 행 인 | 이상만
발 행 처 | 정보문화사

책임편집 | 최동진
편집진행 | 오운용

주　　소 | 서울시 종로구 대학로 12길 38 (정보빌딩)
전　　화 | (02)3673-0037(편집부) / (02)3673-0114(代)
팩　　스 | (02)3673-0260
등　　록 | 1993년 8월 20일 제1-1013호
홈페이지 | www.infopub.co.kr

I S B N | 978-89-5674-647-0

이 책은 저작권법에 따라 보호받는 저작물이므로 무단 전재와
무단 복제를 금하며, 이 책 내용의 전부 또는 일부를 사용하려면 반드시
저작권자와 정보문화사 발행인의 서면동의를 받아야 합니다.

※ 책값은 뒤표지에 있습니다.
※ 잘못된 책은 구입한 서점에서 바꿔 드립니다.

시작하면서

요즘 들어 '가상화'에 대한 관심이 매우 많아진 듯합니다. IT 인프라의 배후에서 움직이는 가상화 기술이 주목을 받는 것에 대해 시대의 흐름을 느낌과 동시에 IT 업계에 종사하는 사람으로서 매우 기쁘게 생각하고 있습니다.

하드웨어(PC 등)와 소프트웨어(OS 등)가 고성능화되면서 가상화 기술도 비약적으로 발전하고 있습니다. 하드웨어 쪽에서 가상화를 지원할 수 있는 기술이 발표되면 이에 뒤질세라 소프트웨어 쪽에서도 다양한 가상화 기술이 발표됩니다.

그런데 이 가상화 기술은 본래 역사가 짧은 IT 업계에서도 특히 새로운 분야의 기술입니다. 또한 가상화는 새로운 개념이나 기술이 차례로 등장하는 분야이기도 하면서 일반적으로 이용되는 IT 서비스의 '뒷면'에서 작동하는 기술인만큼 일반인들은 이해하기 어려운 주제이기도 합니다.

이 책은 가능한 한 많은 분들이 '가상화'에 관심을 가지기를 바라는 마음에서 집필하게 되었습니다.

이 책은 이른바 '전문 기술자'뿐만 아니라 앞으로 사회에 진출하려고 하는 신입사원이나 IT 기업의 영업직 사원 또는 시스템 부서의 결재권자 등 '비전문가'도 '가상화'를 이해할 수 있도록 집필하였습니다.

그래서 '본래 가상화란 무엇인가', '가상화는 어떤 상황에서 필요한가?' 등과 같은 부분부터 가상화를 실현하는 다양한 기술에 이르기까지 폭넓게 소개하고 있습니다.

이미 기업의 최일선에서 활약하고 있는 기술자분들이 볼 때는 '지금에 와서 새삼스럽게 이러한 내용을 다루는 이유는 무엇일까?'라고 생각하는 내용도 들어 있을지 모릅니다.

하지만 지금까지 IT나 가상화 자체를 전혀 몰랐던 분들도 이 책을 통해 '가상화'라는 개념에 조금이나마 관심을 가지게 된다면 더 바랄 것이 없겠습니다.

저자 일동

이 책의 구성

이 책은 가상화의 기초 지식을 배우고 싶은 분을 위한 책입니다.

가상화에 대해 배우고 싶지만 무엇부터 시작해야 좋을지 모르는 분, 가상화에 관한 입문서를 읽었지만 너무 어려워서 이해할 수 없었던 분들을 대상으로 하고 있습니다.

예전에는 '가상화는 정보 시스템 부서의 엔지니어나 프로그래머 등 주로 전문직 종사자가 배우는 것'이라는 이미지를 가지고 계신 분들이 많았습니다.

하지만 가상화 기술이 보편화되면서 신입사원이나 기업의 영업직 종사자도 '기본적인 가상화의 지식'을 요구받고 있습니다.

이 책은 과거에 가상화와 관계가 없었던 '일반인'도 읽을 수 있는 내용을 지향하고 있습니다.

'실습' 페이지(해보자)

실제로 '따라해보는' 부분입니다. 이론을 이해할 필요는 없습니다. 우선 머리와 손을 움직여 실습 내용을 따라해보십시오. 혹시 자택 환경에서 구현할 수 없는 실습 내용이 있는 경우에는 그냥 넘어가도 상관없습니다.

이 책에서는 설명을 '해보자(실습)'와 '배우자(강의)'라는 두 부분으로 나눴습니다. 실제로 가상화를 구성하는 여러 요소를 확인(=해보자)한 후, 해당 요소에 대한 설명을 읽음(=배우자)으로써 처음 배우는 분도 무리 없이 가상화에 대한 이해도를 높일 수 있을 것입니다.

또한 '실습'은 자택 PC에서도 구현할 수 있는 간단한 것으로 선별했지만 독자의 환경에 따라 구현할 수 없는 것도 있을 수 있습니다. 그런 경우, 실습은 건너뛰고 강의 부분만을 읽어도 상관없습니다.

각 장의 마지막에는 '연습문제'가 있습니다. 연습문제는 기본적으로 해당 장의 설명을 읽었다면 무리 없이 대답할 수 있게 되어 있습니다. 각 장에서 배운 것을 잘 이해했는지를 확인해보기 바랍니다.

'강의' 페이지(배우자)

실습에서 따라한 것을 기초로 가상화의 개요에 대해 '배우는' 부분입니다. 실습을 한 후에 읽으면 더욱 잘 이해할 수 있지만 이 부분만 읽어도 상관없습니다.

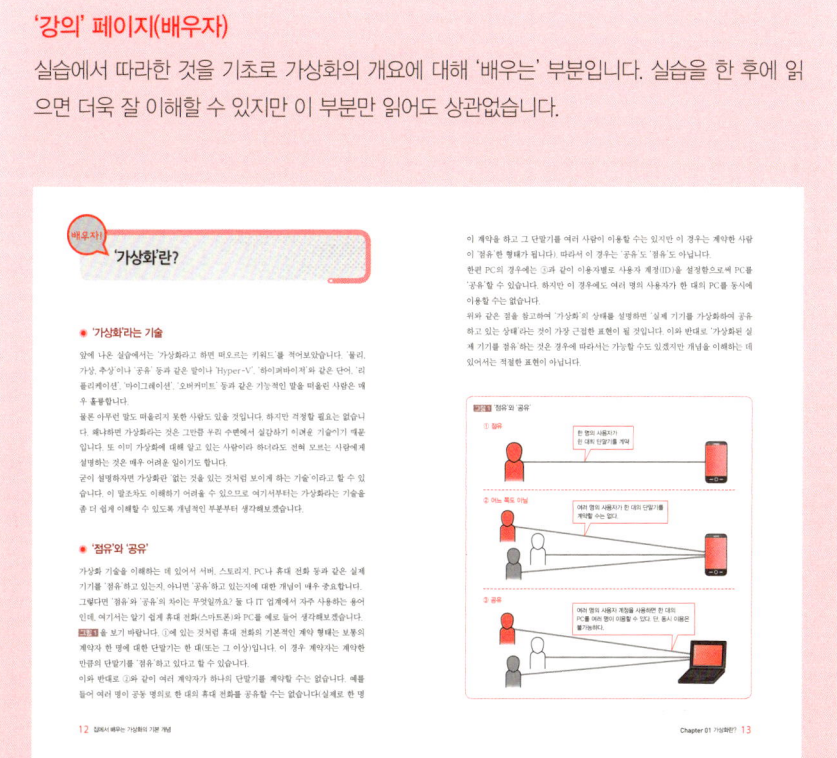

시작하면서 …… 3
이 책의 구성 …… 4

Chapter 01 가상화란?
가상화 기술의 개요와 역사

Section 01 가상화란 무엇인지 생각해보자 …… 10
'가상화'란? …… 12
가상화된 시스템의 구성 요소를 생각해보자 …… 15
주변에 있는 가상화 서비스의 뒷면 ① – 온라인 스토리지편 …… 24
주변에 있는 가상화 서비스의 뒷면 ② – 클라우드 편 …… 29

Section 02 가상화가 '잘하는 분야'와 '잘하지 못하는 분야'를 생각해보자 …… 32
가상화를 도입해야 하는 환경이란? …… 35
가상화의 종류와 지원 환경의 확인 …… 37
가상화의 역사 – 컴퓨터와 가상화의 관계 …… 49

연습문제 …… 58

Chapter 02 가상화의 기본과 구조
가상화의 종류와 하드웨어

Section 01 클라이언트 가상화를 시험해보자 …… 60
호스트 OS형과 하이퍼바이저형 …… 77
CPU의 역할과 발전 …… 83

연습문제 …… 88

Chapter 03 서버 가상화
서버 가상화의 접근 방식

Section 01 기업에서 운용되는 서버를 생각해보자 …… 90
기업에서 사용하는 서버의 용도를 생각해보자 …… 92
서버의 용도와 사양을 정리하자 …… 98
실천! 서버 집약의 개념 …… 101
가상 서버에 필요한 사양을 생각해보자 …… 110
서버 가상화의 구체적인 설정 …… 114

연습문제 …… 122

Chapter 04 네트워크 가상화
네트워크를 가상화하는 의미

Section 01 가상 머신에 네트워크를 추가하자 …… 124
'네트워크 가상화'란? …… 130
문제 해결책 ① VLAN …… 134
문제 해결책 ② 오버레이 네트워크 …… 137
오버레이 네트워크와 클라우드 …… 141

연습문제 …… 144

Chapter 05 스토리지 가상화
가상화 시대의 스토리지 기술

Section 01 실제 용량보다 큰 크기의 드라이브를 만들어 보자 …… 146
'스토리지 가상화'란? …… 153
가상화 시대의 스토리지 기술 ① – 오버 커미트와 계층화 …… 157
가상화 시대의 스토리지 기술 ② – RAID …… 159

Section 02 스냅샷을 사용해보자 …… 165
가상화 시대의 스토리지 기술 ③ – 스냅샷 …… 171
스토리지 가상화와 기업의 가상화 시스템 …… 179

연습문제 …… 190

Chapter 06 클라우드 서비스
가상화 기술의 집대성

Section 01 클라우드 서비스를 사용해보자 …… 192

'클라우드 서비스'란? …… 212
클라우드 서비스의 관리 …… 218
클라우드 시스템과 가상 네트워크의 관계 …… 222

 …… 234

Chapter 07 가상화의 미래
가상화와 클라우드의 미래 예상도

Section 01 가상화의 미래를 생각해보자 …… 236

'하이브리드 클라우드'란? …… 238
가상화의 미래와 기술자에게 요구되는 것 …… 244

 …… 253

부록 01 VDI란?
프레젠테이션 가상화

프레젠테이션 가상화 …… 256
서버 가상화와 VDI …… 261
VDI의 편리성을 높여주는 다양한 기능 …… 264

부록 02 대표적인 가상화 서비스
주변에서 활약하는 가상화 기술

대표적인 가상화 서비스 목록 …… 268

찾아보기 …… 288

Chapter 01

가상화란?

가상화 기술의 개요와 역사

이 장에서는 가상화의 기본 개념과 역할에 대해 배웁니다. 평소 가상화에 익숙하지 않은 사람에게는 가상화란 도대체 어떤 기술이며, 무엇에 도움이 되는지 이미지를 잡기 어려울 것입니다. 가장 먼저 가상화에 대한 대강의 이미지를 잡을 수 있는 내용부터 시작해봅시다.

Section 01

가상화란 무엇인지 생각해보자

'가상화'란 말 그대로 '실체가 없는 것을 있는 것처럼 보이게 하는 것'과 '실체가 보이지 않는 것'이므로 실제로 '가상화 기술'을 실감하는 일은 어려울지 모르겠습니다. 그래서 먼저 우리들 주변에 있는 서비스를 예로 들어 가상화란 무엇인지 생각해보겠습니다.

Step 1 ▶ '가상화'하면 떠오르는 키워드를 적어보자

가상화 기술은 나날이 발전하고 있으며 다양한 상황에 사용되고 있습니다. 여러분은 실체는 몰라도 '가상화'라는 말을 자주 듣고 있지 않습니까? 아래에 '가상화'라고 하면 떠오르는 여러 가지 키워드를 적어보기 바랍니다.

- _____
- _____
- _____
- _____
- _____
- _____
- _____
- _____
- _____
- _____

키워드의 예   Hyper-V, VirtualBox, VMware, 하이퍼바이저, 리플리케이션, 마이그레이션, 오버커미트, OpenFlow, VLAN, 클라우드, 프로비저닝, 스케일업, 스케일아웃, IML 등

> **Step 2** 인터넷을 열람할 때의 구성 요소를 생각해보자

PC를 사용해서 인터넷을 열람할 때의 구성 요소를 생각해봅시다. 실제로 가상화 기술을 배울 때는 '실제 기기상의 이야기', '개념의 종류', '제품의 특징' 등을 명확하게 나누어 이해하는 것이 중요합니다. 하지만 지금 여기서 이러한 것에 대해 깊이 생각할 필요는 없습니다. 먼저 아래 그림에 보이는 ①~⑥이 각각 무엇을 나타내는지 생각해보기 바랍니다.

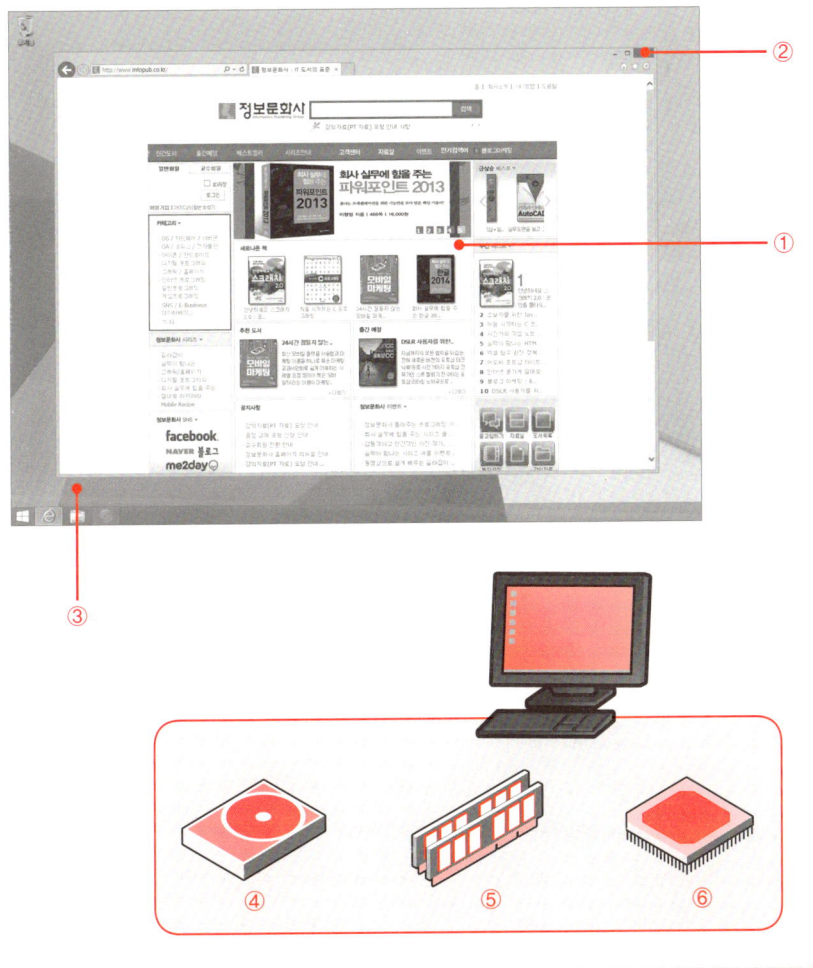

해답 ① Web 사이트 ② Web 브라우저(애플리케이션/미들웨어) ③ OS ④ 하드디스크 ⑤ 메모리
⑥ CPU

'가상화'란?

● '가상화'라는 기술

앞에 나온 실습에서는 '가상화라고 하면 떠오르는 키워드'를 적어보았습니다. '물리, 가상, 추상'이나 '공유' 등과 같은 말이나 'Hyper-V', '하이퍼바이저'와 같은 단어, '리플리케이션', '마이그레이션', '오버커미트' 등과 같은 기능적인 말을 떠올린 사람은 매우 훌륭합니다.

물론 아무런 말도 떠올리지 못한 사람도 있을 것입니다. 하지만 걱정할 필요는 없습니다. 왜냐하면 가상화라는 것은 그만큼 우리 주변에서 실감하기 어려운 기술이기 때문입니다. 또 이미 가상화에 대해 알고 있는 사람이라 하더라도 전혀 모르는 사람에게 설명하는 것은 매우 어려운 일이기도 합니다.

굳이 설명하자면 가상화란 '없는 것을 있는 것처럼 보이게 하는 기술'이라고 할 수 있습니다. 이 말조차도 이해하기 어려울 수 있으므로 여기서부터는 가상화라는 기술을 좀 더 쉽게 이해할 수 있도록 개념적인 부분부터 생각해보겠습니다.

● '점유'와 '공유'

가상화 기술을 이해하는 데 있어서 서버, 스토리지, PC나 휴대 전화 등과 같은 실제 기기를 '점유'하고 있는지, 아니면 '공유'하고 있는지에 대한 개념이 매우 중요합니다. 그렇다면 '점유'와 '공유'의 차이는 무엇일까요? 둘 다 IT 업계에서 자주 사용하는 용어인데, 여기서는 알기 쉽게 휴대 전화(스마트폰)와 PC를 예로 들어 생각해보겠습니다.

그림1 을 보기 바랍니다. ①에 있는 것처럼 휴대 전화의 기본적인 계약 형태는 보통의 계약자 한 명에 대한 단말기는 한 대(또는 그 이상)입니다. 이 경우 계약자는 계약한 만큼의 단말기를 '점유'하고 있다고 할 수 있습니다.

이와 반대로 ②와 같이 여러 계약자가 하나의 단말기를 계약할 수는 없습니다. 예를 들어 여러 명이 공동 명의로 한 대의 휴대 전화를 공유할 수는 없습니다(실제로 한 명이 계약을 하고 그 단말기를 여러 사람이 이용할 수는 있지만 이 경우는 계약한 사람이 '점유'한 형태가 됩니다). 따라서 이 경우는 '공유'도 '점유'도 아닙니다.

한편 PC의 경우에는 ③과 같이 이용자별로 사용자 계정(ID)을 설정함으로써 PC를 '공유'할 수 있습니다. 하지만 이 경우에도 여러 명의 사용자가 한 대의 PC를 동시에 이용할 수는 없습니다.

위와 같은 점을 참고하여 '가상화'의 상태를 설명하면 '실제 기기를 가상화하여 공유하고 있는 상태'라는 것이 가장 근접한 표현이 될 것입니다. 이와 반대로 '가상화된 실제 기기를 점유'하는 것은 경우에 따라서는 가능할 수도 있겠지만 개념을 이해하는 데 있어서는 적절한 표현이 아닙니다.

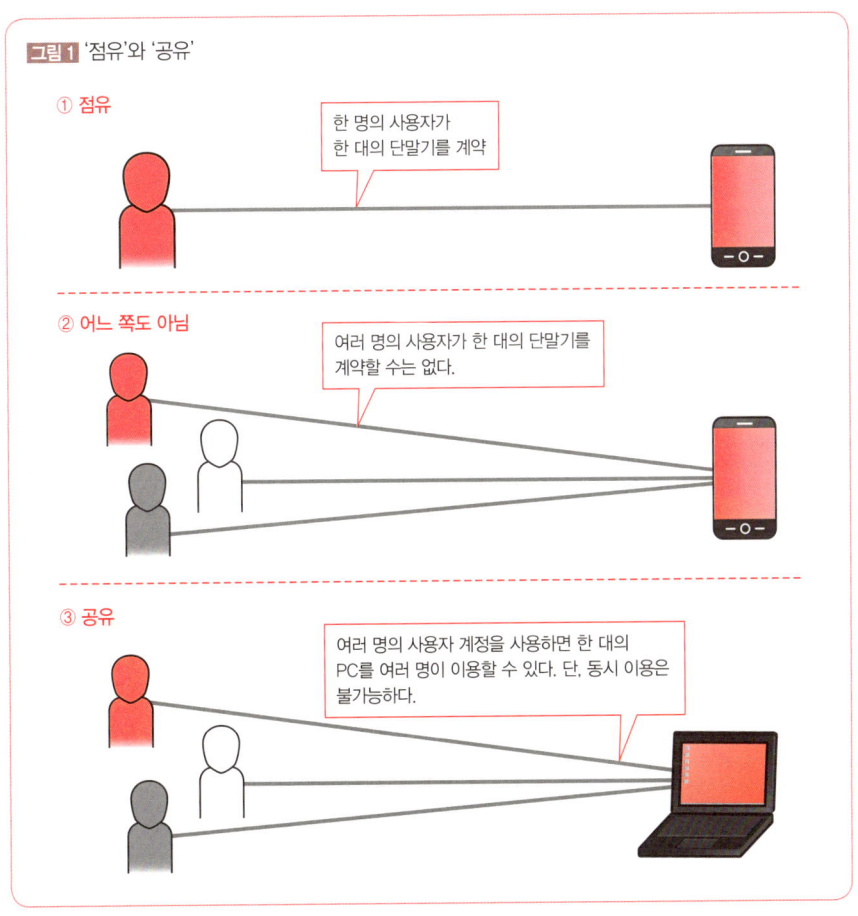

그림 1 '점유'와 '공유'

① 점유 — 한 명의 사용자가 한 대의 단말기를 계약

② 어느 쪽도 아님 — 여러 명의 사용자가 한 대의 단말기를 계약할 수는 없다.

③ 공유 — 여러 명의 사용자 계정을 사용하면 한 대의 PC를 여러 명이 이용할 수 있다. 단, 동시 이용은 불가능하다.

● '실제 기기를 가상화하여 공유'하는 것이란?

그렇다면 '실제 기기를 가상화하여 공유'하는 것은 어떤 상태를 말하는 것일까요? 그림2 를 보기 바랍니다. 구 환경에서는 세 대의 서버가 있고 각각을 '메일 서버', 'Web 서버', '사용자 및 매상 정보'라는 역할로 나누어 사용하고 있습니다. 하지만 가상화 환경에서는 각각의 역할을 가상화하여 한 대의 서버 안에 환경을 구축하여 가동시키고 있습니다.

겉으로 보기에도 세 대의 서버가 한 대로 줄었으므로 실제로 관리할 부담도 줄일 수 있습니다. 또한 전원 등과 같은 케이블들도 줄일 수 있습니다.

물론 가상화라는 기술을 새로 습득하여 구축하거나 운용할 때는 그에 필요한 비용이 발생하지만, 여기서의 포인트는 가상화로 집약하는 수(역할)가 많을수록 가상화의 이점을 더 누릴 수 있다고 할 수 있습니다.

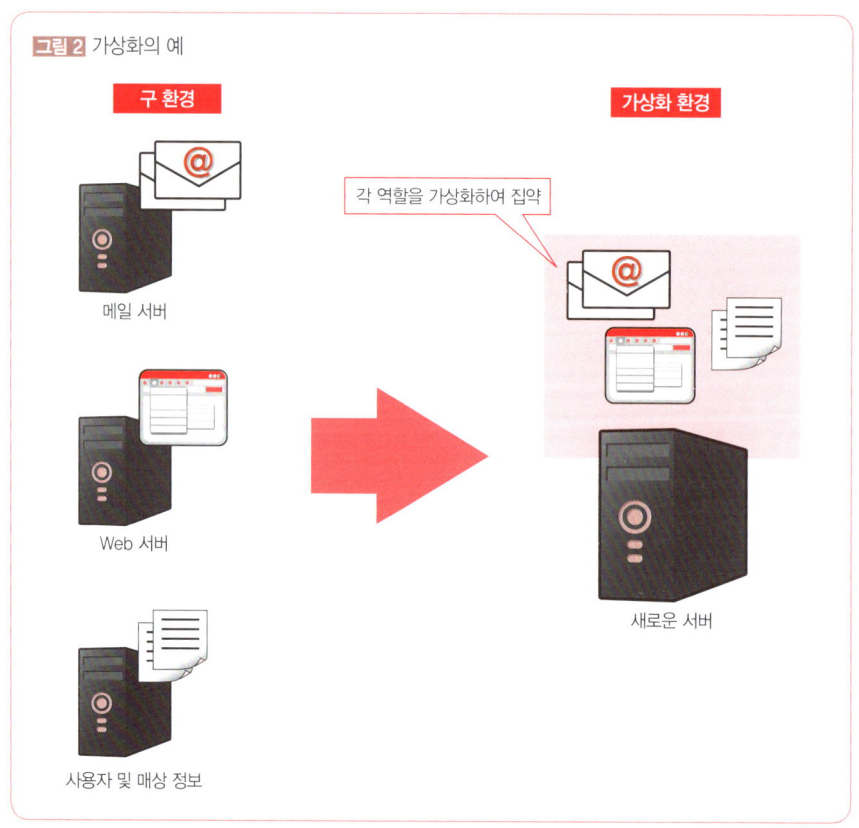

그림2 가상화의 예

가상화된 시스템의 구성 요소를 생각해보자

● **가상화된 시스템의 구성 요소**

가상화의 개념에 대해 이해를 했으면 이제 가상화된 시스템을 구성하는 요소에 대해 생각해보겠습니다. 처음 실습에서는 평소 여러분이 PC 등으로 인터넷을 열람할 때의 구성 요소를 생각해봤습니다. 바로 이러한 것들이 가상화된 시스템을 구성하는 요소가 됩니다.

처음 실습에서도 설명한 것처럼 가상화 기술을 학습하는 데 있어서는 '실제 기기', '개념의 종류', '각 제품의 특징' 등을 명확하게 나누어 이해하는 것이 중요합니다.

여기서는 실습에서 소개한 각각의 요소에 대해 좀 더 자세히 살펴보겠습니다.

① 서비스

'서비스'는 Web 사이트 등과 같이 미들웨어상에서 구현되는 것을 가리킵니다. 서비스는 사용자의 최종 목적이 됩니다.

② 미들웨어(애플리케이션)

사용자 측에서 보면 '애플리케이션'이고, 서버 측에서 보면 '미들웨어'라고 표현하는 부분입니다. 인터넷 익스플로러(Internet Explorer)나 사파리(Safari) 등과 같은 Web 브라우저가 이에 해당합니다. 그 밖에 엑셀(Excel)이나 워드(Word), 파워포인트(PowerPoint) 등도 이에 해당합니다.

③ OS

OS(운영체제)는 마이크로소프트(Microsoft) 사의 윈도우(Windows)나 애플(Apple) 사의 Mac OS X 등을 말합니다.

④ 하드디스크

기억 영역이라고 하는 '250GB/1TB' 등과 같은 용량, 실제 기기인 'HDD(하드디스크 드라이브)', 'SSD(Solid State Drive)' 등을 말합니다.

⑤ 메모리

'메모리'도 '1GB'나 '4GB' 등과 같은 용량으로 말할 수 있습니다. 그 밖에 오류 정정 방식이나 메모리 자체가 증설이 가능한지 등과 같은 정보도 이에 해당합니다.

⑥ CPU

'CPU'는 '중앙 처리 장치'라고도 합니다. 가상화를 실시하는 데 있어서는 클럭 주파수 등과 같은 CPU의 '처리 능력'이 아니라 제조 회사나 제품 번호, 가상화 기술을 지원하는지와 같은 정보가 중요합니다.

● 구성 요소의 대표적인 조합 예

가상화된 시스템을 구성하는 요소를 확인했으므로 이제 이러한 요소의 계층 구조(조합)를 살펴봅시다(그림 3).

가상화의 개념을 쉽게 이해하기 위해 여기서는 '가상화 안 함', '클라이언트 가상화', '가상화(서버 가상화)'로 나누어 각각의 요소를 정리했습니다.[*1]

그림 3 을 보면 '클라이언트 가상화' 부분의 미들웨어(애플리케이션) 부분이 '가상화 안 함'의 구성과 다르다는 것을 알 수 있습니다. 또한 '가상화' 부분에는 '하이퍼바이저'라는 항목이 들어 있는 것을 알 수 있습니다. 더욱이 하이퍼바이저는 '하이퍼바이저 단독으로 존재하는 것'과 '하이퍼바이저와 OS에 걸쳐 존재하는 것'이 있다는 것도 알 수 있습니다.

여기서는 먼저 다음 두 가지를 기억하기 바랍니다.

① Windows나 Mac OS와 같은 OS상에 가상화하는 것이 있다.
② '가상화(서버 가상화)'에는 하드웨어와 OS 사이에 '하이퍼바이저'라는 개념이 있다.

*1 '가상화'는 실제로 '서버 가상화'라고 부르는 경우가 많으므로 앞으로는 '서버 가상화'라고 표현합니다.

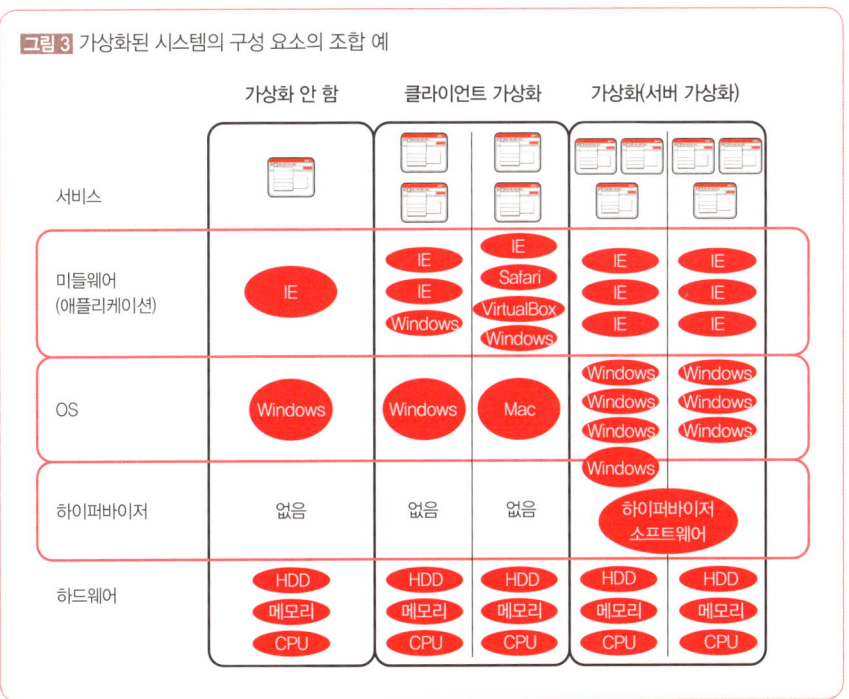

그림 3 가상화된 시스템의 구성 요소의 조합 예

이 모든 것을 구현하기 위한 기능이나 기술로 어떤 것이 있는지는 나중에 설명하겠습니다. 여기서는 우선 위의 두 가지만 이해하면 됩니다. 그럼 계속해서 '클라이언트의 가상화'와 '서버가 있는 서버의 가상화'에 대해 좀 더 자세히 살펴봅시다.

● 클라이언트 가상화란?

클라이언트 가상화를 '호스트 OS형'이라고 표현하는 경우도 있습니다. 즉, 클라이언트 가상화는 그 이름처럼 '호스트가 되는 OS'가 존재한다는 점이 가장 큰 특징입니다. 일반적으로 보급되어 있는 PC에는 Windows나 Mac OS와 같은 OS가 설치되어 있습니다.

여러분은 이러한 OS상에서 애플리케이션인 Excel이나 Word, PowerPoint 등과 같은 Office 제품을 이용하거나 Internet Explorer나 Safari 등을 이용하여 Web 사이트를 열람합니다.

클라이언트를 가상화한다는 것은 이러한 애플리케이션층에서 OS를 가동시키고,

그 위에서 애플리케이션을 실행하는 경우를 말합니다.

이 경우는 예를 들어 Mac PC를 가지고 있는 사람이 'Windows나 Windows 전용 애플리케이션을 이용하고 싶은 경우'나 Windows PC를 이용하고 있는 사람이 'Linux를 사용하고 싶은 경우'에 효과적입니다.[*2]

● 가상화할 OS의 수에는 상한선이 없다

일반적으로 실제 기기(PC 본체)에 대해 설치되는 OS는 기본적으로 하나이지만(멀티 부팅 등과 같은 환경도 있지만 여기서는 제외합니다), 그 위에서 '클라이언트 가상화'로서 가동할 수 있는 OS에는 상한선이 없습니다. 즉, 하드웨어의 리소스가 허락하는 한 여러 개의 OS를 가동시킬 수 있습니다. 그래서 Web 디자이너와 같은 업무에 종사하는 사람이 '가능한 많은 OS나 Web 브라우저의 버전에서 제대로 표시되는지 확인하고 싶은' 경우, 그림 4 와 같은 환경을 구축하면 상당 부분의 요구에 대처할 수 있습니다.

그림 4 의 예는 Mac PC를 가지고 있는 사용자가 VirtualBox[*5]를 이용하여 Windows OS의 각 에디션, Internet Explorer의 각 버전을 작동시키고 있는 예입니다.

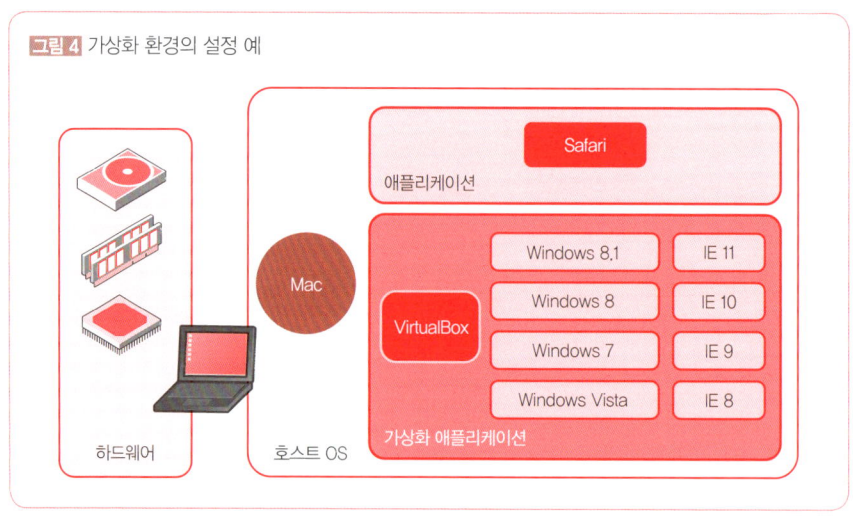

그림 4 가상화 환경의 설정 예

[*2] 단, 권장하지 않는 사양이거나 복잡한 네트워크나 실제 기기를 필요로 하는 등 효과적이지 않은 경우도 있습니다.

단, 이 경우 아래 두 가지 사항을 만족시켜야 합니다.

① 하드웨어가 지원하고 있을 것
② 게스트 OS에 필요한 라이선스를 가지고 있을 것

①에 대해서는 이용할 하드웨어(하드디스크나 메모리, CPU)가 가상화를 지원하고 있어야 합니다.*3
②에 대해서는 두 말할 필요가 없을 것입니다. Windows나 Mac OS X 등과 같은 유료 OS를 이용하려면 라이선스가 필요합니다.*4

● 하이퍼바이저란?

그림 3 에서 살펴본 것처럼 '가상화(서버 가상화)' 부분에는 '하이퍼바이저(Hypervisor)'라는 항목이 추가되어 있습니다.
가상화(서버 가상화) 환경을 구축할 때는 이 하이퍼바이저가 있기 때문에 상위 레이어를 관리할 수 있습니다(그림 5). 자세한 내용은 나중에 설명하겠지만, 여러 회사가

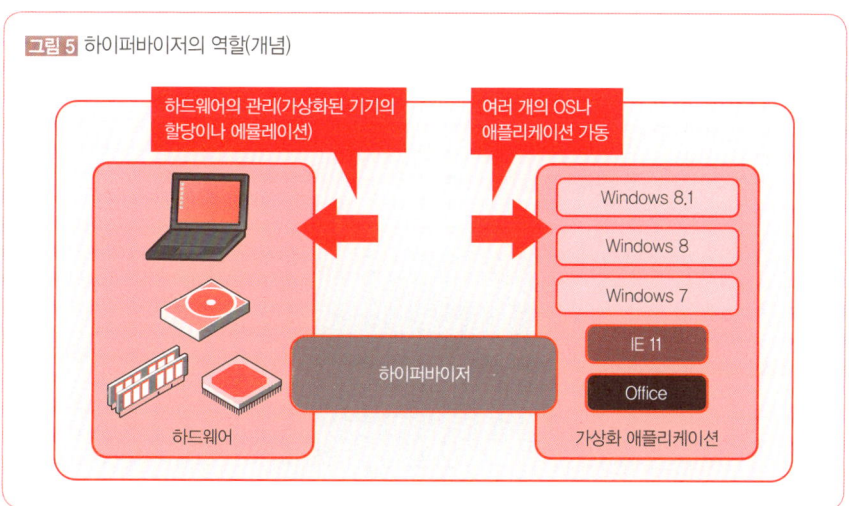

그림 5 하이퍼바이저의 역할(개념)

*3 하드웨어가 지원하고 있는지를 확인하는 방법은 37쪽을 참조하기 바랍니다.
*4 여분의 PC 라이선스를 이관할 수 있는 경우도 있습니다. 자세한 사항은 제조업체에 문의하기 바랍니다.

다양한 하이퍼바이저 제품을 판매하고 있으며 관리 방법도 각 회사의 제품별로 다릅니다.

또한 처음에 가상화란 '없는 것을 있는 것처럼 보이게 하는 기술'이라고 설명했습니다. 이를 PC로 예를 들면 기존에는 '한 대의 실제 기기상에 한 개의 OS를 작동시키던 것'을 '한 대의 실제 기기에 대해 여러 개의 OS를 작동시키는 기술'이 가상화의 개념 중 하나라고 할 수 있습니다.

물론 이 경우, 여러 개의 OS 등을 작동시키기 위해 하드웨어 측과 소프트웨어 측에 '어떤 처리'를 할 필요가 있습니다.

이 부분을 혼자 도맡아 가상화라는 기술을 실현시켜주는 것이 '하이퍼바이저'라는 기능입니다.

● 하이퍼바이저의 종류

하이퍼바이저가 가상화를 구현하는 데 있어서 중요한 이유는 하드웨어 조건을 만족시키기 때문입니다.

하이퍼바이저 제품은 여러 회사에서 출시하고 있는데, 하이퍼바이저는 앞에서 말한 '호스트 OS형'과 구별되며, 하이퍼바이저 자체도 몇 가지 종류로 나뉩니다.

대표적인 종류로는 디바이스 등과 같은 드라이버를 하이퍼바이저 안에 포함시켜 관리 OS를 가지고 있지 않은 '모놀리식형(Monolithic Type)'과 하드웨어별로 관리 OS를 설치하여 디바이스 등과 같은 드라이버가 포함되어 있는 '마이크로커널형(Microkernel Type)'을 들 수 있습니다.

모놀리식형은 비교적 가볍게 만들어져서 하드웨어의 성능을 그대로 게스트 OS에 반영시킬 수 있다는 점에서 뛰어나지만 단일 기기에서의 관리 및 운용에는 한계가 있다는 점에서 일정 수 이상을 운용할 때에는 관리를 하기 위한 개념이나 기능을 추가할 필요가 있습니다.

한편 마이크로커널형은 하드웨어 한 대에 마이크로커널형 하이퍼바이저를 설치할 때마다 관리 OS가 설치되고, 그 위에서 게스트 OS가 가동되는 모델입니다.

따라서 그만큼의 리소스가 미리 소비된다는 점과 각 게스트 OS를 가동시킬 때 관리 OS 측에서 처리를 기다려야 하기 때문에 하드웨어 리소스를 게스트 OS에서만 소비하는 것이 어렵다는 단점이 있습니다.

하지만 요즘에는 하드웨어 측의 처리 능력이 대폭 향상되었기 때문에 이러한 리스크가 문제시되는 경우는 줄어들었습니다. 또한 관리 OS를 포함한 하이퍼바이저 측에서도 문제가 되었던 처리가 개선되거나 관리 OS 측에 새로운 운용 기능이 추가되어 문제가 개선되는 등 편리한 기능이 추가되었습니다.

● 대표적인 하이퍼바이저 제품

대표적인 하이퍼바이저 제품으로는 Microsoft의 'Hyper-V'나 VMware의 'VMware ESXi'를 들 수 있습니다.[5]
아래는 위 제품의 각 특징들입니다.

Hyper-V

'Hyper-V'는 Microsoft가 제공하는 하이퍼바이저로, 주로 Windows Server 시리즈에 탑재됩니다.
관리 OS로 Windows Server가 이미 존재하고 있으므로 겉모습은 클라이언트 가상화와 비슷하며, 서버 OS로서의 기능이 들어 있다는 점이 특징입니다.
또한 게스트 OS로서 가동시키는 Windows Server의 라이선스에 대해 비교적 저렴한 메뉴도 있으며, 비용, 관리, 운용면의 이점 때문에 기업 등이 많이 도입하고 있습니다. 요즘은 마이크로소프트 사의 클라우드이기도 한 Microsoft Azure[6]와의 심리스(Seamless) 연동 등을 구현할 수 있게 되었습니다.

VMware ESXi

'VMware ESXi'는 VMware가 제공하는 하이퍼바이저입니다. 실제 기기의 전원을 넣고 OS가 기동되기 전에 시작되는 하이퍼바이저로, 특히 가상화만을 구현하는 기능(ESXi)을 이용하는 경우에 한해 무료로 제공됩니다.
최소 구성에서는 관리 OS도 없기 때문에 매우 가벼운 반면, 실제로 이용할 때는 어느 정도 사용에 익숙해질 필요가 있습니다.

---

[5] Hyper-V나 VMware ESXi에도 다양한 하이퍼바이저 제품군이 있습니다. 실제 현장에서는 서비스 내용이나 운용 및 비용 면을 고려하여 최적의 것을 선택하고 있습니다.
[6] 'Microsoft Azure'에 대해서는 31쪽을 참조하기 바랍니다.

한편 무료로 이용할 수 있기 때문에 여러 OS상의 대규모 스케일링 등을 매우 저렴한 가격에 이용할 수도 있습니다. 하드웨어의 성능이 지금과 같지 않았던 시절부터 사용자의 지지를 받고 있었기 때문에 현재에도 많은 기업이나 시스템에서 이용하고 있습니다(그림 6).

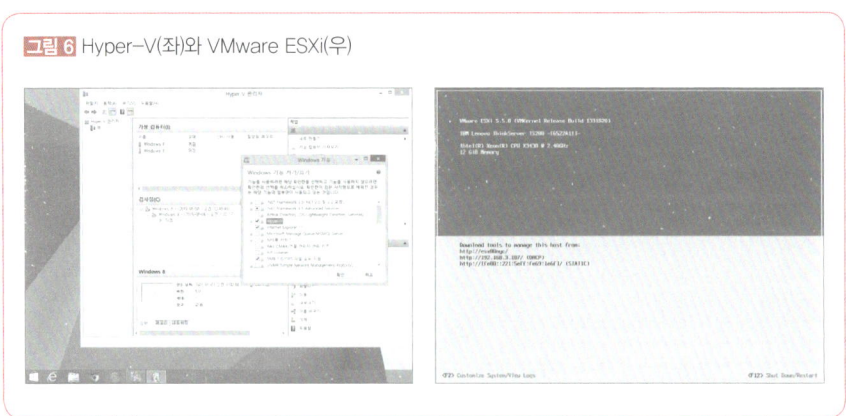

그림 6 Hyper-V(좌)와 VMware ESXi(우)

● 가상화를 구현하는 하드웨어

가상화된 시스템을 구성하는 요소로서 하이퍼바이저에 대해 소개했는데, 이 하이퍼바이저를 가동시키는 데 있어서 중요한 요소가 바로 '하드웨어 기술'입니다.

하이퍼바이저와 관련된 하드웨어 기술의 대표적인 것으로는 CPU, 메모리, PCI 에뮬레이션 처리를 들 수 있습니다.

하이퍼바이저와 관련된 하드웨어 기능의 대표적인 명칭은 표1과 같습니다. 여기서 예로 든 기능은 CPU나 칩셋상에서 구현(에뮬레이션)되는 것이 많으며, 각각은 아래와 같은 이름으로 불립니다. 여러분의 PC로 가상화를 시험할 때나 회사 내에서 가상화를 검증 및 도입할 경우에 참고하기 바랍니다.

실제 현장에서는, 예를 들어 Intel CPU를 이용하는 경우라면 'VT(x와 d)를 지원하는가?'와 같은 방식으로 확인하는 경우가 있습니다.

각각의 기능을 지원하는지의 여부는 먼저 CPU의 모델명을 이해할 것과 그 모델이 지원하고 있는지를 알기 위해 Web 사이트 등을 조사하는 것이 일반적인 순서입니다 (그림 7).

표1 대표적인 하드웨어 기능의 명칭

항목	Intel 제품의 기능명	AMD 제품의 기능명
CPU 관련 기능	Intel VT-x1(VT)	AMD-V
메모리 주변 기능	Intel VT-x2(EPT)	AMD-RVI
PCI 패스스루	Intel VT-d	AMD-Vi

※ Intel VT(Intel Virtualization Technology)/AMD-V(AMD-Virtualization)/AMD-RVI(AMD-Rapid Virtualization Indexing)

그림7 모델 검색

Chapter 01 가상화란? 23

주변에 있는 가상화 서비스의 뒷면 ①
- 온라인 스토리지편

● **가상화는 우리 주변의 서비스에도 사용되고 있다**

여기서부터는 가상화 기술에 대한 이해도를 높이기 위해 평소 우리가 이용하고 있는 Web 서비스의 이면을 가상화의 개념과 함께 생각해봅시다.[*7] 구체적으로는 가상화 기술이 어떤 용도로 사용되고 있으며, 어떻게 도움이 되는지를 살펴보기 바랍니다.

요즘은 인터넷에 접속할 수 있는 환경만 있으면 데이터의 저장을 실제 하드디스크가 아니라 인터넷상의 서비스로 이용할 수 있게 되었습니다. 이러한 서비스를 '온라인 스토리지'라고 부릅니다.

온라인 스토리지는 가상화 기술 중에서 '스토리지 가상화'로 분류됩니다. 이 스토리지 가상화라는 개념을 이해하는 데 있어서 참고할 만한 것이 바로 온라인 스토리지라는 서비스입니다.

종래에는 PC를 구입할 때 하드디스크의 사양이 중요한 요소였습니다. 용량이 부족해진 경우에는 하드디스크를 추가로 구입해야만 했습니다. 하지만 '온라인 스토리지'는 용량이 부족할 경우, 이용하고 있는 서비스상에서 '용량 추가'를 신청하기만 하면 순식간에 용량을 늘릴 수 있습니다.

이와 같은 온라인 스토리지 서비스는 인터넷에 접속되어 있는 상태라면(또는 그에 상응하는 환경에서 대상 서비스에 접속할 수 있다면) 누구나 서비스를 받을 수 있습니다. 서비스를 받는 데 있어서 이용 단말기나 OS, 소속 회사, 나라 등은 특별히 관계가 없습니다.

그렇다면 이러한 온라인 스토리지는 어떤 구성으로 구현되는 것일까요? 일반적으로 서비스를 받는 흐름은 그림 8 과 같습니다.

[*7] 어디까지나 이해를 돕기 위한 이미지이므로 실제 서비스와 사용 기술이 다른 경우도 있습니다.

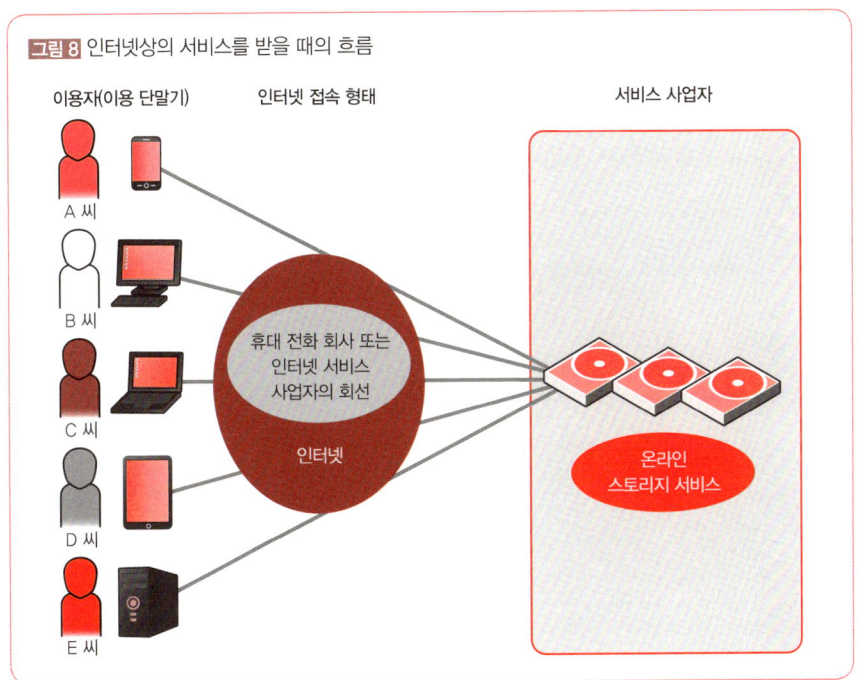

그림 8 인터넷상의 서비스를 받을 때의 흐름

● 이용 상황에 따라 용량을 준비하려면?

대표적인 스토리지 서비스에는 Microsoft 사의 'OneDrive'를 들 수 있습니다. OneDrive는 한 사람당 '15GB'의 용량을 무료로 제공합니다.

그림 이 OneDrive를 예로 들어 가상화의 용도에 대해 생각해봅시다. OneDrive의 무료 서비스를 '다섯 명'이 이용하는 경우, 서비스 사업자 측(Microsoft)은 15×5, 즉 '75GB'의 용량(디스크)을 준비할 필요가 있다고 여길 것입니다(그림 9).

다섯 명 정도라면 어떻게든 될지도 모르지만, 가령 백만 명, 천만 명이 이용하는 경우, 서비스 사업자가 준비해야 할 인프라는 방대한 양이 될 것입니다.

물론 서비스 사업자 측은 '가능한 한 많은 사용자가 적극적으로 서비스를 이용하면 좋겠다'라고 생각하겠지만, 한편으로는 '사용자 중에는 15GB 전부가 아니라 1GB밖에 이용하지 않는 사람이 있을지도 모른다', '가능하면 사용자의 실제 이용 동향에 맞춰 적절한 디스크 용량을 준비하고 싶다'라는 희망 사항도 있을 것입니다.

예를 들어 다섯 명의 사용자의 실제 이용 상황이 그림 10 과 같다고 가정해봅시다. 이러한 경우 실제 이용률은 15GB, 즉, 75GB의 20%에 지나지 않습니다.

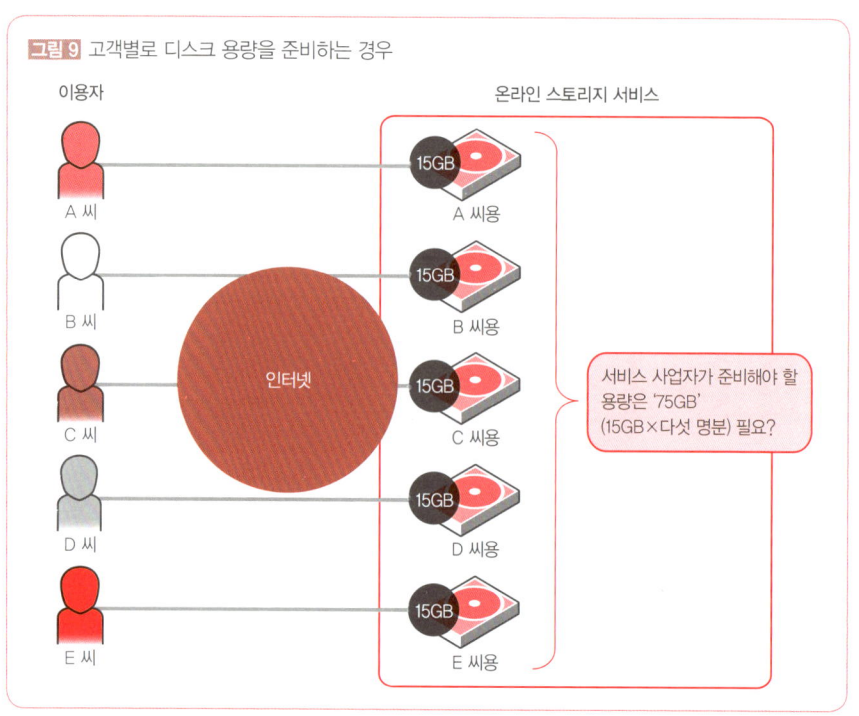

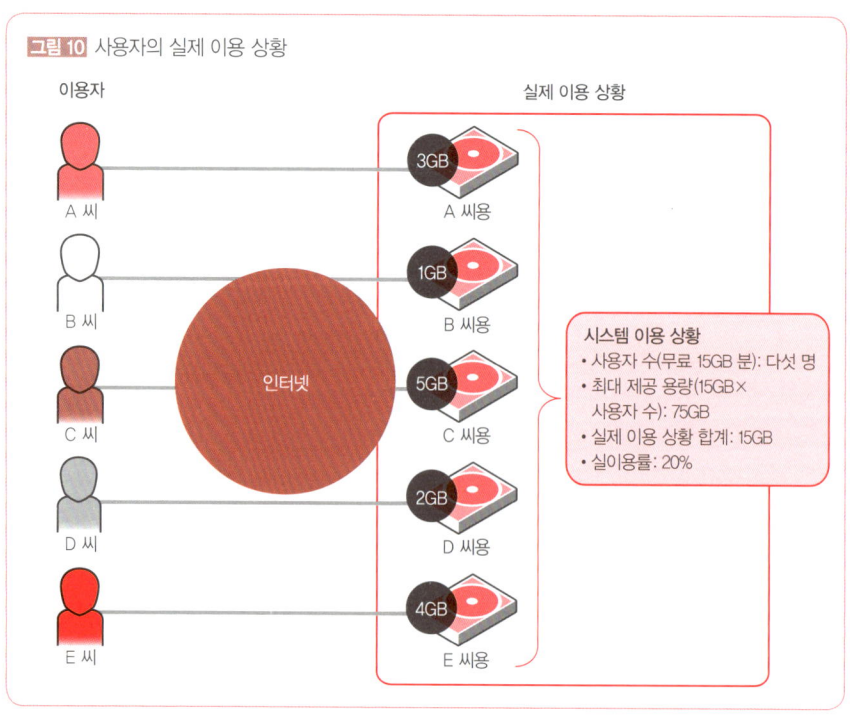

● 가상화로 문제를 해결할 수 있다

사용자에게는 무료이지만 제공하는 측에게는 그만큼의 비용이 발생합니다. 쉽게 이야기해서 15GB의 디스크 하나가 '15만 원'이라고 한다면 원래는 15만 원×5로 '75만 원'의 비용이 필요합니다. 하지만 실제 이용률이 20%라고 하면 75만 원의 5분의 1, 즉, '15만 원'의 비용으로 해결할 수 있습니다.[*8]

여기서 도움이 되는 것이 바로 가상화입니다. 그림11 을 보기 바랍니다. 그림11 에서는 가상화 기술을 사용하여 실제 이용 상황에 따라 (필요한 만큼의) 용량을 제공하도록 하고 있습니다. 이로 인해 이용되지 않는 용량을 유지할 필요가 없어지는 것입니다.

물론 이 경우 '사용자에게는 15GB를 제공하다고 말해 놓고는 실제로 적은 용량밖에 할당하고 있지 않는데 괜찮을까?', '특정 사용자 또는 전체 사용자의 이용률이 갑자기 늘어나면 어떡하지?(D 씨가 갑자기 10GB를 이용하는 등)'와 같은 의문을 품는 사람도 있을 것입니다.

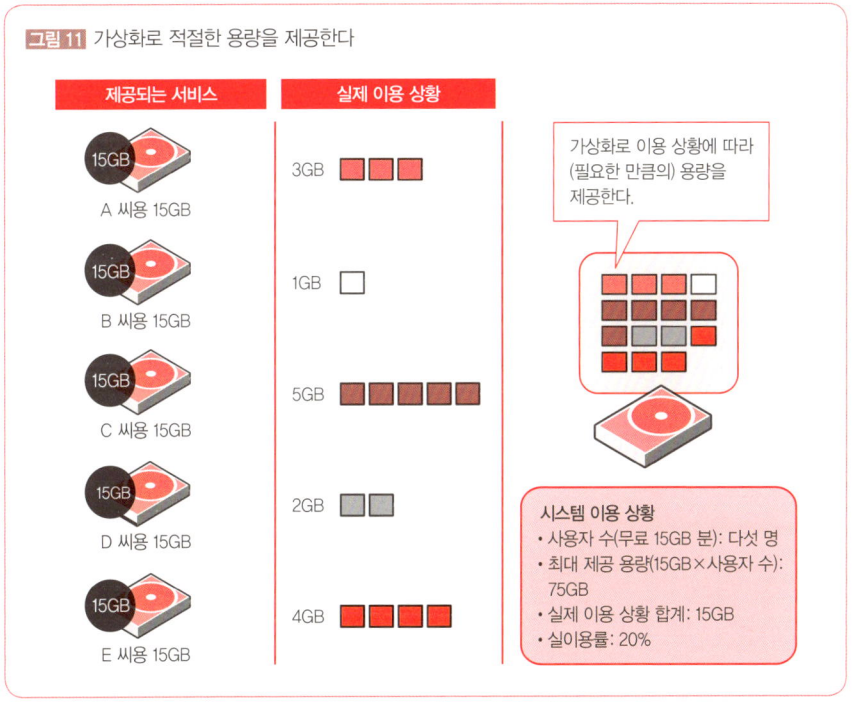

그림11 가상화로 적절한 용량을 제공한다

[*8] 이 금액은 백업이나 일차 고장 시의 리스크 회피 기술 등이 없다는 것을 전제로 한 것입니다.

하지만 가상화 기술을 이용하면 이러한 문제들을 해결할 수 있습니다. 실제로는 '씬 프로비저닝'이라는 기술을 사용하여 이러한 문제를 해결하고 있습니다.

씬 프로비저닝에 대해서는 5장에서 설명하고 있으므로, 여기서는 가상화가 여기서 설명한 상황에서 도움이 된다는 것만 기억해두기 바랍니다.

이 밖에도 서버 자체(CPU나 메모리)를 가상화하는 방법이나 네트워크를 가상화하는 기술 등 오늘날 기업 시스템에는 가상화가 많이 사용되고 있습니다.

주변에 있는 가상화 서비스의 뒷면 ②
- 클라우드 편

● IT의 새로운 상식 '클라우드'

요즘 자주 듣는 말 중에 '클라우드'라는 말이 있습니다. 클라우드는 IT 기업과 사용자를 포함하여 IT의 새로운 상식을 형성하고 있습니다. 그렇다면 여기서 클라우드가 등장할 때까지 IT를 둘러싼 기술의 변천을 살펴봅시다. 왜냐하면 클라우드의 등장은 가상화 기술과도 관련이 있기 때문입니다.

가상화 기술도, 클라우드라는 개념도 없었던 시절에 기업은 방대한 데이터를 관리하기 위해 실제 기기로 여러 개의 서버를 구축하여 운용했습니다. 당시는 하드웨어나 OS, 미들웨어의 성능도 지금만큼 발달하지 않았으며, 지금은 힘들이지 않고 수행할 수 있는 빅 데이터의 처리도 대량의 서버를 나열하여 지원할 수밖에 없었습니다.

하드웨어의 성능이 비약적으로 높아지고, 이와 동시에 가상화 등과 같은 기술이 발전하기 시작하자, 이번에는 대량의 서버를 '집약'하려는 움직임이 활발해졌습니다. 자사 서버에서 조달한 서버를 데이터 센터 등에 배치하는 '하우징(콜로케이션 서비스)'도 그중 하나로, 점차 이 방법이 주류가 되었습니다.

하지만 이 방법은 기업이 서버 등과 같은 자원을 가지고 있거나 서버 대여 업자와 계약을 해야 하기 때문에 그만큼의 비용을 산정할 필요가 있습니다.

그러던 중 클라우드라는 개념이 등장함으로써 모든 것이 바뀌게 되었습니다. 즉, 실제의 서버를 여러 대 보유하거나 총액 예산을 감가상각하거나 정기 감사를 한다는 개념을 모두 클라우드를 제공하는 기업 측에 맡기는 방식으로 바뀐 것입니다(그림12).

클라우드 제공 기업은 사용자 기업에 대해 '처리 능력이나 성능 리소스를 메뉴화하여 제공(=리소스를 판매)'하는 형태를 취하고 있습니다. 이 방식을 많은 기업이 채택하면서 크게 주목받게 되었습니다.

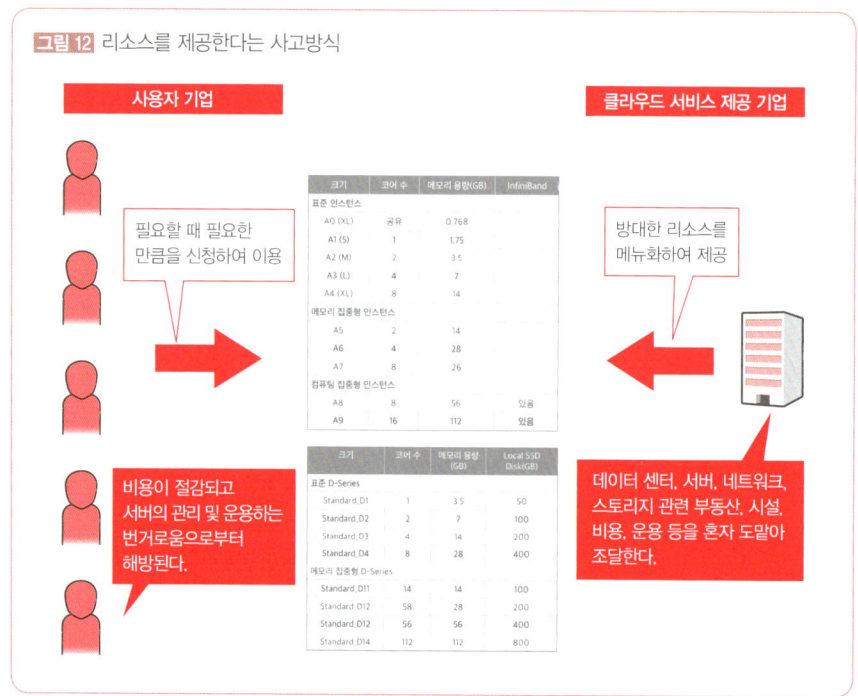

그림 12 리소스를 제공한다는 사고방식

● 클라우드로 제공되는 서비스의 종류

이와 같이 '리소스를 판매'하는 서비스는 '인프라를 인터넷 서비스로서 제공한다.'라는 뜻의 'IaaS(이아스/아이아스: Infrastructure as a Service)'라고 부릅니다.
그 밖에도 '플랫폼'을 제공하는 'PaaS(파즈/파스: Platform as a Service)'나 '소프트웨어'를 제공하는 'SaaS(사즈/사스: Software as a Service)', 최근에는 모바일 앱의 백엔드를 제공하는 'mBaaS(엠바스: mobile Backend as a Service)'라는 서비스도 등장했습니다.
앞에서 설명한 '온라인 스토리지 서비스'는 'PaaS'의 일종입니다.
또한 이와 같이 클라우드 기술을 이용하여 제공되는 서비스는 '○aaS'라고 부르는 경우가 많습니다. 그리고 이 '○aaS'라는 서비스에도 가상화 기술이 사용되고 있습니다.

● 클라우드 서비스를 제공하는 기업과 서비스

앞에서 설명한 바와 같이 클라우드 서비스에는 여러 가지 종류가 있으며, 다양한 기업이 서비스를 제공하고 있습니다. 하나의 기업이 모든 종류의 서비스를 망라하고 있는 경우가 있고, 한 종류로 특화시켜 제공하는 경우도 있습니다. 여기서는 그 대표적인 서비스를 살펴봅시다(그림 13).

Microsoft Azure

'Microsoft Azure'는 Microsoft가 제공하는 클라우드 서비스입니다. 특히 PaaS 분야에 능통하며, 대표적인 제품으로는 기존의 Office(Excel이나 Word 등)의 클라우드 PaaS판인 'Office365' 등을 들 수 있습니다.

AWS

'AWS(Amazon Web Services)'는 아마존 데이터 서비스가 제공하는 클라우드 서비스입니다. 특히 IaaS 분야에 강하며, 실제 기기나 가상화에 의한 운용에서 AWS 서비스로 옮기는 데 있어서 무리 없이 이용할 수 있다는 점이 특징입니다.

그림 13 Microsoft Azure(좌)와 AWS(우)의 포털 화면

Section 02

가상화가 '잘하는 분야'와 '잘하지 못하는 분야'를 생각해보자

'해당 기술이 필요한지 아닌지'에 대한 논의는 '업계에 있어서 새로운 기술'이나 '해당 기업이나 시스템이 처음으로 이용하는 기술'의 도입을 검토할 때 반드시 거론되는 법입니다. 이는 어떤 시대든 똑같습니다.

가상화에 한정된 이야기는 아니지만 새로운 기술의 도입을 검토할 때는 기업이나 사용자에게 있어서 '최종 목적'이나 '선호(건전한) 상태'를 실현하는 데 적합한지 아닌지를 생각해야 합니다. 그리고 다른 기능이나 기술과 비교, 검토하면서 최종적으로 '필요' 또는 '불필요'라는 결론을 이끌어 낼 필요가 있습니다.

여기서는 '가상화'라는 기술이 '잘하는 분야'와 '잘하지 못하는 분야'에 대해 생각해봅시다. 이 두 가지를 제대로 이해해두면 '가상화'가 필요한지 아닌지를 생각할 때 적절한 판단을 쉽게 내릴 수 있을 것입니다.

아래에서는 네 가지 사례를 제시하고 있는데, 이 네 가지 상황에서 가상화를 도입해야 할지, 도입하지 않을 것인지를 생각해보기 바랍니다.

Step 1 ▶ 가상화를 도입해야 할 것인지를 생각해보자 ①

서버 A와 서버 B라는 두 대의 서버가 있습니다. 사용 용도는 한정되어 있으며, 둘 다 한 대당 리소스 이용률(CPU, 메모리 등)은 절반 또는 3분의 1 이하(이용률 1~33% 정도)입니다. 똑같은 사양의 서버 C가 있는 경우, 서버 C에 A와 B의 용도를 통합한 가상화 환경을 구축하는 것이 좋을까요? 아니면 구축하지 않는 것이 좋을까요?

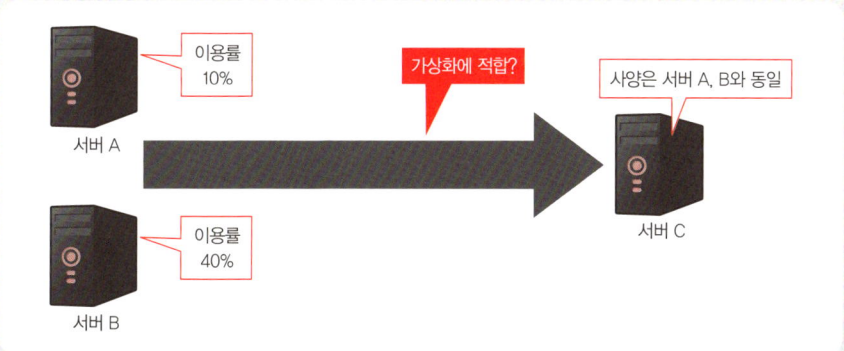

Step 2 ▶ 가상화를 도입해야 할 것인지를 생각해보자 ②

서버 A와 서버 B, 서버 C라는 세 대의 서버가 있다고 가정합시다. 사용 용도는 한정되어 있으며, 한 대당 리소스 이용률(CPU, 메모리 등)은 각각 아래와 같습니다. 사양이 두 배인 서버 D가 있는 경우, 서버 D에 A, B, C의 용도를 통합한 가상화 환경을 구축하는 것이 좋을까요? 아니면 구축하지 않는 것이 좋을까요?

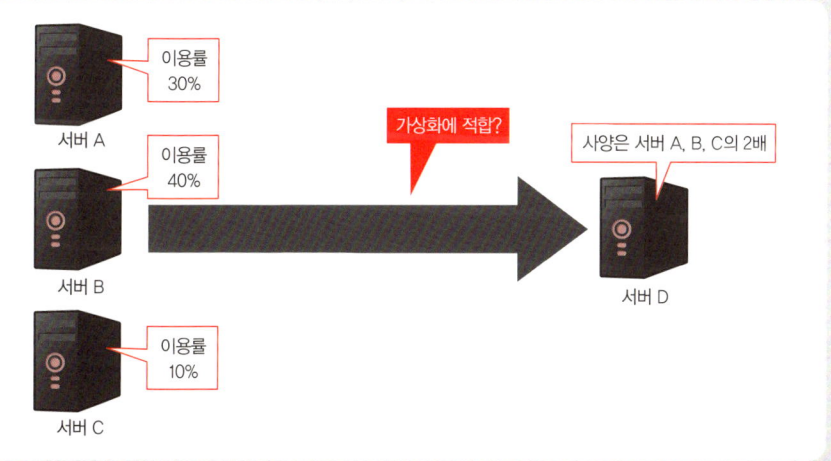

Step 3 ▶ 가상화를 도입해야 할 것인지를 생각해보자 ③

Step 2와 똑같은 환경인데 서버에 프린터나 스캐너와 같은 주변 기기가 연결되어 있는 등 사용 용도에 물리적인 제약이 있습니다. 서버 D가 있는 경우, 서버 D에 A, B, C의 용도를 통합한 가상화 환경을 구축하는 것이 좋을까요? 아니면 구축하지 않는 것이 좋을까요?

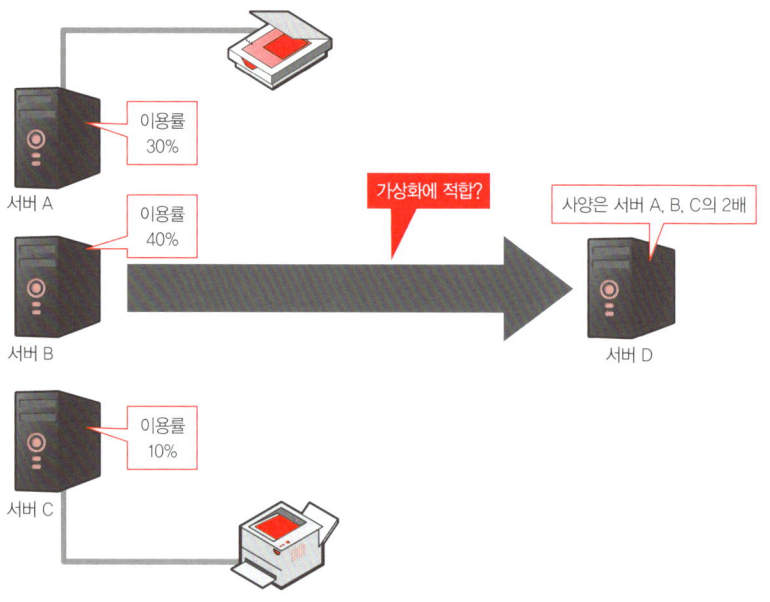

Step 4 ▶ 가상화를 도입해야 할 것인지를 생각해보자 ④

일정한 비용으로 안정적으로 가동 중인 서버 A, 서버 B가 있습니다. 이것을 한 대로 통합하기 위해 새로운 서버 C를 구입하여 가상화 환경 구축을 검토하고 있는데, 전체적으로 비용이 올라갈 것 같습니다. 서버 C를 새로 구입하여 A와 B의 용도를 통합한 가상화 환경을 구축하는 것이 좋을까요? 아니면 구축하지 않는 것이 좋을까요?

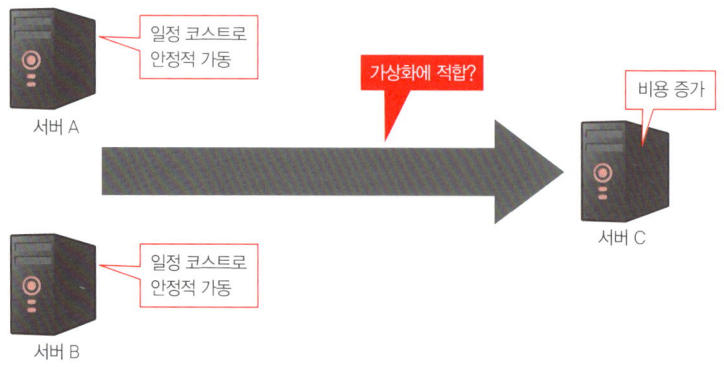

가상화를 도입해야 하는 환경이란?

● 실습의 해답

앞의 실습에서는 네 가지 상황을 예로 가상화를 도입해야 할지 도입하지 말아야 할지를 생각해보았습니다. 여러분의 대답은 어떠했습니까?
여기서는 문제의 해답을 겸해서 '어떤 환경에서 가상화를 도입해야 할지'를 생각해봅시다.
먼저 해답부터 밝히자면 Step 1과 Step 2의 상황은 '가상화의 도입에 적합'한 반면, Step 3과 Step 4의 상황은 '가상화의 도입에 적합하지 않다(좀 더 신중히 검토할 필요가 있다)'라고 할 수 있습니다.[*9] 그 이유는 아래에서 설명하겠습니다.

● 가상화에 적합한 환경

Step 1과 Step 2와 같은 케이스는 가상화에 적합하다고 할 수 있습니다.
Step 1의 예에서는 두 대의 서버 리소스 이용률이 절반 이하이므로 100%를 만족시키고 있지 않습니다. 같은 사양의 서버가 있다면 그곳에 가상화 환경을 구축하는 편이 효율적입니다.
Step 2의 예는 실제 현장에서도 볼 수 있는 케이스라고 할 수 있습니다. 예를 들면 서버가 오래 되어서 처리 능력을 별로 필요로 하지는 않지만 그 서버를 폐기할 수 없는 경우가 종종 있습니다.
그런 경우 요즘과 같이 저렴하면서도 고성능인 서버에 가상화 환경을 구축하여 기능을 통합하는 것을 충분히 생각해볼 수 있습니다.

[*9] 어디까지나 단순화시킨 예입니다. 실제로는 여러 가지 측면을 좀 더 살펴서 종합적으로 판단할 필요가 있습니다.

● 가상화에 적합하지 않는 환경

한편 Step 3과 같이 서버에 물리적인 제약이 있는 경우에는 이야기가 달라집니다. 예를 들어 오래된 머신(서버)의 경우, 물리적 기기와의 연결에 현재 트렌드가 아닌 인터페이스가 사용되는 경우가 있습니다.

이러한 경우 요즘과 같이 저렴하면서도 고성능인 서버를 이용하려면 물리적 기기와의 연결에 문제가 발생하여 물리적인 지원이나 장애로 인해 다른 가상 머신 등에 영향을 끼칠 가능성이 있습니다.

따라서 그러한 가능성을 고려하면서 가상화의 도입으로 인한 리스크의 유무를 충분히 검토해야 합니다.

● 비용 면도 의식한다

마지막 Step 4는 비용 면에서 본 이야기입니다. 예를 들어 현재 가동 중인 서버가 '이미 본전을 뽑은(감가상각이 끝난)' 상태에서 '안정적으로 가동 중'이라면 새로 머신을 도입하거나 가상화 환경을 구축하여 지금 있는 환경을 옮기는 것 자체가 큰 비용이 될 수 있습니다. 그런 경우 가상화의 도입은 보다 신중히 검토해야 합니다.

하지만 현재 가동 중인 서버가 매우 오래 되어서 '고장 시 수리 지원이 불안'한 경우나 '안정적으로 가동은 하고 있지만 대수가 많은' 경우는 따로 검토가 필요합니다.

새로운 고기능 서버를 도입함으로써 현재의 서버 수를 상당 부분 줄일 수 있다면 다소 비용이 들어가더라도 가상화의 도입을 검토할 여지가 있습니다.

이와 같이 가상화 기술이 필요한지 아닌지를 검토할 때는 '기존의 서버나 시스템이 어떻게 사용되고 있는지'를 확실히 분석해야 합니다. 이는 가상화 기술에 국한되지 않고 종래와 다른 새로운 기술의 도입을 검토하는 경우에도 공통된 사고방식입니다.

여러분도 새로운 기술을 도입할 때 신구를 불문하고 최적의 기술을 선택할 수 있는 유연한 사고방식을 가지기 바랍니다.

가상화의 종류와 지원 환경의 확인

● 가상화를 구현하기 전에

가상화는 일반적으로 '호스트 OS형'과 '하이퍼바이저형'으로 나눌 수 있습니다. 자세한 것은 나중에 설명하겠지만, 간단히 말하자면 '호스트 OS형'은 보통 이용하고 있는 PC(Windows나 Mac)상에서 가상 OS를 움직이게 하는 것입니다. 따라서 겉보기에는 보통의 애플리케이션이 돌아가고 있는 것과 똑같이 보입니다.

한편 하이퍼바이저형은 머신의 리소스상에 가상화를 관리하는 '하이퍼바이저'가 가동되고(화면에는 거의 아무것도 표시되지 않는 상태라고 생각하기 바랍니다), 그 위에서 가상화가 움직이고 있는 상태가 됩니다.

실제 머신에 대해서는 주로 '콘솔'이나 '리모트 데스크톱' 등으로 불리는 툴을 통해 관리합니다(자세한 것은 6장에서 설명합니다).

이 책에서는 조금 후에 실제로 몇 가지 실습을 통해 가상화 환경을 구축해 나갈 것입니다. 그래서 여기서는 자신의 환경이 가상화를 지원하고 있는지 아닌지를 확인하는 방법과 기본적인 설정, 대표적인 가상화 툴에 대해 간단히 소개해두겠습니다.

또한 가상화를 실행하기 전에는 여러 가지 미들웨어와 OS, 툴 등을 이용할 필요가 있으므로 그에 대한 라이선스 형태도 확실히 이해해두어야 합니다.

실제로 가상화를 실행하기 전에는 Web 사이트 등을 통해 그때마다 각종 툴의 최신 정보를 확인하거나 별도의 전문 서적을 참고할 것을 권장합니다.

● Windows 8.x의 경우

OS로 Windows 8.x Pro/Enterprise를 이용하고 있다면 Hyper-V 기능을 이용할 수 있습니다(그림14). 유감스럽지만 아무 표지가 없는 에디션은 대상에서 제외됩니다. 또한 평가판 Windows 시리즈를 설치함으로써 가상 클라이언트를 무료로 시험해볼 수도 있습니다.

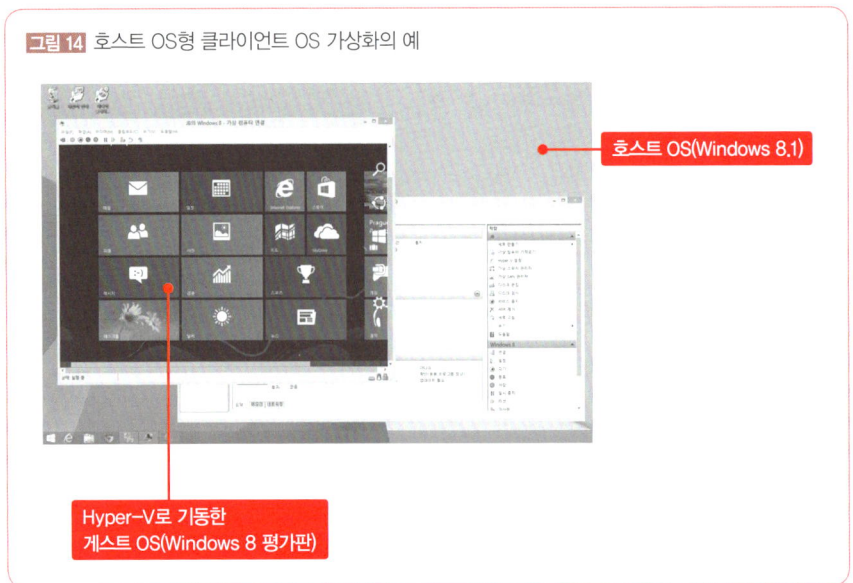

그림 14 호스트 OS형 클라이언트 OS 가상화의 예

호스트 OS(Windows 8.1)

Hyper-V로 기동한
게스트 OS(Windows 8 평가판)

하드웨어의 지원을 확인한다

Windows 8.x 시리즈의 경우, 하드웨어 요건으로서 CPU가 SLAT(Second Level Address Transfer) 기능을 지원할 필요가 있습니다. Intel 제품 CPU에서는 'Intel VT-x EPT', AMD 제품 CPU에서는 'AMD-V RVI'라는 기능을 탑재 및 지원할 필요가 있습니다.

지원되는지 아닌지는 CPU 모델명으로 확인할 수 있습니다. 확인하려면 데스크톱의 시작(Windows 마크) 버튼을 마우스 오른쪽 버튼으로 클릭한 후 '시스템'을 선택합니다. 그러면 '시스템' 화면이 나타나는데, 여기서 '프로세서'란을 확인하기 바랍니다. 그림 15 의 예에서는 'Intel® Core™ i3 CPU M 350 @'이라는 항목을 확인할 수 있습니다.

그런 다음 Intel 사의 제품 정보 사이트(http://ark.intel.com/ko)에 접속하고 제품명으로 검색하여 대상 테크놀로지가 지원되는지 아닌지를 확인합니다. 그림 16 의 예에서는 '고급 기술'란의 '인텔 가상화 기술(VT-x)' 항목이 'Yes'로 되어 있습니다. 이것으로 VT-x를 지원하고 있다는 것, 즉 하드웨어 요건을 충족시키고 있다는 것을 알 수 있습니다.[10]

---

[10] 여기서는 'Intel VT-x'를 확인했지만 그 밖에 필요한 기능을 지원하고 있는지를 확인하기 바랍니다. 자세한 것은 제조업체에 문의하기 바랍니다.

그림 15 제품명 확인 ①

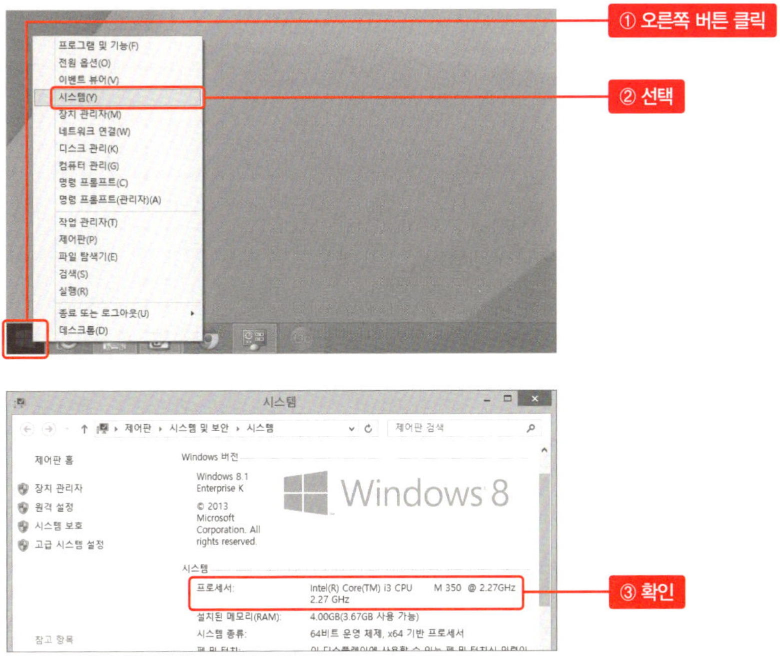

그림 16 제품명 확인 ②

Chapter 01 가상화란? 39

OS가 지원하는지를 확인한다

CPU의 모델명을 확인하는 방법 외에 Windows 8.x를 기동시킨 상태에서 'Msinfo32. exe'를 사용하여 Hyper-V를 지원하는지 아닌지를 확인하는 방법도 있습니다. 'Msinfo32.exe'는 Microsoft 사가 제공하는 시스템 정보 확인 툴입니다. CPU의 제품명을 확인하는 것보다 이 방법이 더 빠를지도 모르겠습니다.

방법은 간단한데, Windows 8.1의 검색 창을 실행시키고(Win+ⓒ) 'Msinfo32.exe' 라고 입력합니다. 그러면 'Msinfo32.exe'가 나타나므로 그것을 선택하거나 그대로 Enter 를 누릅니다.

그림17 과 같이 '시스템 정보'라는 화면이 실행되므로 'Hyper-V' 관련 항목을 살펴보기 바랍니다. '예'라고 되어 있는 경우에는 Hyper-V를 이용할 수 있습니다.

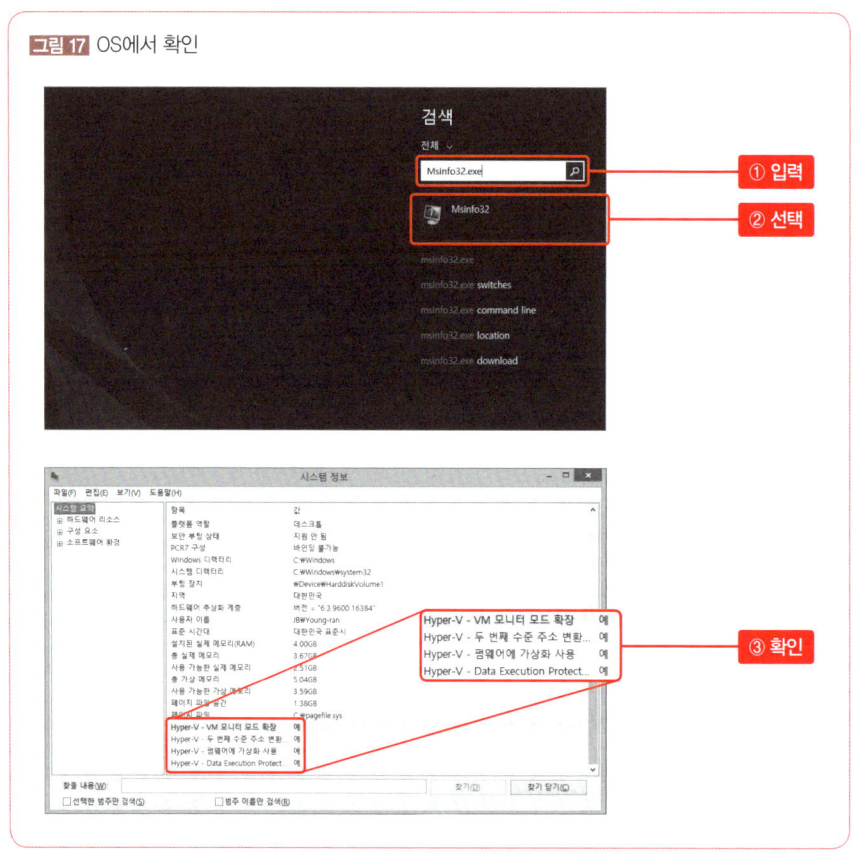

그림 17 OS에서 확인

Hyper-V를 유효화하는 방법

Hyepr-V를 지원하고 있는 경우 Hyper-V를 유효화하는 방법도 간단히 소개하겠습니다.

먼저 제어판에서 '프로그램 및 기능'을 선택합니다. '프로그램 및 기능' 화면에서 'Windows의 기능 켜기/끄기'를 선택한 후, 'Hyper-V' 항목에 선택 표시를 하고 '확인'을 누르면 됩니다.

그 후 Windows가 재구성 및 다시 시작되므로 다시 'Msinfo32.exe'를 실행합니다. 그러면 '시스템 정보' 화면의 표시 내용이 바뀌면서 화면의 아랫 부분에 '하이퍼바이저가 검색되었습니다.'라는 메시지가 나타날 것입니다. 이것으로 Hyper-V가 유효화됩니다(그림 18).

또한 시작 화면에서 '앱 보기'를 보면 'Hyper-V 관리자', 'Hyper-V 가상 컴퓨터 연결'이라는 항목이 추가되어 있을 것입니다(그림 19).

그림 18 Hyper-V의 유효화 설정

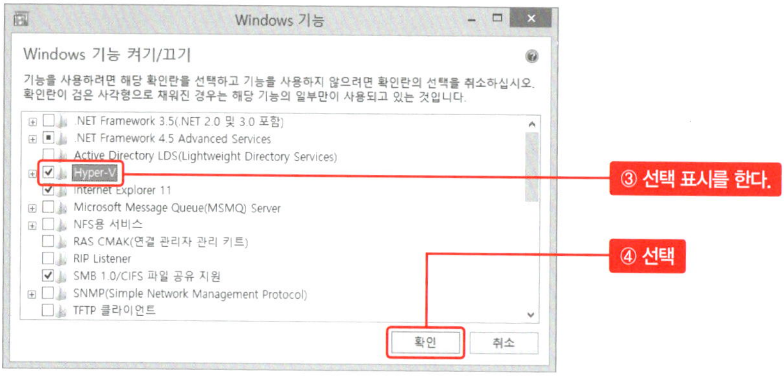

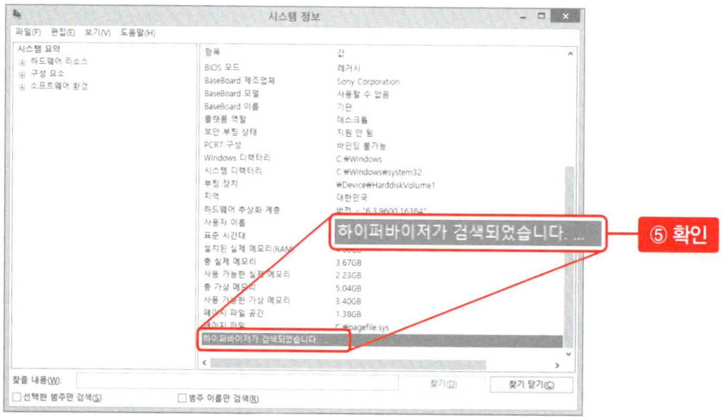

그림 19 Hyper-V 확인 ①

42 집에서 배우는 가상화의 기본 개념

그 밖에도 제어판의 '관리 도구'를 선택하여 '서비스'를 더블클릭하면 Hyper-V 관련 서비스가 추가되어 있는 것을 확인할 수 있습니다(그림 20).
이로써 Hyper-V를 이용하는 데 있어 최소한의 조건을 확인할 수 있습니다. 실제로 Hyper-V를 이용하는 방법은 2장에서 설명합니다.

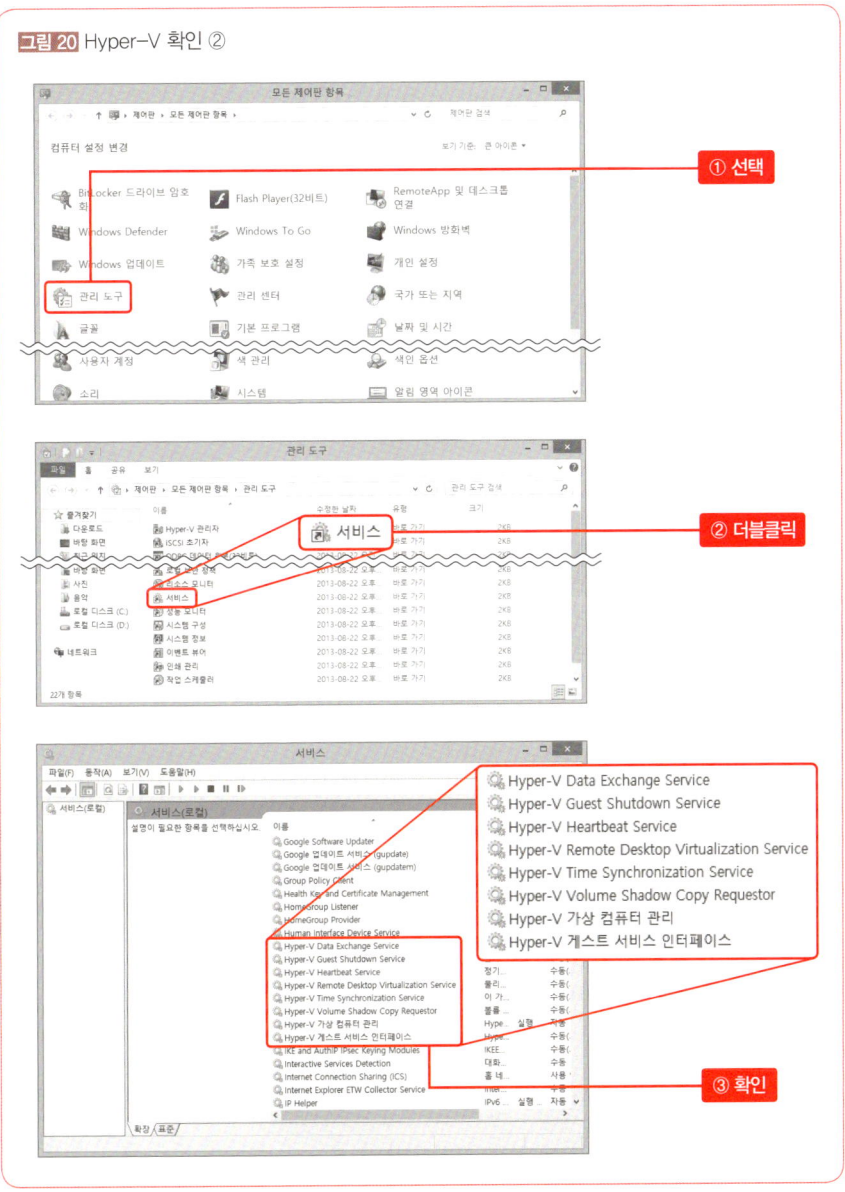

그림 20 Hyper-V 확인 ②

● **Windows 7의 경우**

Windows 7의 경우에는 'Windows 7(SP1)용 원격 서버 관리 도구'를 적용함으로써 Hyper-V를 이용할 수 있습니다. 원격 서버 관리 도구는 Windows 7 또는 Windows 7 SP1의 'Enterprise, Professhonal, Ultimate' 에디션에서 설치할 수 있습니다.

다운로드 사이트(http://www.microsoft.com/ko-kr/download/details.aspx?id=7887)에 접속하여 다운로드 및 설치를 실행하기 바랍니다(그림21).[*11]

도구를 설치한 후 '제어판' → '프로그램 및 기능' → 'Windows 기능 사용/사용 안 함' 안에 'Hyper-V 도구'라는 항목이 나타나면 선택 표시를 하고 '확인'을 클릭합니다(그림22).

계속해서 시작 메뉴(또는 제어판)의 '관리 도구' → 'Hyper-V 관리자' 항목에서 관리 화면이 시작되는 것을 확인합니다(그림23).

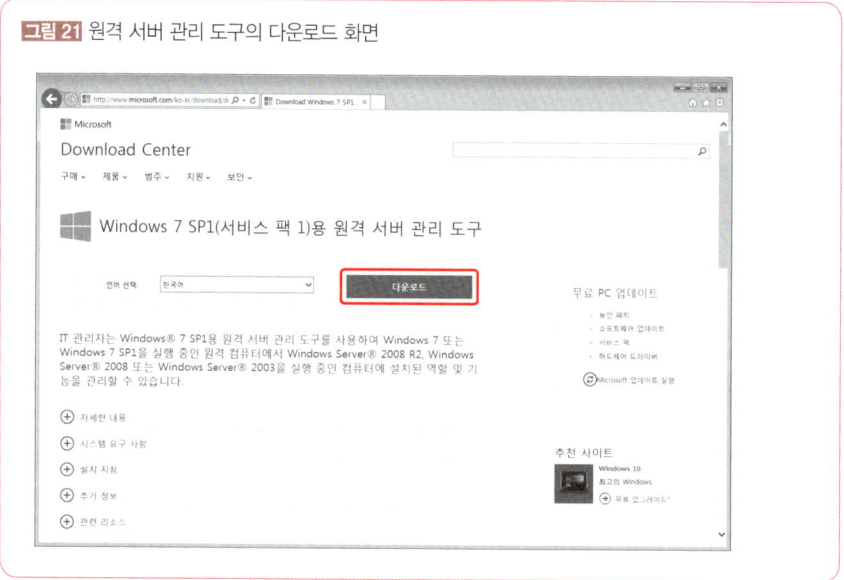

그림21 원격 서버 관리 도구의 다운로드 화면

---

*11 다운로드 및 설치에 대한 자세한 내용은 Web 사이트를 참조하기 바랍니다.

그림 22 Hyper-V의 유효화 설정

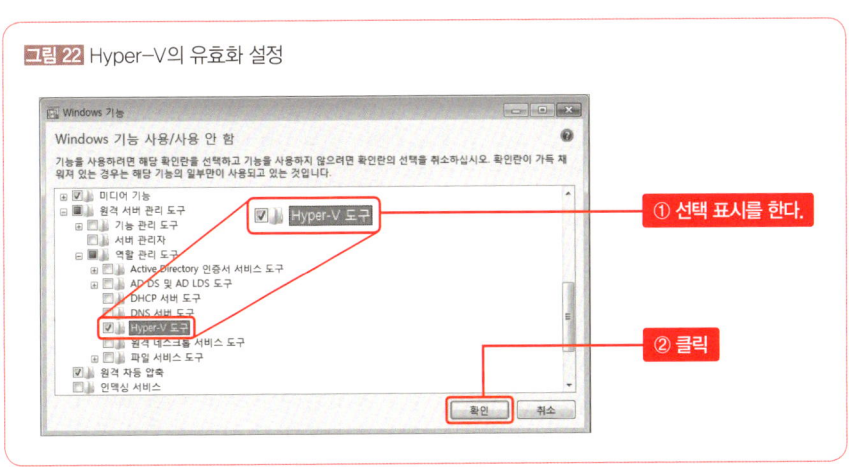

그림 23 Hyper-V 확인

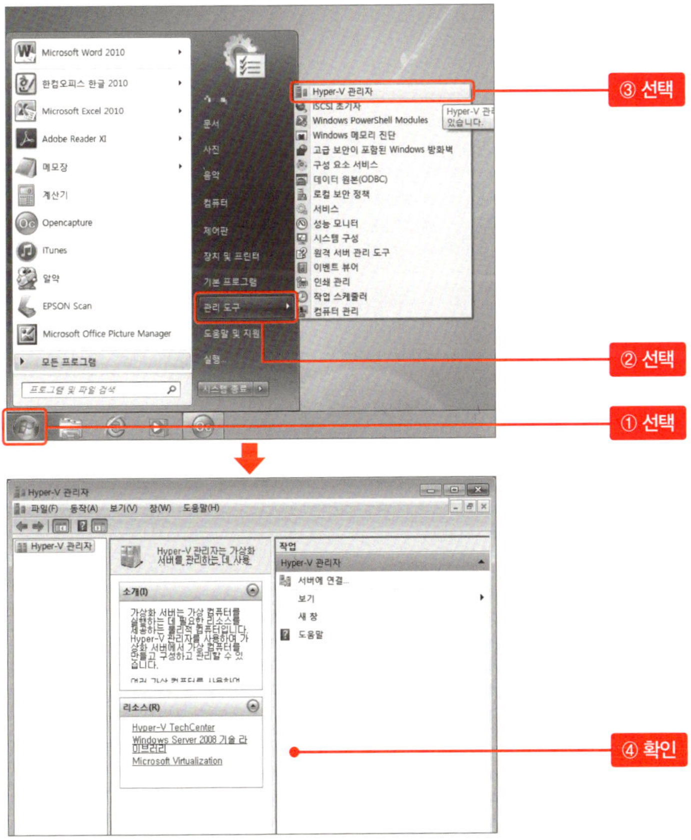

Chapter 01 가상화란? 45

● **Windows Server 2012 R2의 경우**

Windows Server 시리즈의 경우, Windows Server 2008 이후 버전이면 Hyper-V를 이용할 수 있습니다. Microsoft 순정 Server OS와 Hyper-V의 조합은 설정이 아주 간편합니다. Windows Server 2012 R2의 경우, 서버 시작 후 서버 관리자(대시보드)의 '역할 추가'에서 Hyper-V를 선택하여 추가함으로써 Hyper-V 관리자를 추가할 수 있습니다(그림 24).*12

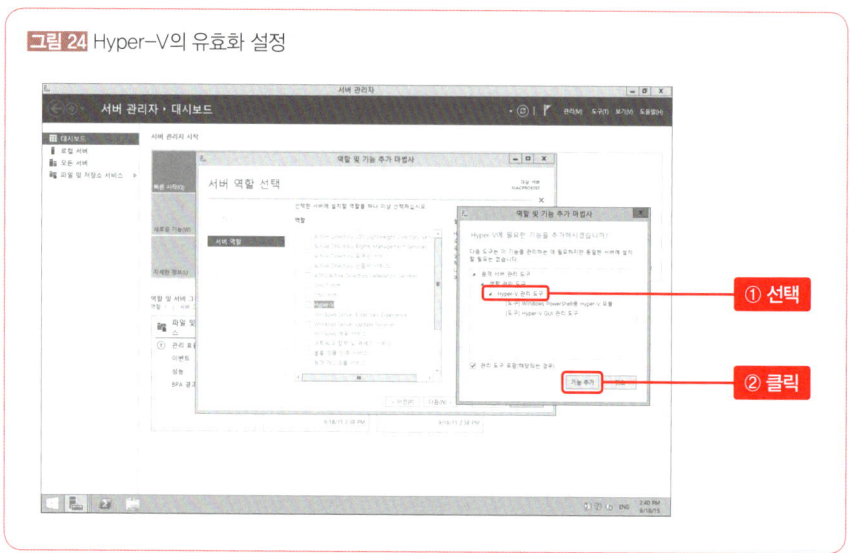

그림 24 Hyper-V의 유효화 설정

● **Mac OS X의 경우**

Apple 사(Mac OS)의 경우에는 순정 하이퍼바이저가 제공되지 않으므로 서드파티 소프트웨어를 이용해야 합니다.

대표적인 제품으로는 Paralles 사가 제공하는 가상 머신 환경 소프트웨어인 'Paralles Desktop' 시리즈(유료)나(그림 25), Mac 버전에 국한되지 않고 다양한 플랫폼에서 가동하는 Oracle의 'VirtualBox'가 있습니다(그림 26). 사양 등 가동 조건에 대해서는 제공 회사의 Web 사이트를 참조하기 바랍니다.

*12 자세한 내용은 전문 서적을 참조하기 바랍니다.

그림 25 Paralles Desktop의 실행 예

그림 26 VirtualBox의 실행 예

● 주목할 만한 가상화 기술 'VDI'

마지막으로 집에서 가볍게 시험해볼 수 있는 것은 아니지만 'VDI(데스크톱 가상화: Virtual Desktop Infrastructure)'라는 기술에 대해 소개하겠습니다.

VDI는 호스트 OS형처럼 '호스트가 되는 PC'가 없으면 연결할 수 없는 것이 아니라, 연결할 수 있는 환경과 연결처의 리소스가 있어서 환경을 구축하면 어떤 PC로부터

든 동일한 리소스에 연결할 수 있습니다. 어떤 의미에서 하이퍼바이저형에 가까운 방식으로, 가까운 장래에 클라우드 서비스 등에서 이용 가능하게 되면 진정한 의미에서 PC나 장소에 의존하지 않는 조작 환경을 구현할 수 있을 것입니다. 예를 들어 회사에 출근하든, 외근지에서든, 집에서든 상관없이 완전히 동일한 환경에 접속할 수 있습니다. 데스크톱상에서 편집하던 파일을 그 상태 그대로 계속 편집할 수 있습니다. 더욱이 (클라우드상에서 적절히 리소스가 할당되어 있으면) 몇 년이 지나도 처리 능력을 고민할 필요가 없습니다. 그런 시대가 금방 다가올지도 모릅니다. VDI는 그러한 환경을 구현하는 기술로서 주목받고 있습니다.[13]

그림 27은 Windows 8.1이 탑재된 PC를 기동시킨 후 클라우드(Microsoft Azure)를 경유하여 Windows 7에 접속하고 있는 모습입니다(실제 연결은 리모트 데스크톱을 사용하고 있습니다).[14]

그림 27 VDI의 실행 예

---

[13] VDI에 관한 자세한 내용은 255쪽을 참조하기 바랍니다.

[14] 이와 같은 환경은 이 책의 집필 시점(2015년 2월)에서 MSDN 서브스크립션의 특전이었기 때문에 일반적인 이용 용도는 아닙니다. 하지만 MSDN을 가지고 있다면 누구나 시험해볼 수 있습니다.

가상화의 역사
- 컴퓨터와 가상화의 관계

● 가상화의 역사를 살펴보는 의의

여기서는 컴퓨터와 가상화의 역사를 소개합니다. 가상화 기술을 처음 배우는 사람에게 있어서 지금까지의 역사를 살펴보는 것은 매우 중요합니다. 그리고 현재 인기를 끌고 있는 클라우드나 가상화 기술이 이 정도까지 일반화된 것은 사실 최근의 일이라는 것을 이해할 수 있을 것입니다. 또한 클라우드나 가상화 기술이 지금과 같은 형태로 발전을 이루어낸 이유도 어느 정도 이해할 수 있으리라 생각됩니다.

여기서는 크게 '하드웨어의 리소스에 제한이 있던 시절'과 '하드웨어 성능이 강화되기 시작한 시절', '가상화의 과제'라는 세 가지 국면으로 나누어 소개하겠습니다. 결론부터 말하자면 '남는 하드웨어 리소스를 보다 유효하게 활용'하기 위해 발전을 거듭한 것이 '가상화 기술'이라고 할 수 있습니다.

● 하드웨어 리소스에 제한이 있던 시절

사실 가상화라는 기술 자체는 의외로 오래전부터 존재했으며 1960~70년대에 이미 가상화의 원형과 같은 기술이 사용되기 시작했습니다.

하지만 당시의 컴퓨터는 현재와 비교해서 성능도 떨어지고 매우 고가였습니다. 그래서 가상화도 일반 사용자나 기업에서는 도저히 손을 댈 수 없는 대형 컴퓨터에서만 구현되고 있었습니다.

또한 당시는 펌웨어나 OS 등의 기능으로 가상화를 구현했는데, 그 무렵의 가상화 목적은 '컴퓨터가 휴지 상태일 때(리소스를 이용하고 있지 않을 때) 다른 시스템이 리소스를 이용할 수 있도록 한다.'와 같이 한정된 리소스를 유효하게 활용하기 위한 것이었습니다.

당시는 가상화에 대한 연구도 활발하여 실제로 다양한 기능이 태어났습니다. 여기서는 옛날부터 있던 가상화 기능의 대표적인 것을 소개하겠습니다.

● 오버레이

'오버레이'는 메인 메모리에서 처리할 수 없을 정도의 애플리케이션이 있는 경우, 대상 애플리케이션을 정해진 크기로 분할하여 필요할 때 메인 메모리로 로드하여 처리를 수행하는 기능입니다.

이 기법은 당시 매우 고가였던 하드웨어를 이용하는 데 있어서 실제 성능 이상의 처리가 가능하다는 점에서 매우 유용했습니다. 실제로 초기 가상화의 대표적인 기술 중 하나로 꼽을 수 있습니다.

하지만 메인 메모리와 보조 메모리 간에 처리가 오가는 것을 항상 파악해둘 필요가 있는 등 운용에 매우 전문적인 스킬이 필요했습니다. 그래서 나중에 '가상 메모리'라는 개념이 나오고, 논리 공간과 물리 공간을 자동으로 오갈 수 있게 되자, 오버레이를 사용하는 상황은 줄어들었습니다.

● 페이징

페이징은 가상 메모리를 구현하는 방식 중 하나로, '페이지(Page)'라는 일정하게 정해진 공간으로 관리하는 기술입니다.

페이징은 시스템으로부터 페이지 장소가 할당된 후 물리적인 영역과 논리적인 영역의 이동은 사용자 측이 신경 쓰지 않아도 되었기 때문에 어느 정도 지지를 받았습니다.

그 후 각 영역의 메모리 보호, 주소 관리 방식의 다양화 등과 같은 다양한 기능이 강화되어 그와 똑같거나 비슷한 기능이 일반 기업이나 사용자용 컴퓨터에까지도 등장했습니다.

● LPAR · PR/SM

'가상화'라는 말 자체는 사용하지 않았지만 '물리적인 컴퓨터를 논리적인 여러 개의 시스템으로 보이게 하는 기술'은 예전부터 존재했습니다.

그 대표적인 기술이 'LPAR(Logical PARition)'과 'PR/SM(Processor Resource/System Manager)'입니다. 1987년 무렵에는 이러한 기술이 등장하여 실용화되었습니다. 또한 이 두 기술은 '범용기'라 불리는 대형 컴퓨터를 운용하는 기업이나 시스템에 있어서 현재까지도 이용되고 있습니다.

'LPAR'는 '논리 구획'이라고도 하는데, 이는 말 그대로 시스템에 '논리적인 구획'을 제공함으로써 한 대의 컴퓨터를 두 대의 컴퓨터로 보이게 하는 기술입니다.

이 LPAR을 가능하게 만든 것이 'PR/SM'로, PR/SM은 예를 들면 'CPU의 리소스 중 70%를 메인 환경에 할당한다.' 등과 같은 개념을 정의하여 시스템과 리소스를 관리하는 기술입니다.

LPAR와 PR/SM은 오늘날의 가상화 개념에 비교적 가까운 기술이라고 할 수 있습니다.

● 고가의 컴퓨터 공동 이용

오늘날의 일반용 PC를 여러 명의 사용자가 공유하여 이용하려면 여러 가지 허들을 넘어야 하는데, 대형 컴퓨터(범용기)는 옛날부터 공동 이용을 하고 있습니다.

왜냐하면 앞에서 말한 것처럼 당시의 컴퓨터는 매우 고가였기 때문입니다. 당시의 공유는 남아 있는 리소스를 '시분할(타임 셰어링)'이라는 방식으로 공유하는 방식입니다.

예를 들어 여러 개의 서버를 논리적으로 한 대의 중앙 처리 장치(컴퓨터 본체)에서 가동시키는 기술은 은행의 ATM 등에서 지금도 채택되고 있습니다. 은행의 ATM 장치는 전국 각지에 있으며, 그 수는 방대합니다. 이것을 한 대의 머신(중앙 처리 장치)에 연결할 수 있다면 모든 장치의 입출력 데이터를 일원화하여 관리할 수 있기 때문에 쓸데없는 데이터 주고받기 등도 상당 부분 줄어듭니다. 그렇게 되면 사고나 정보 누출도 쉽게 막을 수 있습니다.

이와 같이 범용기를 IA(Intel Architecture) 서버 등으로 하는 경우, 데이터가 집약되는 한 대 또는 여러 대의 서버에서는 완전한 계속성과 전국 각지에 있는 ATM 등과 같은 말단 단말기로부터 전송되어 오는 데이터를 누락없이 처리해야 합니다. 더욱이 만일에 무슨 일이 일어난 경우 '어디까지 처리가 진행되었는지', '거기서 재시동 (ReRUN)할 필요가 있는지', '재시동하는 데 있어 만일을 위해 완전히 되돌릴 수 있는지' 등을 하드웨어와 애플리케이션 등에서 검토하고 구현할 필요가 있습니다. 일반용 PC나 IA 서버라 불리는 컴퓨터가 고성능화됨과 동시에 대형 범용기를 이용했던 기업이 일반용 IA 서버로 이행(다운사이징)하는 경우도 늘고 있지만, 위와 같은 시스템이 바람직한 경우는 지금도 종전대로 범용기를 계속 사용하는 경우가 많습니다.

또한 요즘은 대형 범용기를 이용하지 않는 기업이나 고가의 그래픽 카드를 서버나 클라우드상의 리소스로 두고 여러 명이 리소스를 공유하는 경우도 있습니다.

이 방식은 47쪽에서 소개한 'VDI'에 해당하는 경우인데, 비교적 고가이며 특수한 하드웨어를 공유하는 방법으로도 주목을 받고 있습니다.

● 하드웨어 성능이 강화되기 시작한 시절

지금까지 '하드웨어 리소스에 제한이 있었던 시절'의 이야기를 해왔는데, 계속해서 '하드웨어 성능이 강화되기 시작한 시절'의 노력에 대해 소개하겠습니다.

하드웨어의 성능 강화 및 저가화가 진행됨과 함께 컴퓨터는 한정된 기업뿐만 아니라 일반 사용자나 기업에서도 이용할 수 있게 되었습니다.

일반 사용자나 기업이 저가에 괜찮은 성능의 컴퓨터를 손에 넣을 수 있게 된 시대는 연대로 말하자면 1990년대 중반이 됩니다. 하지만 하드웨어 성능이 강화되었다고 하더라도 지금과 같은 성능은 가지고 있지 않았을 뿐만 아니라, 당시에는 지금과 같이 일반용 가상화 기술도 없었기 때문에 기본적으로 PC와 OS는 일대일 관계에 있습니다. 따라서 어떤 시스템이 PC의 리소스를 모드 써버리면 그 이상은 아무것도 할 수 없다는 문제를 안고 있습니다.

그래서 동일한 시스템의 복제를 만들고 '로드 밸런서(부하 분산 장치)'라는 장치로 액세스 부하를 분산시켜 하드웨어의 리소스를 경감시키는 장치가 태어났습니다(그림 28). 요점을 말하자면 컴퓨터의 수 자체를 늘려 동일한 처리를 할 수 있는 시스템을 구축했던 것입니다.

또는 실제 머신이 확장성을 가지도록 해서 처리 능력이 부족해지면 시스템을 완전 정지시키고 CPU나 메모리 등을 늘린다는 대책을 취하는 경우도 있습니다. 어떤 경우든 종래에는 한 대의 머신 리소스가 모자랐기 때문에 처리 능력이 부족해지면 실제 기기에 무엇이든 대책이 필요했습니다. 그래서 한정된 기업뿐만 아니라 널리 일반 기업이나 사용자도 이용 가능한 '가상화'가 필요하게 되었습니다.

이러한 연유로 Microsoft 사의 'Hyper-V'나 Oracle 사의 'VirtualBox', VMware 사의 'VMware ESXi' 등 보다 범용적으로 이용할 수 있는 가상화 플랫폼이 많이 등장하게 되었습니다.

그림 28 로드 밸런서의 구조

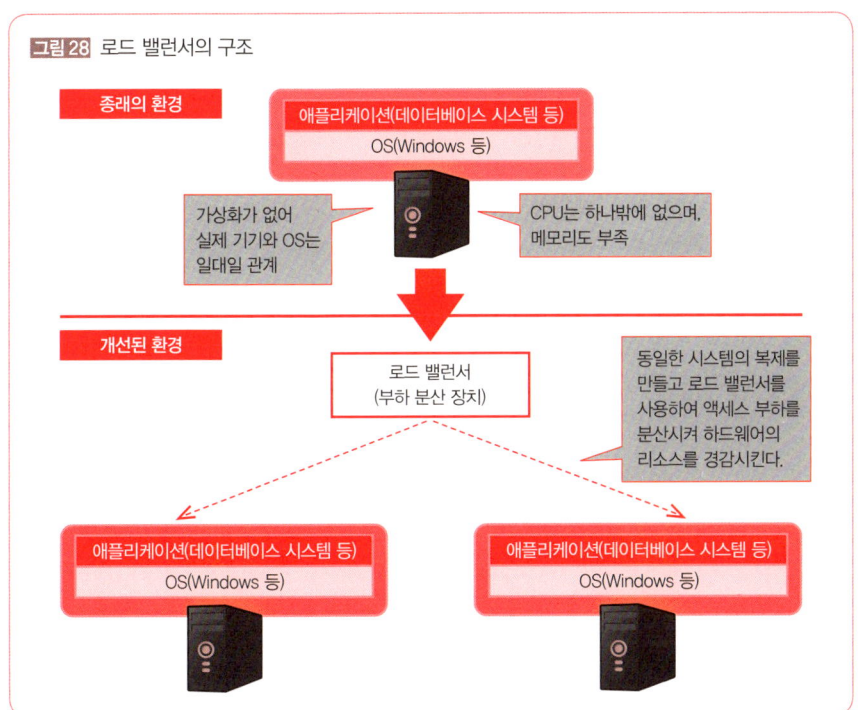

Coffee Break ★ Hyper-V의 역사

가상화 기술의 역사는 곧 가상화 제품 등장의 역사이기도 합니다.

여기서는 그 일례로 Microsoft 제품의 역사를 살펴봅시다. Microsoft가 제공하는 대표적인 가상화 플랫폼인 'Hyper-V'는 원래 미국의 커넥틱스(Connectix) 사가 개발한 Macintosh용 가상화 소프트웨어인 'Virtual PC'에서 출발했습니다. Virtual PC는 Mac상에서 Windows 애플리케이션을 작동시키기 위해 개발된 것이었습니다. 이 Virtual PC를 Microsoft가 매수하여 Windows 7까지는 'Windows Virtual PC', 그리고 Windows 8부터는 'Hyper-V'라는 형태로 사용자에게 제공한 것입니다. 2005년에는 서버용 가상화 제품인 'Microsoft Virtual Server 2005'가, 그리고 2008년부터는 Hyper-V가 탑재된 'Windows Server 2008'이 발매되었고, 같은 계보의 제품이 지금도 계속 나오고 있습니다. 물론 그 동안 경쟁사와의 차별화를 피하기 위해 가상화 환경의 구축이나 클라우드와의 연동 등 다양한 기능 강화와 새로운 서비스를 제공하고 있습니다.

가상화 제품을 제공하는 회사는 사용자 기업이 자사의 제품을 선택하도록 다양한 노력을 해 왔습니다. Microsoft에 국한되지 않고 이러한 사용자 및 사용자 기업을 배려한 기능의 발전은 앞으로도 계속될 것입니다.

● 오늘날 가상화 기술의 과제

가상화 기술은 나날이 발전하고 있지만 한편으로는 그에 수반되는 과제도 있습니다. 대표적인 과제가 '관리 면'입니다. 종래에 서버에서 실제 서비스를 관리하던 시절의 서버와 서비스는 대부분 '일대일'의 관계였습니다. 서버가 백 대든, 만 대든 상관없이 각각의 용도가 명확했기 때문에 그만큼 직감적으로 관리하기 쉬운 시대였습니다.

하지만 가상화 기술의 진보와 함께 하나의 실제 서버에서 여러 개의 서비스(시스템)를 가동시킬 수 있게 되었습니다. 예를 들어 실제 기기의 수를 10분의 1로 줄인다면 서버 한 대에 대해 종래의 열 배의 서비스를 관리해야 합니다.

'열 대에 백 개의 시스템' 정도라면 관리할 수 있을지 모르겠지만 '천 대에 만 개의 시스템'인 경우는 어떨까요?

이러한 형태로 서버가 몇십 대, 몇백 대, 그 이상이 될수록 하드웨어는 효율적으로 사용할 수 있는 반면, 어떤 기기에서 어떤 서비스가 움직이고 있는지는 관리하기 어려워집니다(그림 29).

이와 같이 '어떤 기기에서 어떤 서비스가 돌아가고 있는가'라는 문제는 서버가 장애 등으로 정지한 경우에 표면화됩니다. 그 이유는 하드웨어가 정지하면 그 위에서 가동되던

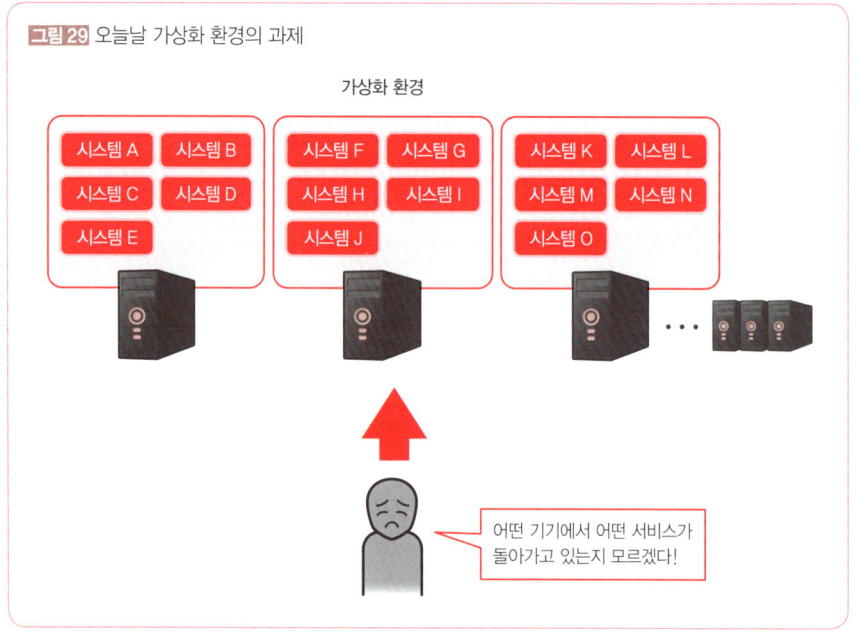

그림 29 오늘날 가상화 환경의 과제

시스템도 정지되기 때문입니다.

가상화 기술을 이용하지 않는 경우는 하나의 서버가 다운되더라도 영향을 받는 시스템은 하나뿐일지 모릅니다. 하지만 가상화를 사용하여 여러 개의 서비스가 가동되는 경우, 이 모든 서비스가 한꺼번에 다운되어 장애도 커지게 됩니다.

하지만 지금은 이러한 문제에 대한 연구도 진행되어 '리소스 관리 전용' 역할을 가지고 있는 기능도 등장했습니다. 예를 들어 Microsoft 사의 'System Center'라는 제품이 이에 해당합니다.

이와 같은 '관리 기능'을 탑재한 컴퓨터를 '관리 머신'으로 배치하고, 가상화가 작동되는 시스템 전체를 관리하는 것입니다(그림 30).

● **관리 머신에 의한 관리**

관리 머신을 도입하여 가동하고 있는 서버의 실제 기기와 그 위에서 가동 중인 다양한 가상화 시스템을 관리해두면, 예를 들어 실제 기기 한 대가 정지한 경우 관리하고 있는 가상화 시스템 중에서 반응이 없어진 시스템을 다시 시작함으로써 다운 타임을

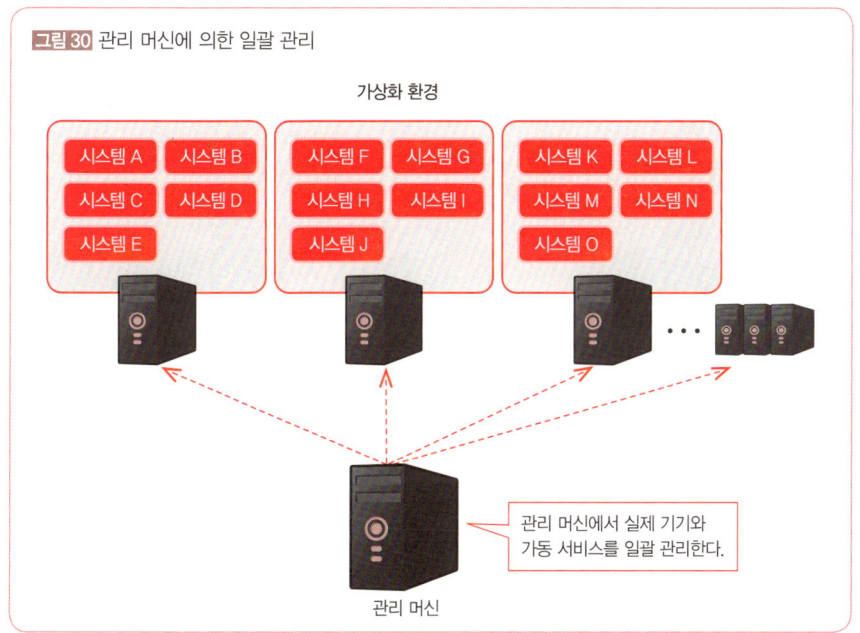

그림 30 관리 머신에 의한 일괄 관리

최소화할 수 있습니다.

또한 무응답 중인 서버에서 시스템이 정지되는 것을 막기 위해 다시 시작을 하는 동안에는 리소스에 여력이 있는 다른 기기상에서 서비스를 계속 기동시키는 등과 같은 조치도 취할 수 있게 되었습니다(그림31).

물론 실제 업무 등에서 이용할 때는 데이터의 계속성 등도 포함한 설계가 필요하지만, 이와 같이 만일 장애가 발생했을 때에 피해를 최소화할 수 있는 장치가 서서히 자리를 잡아가고 있습니다.

지금까지 가상화 기술의 역사를 대충 훑어보았습니다. 종합하자면 '지금의 가상화 기술은 2004~2005년부터 나오기 시작해서 2008년 무렵부터 단숨에 보급되기 시작했다.'라고 할 수 있습니다. 또한 최근에 등장하고 있는 여러 가지 클라우드 서비스도 이러한 가상화의 역사와 과제를 배경으로 나왔다는 것을 알 수 있습니다.

오늘날에는 가상화 기술의 완성도가 더욱 진행되어 보다 고속이며 효율적인 리소스의 배분이나 그 밖에도 대규모 시스템의 운영에도 견딜 수 있는 기능이 제공되고 있습니다. 이러한 발전의 흐름은 앞으로도 더욱 가속화될 것입니다.

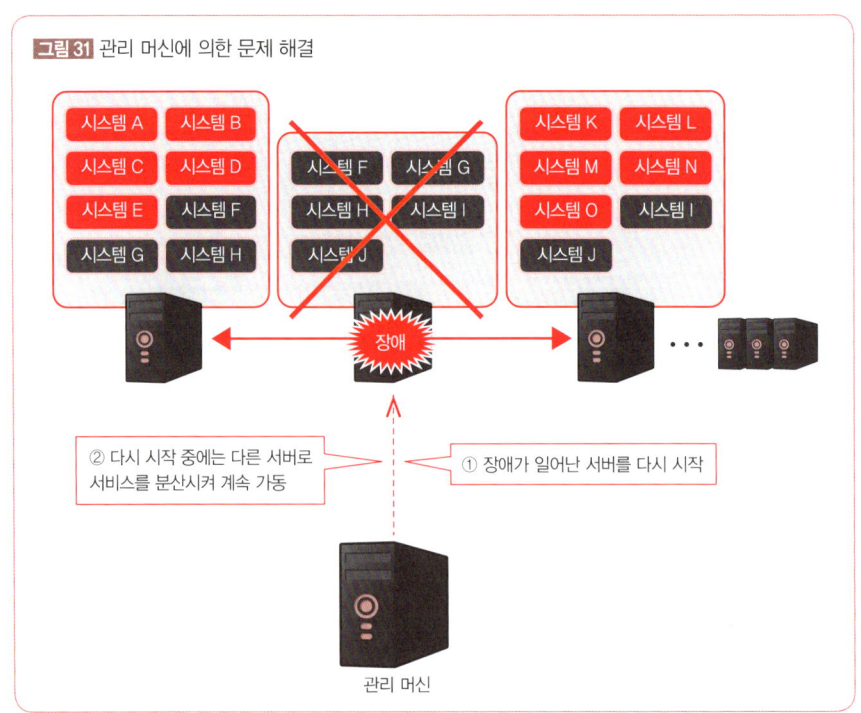

그림31 관리 머신에 의한 문제 해결

1장의 정리

- 가상화란 '없는 것'을 '있는 것'처럼 보이게 하는 기술이다.
- 5GB의 온라인 스토리지를 이용할 수 있는 권리를 신청한 경우, 온라인(클라우드)상에 5GB의 영역이 할당되는 것이 아니라 이용한 만큼의 용량만 할당된다.
- 한 명(하나의 시스템)이 하나의 실제 기기를 이용하는 것 또는 여러 개의 실제 기기에서 하나의 시스템을 이용하는 것을 '점유'라고 한다.
- 여러 명(또는 여러 시스템)이 하나의 실제 기기를 이용하는 것 또는 여러 시스템을 여러 기기에서 이용하는 것을 '공유'라고 한다.
- 하드웨어의 능력을 효율적으로 공유(공동 이용)하는 것을 '하드웨어 가상화'라고 한다.
- 하드웨어를 가상화하려면 '하이퍼바이저'라는 개념이 필요하다.
- 가상화(하이퍼바이저)를 이용하는 경우, 하드웨어가 지원하고 있는지와 가상화하여 가동시키는 데(게스트 OS)에 필요한 라이선스를 취득할 필요가 있다.
- 하이퍼바이저는 여러 제조업체가 다양한 제품을 출시하고 있다.
- 예전에는 하드웨어의 처리 능력이 낮았기 때문에 처리를 작은 시간으로 나눠 프로그램 등이 실행되지 않을 때 다른 처리를 할당함으로써 많은 처리를 구현했다.

Q1 '점유'의 이미지에 가까운 것을 두 개 고르십시오.
- A 하나의 물건을 혼자 이용하는 것
- B 하나의 물건을 여러 명이 이용하는 것
- C 여러 개의 물건을 여러 명이 이용하는 것
- D 여러 개의 물건을 혼자 이용하는 것

Q2 클라이언트 가상화의 구성은 무엇입니까?
- A 가상화 소프트웨어, 하이퍼바이저
- B 실제 기기, 하이퍼바이저
- C 실제 기기, OS, 하이퍼바이저
- D 실제 기기, 가상화 소프트웨어, 하이퍼바이저

Q3 온라인 스토리지 서비스의 기억 장치를 가상화할 때의 장점은 무엇입니까?
- A 회원이 늘면 그와 비례하여 스토리지의 크기가 늘어난다.
- B 이용 제한의 최대 수만큼 스토리지를 미리 준비할 필요가 있다.
- C 실제 회원의 실제 이용량과 증가가 예측되는 만큼의 스토리지가 있으면 된다.
- D 특별히 없다.

Q4 클라우드 서비스 중 가상 서버(가상 머신) 서비스를 무엇이라고 합니까?
- A IaaS(Infrastructure as a Service)
- B PaaS(Platform as a Service)
- C SaaS(Software as a Service)
- D mBaaS(mobile Backend as a Service)

Q5 일반적인 실제 머신의 용도 중 가상화하기 어려운 시스템은 무엇입니까?
- A 별로 이용하지 않는 서버
- B 유지 비용이 드는 구형 서버
- C 특정 시간에만 이용하는 서버
- D 주변 기기가 연결되어 있는 서버

해답 Q1. A와 D   Q2. C   Q3. C   Q4. A   Q5. D

Chapter 02

가상화의 기본과 구조

가상화의 종류와 하드웨어

2장에서는 가상화의 구조를 좀 더 자세히 설명합니다. 가상화의 방법은 크게 '호스트 OS형'과 '하이퍼바이저 형'으로 나눌 수 있습니다. 각 방식의 차이와 가상화 및 하드웨어의 관련에 대해 설명합니다.

Section 01

클라이언트 가상화를 시험해보자

이 장에서는 실제로 가상화를 체험해보겠습니다. 가장 간단하게 시험해볼 수 있는 '클라이언트 가상화'에 도전해봅시다. Windows 8.1 Enterprise에서는 'Hyper-V'를, Mac에서는 'VirtualBox'를 사용하여 가상 머신을 작성하는 방법을 소개합니다.

Step 1 ▶ 'Hyper-V편' OS의 버전을 확인하자

여기서는 Microsoft 순정 가상화 기능인 'Hyper-V'를 사용하여 Windows 8.1상에 가상 이미지로서 같은 Windows 8 평가판을 가동시켜보겠습니다. 호스트 OS가 되는 Windows 8.1은 Pro/Enterprise판이 필요합니다. 또한 CPU도 가상화를 지원하고 있어야 합니다. 먼저 자신의 환경이 Hyper-V를 지원하고 있는지 아닌지를 확인해봅시다.[*1]

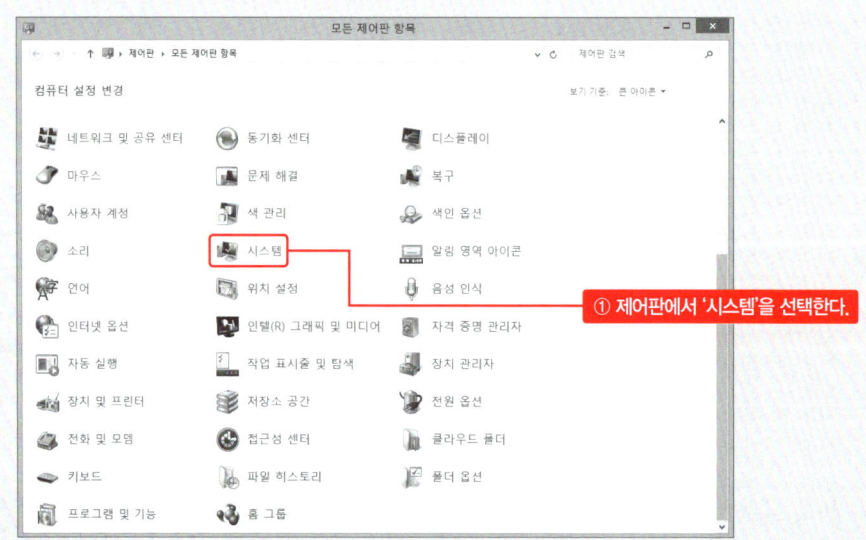

① 제어판에서 '시스템'을 선택한다.

*1 자세한 것은 37쪽을 참조하기 바랍니다.

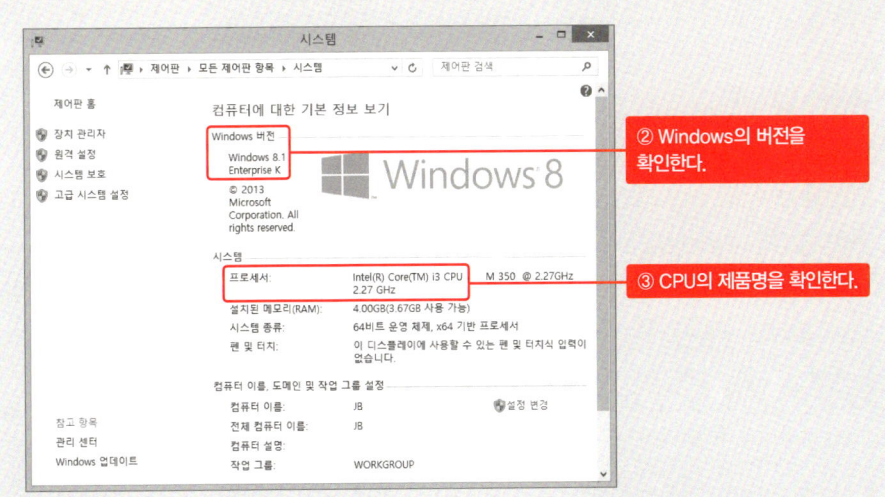

Step 2 — 'Hyper-V편' CPU의 지원 여부를 확인하자

필요하다면 CPU의 지원 여부도 확인합니다. Step 1의 ③에서 확인한 CPU의 제품명을 바탕으로 가상화를 지원하고 있는지 아닌지를 확인합니다. 인텔 사 CPU의 경우 제품 정보 사이트(http://ark.intel.com/ko/Products/VirtualizationTechnology)에서 확인할 수 있습니다. '인텔® EPT 지원'이 '예'로 되어 있으면 Hyper-V를 이용할 수 있습니다.

Chapter 02 가상화의 기본과 구조 **61**

Step 3 ▶ 'Hyper-V편' Hyper-V를 유효하게 한다

자신의 환경이 Hyper-V를 지원한다는 것을 확인했으면 Hyper-V를 유효하게 합니다. Hyper-V를 유효하게 하는 방법은 41쪽에서도 소개했지만 여기서는 복습을 겸해서 간단히 설명해두겠습니다.

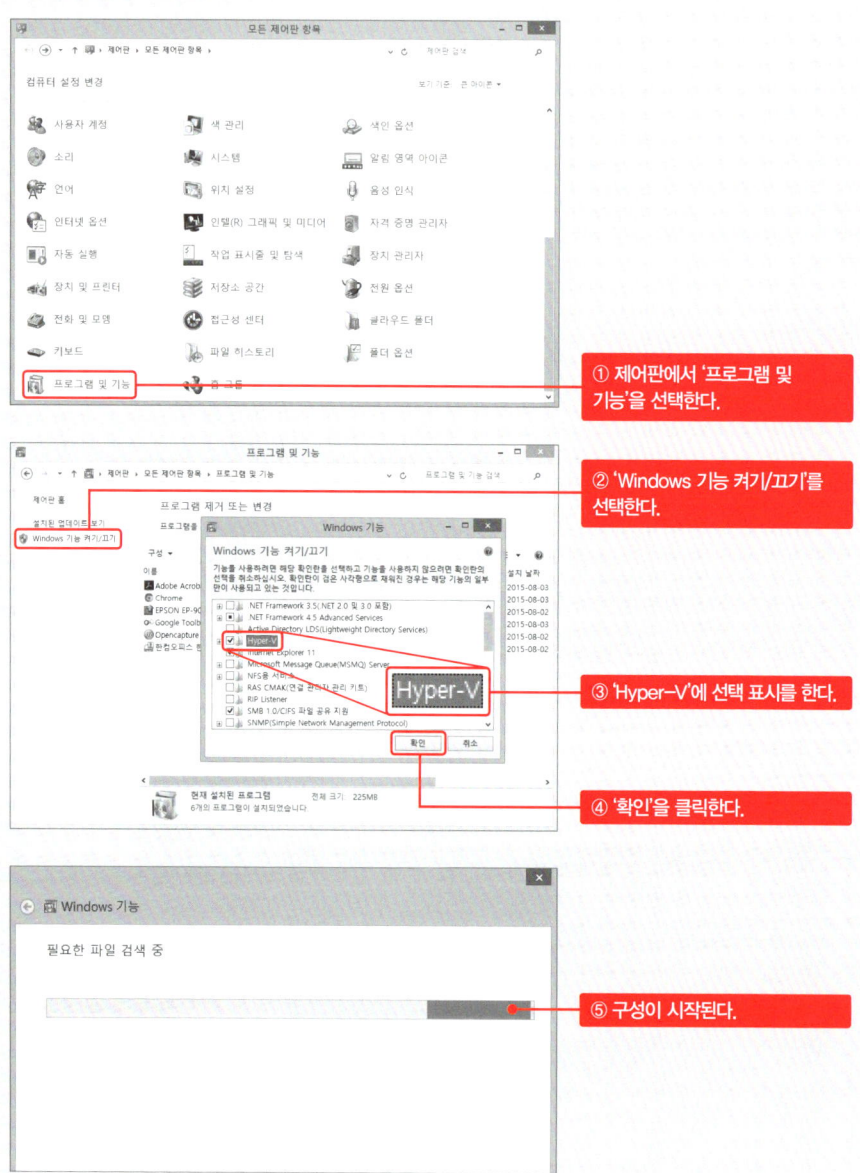

① 제어판에서 '프로그램 및 기능'을 선택한다.

② 'Windows 기능 켜기/끄기'를 선택한다.

③ 'Hyper-V'에 선택 표시를 한다.

④ '확인'을 클릭한다.

⑤ 구성이 시작된다.

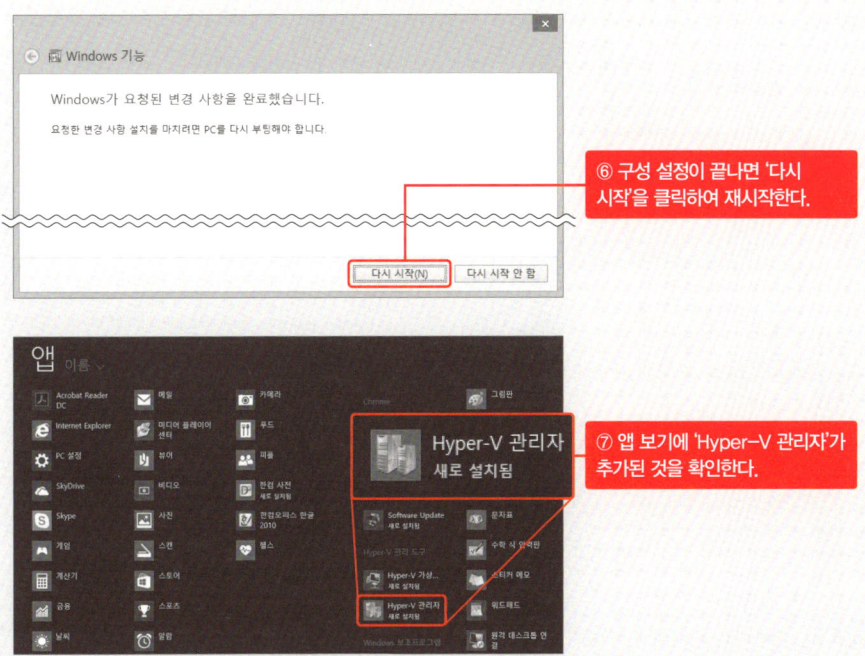

Step 4 ▶ 'Hyper-V편' 가상 머신을 작성해보자

Hyper-V를 유효하게 했으면 실제로 Hyper-V 관리자에서 가상화 머신을 작성해봅시다. 또한 여기서는 가상 머신상에 Windows 8 평가판을 설치하겠습니다(평가판의 입수 방법은 70쪽을 참조하기 바랍니다). 혹시 OS의 설치 미디어 등을 가지고 있는 경우에는 그것을 이용해도 상관없습니다.

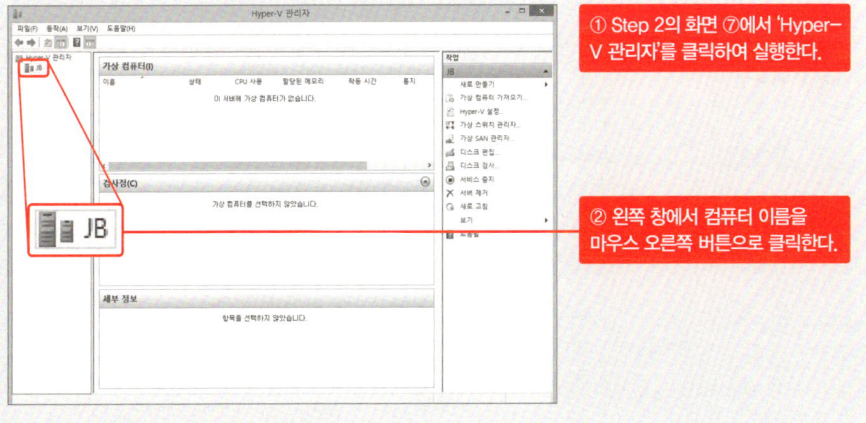

Chapter 02 가상화의 기본과 구조 **63**

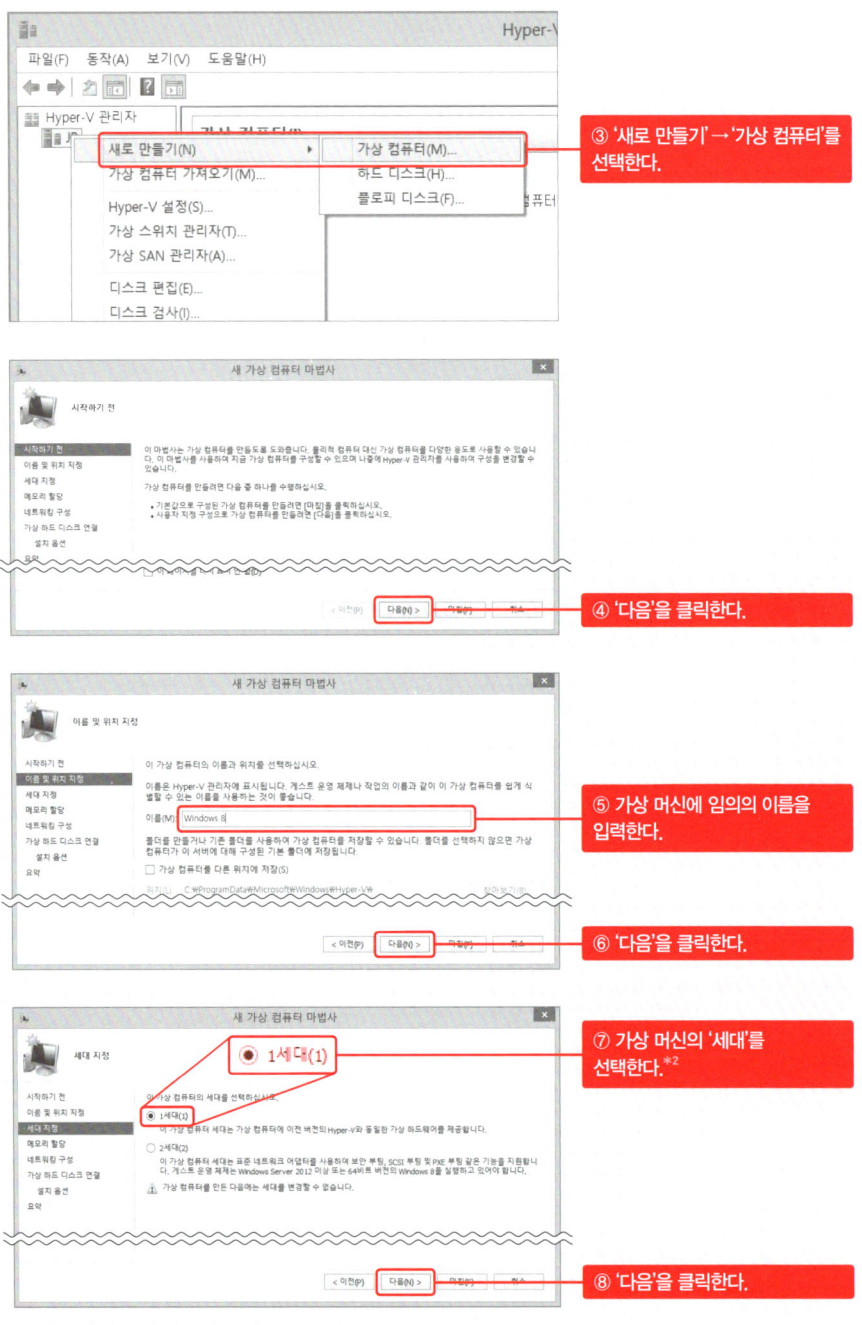

*2 가상 머신의 세대는 32비트 OS나 Windows 8 이전 버전의 OS를 설치하는 경우 '제1세대'를 선택합니다.

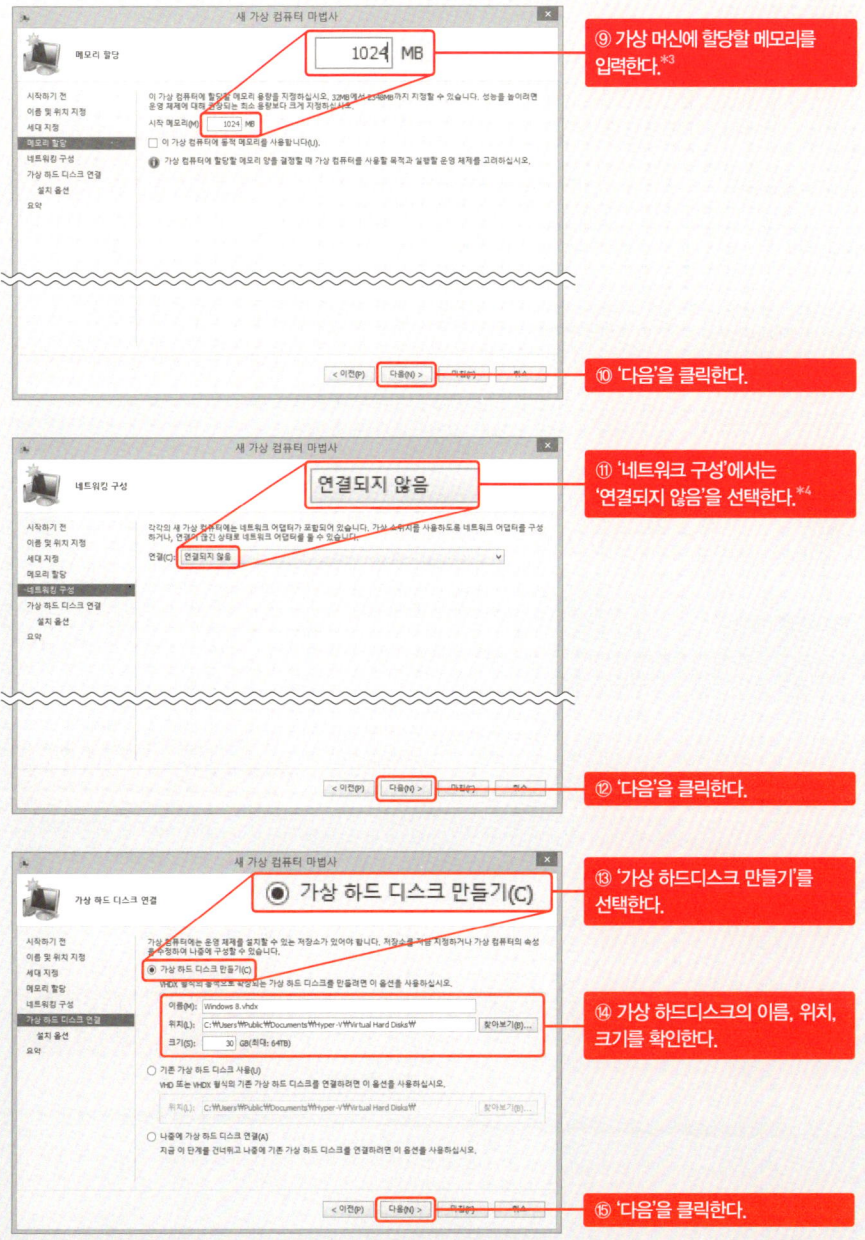

*3 가상 머신은 일반적으로 물리 머신보다 비교적 가볍게 작동합니다(주변 기기나 앱을 많이 사용하지 않으므로). 메모리 할당은 해당 OS의 권장 용량이 이상적이지만, 그보다 낮은 용량에서도 작동 가능합니다.

*4 지금은 클라이언트 OS를 이용하여 가상화를 검증하는 것이 목적이므로 '연결되지 않음'을 선택합니다.

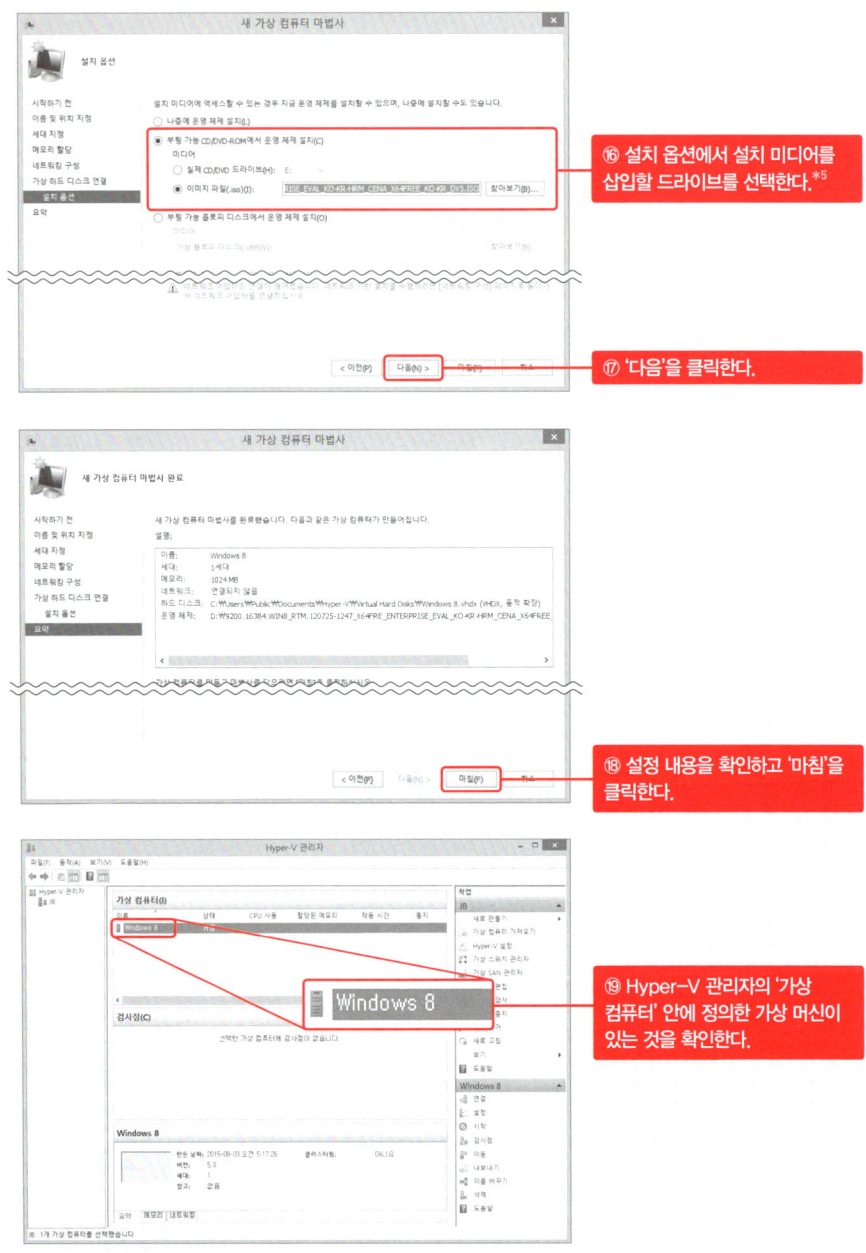

*5 설치 옵션에서는 OS의 인스톨러가 있는 장소/미디어 삽입 드라이브를 지정합니다. 여기서는 Windows 8 평가판을 사용하므로 '부팅 가능 CD/DVD-ROM에서 운영 체제 설치'를 선택하고 미디어란의 '이미지 파일(iso)'에서 Windows 8 평가판이 저장되어 있는 iso 파일을 지정합니다.

Step 5 ▶ 'Hyper-V편' 가상 머신에 OS를 설치해보자

작성한 가상 머신에 Windows 8 평가판을 설치하는 순서를 소개합니다.

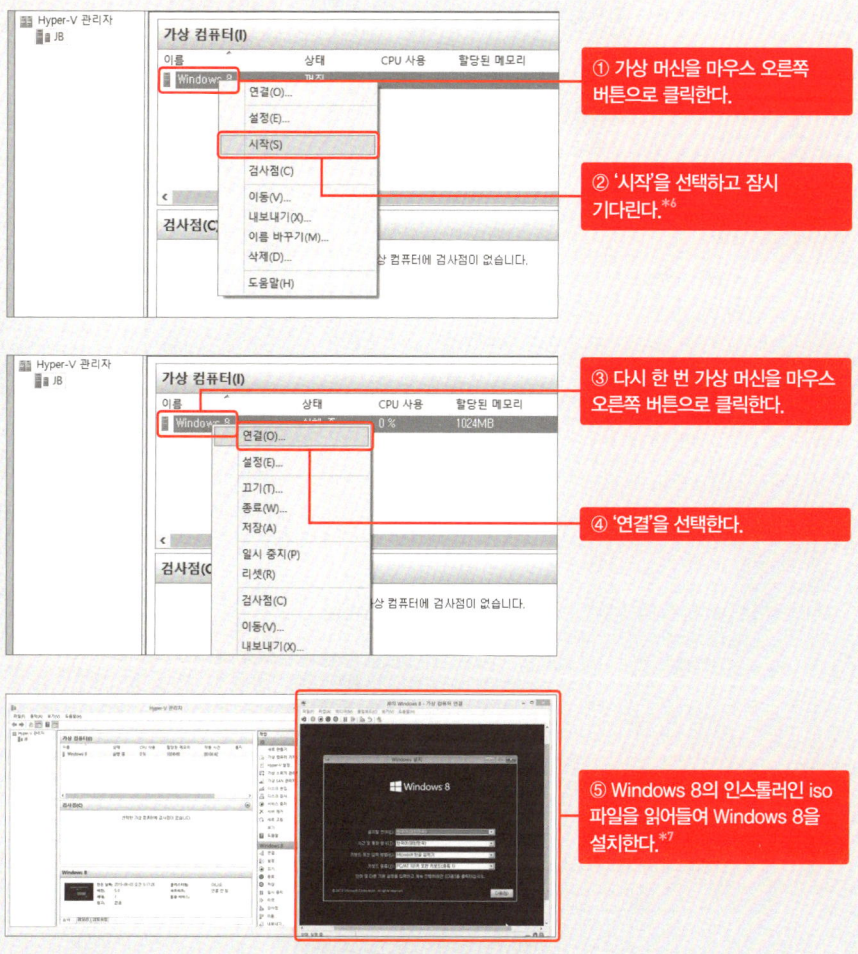

*6 '시작'을 해도 특별한 반응은 없습니다. 첫 번째 시작인 경우 화면상에서는 '상태'란이 '실행 중'으로 바뀌고 CPU 이용률이 0%로 되어 안정되면 시작이 끝났다고 판단할 수 있습니다.

*7 이 책의 환경의 경우 지금까지의 설정에서 ⑤와 같은 화면이 나타났는데, 이는 환경에 따라 다를 수 있습니다. iso 파일이 아니라 OS 설치 미디어(설치 DVD 등)를 이용하는 경우는 미디어를 삽입한 후 OS를 설치하기 바랍니다.

⑥ 설치가 완료되면 Windows 8.1의 Hyper-V 클라이언트상에서 Windows 8이 가동된다.

Step 6 ▶ 'VirtualBox편' VirtualBox를 인스톨하자

Mac용 가상화 제품으로 대표적인 것에는 'Paralles'와 'VirtualBox'가 있습니다. Parallels는 유료이므로, 여기서는 무료로 이용할 수 있는 'VirtualBox'를 사용하여 Mac상에 가상화 머신으로 Windows를 가동시키는 순서를 설명합니다.*8 *9 또한 VirtualBox는 Oracle 사의 사이트(http://www.oracle.com/technetwork/server-storage/virtualbox/downloads/index.html)에서 다운로드할 수 있습니다.

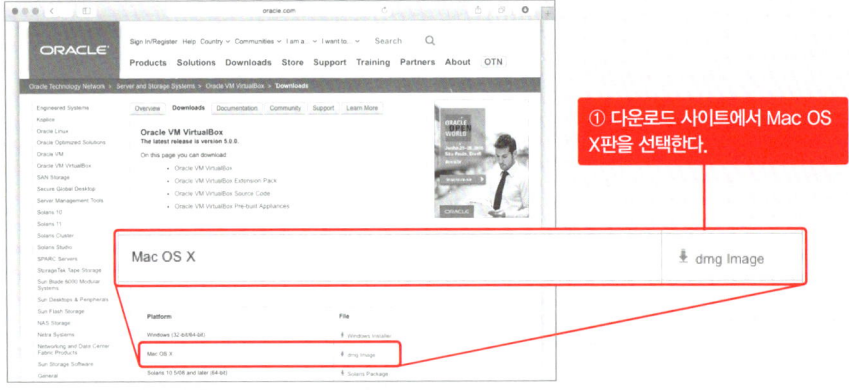

① 다운로드 사이트에서 Mac OS X판을 선택한다.

---

*8   VirtualBox는 Windows에서도 사용 가능합니다. Windows 사용자이지만 Hyper-V 지원 환경을 가지고 있지 않는 경우 VirtualBox로 시험해도 괜찮습니다. 자세한 정보는 공식 사이트(http://www.oracle.com/technetwork/server-storage/virtualbox)를 참조하기 바랍니다.

*9   여기서의 설정은 'Mac OS X Yosemite VirtualBox 5.0.0'과 하드웨어로는 'Mac mini i5 16GB 500GB'를 이용하고 있습니다. 단, 앞으로 버전업으로 인해 설정 순서가 달라질 가능성이 있으므로 필요한 경우 공식 사이트를 확인하기 바랍니다.

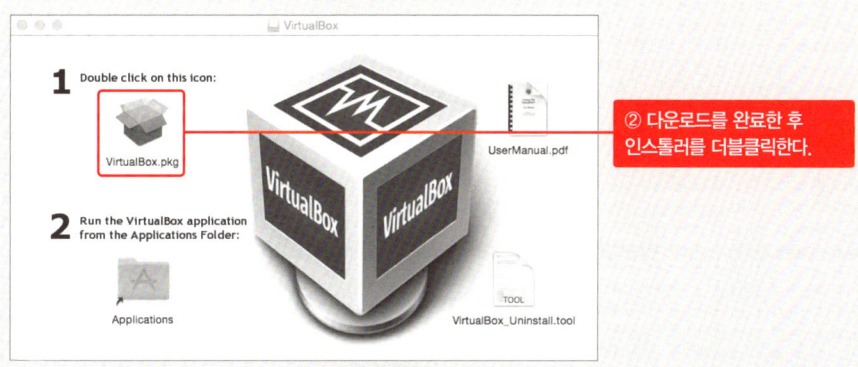

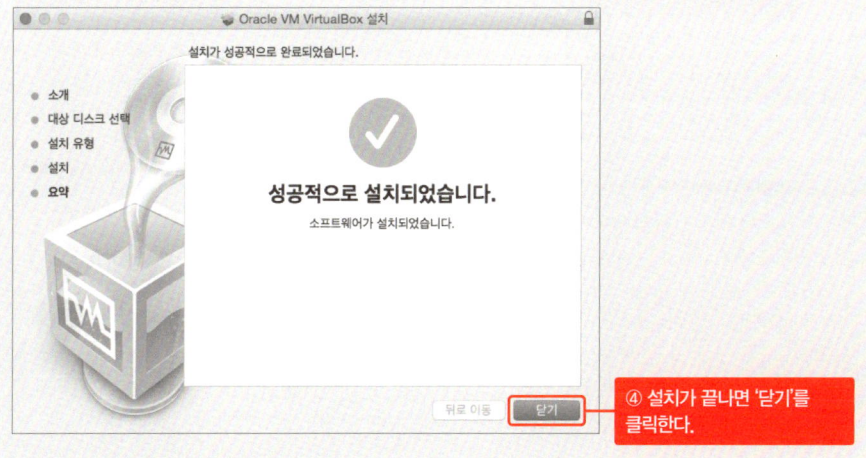

Chapter 02 가상화의 기본과 구조 69

Step 7 ▶ 'VirtualBox편' Windows 평가판을 다운로드하자

여기서는 가상 머신으로 Windows 8 Enterprise 평가판을 이용하겠습니다. Windows 8 평가판은 Microsoft 사의 'TechNet Evaluation Center(https://technet.microsoft.com/ko-kr/evalcenter/dn407368)' Web 사이트에서 다운로드할 수 있습니다.[10]

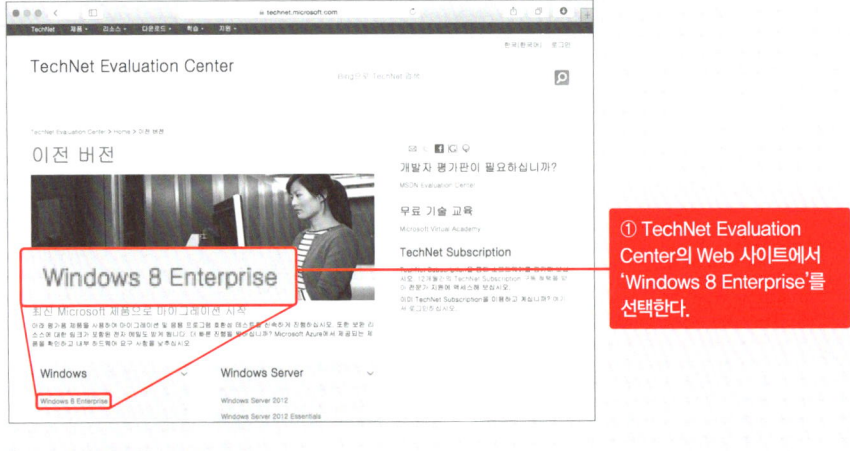

① TechNet Evaluation Center의 Web 사이트에서 'Windows 8 Enterprise'를 선택한다.

② Microsoft 계정을 이용하여 로그인한다.[11]

[10] 'TechNet Evaluation Center'의 게재 정보는 수시로 업데이트되므로 그때 그때의 상황에 따라 입수 가능한 평가판을 사용하기 바랍니다. 2015년 8월 현재 Windows 7 평가판은 삭제되었으므로 이 책에서는 Windows 8 Enterprise 평가판을 이용합니다.

[11] Microsoft 계정을 가지고 있지 않은 경우에는 새로 가입하기 바랍니다. 계정은 무료로 가입할 수 있습니다.

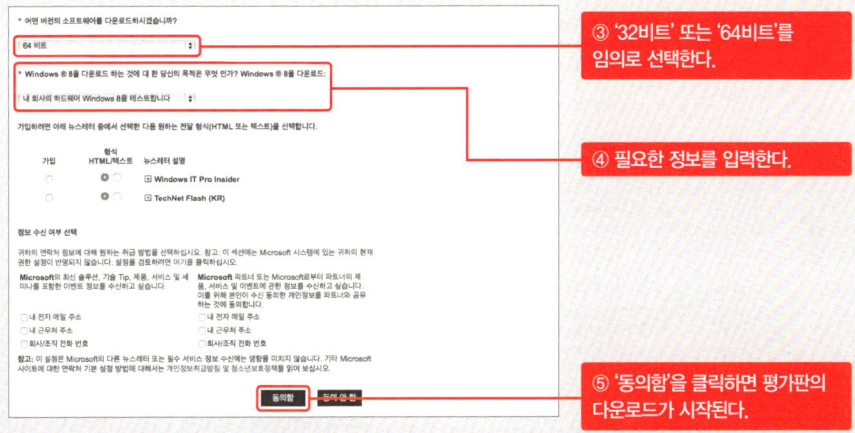

③ '32비트' 또는 '64비트'를 임의로 선택한다.

④ 필요한 정보를 입력한다.

⑤ '동의함'을 클릭하면 평가판의 다운로드가 시작된다.

Step 8 ▶ 'VirtualBox편' 가상 머신을 작성하자

여기서는 Step 7에서 다운로드한 Windows 8 평가판을 사용하여 실제로 가상화 머신을 작성하는 순서를 소개합니다.

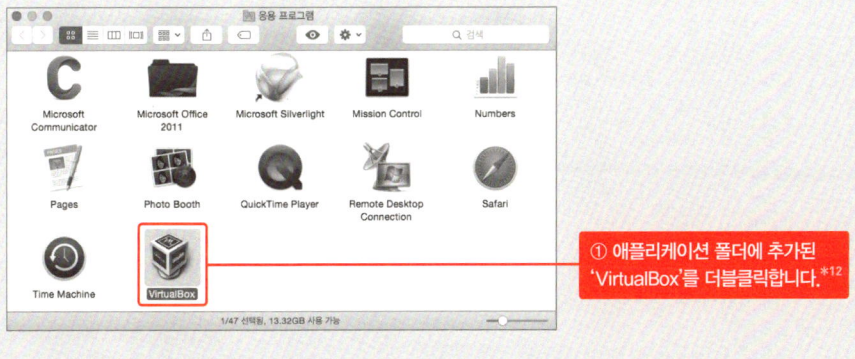

① 애플리케이션 폴더에 추가된 'VirtualBox'를 더블클릭합니다.[*12]

*12   필요한 경우 단축키를 Dock 등에 등록해두면 편리합니다.

Chapter 02 가상화의 기본과 구조   **71**

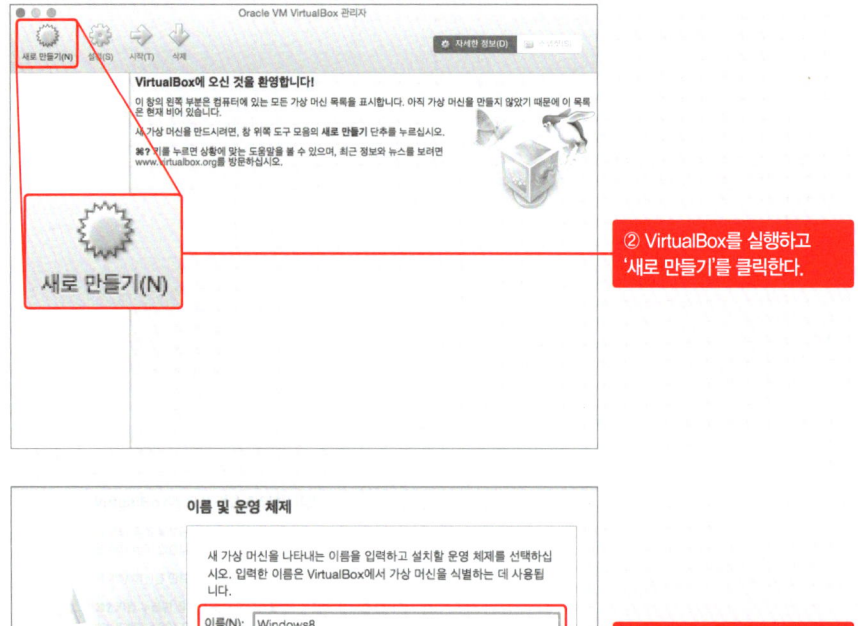

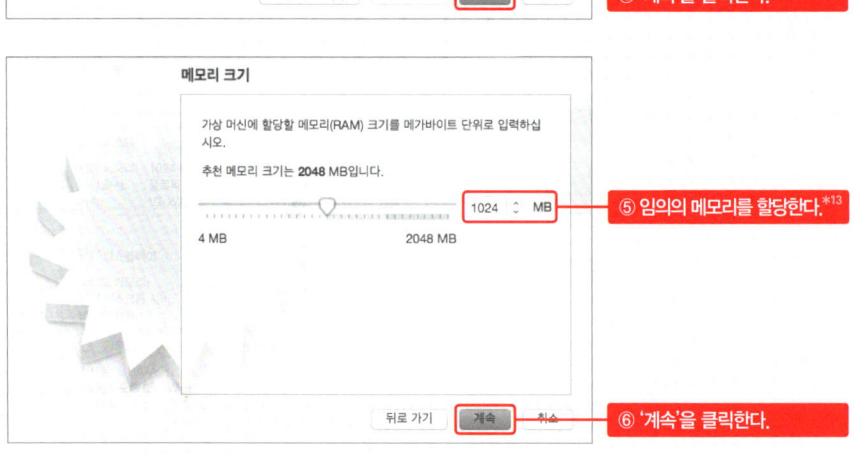

*13 메모리 할당에 대해서는 65쪽에 있는 주석을 참조하기 바랍니다.

72 집에서 배우는 가상화의 기본 개념

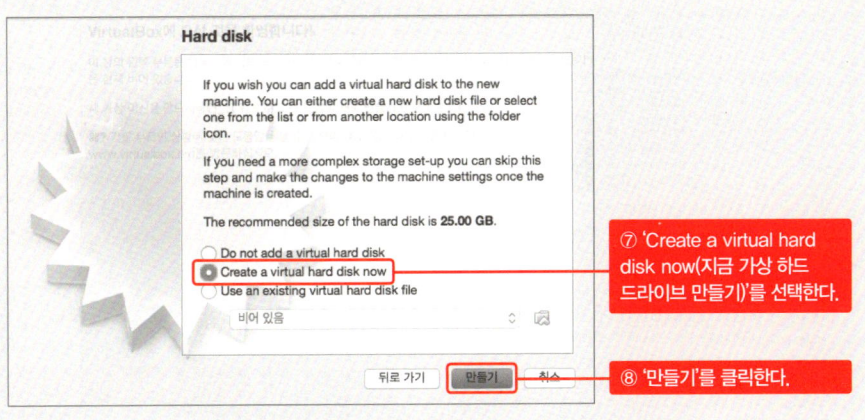

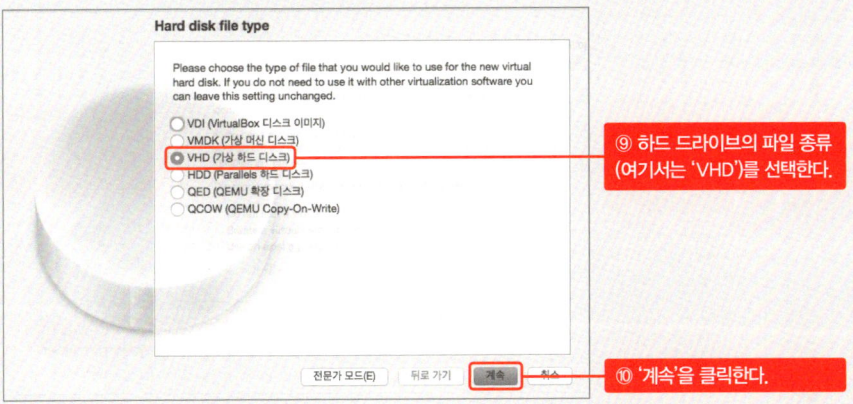

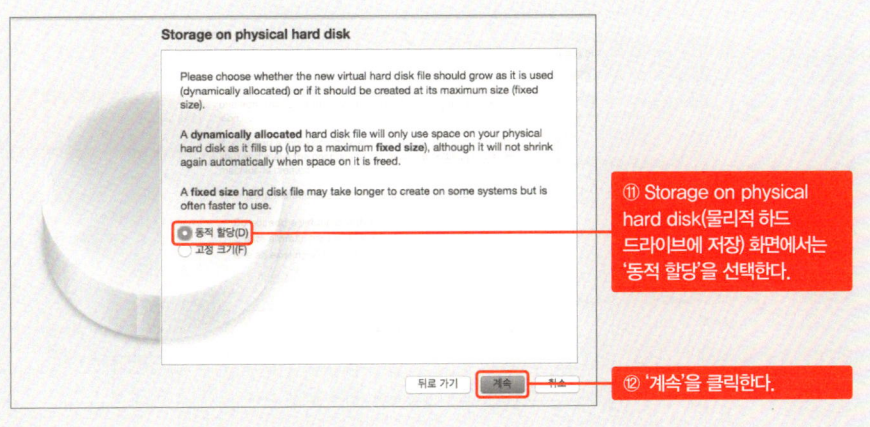

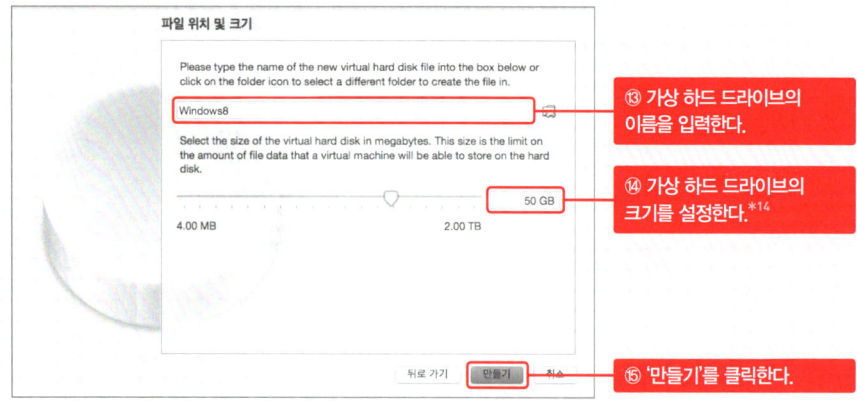

⑬ 가상 하드 드라이브의 이름을 입력한다.

⑭ 가상 하드 드라이브의 크기를 설정한다.*14

⑮ '만들기'를 클릭한다.

Step 9 ▶ 'VirtualBox편' 가상 머신에 OS를 인스톨하자

작성한 가상 머신에 Windows 8 평가판을 인스톨하는 순서를 소개합니다.

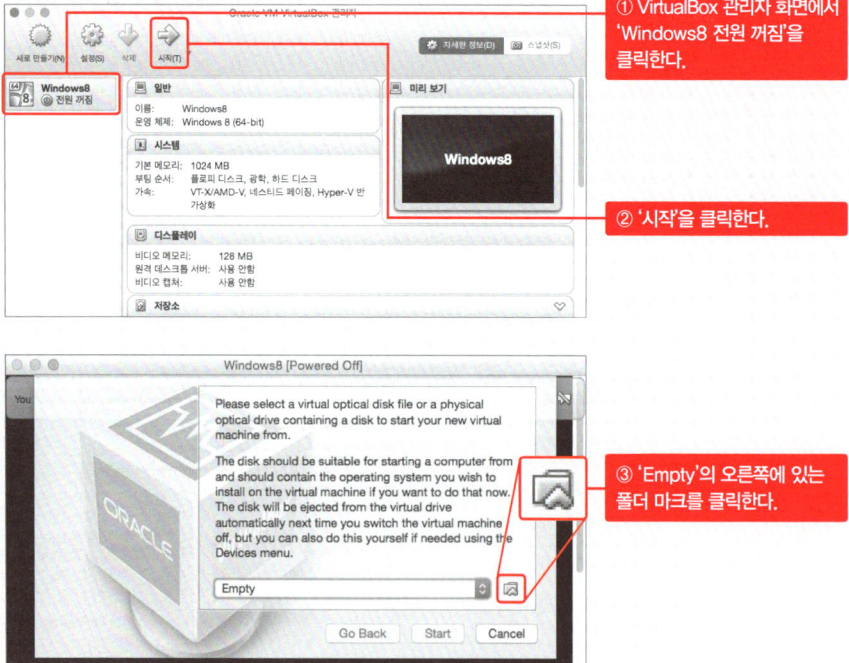

① VirtualBox 관리자 화면에서 'Windows8 전원 꺼짐'을 클릭한다.

② '시작'을 클릭한다.

③ 'Empty'의 오른쪽에 있는 폴더 마크를 클릭한다.

*14 여기서 정의하는 가상 하드 드라이브의 크기는 가상 디스크에 대한 크기이므로 일반적으로 실제 하드 드라이브의 10%(안전을 고려한다면 20%) 정도로 정의하는 것이 좋습니다.

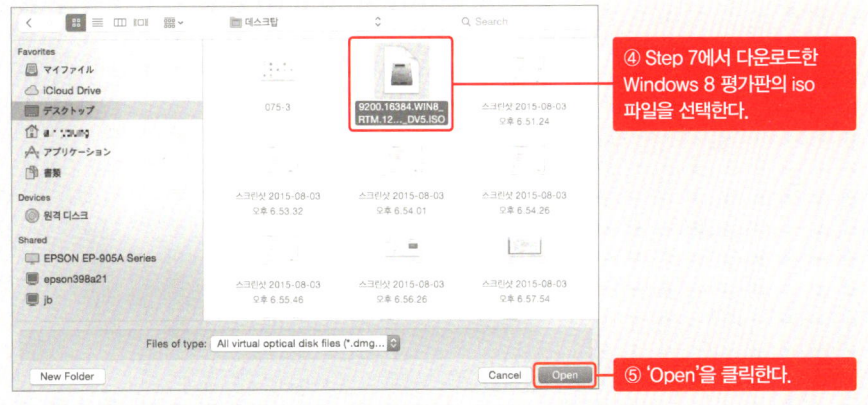

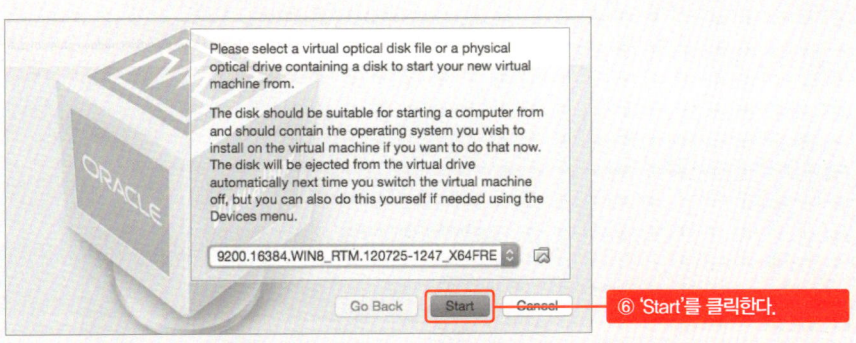

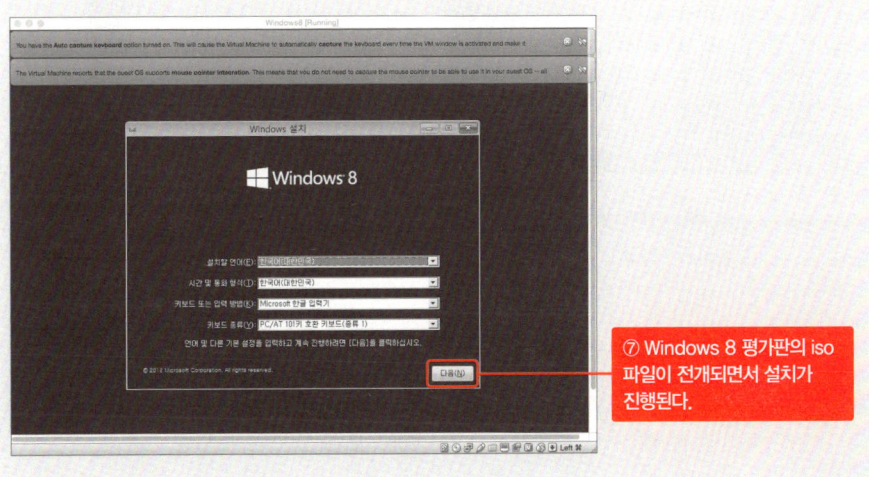

Chapter 02 가상화의 기본과 구조 **75**

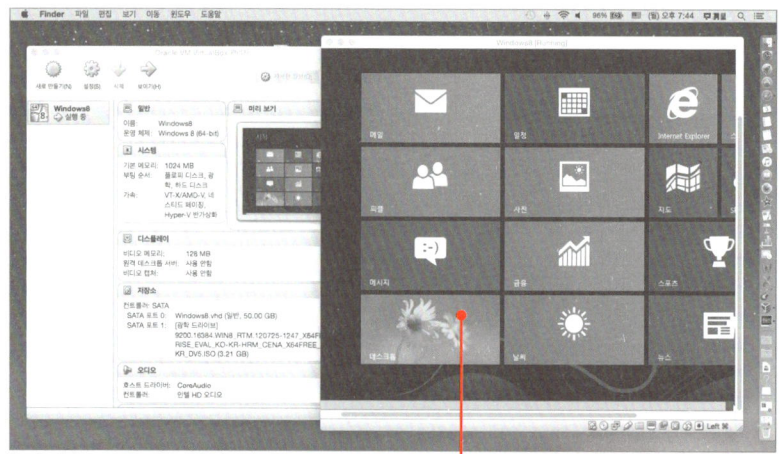

⑧ Windows 8의 설치가 완료된 후의 화면이다. Mac OS상에서 Windows 8이 기동되어 있다.*15

⑨ 가상 디스크를 더 추가하여 다양한 OS를 가동시킬 수도 있다.

*15 조건을 만족하는 경우 Office 등 Windows 애플리케이션도 설치할 수 있습니다.

호스트 OS형과 하이퍼바이저형

● 실습에서 작성한 가상화의 종류

앞의 실습에서는 '클라이언트 가상화'를 체험해보았습니다. 1장에서 소개한 대로 가상화를 하는 방법은 크게 '호스트 OS형'과 '하이퍼바이저형'으로 나눌 수 있는데[*1] 앞의 실습에서 따라한 가상화는 '호스트 OS형'에 속하는 것입니다.

이것만으로도 가상화 기술로서 충분히 활용할 수 있지만, 개인이 아니라 기업에서 사용하는 경우 몇 가지 문제점이 발생합니다. 바로 호스트 OS형의 경우 호스트 OS(실습의 경우에서는 Windows 8.1과 Mac OS X)에 의존한다는 점입니다.

평상시에도 활용하고 있는 OS를 가상화의 호스트 OS로서도 이용하기 때문에 어떤 문제가 발생하여 OS를 다시 시작할 경우, 해당 호스트 OS상에서 가동되고 있는 다른 가상 머신(게스트)도 모두 다시 시작되는 등 영향을 받게 됩니다. 한편 하이퍼바이저형은 호스트 OS에 의존하지 않기 때문에 다시 시작해야 하는 경우의 영향은 똑같지만, 필요 기회 면에서 생각할 때 이러한 문제와는 거의 연관이 없습니다.

이와 같은 전제를 참고하여 여기서는 '호스트 OS형'과 '하이퍼바이저형'의 특징에 대해 다시 설명하겠습니다.

● OS란?

설명을 시작하기 전에 'OS(Operating System)란 무엇인가?'에 대해 설명하겠습니다. 클라이언트 OS(Windows나 Mac 등)나 Server OS(Windows Server 2012 등)는 실제 머신(PC)과 직접 데이터를 주고받으면서 사용자에게 알기 쉬운 인터페이스(UI)를 제공하는 것입니다.

예를 들어 사용자가 애플리케이션을 실행하여 입력 작업을 수행할 때 사용자는 PC

[*1] 자세한 내용은 17쪽, 19쪽을 참조하기 바랍니다.

화면을 보고 조작을 하는 데, 실제로는 PC에 내장되어 있는 CPU에게 명령을 내리는 것입니다.

하지만 우리 사용자들은 PC상에서 어떤 작업을 수행할 때 이러한 하드웨어의 존재를 의식하지 않습니다. 어디까지나 PC 화면에 나타나는 애플리케이션만을 보고 있을 뿐입니다.

이와 같이 하나하나의 하드웨어의 존재를 사용자가 의식하지 않고 직감적으로 이해하기 쉬운 조작 환경을 제공하는 것이 OS의 역할 중 하나입니다. OS가 '기본 소프트웨어'라고 불리는 것도 바로 이 때문입니다.

현재는 CPU 하나에도 수많은 종류가 있으며, 우리가 보통 이용하는 PC에는 키보드나 프린터, 스캐너 등 다양한 주변 기기가 연결되어 있습니다.

OS가 디바이스 드라이버 등을 통해 이러한 수많은 하드웨어와 데이터를 처리해주고 있다는 것에 감사할 따름입니다.

● 하이퍼바이저는 '중개역'

일반적으로 '가상화'란 호스트 OS상에서 작동하는 '게스트 OS' 부분을 가상화(추상화)하여 하나의 하드웨어(실제 기기)상에 여러 개의 OS를 가동시키는 것을 가리킵니다. 하나의 하드웨어상에 여러 개의 OS를 가동시키기 때문에 하드웨어와 OS 간에 어떤 규칙이 필요하며, 쌍방 간의 중개역도 필요합니다.

이러한 기능을 담당하는 것이 19쪽에서 소개한 '하이퍼바이저'입니다. 이 하이퍼바이저를 이용한 가상화 시스템은 제공하는 업체에 따라 몇 가지 방식이 있습니다.

● 호스트 OS형과 하이퍼바이저형의 구분

여기서 떠올려야 할 키워드가 '호스트 OS형'과 '하이퍼바이저형'입니다(하이퍼바이저형은 다시 '준가상화'와 '완전 가상화'로 나뉩니다). 단, 하이퍼바이저를 사용하고 있기 때문에 '하이퍼바이저형'이 아니라는 점에 주의하기 바랍니다.

호스트 OS형과 하이퍼바이저형을 구분하는 개념으로는 '하드웨어(실제 PC)에서 봤을 때 가상 머신에 도달할 때까지 어떤 미들웨어(소프트웨어)가 있는지'라는 점에 주목하는 것이 좋습니다(단, 가상 머신에서 봤을 때는 반드시 어떤 하이퍼바이저상에서

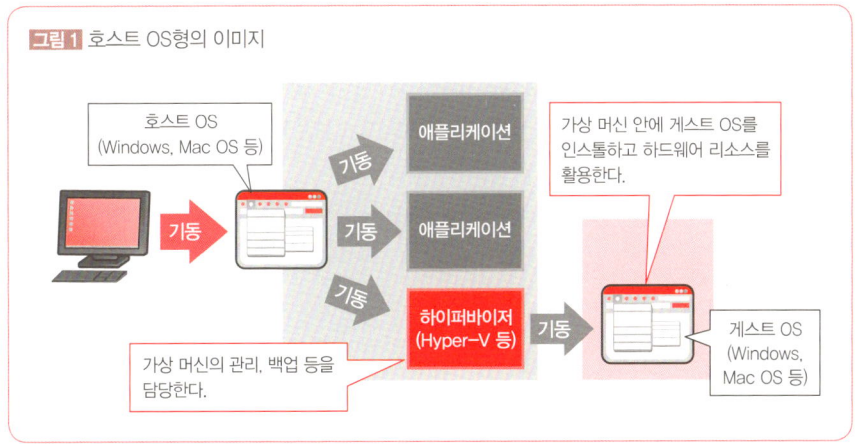

그림1 호스트 OS형의 이미지

가동된다는 이미지가 됩니다).

좀 더 알기 쉽게 설명하면 PC의 전원을 넣은 직후에 하이퍼바이저가 기동되는 것이 '하이퍼바이저형'이고, Windows 등과 같은 호스트 OS가 시작된 후에 하이퍼바이저가 기동되는 것이 '호스트 OS형'입니다(그림1).

단, 현 시점에서는 하이퍼바이저를 제공하는 회사가 호스트 OS형과 하이퍼바이저형을 둘 다 제공하는 경우는 없습니다. 따라서 실무 현장에서는 '어디(어떤 회사의) 하이퍼바이저를 사용하고 있지?'라는 질문에 '(Microsoft) Hyper-V입니다'라고 답하면 '호스트 OS형이군요'라는 식의 대화가 오고갑니다.

● 호스트 OS형의 작동 이미지

앞의 실습에서 Windows에는 'Hyper-V'를, Mac OS X에는 'VirtualBox'를 도입하여 그 위에서 가상 머신을 작성하고 게스트 OS를 설치했습니다. 이는 전형적인 호스트 OS형입니다.

이 경우 PC를 켜면 일단 OS가 시작됩니다. 실습에서는 Windows 8 OS와 Mac OS X를 사용했습니다(실무에서는 Windows Server 등을 사용하는 경우도 있습니다). 이러한 OS를 '호스트 OS'라고 합니다.

호스트 OS 단독으로도 Excel이나 Word, Web 브라우저와 같은 애플리케이션을 이용할 수 있습니다. 여기에 '하이퍼바이저' 기능을 추가함으로써 호스트 OS상에 하이퍼바이저가 전개되어 다른 애플리케이션 등과 똑같은 감각으로 애플리케이션처럼 하이퍼바이저를 이용할 수 있게 됩니다.

실제로는 호스트 OS상에 가상의 하드웨어(엄밀히 말하면 하드웨어로 인식하는 소프트웨어) 등이 있어서 이 가상의 하드웨어를 게스트 OS(가상 머신)에 할당합니다.

구체적으로는 CPU의 수나 메모리, 하드디스크, 네트워크 기기 등과 같은 하드웨어를 '소프트웨어'로서 표현하여 가상 머신에 할당하는 것입니다. 가상 머신을 기동시키면 실제 PC에서 OS가 설치되어 있지 않은 상태와 똑같은 이미지로 게스트 OS를 기동시킬 수 있습니다.

그 후 Hyper-V 관리자를 이용하여 OS의 설치 이미지인 iso 파일을 '가상 CD/DVD 드라이브'로 할당하여 가상 머신을 이 가상 CD/DVD 드라이브에서 부팅시키면 해당 iso 파일이 마운팅되어 OS가 설치됩니다.

이와 같이 호스트 OS형은 '호스트 OS'가 있기 때문에 직감적으로도 이용하기 쉬운 GUI 조작이나 이용, 운용 등을 하면서 다양한 기능을 제공합니다.

● 가상화의 발전

하드웨어의 사양이 오늘날과 같지 않았던 시절(기술적으로 많은 메모리를 인식하기가 곤란하거나 고가였던 시절)에는 호스트 OS를 가동시키는 것만으로도 리소스를 많이 소비해 버리기 때문에 하드웨어의 성능을 충분히 이용할 수 없었습니다(정확히 말하면 나중에 설명할 하이퍼바이저형과는 달리 호스트 OS의 리소스를 가상화된 게스트 OS에게 할당할 수 없었습니다). 하지만 요즘은 호스트 OS나 하이퍼바이저, 하드웨어 자체가 발전하여 호스트 OS의 기능을 충분히 이용하면서도 직감적인 조작이나 백업 등과 같은 운용과 성능을 둘 다 얻을 수 있게 되었습니다.

● 하이퍼바이저형의 작동 이미지

하이퍼바이저형은 호스트 OS형과 달리 PC나 서버와 같은 하드웨어로부터 직접 하이퍼바이저가 실행되는 이미지입니다(그림 2).

하드웨어의 성능을 모두 활용하고 싶은데 호스트 OS형의 경우는 호스트 OS 부분에 필요한 리소스가 있으므로 하드웨어의 리소스를 모두 활용할 수 없습니다. 반면, 하이퍼바이저형의 경우는 그러한 스트레스가 없습니다.

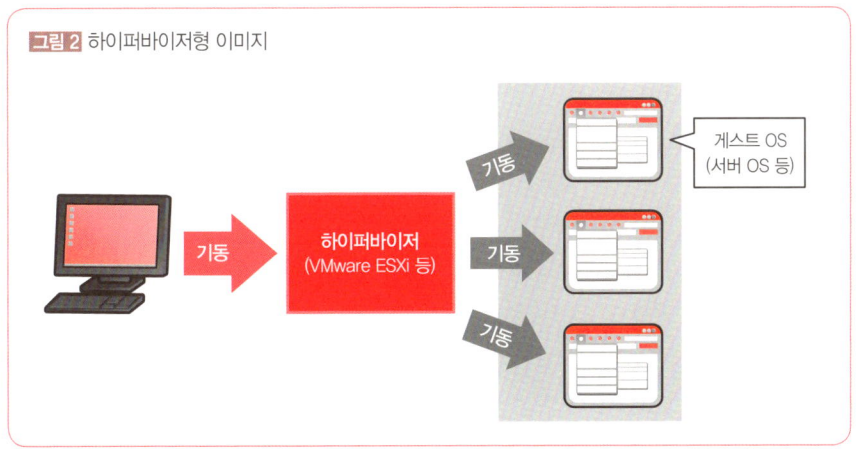

그림 2 하이퍼바이저형 이미지

또한 구성 자체도 매우 심플해 보이기 때문에 하드웨어의 성능이 비약적으로 향상되기 이전, 즉 가상화가 도입되기 시작했을 때부터 이 방식이 채택되어 왔습니다.

하지만 이러한 장점에 비해 운용이 어려운 환경으로 이루어져 있기 때문에, 실제로는 전용의 통합 관리 환경이나 원격으로 구성을 관리하는 방법을 취해 관리하기 쉽도록 하고 있습니다.

하이퍼바이저형은 특히 대규모 가상화 환경, 예를 들면 통합 관리 환경 등을 가지고 있는 시스템에 적합합니다. 각각의 실제 서버에 호스트 OS는 필요없으며, 하이퍼바이저로부터 직접 기동시킬 수 있으므로 실제 기기의 리소스를 보다 효율적으로 이용할 수 있기 때문입니다.

하지만 요즘에는 하이퍼바이저나 하드웨어의 성능이 향상됨으로써 호스트 OS형과 하이퍼바이저형 간의 절대적인 격차는 사라지고 있습니다. 따라서 가상화하고 싶은 시스템의 유지보수나 라이선스 비용 및 실제 사용자의 사용 용도를 고려하여 어떤 쪽을 선택할지를 정하는 경우가 늘어나고 있습니다.

● 하이퍼바이저의 선택 포인트

기업에서 하이퍼바이저 제품을 선택할 때 가장 중요한 포인트는 '먼저 안정적으로 가동시킬 수 있을 것'이며, 그 다음으로 '퍼포먼스'나 '비용 면', '운용 면'을 보고 판단합니다.

예를 들어 가상 머신상에서 가동시킬 게스트 OS로 Linux 서버를 이용하는 경우,

Cent OS와 같은 오픈 소스 Linux는 무료(지원 등은 별도)이므로 완전한 하이퍼바이저형인 'VMware ESXi' 등을 채택한 경우와 비교해 비용 절감을 실현할 수 있습니다. 이와 반대로 Windows Server에서 Hyper-V를 가동시켜 가상 머신상에 Linux 서버를 가동시키면 호스트 OS(Windows Server)에 대한 라이선스 비용이 필요합니다.

한편 원래 가상화된 서버가 Windows Server에서 가동되고 있고, 라이선스 비용에도 문제가 없는 경우라면 Windows Server에서 Hyper-V를 채택하는 편이 관리 및 운용에 있어서 편리한 경우도 있습니다.

이와 같이 실제로 가상화 시스템을 이용할 경우 지금까지 어떻게 이용하고 있었는지에 따라 하이퍼바이저를 결정하는 경우도 있습니다.

어떤 경우든 가상화된 시스템의 운용 난이도나 수명 등을 포함한 정보는 물론, '앞으로 가상화될 서버를 늘릴 예정이 있는지', '통합 관리 환경이 필요한지 아닌지' 등을 고려하여 종합적으로 판단해야 합니다.

● **가상화와 라이선스**

가상화와 라이선스의 관계에도 주의가 필요합니다.

하드웨어의 경우 하드웨어 자체를 구입하면 그것으로 끝이지만, OS나 소프트웨어의 경우 라이선스(허락)라는 형태로 제공됩니다.

예를 들어 OS나 소프트웨어를 구입한 사용자나 기업 등 돈을 지불한 사람에게 라이선스가 허가되는 '리테일판'이라 불리는 방법의 경우는 실제 기기에서 가동되고 있는 OS나 소프트웨어의 라이선스를 새로운 기기에 옮길 수 있지만, OS나 소프트웨어 제조업체가 실제 기기(하드웨어)에 라이선스를 주는 'OEM'이라는 방법의 경우는 구입한 사람이나 기업에게는 라이선스가 없고 어디까지나 PC나 서버 자체에 권리가 주어지므로 그 라이선스를 새로운 기기로 옮길 수 없습니다.

이 점은 Microsoft나 Red Hat 등과 같은 제조업체나 판매되는 제품, 버전 등에 따라 해석이 달라지는 경우가 있으므로 이용자로서는 매우 까다롭게 여겨지는 부분일 것입니다.

그렇지만 나중에 라이선스 위반 등으로 의심받는 일이 없도록 그때 그때 문제가 있는지 없는지를 확인하거나 제조업체 등에 해석을 요구할 필요가 있습니다.

CPU의 역할과 발전

● CPU의 발전은 가상화의 발전

실제 머신의 가상화라는 새로운 기술을 사용하여 하드웨어 리소스를 효율적으로 운용하거나, 알기 쉬운 UI로 직감적인 조작을 하거나, 처리 퍼포먼스를 향상시킨 배경에는 하이퍼바이저의 성능 향상뿐만 아니라 CPU의 기술 혁신이 있습니다.

CPU 제조 회사로는 'Intel 사'와 'AMD 사'가 유명합니다(그림3 , 그림4). 여기서는 CPU 시장에서 점유율 1위를 자랑하는 Intel 사가 가상화를 지원하기 위해 노력해온 역사를 살펴보겠습니다.

Intel이 제공하는 대표적인 가상화 기술에는 'Intel VT(Intel Virtualization Technology)'라는 것이 있습니다. 'VT'라는 이름만 봐도 가상화와 관련된 기술이라는 것을 알 수 있을 것입니다.

보통 가상화와 관련된 일을 하고 있으면 'Intel VT를 지원하는 CPU입니까?' 등과 같은 대화가 오가는 일이 흔합니다. 또한 요즘의 Intel제 CPU 제품(Core 계열)의 대부분은 이 Intel VT를 지원하고 있습니다.[*2]

78쪽에서 하이퍼바이저는 게스트 OS와 하드웨어의 중개역으로서 존재한다고 설명했는데, Intel VT는 하드웨어(CPU) 측에서 몇 가지 기능을 하드웨어 레벨에서 에뮬레이션(실행)하고 있다고 생각하기 바랍니다.

또한 예전에는 에뮬레이션 처리 등을 모두 하이퍼바이저가 수행하는 경우도 있었지만, 본래 하드웨어(CPU)에서 처리할 내용을 소프트웨어상에서 구현하는 경우, 퍼포먼스 등에 영향을 끼칩니다. 그래서 현재는 하드웨어 측에서 할 수 있는 기술은 하드웨어에게 맡기는 것이 일반적입니다.

Intel VM에는 'VT-x', 'VT-d', 'VT-i', 'VT-c' 등 목적에 맞는 기능이 있습니다.

[*2] 2010년에 발매된 'Intel Core i3' 이후의 제품은 대부분 지원하고 있다고 합니다. 한편 별도 계열인 'Intel ATOM' 계열 제품에서는 지원하지 않는다고 되어 있는데, 자세한 내용은 프로세서의 제품명을 조사한 후 Intel의 Web 사이트 등에서 확인할 것을 권장합니다.

그림 3 Intel 사의 Web 사이트

http://www.intel.co.kr

그림 4 AMD 사의 데스크톱 프로세서 Web 사이트

http://www.amd.com/ko-kr/products/processors/desktop

이 중에서 현재 가장 널리, 그리고 일반적으로 탑재되고 있는 기능은 'VT-x'와 'VT-d'입니다.

Intel VT-x

특별히 명시하지 않는 한 'Intel VT'라고 하면 'Intel VT-x'를 가리킵니다. VT-x는 주로 'Intel x86' 기능을 가상화하는 기능입니다. 'x86'이란 Intel 8086, 32비트인 IA-32, 64비트인 x64 등에 관한 프로세서의 명령셋(아키텍처)을 가리킵니다. 즉, VT-x는 Intel의 x86 플랫폼에 대한 가상화 지원 기능을 제공한다고 생각하면 됩니다.

Intel VT-d

Intel VT-d는 I/O 처리(Input/Output 처리)의 가상화 지원을 목적으로 한 기능입니다.
DMA의 메모리 영역에 있어서 매핑/리매핑 등에 이점이 있는 것으로, 예를 들면 하이퍼바이저상의 게스트 OS가 이용하고 있는 메모리 공간을 다른 게스트 OS가 이용해 버리면 데이터가 손상됩니다.
이러한 사태를 막기 위해서는 게스트 OS나 하이퍼바이저 측이 하드웨어의 어떤 위치에 무엇이 지정되어 있는지를 관리하거나 배타 처리를 수행할 필요가 있지만, 그렇게 하면 코스트(퍼포먼스)에 상당한 영향을 끼치게 됩니다.
이러한 처리를 하드웨어 측에서 맡아 해줌으로써 퍼포먼스가 떨어지지 않고도 안전하게 가상화 기술을 이용할 수 있습니다.

● SLAT란?

하나 더 알아두어야 할 키워드에는 'SLAT(Second Level Address Translation)'가 있습니다.
SLAT란, 여러 개의 게스트 OS와 호스트 OS(하이퍼바이저) 간의 주소 처리를 하드웨어가 담당함으로써 안전하게 하이퍼포먼스를 제공하는 가상화 지원 기능입니다.
Intel CPU에서는 'EPT(Extended Page Table)'라고 부르며, AMD CPU에서는 'NPT(Nested Page Table)'라고 부릅니다.
이 밖에도 많은 장점이 있는 기술로 이러한 기능을 제공함으로써 가상화된 시스템을 안전하고 정확하게, 그리고 빨리 이용할 수 있는 것입니다.

● Intel CPU의 역사

표1 은 주로 서버용 Intel CPU와 가상화 기술 지원의 역사를 나타낸 것입니다.

이 표를 보면 2009년 무렵에 발매된 Intel Xeon 5500번대의 CPU부터 시스템 가상화에 관해 하드웨어 측의 지원이 있었다는 것을 알 수 있습니다.

이와 동시에 하이퍼바이저 등을 이용한 가상화 시스템이 폭발적으로 유행하기 시작해 현재에 이르고 있습니다.

표1 Intel CPU와 가상화 기능 지원의 역사

	2006	2007	2009	2010	2012	2013	2014
제품명	Xeon 5300	Xeon 5400	Xeon 5500	Xeon 5600	E5-2600	E5-2600v2	E5-2600v3
코드네임	Clovertown	Harpertown	Nehalem	Westmere	Sandy Bridge	Ivy Bridge	Haswell
가상화 지원 (SLAT)	지원 안 함		지원함				

● 계속 발전하는 CPU

또한 하드웨어 측에서의 가상화 지원 기능과는 별도로 2009년 시점의 CPU와 현재 CPU는 코어 자체의 수나 단독 성능도 크게 달라졌습니다. 가상화를 실현하는 데 있어서는 하드웨어의 사양이 높고 리소스가 많을수록 많은 시스템을 가상화할 수 있습니다.

이로 인해 '기업의 시스템이나 데이터는 계속 증가하고 있지만, 그 반면에 실제로 판매되는 서버 수는 줄어들지 않을까?' 하는 우려도 있는 듯합니다.

여담이지만 가상화 기술의 발전과 서버의 판매 대수의 상관관계를 조사해보는 것도 재미있을지 모릅니다.

또한 일반 판매용 PC에 탑재되는 CPU의 종류도 매우 다양해서 Intel 사의 제품만 보더라도 'ATOM', 'Celeron', 'Pentium', 'Core'와 같은 시리즈가 있습니다. 그리고 그 시리즈 안에서도 클럭 수나 코어 수 등과 같이 세분화됩니다.

Intel 사 제품의 경우, 제품 정보 사이트(http://ark.intel.com/ko)에 접속하여 제품명으로 검색하면 제품의 상세 정보를 확인할 수 있습니다(**그림5**). 아래로 스크롤하여 '고급 기술'란을 보면 각 CPU가 Intel VT를 지원하고 있는지 아닌지를 확인할 수 있습니다.

시간이 있을 때 자신의 환경의 CPU 지원 상황을 확인해보는 것도 좋을 것입니다.

그림 5 CPU 지원 상황의 확인

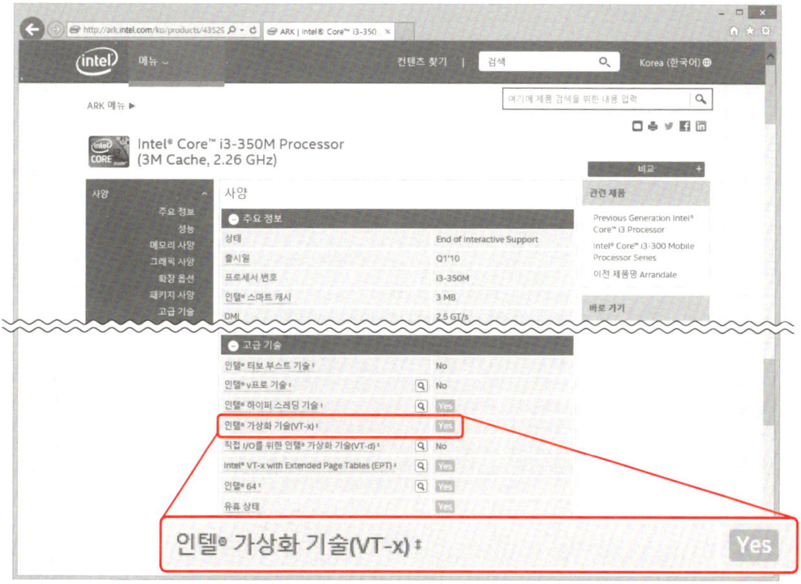

인텔® 가상화 기술(VT-x) ‡   Yes

http://ark.intel.com/ko

2장의 정리

- 하드웨어 가상화를 할 때는 '하이퍼바이저'라는 기능을 이용할 필요가 있다.
- 하이퍼바이저는 일정한 조건을 만족하면 기업용 서버나 OS뿐만 아니라 일반적으로 판매되는 PC 에서도 이용할 수 있다.
- 가상화를 구현하는 방식으로는 크게 '호스트 OS형'과 '하이퍼바이저형'으로 나눌 수 있다.
- '호스트 OS형'은 OS를 기동시킨 후 하이퍼바이저를 기동시키고 그 위에서 가상 머신을 이용하는 형태다.
- '하이퍼바이저형'은 OS 자체가 가상 머신을 이용하기 위해 특화된 하이퍼바이저이며, 그 위에서 직접 가상 머신을 이용할 수 있다.
- 하드웨어가 가상화를 지원하고 있는지 아닌지는 각 하드웨어의 Web 사이트에서 확인할 수 있다.
- CPU 등과 같은 하드웨어가 가상화를 지원함으로써 가상 머신과 하드웨어 간의 에뮬레이션을 고속으로 수행할 수 있다.
- 하이퍼바이저상에서 가동시키는 가상 머신에는 각각의 라이선스가 필요하다.

연습문제

Q1. Mac OS X에서 이용할 수 없는 클라이언트 가상화 소프트웨어는 무엇입니까?
- **A** Hyper-V
- **B** VirtualBox
- **C** VMware Player
- **D** Paralles

Q2. Windows 8 시리즈에서 가상화 소프트웨어로 'Hyper-V'를 이용할 수 있는 것을 두 개 고르십시오.
- **A** Windows RT 8.1
- **B** Windows 8.1
- **C** Windows 8.1 Pro
- **D** Windows 8.1 Enterprise

Q3. Intel CPU에 있어서 가상화 관련 테크놀로지가 아닌 것은 무엇입니까?
- **A** SLAT
- **B** Intel VT-x
- **C** Intel VT-d
- **D** Intel Core i

Q4. 하이퍼바이저를 사용하여 가상 서버를 작성하는 방법의 개념은 다음 중 무엇입니까?
- **A** 이름 설정, 메모리 할당, 네트워크 및 스토리지 설정, 부팅 위치 설정
- **B** CPU 설정, 메모리 할당, 네트워크 및 스토리지 설정, 시작
- **C** 이름 설정, CPU 설정, 메모리 할당, 네트워크 및 스토리지 설정, 부팅 위치 설정
- **D** 하드웨어 확인, 관리 포트의 주소 설정, 부팅 위치 설정, 시작

Q5. 호스트 OS형과 하이퍼바이저형에 대한 설명으로 올바른 것을 두 개 고르십시오.
- **A** 하드웨어를 기동시키면 직접 하이퍼바이저가 시작되는 것이 호스트 OS형이다.
- **B** 하드웨어를 기동시켜 평소대로 OS를 기동시키고 하이퍼바이저를 기동시켜 가상 머신을 조작하는 것이 호스트 OS형이다.
- **C** 하이퍼바이저형은 OS층과 똑같은 층을 거치지 않으므로 가상 머신과 하드웨어의 오버헤드가 적다.
- **D** 호스트 OS 측은 하이퍼바이저형에 비해 단독으로 관리하기 힘들다.

Q6. 가상 서버에서 이용할 수 있는 라이선스에 대한 개념으로 올바른 것은 무엇입니까?
- **A** 지금까지 실제 기기에서 이용하던 라이선스는 가상화한 머신으로 모두 문제 없이 옮길 수 있다.
- **B** 가상 서버상에서 이용할 라이선스는 하나하나 라이선스를 구입할 필요가 있다.
- **C** 소프트웨어 제조업체가 실제 기기(하드웨어)에 라이선스를 주는 방법을 '리테일'이라고 한다.
- **D** 가상 서버에 있어서 OS 제공(라이선스) 개념은 각 제조업체나 버전 등에 따라 다르다.

해답 Q1. A Q2. C와 D Q3. D Q4. A Q5. B와 C Q6. D

Chapter 03

서버 가상화
서버 가상화의 접근 방식

3장에서는 '서버 가상화'에 대해 설명합니다. 서버 기능을 '가상화'하여 통합함으로써 실제 서버의 수를 줄여 효율적으로 운용할 수 있습니다. 여기서는 기업이 서버 가상화를 구현할 때 힘써야 할 접근 방식을 소개하면서 서버 가상화의 장점을 생각해보겠습니다.

Section 01

기업에서 운용되는 서버를 생각해보자

서버의 가상화란, 말 그대로 서버 기능을 '가상화'하여 통합한다는 것입니다. 서버 기능을 가상화함으로써 실제 서버의 수를 줄이고 운용을 효율적으로 할 수 있습니다. 실제로 서버 가상화를 구현할 때는 '어떤 서버 기능을 가상화할지', '가상화를 도입한 후에는 어떻게 운용할지'를 명확히 하는 것이 중요합니다. 그러기 위해서는 서버의 용도와 사양, 소프트웨어의 유지보수 기간 등도 고려해야 합니다. 여기서는 자신의 회사(또는 일반적인 기업 내)에서 운용되고 있는 서버에 어떤 것이 있는지, 또 각각의 하드웨어와 소프트웨어 제품 지원 종료일 등을 조사해보기로 합시다.

Step 1 ▶ 대표적인 서버 기능을 생각해보자

같은 '서버'라도 기능은 무척 다양합니다. 여기서는 자신의 회사 또는 일반적인 기업에서 사용하고 있는 서버에는 어떤 것이 있는지 생각나는 대로 나열해봅시다.

___

___

___

___

___

___

___

해답(일부) 파일 서버, 메일 서버, 인증 서버, 그룹웨어 서버, Web 서버, 백업 서버, 인터넷 연결 서버 등

Step 2 사내에서 운용하고 있는 서버의 상세 정보를 조사해보자

다음은 자신의 회사에서 운용하고 있는 서버의 상세 정보를 조사해봅시다. 구체적으로는 서버 머신의 사양, 구입일, 제품 지원 종료일을 조사하기 바랍니다. 구체적인 서버 머신이 없는 개인의 경우는 대표적인 서버 제품이나 서버 OS의 사양을 조사해보기 바랍니다.

사양	CPU	
	메모리	
	탑재 OS	
유지보수	구입일	
	제품 지원 종료일	

Step 3 가상화의 형태를 나타내는 용어의 뜻을 조사해보자

가상화의 형태를 나타내는 용어로는 'P2V', 'V2V', 'V2C', 'P2C'라는 것이 있습니다. 각각 무엇을 나타내는지 용어의 의미를 조사해봅시다.

- P2V

_____
_____
_____

- V2V

_____
_____
_____

- V2C

_____
_____
_____

- P2C

_____
_____
_____

기업에서 사용하는 서버의 용도를 생각해보자

● 서버 가상화의 포인트

여기서는 '서버 가상화'에 대해 설명합니다. 한 기업에는 다양한 용도의 서버가 있는데, 서버 가상화를 하여 몇 개의 서버 기능을 통합함으로써 실제 서버의 수를 줄이고 효율적인 운용을 할 수 있습니다.

현장에서 실제로 가상화 기술을 이용하는 경우는 '가상화의 대상'과 '적용 후의 이미지를 명확히 할 수 있는지 아닌지'가 성공의 관건이 됩니다.

하지만 개인이나 가상화 기술을 배우려는 사람에게 갑자기 '서버 가상화의 명확한 이미지를 그리라'고 해도 쉽게 그릴 수 없을 것입니다. 특히 2장에서 실습한 클라이언트의 가상화와는 달리 서버 가상화는 개인이 가볍게 시험할 수 있는 것이 아닙니다.

그래서 여기서부터는 'X사'라는 중소기업 정보 시스템 부서를 가상으로 설정한 후 그 회사의 서버의 사용 용도를 생각하면서 그것을 가상화 기술로 통합해 가는 스토리를 바탕으로 설명하겠습니다. 여러분도 X사의 '정보 시스템부'의 담당자라는 생각으로 함께 검토하고, 서버 가상화에 관한 이해를 다지기 바랍니다.

● X사의 회사 조직도

그림 1 은 'X사'의 회사 조직도입니다. X사의 부서는 모두 사장(관할 임원) 직속 부서로 되어 있습니다.

그중에서도 '인사, 총무, 경리, 정보 시스템' 부서는 이익과 직접적인 관련이 없기 때문에 '백 오피스'로 모아서 분류하고 있습니다.

하지만 인사부의 경우는 인적 자원 등과 관련된 중요한 데이터를, 경리부는 회사의 입출금, 급여와 같은 중요한 데이터를 다루고 있습니다. 그래서 다른 부서와 똑같은 파일 서버에서 데이터를 공유할 수는 없습니다. 다른 사원이 열람해서는 안 되는 데이터가 있거나 기밀 정보를 빼내갈 위험이 있기 때문입니다.

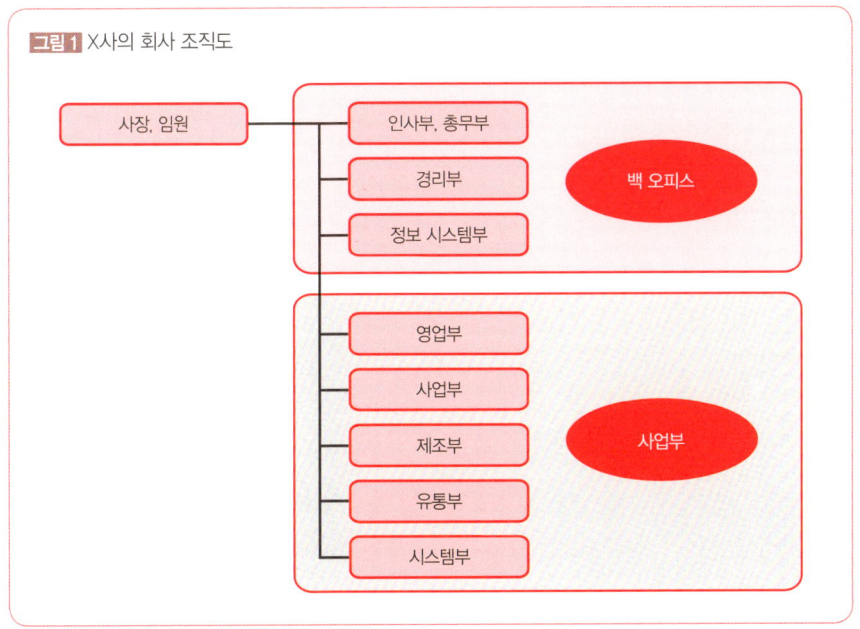

그림 1 X사의 회사 조직도

그래서 사장 및 임원을 포함한 백 오피스의 정보는 '정보 시스템 부서'가 혼자 도맡아 정리하여 적절한 사람에게 적절한 권한을 부여할 필요가 있습니다. 또한 정보 시스템 부서는 다른 사업부서가 이용하는 사내 리소스도 관리하고 있습니다.

한편 '영업, 사업, 제조, 유통, 시스템'이라는 사업부서도 있습니다. 이러한 부서는 실제로 발로 뛰어 돈을 벌어오는 부서입니다.

이러한 경우 백 오피스인 정보 시스템 부서와는 별도의 '시스템부'를 설치하여 업무 내용과 역할을 명확하게 나누는 회사도 많을 것입니다. 'X사'에서도 사업부서 측에서 발생하는 업무 중에서 시스템과 관련된 부분을 '시스템부'가 도맡아 처리하고 있습니다. 그렇다면 이러한 조직 안에서 '정보 시스템 부서'가 관할하는 서버로는 어떤 것이 있을지 생각해보기 바랍니다.

● 정보 시스템부가 관할하는 서버는?

실제 기업에는 다양한 서버가 존재할 것입니다. 그 대표적인 것으로 '파일 서버', '인터넷 연결용 서버', '메일 서버', 'Web 서버(자사 Web 사이트)', '전용 용도의 서버(경리 관련 서버 등)', '그룹웨어 서버(커뮤니케이션 서버)', '인증 서버'를 들 수 있습니다.

이러한 서버에는 각각 운용 면에서 차이가 있습니다. 여기서는 먼저 각각의 서버 개요를 소개하겠습니다. 그런 다음, 정보 시스템부가 관할해야 하는 서버에 대해 생각해봅시다.

① 파일 서버

파일 서버는 많은 기업이 가지고 있습니다. 파일 서버에 요구되는 조건으로는 앞에서 말했듯이 '기밀성의 확보'를 들 수 있습니다. 예를 들어 '사장이나 임원이 작성하는 파일은 기밀 정보가 많아서 다른 사원들은 액세스할 수 없도록 하고 싶다', '경리나 인사 관련 파일도 다른 사원이 액세스하지 못하게 하고 싶다' 등과 같은 경우가 많습니다. 또는 급여나 인사 관련 평가 데이터, 입사, 퇴사 등 개인 정보가 포함되는 경우도 있습니다.

그 밖에도 영업 관련 파일 서버는 거래처의 정보가 있거나, 사업부 관련의 경우 사업별로 서버에 대한 저장 액세스를 제한하고 싶다는 요구가 있을지도 모릅니다.

이와 반대로 전 사원에게 전달하고 싶은 데이터가 저장되는 서버(공유 서버) 등도 있으므로 한마디로 '파일 서버'라고 해도 액세스 권한의 관리 수준에서 그칠지, 물리적(논리적)으로 나눌 필요가 있는지 등 경우에 따라 다양합니다(그림 2).

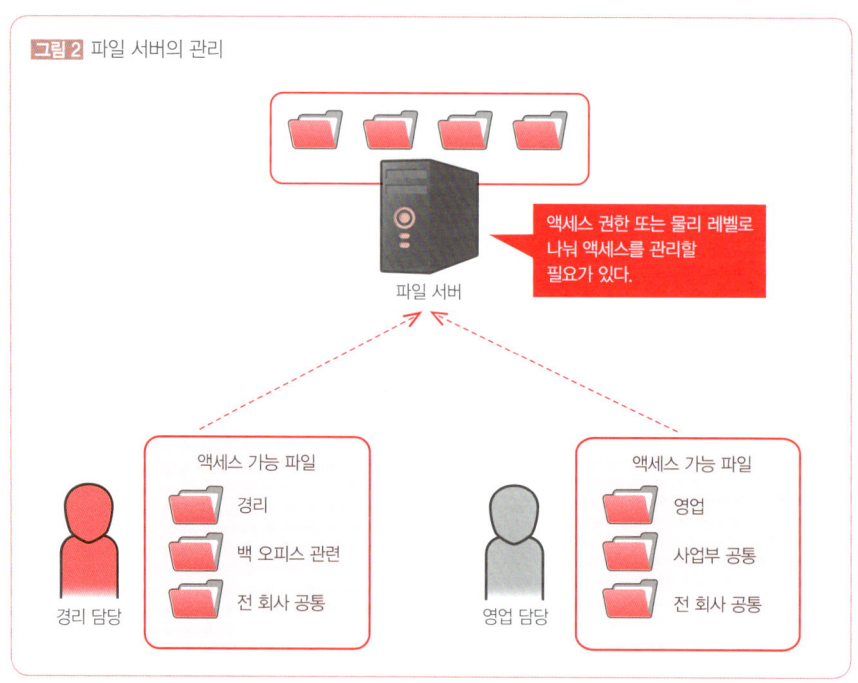

② 인터넷 연결용 서버

자택 PC를 인터넷에 연결할 때는 라우터 등과 같은 네트워크 기기를 사용합니다. 이와 마찬가지로 일반적인 기업에서도 회선을 계약하고 사원 수(또는 접속 디바이스 수)에 따른 성능을 가진 네트워크 기기를 경유하여 연결하는 경우도 있습니다.

단, 외부와의 연결이나 통신을 감시하기 위해 필요한 사람에게만 인터넷 연결을 허가(신청)하는 시스템을 채택하고 있는 기업에서는 '인터넷 연결용 서버'를 가지고 있는 경우도 있습니다. X사도 이 시스템을 채택하고 있다고 가정합시다.

③ 메일 서버

요즘은 대부분의 사용자가 메일 주소를 가지고 있습니다. 또 최근에는 자사의 메일 시스템을 클라우드상에서 유지 관리하고 있는 경우도 있지만, 회사에서 메일 서버를 운영하고 있는 기업도 다수 있습니다.

이러한 경우 송수신용 서버, 메일 데이터를 저장할 디스크, 계정 관리(사원의 입사, 퇴사나 한 사람당 용량 제한) 등 다양한 처리가 필요합니다. X사도 메일 서버를 직접 운용하고 있다고 가정합니다.

④ Web 서버(자사 Web 사이트)

요즘 대부분의 기업은 인터넷상에 자사 Web 사이트를 가지고 있습니다. 이와 같은 Web 사이트는 인터넷상의 어디에서든 액세스할 수 있도록 회사명(~회사명~.co.kr과 같은 것)과 글로벌 IP 주소를 연결할 필요가 있습니다.

그래서 Web 서버를 안전하게 구현하여 운용할 기술과 자산(기기)이 없으면 모두 외부에서 운용하는 경우도 있습니다. 하지만 X사에서는 자사에서 운용하고 있다고 가정합시다.

⑤ 전문 용도 서버(경리 관련 서버)

예를 들어 경리부서가 이용하는 전용 패키지가 들어 있는 서버 등 '전문 용도 서버'를 가지고 있는 기업도 있습니다. 회사의 출납이나 결산, 감사 등과도 연동하는 중요한 데이터를 취급하기 때문에 다른 용도의 서버와는 분리하는 경우입니다. X사도 경리 관련 서버 등 전문 서버를 가지고 있다고 가정합시다.

⑥ 그룹웨어 서버(커뮤니케이션 서버)

'그룹웨어 서버'는 사내의 사람들과 스케줄을 공유하거나 특정 주제로 토론을 하는 서버입니다. 그룹웨어 서버도 다른 서버와의 간섭을 피하기 위해 독립적으로 운용하는 경우가 많습니다.

⑦ 인증 서버

'인증 서버'도 잊으면 안 됩니다. 보통 회사의 시스템을 이용할 때 한정된 사람(권한이 부여된 사람)이 적절한 이용 범위 내에서 이용할 수 있는 것은 인증 및 권한을 모아서 처리해주는 인증 서버가 있기 때문입니다.

이 밖에도 영업 특성에 따라 다양한 서버가 존재할 수 있지만, X사에서는 위에서 설명한 일곱 개의 서버를 운용하고 있다고 가정합니다.
여기서부터는 이러한 시스템을 어떻게 운용하고 있는지, 이 종래의 환경에 가상화를 도입할 때의 접근 방식은 무엇인지에 대해 생각해보겠습니다.

● X사의 네트워크 구성

지금까지 살펴본 'X사'의 조직과 서버의 이용 용도로부터 정보 시스템부는 어떤 서버를 가지고 있는지를 다시 생각해봅시다. X사에서는 그림3 과 같은 구성을 가지고 있다고 가정합니다.
그림3 과 같이 정보 시스템부는 '메일 서버', '파일 서버', '인증 서버', '전용 서버(1과 2)', '그룹웨어 서버'를 관할하고 있다는 것을 알 수 있습니다.
일반적인 기업에서는 해당 사업 내용이 IT 계열과 가까울수록 각각 역할을 가지고 있는 서버가 있을 것입니다.
또한 실제로는 서버가 고장 등으로 정지하면 곤란하므로 이중 구성(두 대 이상의 서버가 동일한 역할을 담당함)을 취하거나, 만일 고장이 났을 때도 데이터나 설정이 손실되지 않도록 백업을 하는 경우를 생각하면 서버의 수는 계속 늘어날 것입니다.
다음 절에서는 지금까지의 설명을 전제로 실제 서버의 수와 사양 등을 체크하기로 합시다.

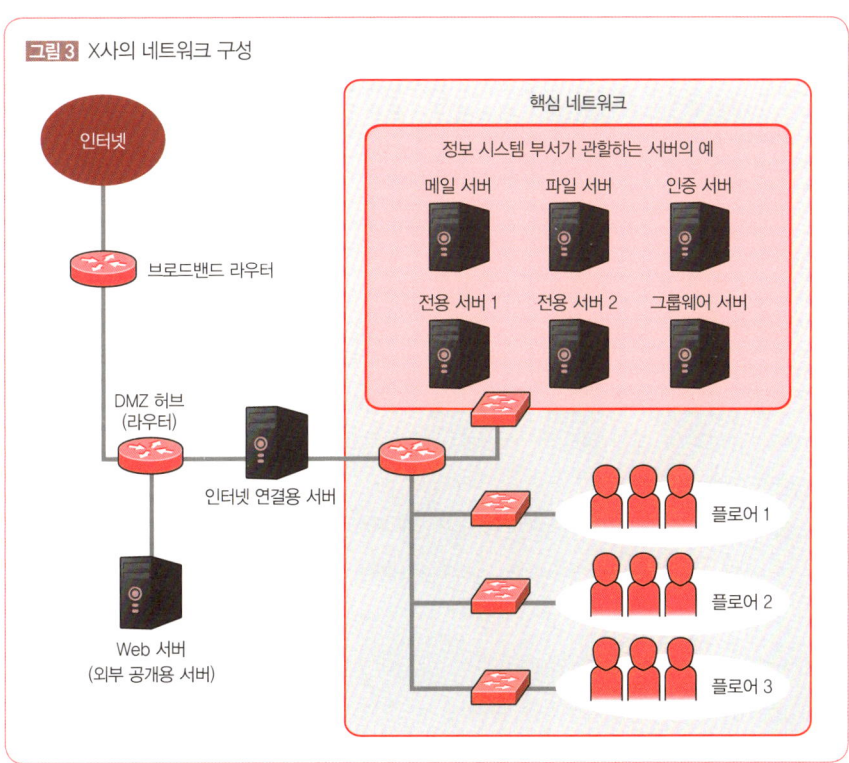

그림 3 X사의 네트워크 구성

서버의 용도와 사양을 정리하자

● 사용 용도와 자산을 체크

93쪽에서 대표적인 서버의 역할로 일곱 개의 예를 소개했습니다.

여기서는 가상화의 도입을 향한 구체적인 업무로서 생각한 경우, 어떤 점을 고려해야 할지를 생각해보겠습니다.

실제 업무에서 서버 가상화를 검토할 때는 각 서버의 용도, 고장 시의 대응 등을 나타내는 '폴리시 레벨'과 사양, 서버의 수, 구입일 등과 같은 '자산 상황'을 정리해둘 필요가 있습니다.

이제 X사의 폴리시 레벨과 서버의 자산 상황의 예를 살펴봅시다. X사에서는 서버가 고장났을 때의 폴리시 레벨(대응 레벨)을 0~3으로 나눠 각각 아래와 같은 폴리시를 적용하고 있습니다(표1). 또한 서버의 자산 상황은 표2와 같습니다.

표1 X사가 적용하고 있는 폴리시 레벨

폴리시 레벨	레벨 0
제목	기본 공통 항목
구체적인 현상	모든 시스템은 안전하게 재현할 수 있는 환경 및 설정을 데이터로 백업할 것을 의무화한다. 저장 장소는 다른 서버가 있는 거점과 그 밖의 두 장소 이상으로 하고, 세대는 각각 정의하도록 한다.
목표 복구 시간	없음
구체적인 대책	OS, 미들웨어, 설정 항목을 하나로 모아 공유 디스크와 클라우드 등에 백업을 한다. 사용자 데이터는 이 내용에 포함하지 않는다.

폴리시 레벨	레벨 1
제목	고장 시의 복구
구체적인 현상	부품 등의 고장으로 인해 해당 부품의 교환으로 복구할 수 있는 내용
목표 복구 시간	1시간 이내
구체적인 대책	레벨 1로 정의된 시스템에 대해서는 해당 서버 등을 여러 대 준비한 후 동시 가동 또는 고장 시 전환 등을 하고 업무가 계속되게 한다.

폴리시 레벨	레벨 2
제목	고장 시의 복구
구체적인 현상	부품 등의 고장으로 인해 해당 부품의 교환으로 복구할 수 있는 내용
목표 복구 시간	4시간 이내
구체적인 대책	레벨 2로 정의된 시스템에 대해서는 단독 가동을 허가하고, 고장 시에는 신속하게 교환할 수 있는 대책을 강구한다. 구체적으로는 여러 대의 서버에 대해 비용 범위 내에서 부품 준비 또는 목표 복구 시간 이내의 유지보수 서비스에 대한 가입을 의무화한다.

표 2 X사의 서버 자산 상황 정리

역할	폴리시 레벨	대수	사양	구입일(제품 지원 종료일)
메인 서버	1	2	CPU: 4코어 메모리: 4GB OS: Windows Server 2008 R2	2010년 12월 (2015년 11월)
파일 서버	1	2	CPU: 4코어 메모리: 4GB OS: Windows Server 2012 R2	2014년 3월 (2017년 2월)
인증 서버	1	2	CPU: 4코어 메모리: 4GB OS: Windows Server 2012 R2	2014년 3월 (2017년 2월)
전용 서버 1	2	1	CPU: 4코어 메모리: 2GB OS: Windows Server 2008	2009년 12월 (2014년 11월)+1년 연장
전용 서버 2	2	1	CPU: 4코어 메모리: 2GB OS: Windows Server 2008	2009년 12월 (2014년 11월)+1년 연장
그룹웨어 서버	2	1	CPU: 4코어 메모리: 8GB OS: Windows Server 2008 R2	2010년 3월 (2015년 2월)
인터넷 연결 서버	2	1	CPU: 4코어 메모리: 8GB OS: Windows Server 2008	2009년 12월 (2014년 11월)+1년 연장
Web 서버 (외부 공개용 서버)	1	2	CPU: 4코어 메모리: 8GB OS: Windows Server 2008 R2	2010년 12월 (2015년 11월)
백업 서버(예비)	0	1	CPU: 2코어 메모리: 2GB OS: Windows Server 2008 R2	2010년 12월 (2015년 11월)
테스트 환경 서버(예비)	2	1	CPU: 2코어 메모리: 2GB OS: 그때마다 셋업	모름

● 자산 관리의 중요성

이와 같이 정리해보면 X사의 서버 자산은 모두 '열네 대'라는 것을 알 수 있습니다. 더욱이 사양과 구입 시기가 다른 것이나 제품 지원 종료일 상황을 보면 매년 몇 대의 서버가 유지보수 지원 기한을 갱신해야 할지 또는 기한이 끝남과 함께 새로운 서버로 전환해야 할 가능성이 있다는 점이 한눈에 보입니다. 또한 X사의 경우 구입 시기로부터 하드웨어 유지보수 기간이 끝나면 1년마다 연장을 하고 있다는 것도 알 수 있습니다.

이와 같이 서버 가상화를 도입할 때는 사전에 자사의 서버 자산을 확실히 정리하는 것이 중요합니다. 가상화의 도입으로 '하드웨어 리소스를 효율적으로 사용할 수 있다', '운용(비용 등도 포함) 부담을 덜 수 있다'라는 것을 예상할 수 있다면 도입을 적극적으로 검토해야 할 것입니다.

실천! 서버 집약의 개념

● 자산의 정리와 중장기 계획

앞에서는 '회사의 조직과 서버의 역할 및 종류'와 '각 서버의 상세 정보'를 정리했습니다.

여기서는 그 정보로부터 생각할 수 있는 매일의 업무와 그것들을 가상화 기술을 사용하여 집약해 갈 때 어떤 접근 방식이 있는지, 실제와 가까운 형태로 계획을 세우는 스토리를 소개하겠습니다.

다시 한 번 X사의 서버 자산 상황을 소개해두겠습니다(표3). 실제 내용은 더 복잡할 수도 있지만 이번에는 어디까지나 설명용이므로 간단한 형태로 기재하고 있습니다.

표3을 보면 알 수 있듯이 X사의 서버는 사양과 구입일이 제각각이라는 것을 한눈에 알 수 있습니다.

실제 기업의 경우도 이와 같이 다양한 용도의 서버가 필요할 때 각각 검토 및 조달되어 제각각 운용되고 있는 경우도 적지 않을 것입니다.[1]

정보 시스템 부서는 이러한 상황 속에서 연간 예산이나 서버 교체 또는 새로운 역할을 할 서버에 대한 대책을 검토해야 합니다. 또한 실제 서버가 늘어날수록 관리가 번거로워지며 장애 등에 대한 리스크도 커진다는 것을 쉽게 상상할 수 있을 것입니다.

경영자나 시스템 예산 승인을 포괄적으로 받기 위해 이러한 정보를 '중장기 계획'에 미리 포함시키는 경우도 있습니다. 표3의 내용을 중장기 계획으로 정리하여 수정하면 표4와 같습니다(가로 축은 '연', 칸 안의 숫자는 '월'을 나타냅니다).

---

[1] 여기서는 알기 쉽게 기업의 '정보 시스템 부서'에 초점을 맞춰 설명하고 있지만, 그 밖의 다른 사업부서 시스템에서도 프로젝트별로 서버를 조달하고 있다면 이와 똑같이 관리할 것입니다.

표 3 X사의 서버 자산 상황 정리

역할	폴리시 레벨	대수	사양	구입일(제품 지원 종료일)
메인 서버	1	2	CPU: 4코어 메모리: 4GB OS: Windows Server 2008 R2	2010년 12월 (2015년 11월)
파일 서버	1	2	CPU: 4코어 메모리: 4GB OS: Windows Server 2012 R2	2014년 3월 (2017년 2월)
인증 서버	1	2	CPU: 4코어 메모리: 4GB OS: Windows Server 2012 R2	2014년 3월 (2017년 2월)
전용 서버 1	2	1	CPU: 4코어 메모리: 2GB OS: Windows Server 2008	2009년 12월 (2014년 11월)+1년 연장
전용 서버 2	2	1	CPU: 4코어 메모리: 2GB OS: Windows Server 2008	2009년 12월 (2014년 11월)+1년 연장
그룹웨어 서버	2	1	CPU: 4코어 메모리: 8GB OS: Windows Server 2008 R2	2010년 3월 (2015년 2월)
인터넷 연결 서버	2	1	CPU: 4코어 메모리: 8GB OS: Windows Server 2008	2009년 12월 (2014년 11월)+1년 연장
Web 서버 (외부 공개용 서버)	1	2	CPU: 4코어 메모리: 8GB OS: Windows Server 2008 R2	2010년 12월 (2015년 11월)
백업 서버(예비)	0	1	CPU: 2코어 메모리: 2GB OS: Windows Server 2008 R2	2010년 12월 (2015년 11월)
테스트 환경 서버(예비)	2	1	CPU: 2코어 메모리: 2GB OS: 그때마다 셋업	모름

표 4 X사의 자산의 중장기 계획

	2009	2010	2011	2012	2013	2014	2015	2016	2017
메인 서버		12월					11월		
파일 서버						3월			2월
인증 서버						3월			2월
전용 서버 1	12월					11월	11월		
전용 서버 2	12월					11월	11월		
그룹웨어 서버		3월					2월		
인터넷 연결 서버	12월					11월	11월		
Web 서버(외부 공개용 서버)		12월					11월		
백업 서버(예비)		12월					11월		
테스트 환경 서버(예비)									

● 소프트웨어의 유지보수 기간에도 주의

이와 같이 정리하면 구입 시기, 하드웨어 지원 기간, 올해와 내년에 해야 할 일을 바탕으로 필요한 비용을 쉽게 예측할 수 있습니다.

또한 이 예는 어디까지나 '하드웨어'의 유지보수에만 한정된 예입니다. 하드웨어뿐만 아니라 그에 탑재되는 OS나 해당 OS상에서 작동하는 미들웨어(소프트웨어)에도 지원 기한을 포함하여 다양한 제한이 있습니다. 이러한 것들을 종합하여 현재 회사의 상황과 바람직한 모습, 그리고 (적용할지는 별도로 하고) 업계 최신 기술의 동향을 파악해야 합니다.

예를 들어 표5는 Microsoft Windows Server 시리즈의 지원 종료일 목록입니다. OS 제조업체가 제공하는 지원에는 구축 시나 장애가 발생했을 때의 상담이나 지원, 프로그램의 수정 및 악의적인 공격, 보안 홀 등에 대한 패치 제공 등이 포함되어 있습니다.

지원 기한을 넘긴 것을 모르고 있으면 악의적인 공격을 받아 회사의 중요한 데이터가 유출될 위험이 있습니다.

만일 그런 사고가 일어나면 사회적으로 '이 기업은 생각할 수 있는 가능한 대책을 마련하지 않았다'고 간주되어 회사의 이미지도 손상될 우려가 있으므로 주의할 필요가 있습니다.[*2]

표5 Windows Server 시리즈 지원 종료일

대상 제품명	메인 스트림 지원 종료일	연장 지원 종료일
Windows Server 2003	2010/7/13	2015/7/14
Windows Server 2003 R2		
Windows Server 2008	2015/1/13	2020/1/14
Windows Server 2008 R2		
Windows Server 2012 Standard	2018/1/9	2023/1/10
Windows Server 2012 R2 Standard		

[*2] 예를 들어 마이크로소프트 사 제품의 경우 서버, 클라이언트에 국한되지 않고 제품 지원 주기 정책(라이프 사이클 폴리시)을 규정하고 있습니다(http://support2.microsoft.com/select/?target=lifecycle). 이와 같이 자사가 이용하는 제조업체의 Web 사이트로부터 정기적으로 정보를 수집할 것을 권장합니다.

● 서버를 집약할 때의 접근 방식

자사의 서버 자산을 파악했으므로 실제로 서버를 집약할 때의 포인트를 다섯 가지로 나누어 소개하겠습니다.

① 자산 관리 자료를 가상화 지원으로 바꾼다

먼저 가상화 지원의 접근 방식을 쉽게 이해하기 위해 표3 에 있는 X사의 서버 자산 관리 자료의 '역할'이라는 항목을 '역할'과 '역할을 구현하는 서버'로 나눠보기 바랍니다.

이와 같이 관리함으로써 '메일 시스템이 메일 서버에서 움직이고 있다'와 같이 '해당 서버가 담당하는 역할'과 '실제로 그 역할을 분담하는 서버의 종류'를 쉽게 알 수 있습니다(표6).

표6 자산 관리 자료의 수정 ①

역할	역할 구현 서버	폴리시 레벨	대수	사양	구입일(지원 종료일)
메일	메일 서버	1	2	CPU: 4코어 메모리: 4GB OS: Windows Server 2008 R2	2010년 12월 (2015년 11월)

가령 메일 시스템의 역할을 새로 만들 '가상 관리 서버 1호기'가 담당할 예정이라면 '메일 시스템이 가상 관리 서버 1호기에서 작동하고 있다'는 것을 쉽게 파악할 수 있을 것입니다.[*3]

② 가상 관리 서버를 자산 관리표에 넣는다

그 다음 가상 환경을 제공할 환경을 검토합니다. 먼저 표3의 서버 자산 관리 자료에 '가상 환경 서버' 항목을 추가합니다(표7). 실제 업무에서는 실제로 구입이 결정되었거나 도입 실현성을 검토할 때 수행하는 작업입니다.

표7 자산 관리 자료의 수정 ②

역할	역할 구현 서버	폴리시 레벨	대수	사양	구입일(지원 종료일)
가상 환경	가상 환경 서버	1	2	※ 사양은 나중에 검토	2015년 4월 (2020년 3월)

③ 중장기 계획을 세운다

계속해서 가상 환경을 제공할 하드웨어를 중장기 계획에 추가합니다. 여기서는 '2015년 4월'에 도입한다고 가정합니다(표8).

표8 가상 환경 서버의 추가

	2015	2016	2017
메인 서버	11월		
파일 서버			2월
인증 서버			2월
전용 서버 1	11월		
전용 서버 2	11월		
그룹웨어 서버	2월		
인터넷 연결 서버	11월		
Web 서버(외부 공개용 서버)	11월		
백업 서버(예비)	11월		
테스트 환경 서버(예비)			
가상 환경 서버	4월		

※ 2020년 3월에 지원 종료

④ 가상화할 만한 서버를 찾아낸다

가상 서버의 하드웨어 사양을 결정하기 전에 어떤 서버를 가상 서버로 가동시킬지를 생각할 필요가 있습니다.

다시 102쪽의 표3에 있는 X사의 서버 자산 관리 자료를 살펴보기 바랍니다. X사의 중장기 계획을 '2015년'을 중심으로 생각하면 파일 서버와 인증 서버 이외의 하드웨어의 유지보수 기간이 끝난다는 것을 알 수 있습니다.

그래서 먼저 이상적인 그림으로는 이러한 서버를 집약하여 하드웨어의 관리를 최소한으로 하며, 리소스를 유효하게 활용하는 이미지를 설계해봅시다(그림 4).

여기서 알 수 있는 것은 '모든 자산을 가상 환경으로 집약할 수 없는 경우도 있다'는 것입니다.

예를 들어 그림 4를 보면 '인터넷 연결 서버'와 'Web 서버(외부 공개용 서버)'를 집약

---

*3 대상 서버의 수가 많아지면 정리가 어려울 수 있지만 여기서는 가상화를 이해하기 위해 무엇이 어디에서 작동하고 있는지를 명시적으로 나타내기로 합니다.

하는 것은 어려워 보입니다.

왜냐하면 이 두 서버는 물리적인 네트워크가 다르기 때문입니다. 그 밖의 서버는 사내의 '핵심 네트워크'에 포함되어 있지만 '인터넷 연결 서버'와 'Web 서버'는 포함되어 있지 않습니다. 즉, 이 두 서버를 메일 서버 등과 같은 서버와 동일한 가상 환경용 서버로 집약해 버리면 네트워크를 다시 구축할 필요가 있습니다.

만일 이 두 서버를 물리적으로 나눔으로써 보안을 유지한다는 폴리시를 가지고 있는 경우, '내부, 외부의 네트워크가 물리적으로 뒤섞여 있더라도 현재 환경 레벨을 유지할 수 있다'는 점을 증명해야 합니다. 그것이 가능하다면 이야기는 달라지겠지만, X사의 경우는 네트워크가 다른 이 두 서버를 집약 대상에서 제외하겠습니다(그림 5).

⑤ 계획의 완성

지금까지의 정보를 정리하면 가장 먼저 가상 환경으로 옮길 대상은 '메일 서버', '전용 서버 1', '전용 서버 2', '그룹웨어 서버', 즉 네 개의 시스템(도합 다섯 대의 서버)이 될

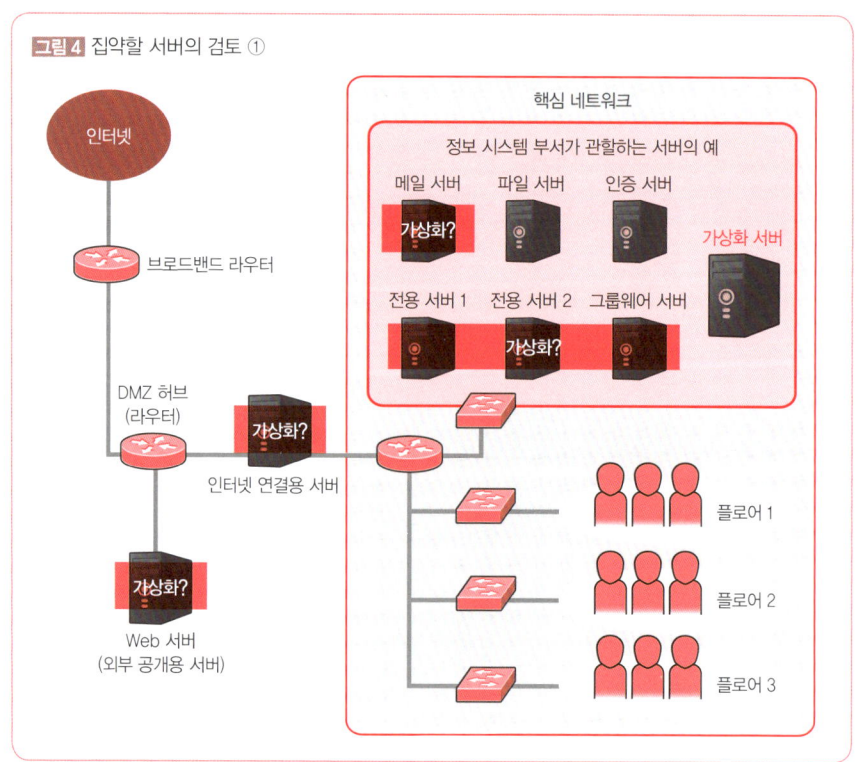

그림 4 집약할 서버의 검토 ①

것 같습니다.

그런데 가상화 환경을 제공하는 서버(가상 환경 서버)가 새로 필요하므로 104쪽의 표7 에 있는 것처럼 이 서버의 폴리시 레벨을 고려하면 최소 물리적으로 두 대의 서버가 필요합니다. 즉, 서버를 새로 두 대 구입하여 다섯 대분의 처리를 할 수 있다는 것입니다.

또한 동시에 예비로 있는 '검증 환경 서버'(한 대)와 '백업 서버'(두 대)도 가상화하면 '두 대를 구입하여 일곱 대분을 처리'할 수 있을지도 모릅니다(그림 6).

어찌됐든 시스템별로 여러 대의 기기를 준비하는 것보다 최소한의 기기로 가상화하여 운용하는 편이 관리나 운용 시의 수고를 덜어주는 것은 틀림없습니다. 또한 백업 대상 등도 집중시킬 수 있으며, 시스템 자체의 가시화도 기대할 수 있습니다. 더욱이 기존의 시스템 담당자와 사용자 등의 요건도 취합하여 새로운 시스템에 대한 이해를 구할 수 있다면 시스템의 가상화를 문제 없이 진행할 수 있습니다.

지금까지의 설명으로 가상화를 도입함으로써 물리적인 서버의 수를 줄일 수 있다는

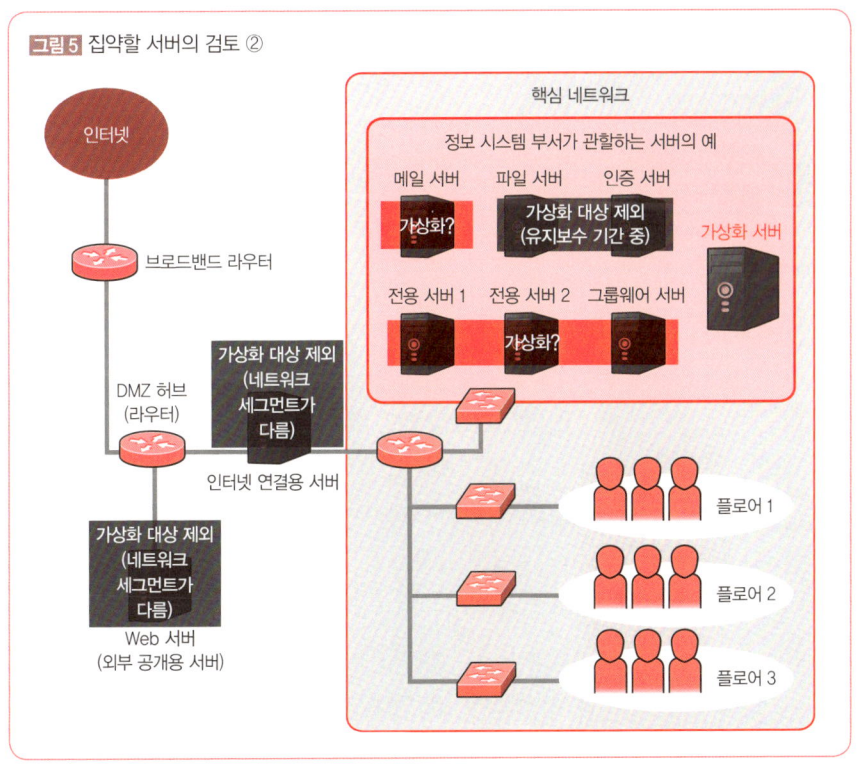

그림 5 집약할 서버의 검토 ②

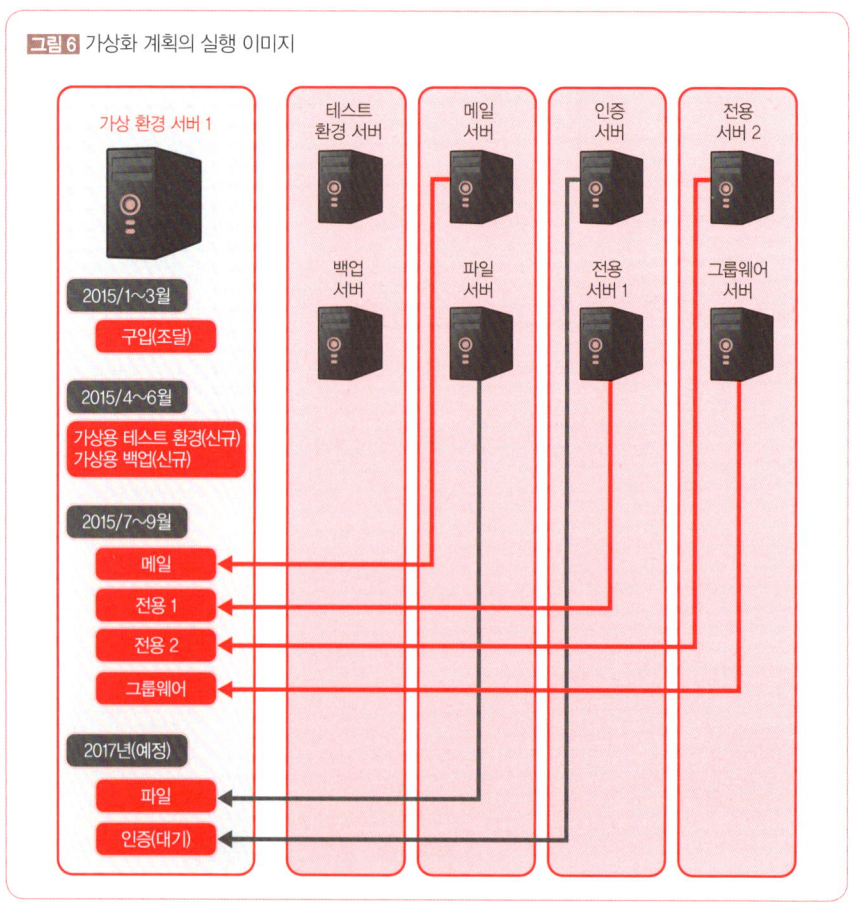

그림 6 가상화 계획의 실행 이미지

것을 이해했다고 생각됩니다. 또한 이 단계에서 장래에 파일 서버와 인증 서버를 집약할 것인지에 대해 검토해두는 것도 좋을 것입니다.

● 가상화 지원 상황에도 주의

마지막으로 실제로 가상화를 도입하는 데 있어서 가상 서버로서 가동을 권장하지 않는 환경이 있다는 점에 주의하기 바랍니다. 이는 하드웨어 요건이 아니라 OS나 미들웨어 기능의 요건 때문에 그러한 경우가 있습니다. 자세한 설명은 각각의 OS나 브로드밴드의 취급 설명서 및 공식 사이트를 확인해보기 바랍니다.

또한 이 책에서는 '인증 관련 시스템의 가동 환경은 가상화 환경에서 가동하는 것을 권장하지 않는다'라는 폴리시를 가정하기로 하겠습니다.

이와 같이 기업에서는 다양한 역할의 서버가 복잡한 요소들로 얽혀 구성되어 있습니다. 하지만 명확하게 정리하여 시각적으로 기록해보면 자신이 납득하고 예측을 해서 스무드하게 실행에 옮길 수 있다는 것을 이해할 수 있을 것입니다.

서버 도입 시의 검토 사항

일반적으로 정보 시스템 부서가 관리하는 서버는 '1년에 모두 구입하거나 유지보수도 매년 정산'하는 것은 아닙니다. 하드웨어는 일시금(일괄)으로 구입을 하고, 1년, 3년, 5년 등과 같은 기간에 걸쳐 감가상각을 해 나가는 패턴이나 자산 자체의 개념을 자사 감가상각이 아니라 '리스(대여)' 등과 같은 형태로 채택하는 패턴이 많을 것입니다. 또한 하드웨어와는 별도로 OS나 미들웨어 등의 지원, 유지보수 기간의 관리 등 다양한 요인이 복합적으로 겹쳐져 서버의 운용 형태가 결정됩니다.

'자사 자산인지 리스인지'에 대해서는 정보 시스템 부서와 경영진(특히 경리 등)이 자사의 정책을 확실하게 결정하고 경우에 따라서는 감사팀 등과 협력한 후에 결정하는 경우도 있습니다. 어떤 경우든 중소기업의 경우는 물론 대기업에서도 시스템 투자는 금액이 큰 경우가 많습니다. 사업이 순조로운 회사에서도 일시적인 시스템 투자로 인해 흑자 도산할 가능성이 있으므로 '직판, 일괄 구입이 가장 싸다'라는 단순한 생각이 아니라 회사의 현금 흐름이나 대차 대조표를 고려하면서 판단해야 합니다. 또한 정보 시스템 부서에서는 이러한 구입 판단도 매우 중요한 일이므로 그 후의 트레이스(추적) 업무도 중요합니다.

자산을 효율적으로 활용하고 있는지, 하드웨어나 소프트웨어의 감가상각 상황(재고 조사), 다양한 기한의 관리 등도 해야 합니다. 예를 들어 내년도에 갱신 대상인 서버를 검토하여 하드웨어를 교체할 필요가 있는지, 하드웨어의 유지보수 갱신만으로 끝낼 것인지, 아니면 하드웨어 유지보수를 갱신하지만 그 안의 내용물(OS나 미들웨어)은 교체할 필요가 있는지 등입니다. 그 밖에도 리스크나 트렌드 등을 고려하여 실제로 필요한 비용, 사원의 지원 부하(부서 내 사원으로 지원 가능한지, 일시적으로 외주에게 맡길지, 채용이 필요한지) 등을 산출해야 합니다.

더욱이 이 산출 방법도 회사 방침에 따라 감정 과목별로 산출하여 최종적으로 정보 시스템 부서의 예산을 내야 할 필요가 있습니다.

이 책에서는 번거로운 설명을 피하기 위해 '각 서버(하드웨어만)의 유지보수 기간이 언제쯤인지'를 시각적으로 알기 쉬운 표를 만들어 그 이후는 갱신하지 않는 것을 전제로 생각해보겠습니다.

가상 서버에 필요한 사양을 생각해보자

● 하이퍼바이저를 사용한 서버 가상화

지금까지 X사의 서버에 관한 다양한 정보를 정리했습니다. 지금까지의 설명으로 '현재 상황에 대한 올바른 이해가 가상화의 특성을 최대한으로 살리는 것으로 이어진다'는 것을 이해했다고 생각됩니다.

지금부터는 실제로 가상화를 할 때 현실적으로 이행하기 위한 요건을 정해 나가기로 하겠습니다. 이로써 서버 가상화의 실무에 관한 이미지가 더해질 것입니다. 이 책에서는 하이퍼바이저를 이용한 서버 가상화를 가정하고 있습니다. 그리고 '실제로는 하이퍼바이저가 할당하는 리소스가 어느 정도인지', '어떤 하드웨어 구성을 생각할 수 있는지'에 대해 생각해봅시다.

표9는 가상화를 할 모든 하드웨어와 사양을 정리한 것입니다. 앞에서 결정한 가상화 환경으로 옮기지 않는 시스템은 제외합니다.

표9 가상화할 서버의 사양

시스템	가동 중인 서버	CPU 코어	메모리(GB)
메일	메일 서버 1호기	4	4
	메일 서버 2호기	4	4
경리 시스템	전용 서버 1	4	2
사업 시스템	전용 서버 2	4	2
그룹웨어	그룹웨어 서버	4	8
백업	백업 서버	2	2
테스트 환경	테스트 환경 서버	2	2
		합계 24	합계 24

이 정보를 가지고 새로 가상화 환경을 구현할 하드웨어를 구입할 경우, 단순하게 계산하면 'CPU 코어를 더한 합계'와 '메모리를 더한 합계'를 웃도는 머신을 구입하면 됩니다.

- 가상 관리 서버 1호기 CPU=24코어, 메모리=24GB
- 가상 관리 서버 2호기 CPU=24코어, 메모리=24GB

이러한 환경이면 모든 시스템을 한 대의 서버로 집약할 수 있습니다. 또한 가상 관리 서버 1호기와 2호기를 준비함으로써 만일 한 대가 완전히 정지해도 다른 한 대로 모든 시스템을 계속 가동시킬 수 있습니다.

하지만 이 사양만 볼 때는 안심할 수 있지만 과다한 사양일 가능성이 있으므로 주의가 필요합니다. 그래서 98쪽에서 소개한 각각의 '폴리시 레벨'을 감안하여 다시 계산을 해봅시다.

● 실제로 필요한 사양이란?

X의 메일 시스템의 경우 폴리시 레벨이 '1'로 정해져 있습니다(99쪽 참조). 폴리시 레벨 1은 '서버를 여러 대 준비하여 다른 실제 머신에서 가동시킬 것', '목표 복구 시간은 1시간'으로 되어 있습니다. 따라서 메일 서버 1호기와 2호기가 각각 다른 가상 서버로 들어가면 가상 서버 한 대가 정지하더라도 다른 한 대의 가상 서버에서 업무를 계속할 수 있습니다.

다른 시스템은 가상화되기 전에도 한 대에서 움직이고 있었다는 점을 고려하여 두 대의 가상 서버로 분산시켜 배치합니다(표10).

그러면 다음과 같은 계산이 가능해집니다.

표10 실제로 필요한 서버의 사양

시스템	가동 중인 서버	CPU 코어	메모리(GB)	가상 서버 1호기	가상 서버 2호기
메일	메일 서버 1호기	4	4	○	
	메일 서버 2호기	4	4		○
경리 시스템	전용 서버 1	4	2	○	
사업 시스템	전용 서버 2	4	2	○	
그룹웨어	그룹웨어 서버	4	8		○
백업	백업 서버	2	2		○
테스트 환경	테스트 환경 서버	2	2		○

1호기 합계 12   1호기 합계 8
2호기 합계 12   2호기 합계 16

- 가상 관리 서버 1호기 CPU=12코어, 메모리=8GB
- 가상 관리 서버 2호기 CPU=12코어, 메모리=16GB

처음에 계산한 처리 능력의 절반 정도가 되었습니다. 만일 처리 능력과 리소스가 비용과 비례한다면 실제 비용은 반으로 줄어들 것입니다.

● 실제(실무용)는 어떻게 되어 있는가?

실제 업무에서도 처음에 작성한 대강의 견적은 거의 비슷한 방법으로 내는 곳이 많을 것입니다.

하지만 좀 더 깊이 생각해보면 용량과 퍼포먼스(Capacity & Performance)를 측정하여 필요한 리소스를 확실하게 계산할 필요가 있습니다.

좀 더 구체적으로는 '하드웨어의 질'이라는 관점을 고려해야 합니다. 위에서는 CPU의 '코어'라는 항목이 있습니다. 하지만 실제로는 CPU의 '제품명'이라는 것도 있습니다. 메일 서버 1호기를 예로 들어 생각해보겠습니다. 메일 서버 1호기와 새로 도입하는 가상 환경 서버 1호기의 CPU 구입 시기와 제품명은 아래와 같다고 가정합시다(표11).

표11 구입 시기와 제품명

	구입 시기	CPU 제품명
메일 서버 1호기	2010년 12월	Westmere-EP
가상 환경 서버 1호기	2015년 4월	Haswell(E5-2600 v3)

CPU가 동일한 코어 수, 동일한 클럭 주파수[*4]를 가지고 있다고 하더라도 발매 시기가 다르면 각각의 제품명이 다를 가능성이 있습니다.

특히 요즘은 다양한 추가 기능으로 CPU의 성능이 현저하게 향상되어 있습니다.

예를 들어 현재 메일 서버가 4개의 코어를 필요로 하고 있다고 하더라도 새로운 CPU에서는 한 개의 코어나 두 개의 코어로도 서비스를 충분히 제공할 수 있을 가능성이 있습니다.

단, 이러한 용량 퍼포먼스는 다양한 데이터와 가설을 바탕으로 검증해야 합니다. 때로

---

*4　PC 안의 각 회로 사이에서 처리의 보조를 맞추기 위한 속도를 말하며, '동작 주파수'라고도 합니다.

는 하드웨어 제조업체로부터 최신 CPU나 서버를 빌려 실제로 가동시켜보고 산출된 리소스 소비량을 바탕으로 새로운 머신의 사양을 결정하기도 합니다. 이 책에서는 거기까지는 들어가지 않고 계속해서 CPU의 코어 수(종래=현재)만 고려하여 계산하고 있지만, 실제로는 좀 더 여러 가지를 검토할 필요가 있다는 것만 기억해두기 바랍니다.

또한 가상화를 이용하여 시스템을 집약할 때 현재 이용하고 있는 서버의 사양과 이용률을 참고로 최신(또는 기존의 가상 서버) 하드웨어에서 운용할 때 어느 정도의 이용률이 될지를 계산하는 것을 '사이징(Sizing)' 또는 '용량 산정(Capacity Planning)'이라고 합니다.

마지막으로 지금까지의 검토 재료를 참고하여 그린 하이퍼바이저를 이용한 가상화의 이미지는 그림7 과 같습니다.

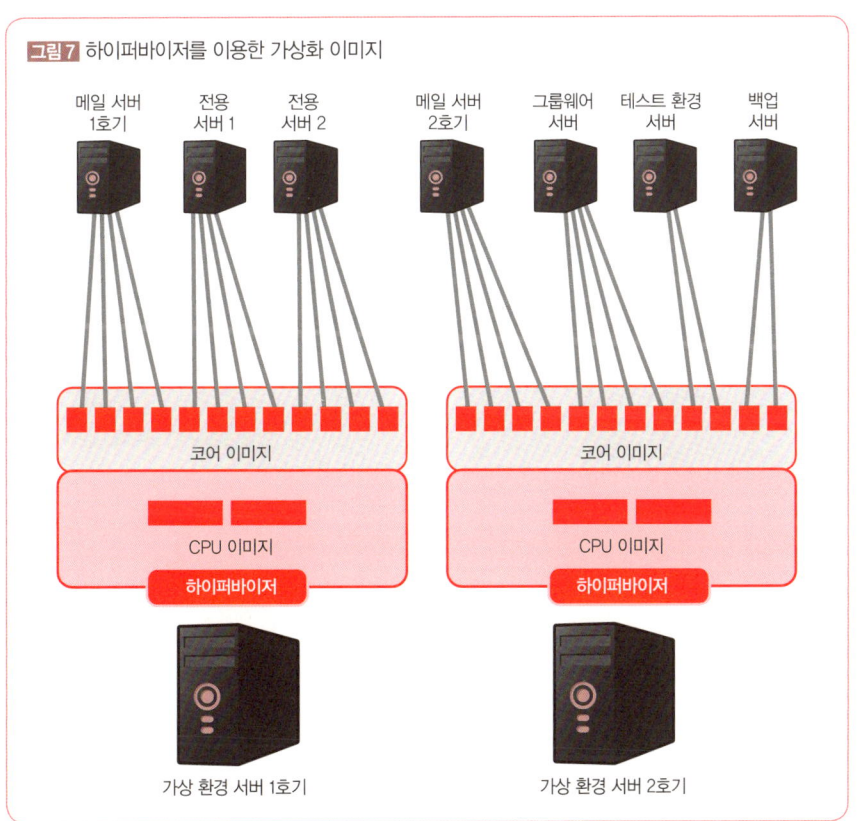

그림7 하이퍼바이저를 이용한 가상화 이미지

Chapter 03 서버 가상화 113

서버 가상화의 구체적인 설정

● 서버 OS에서 움직이는 가상화 환경

지금까지 서버 가상화에 관한 여러 가지 접근 방식을 소개했습니다. 여기서는 실제 서버 OS인 'Windows Server 2012 R2'를 예로 하여 설치부터 실제로 이미지를 작성할 때까지의 순서를 소개하겠습니다(그림 8).

만일 환경이 허락한다면 Windows Server 2012 R2 평가판 등을 이용하여 도전해 보기 바랍니다.[*5] 서버를 가상화할 때 실제로 어떤 설정이 필요한지 이미지를 쉽게 잡을 수 있을 것입니다. 여기서는 Windows Server 2012 R2를 설치하고 서버 관리자(관리 화면)를 실행시킨 상태에서부터 순서를 소개합니다.

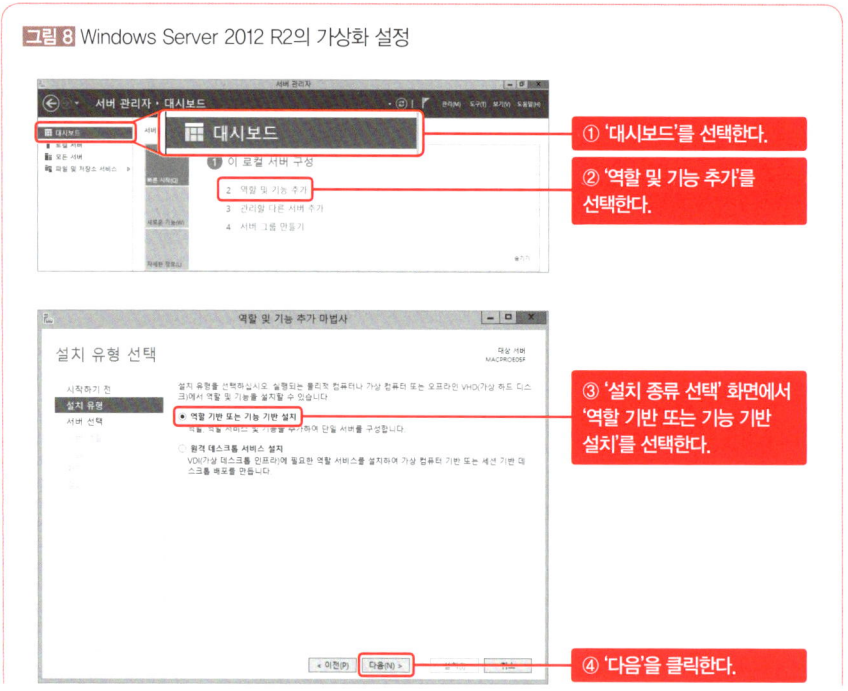

그림 8 Windows Server 2012 R2의 가상화 설정

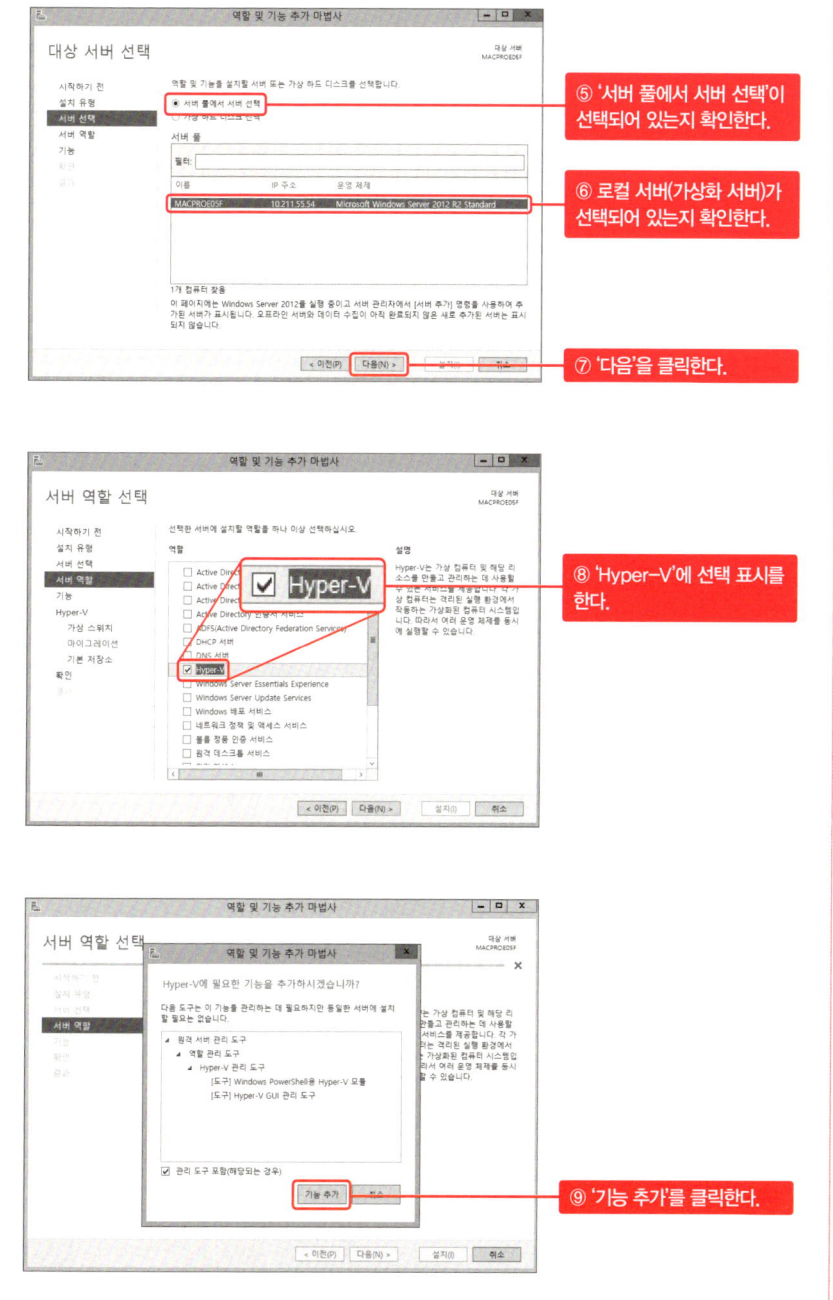

*5 평가판의 입수 방법은 70쪽을 참조하기 바랍니다.

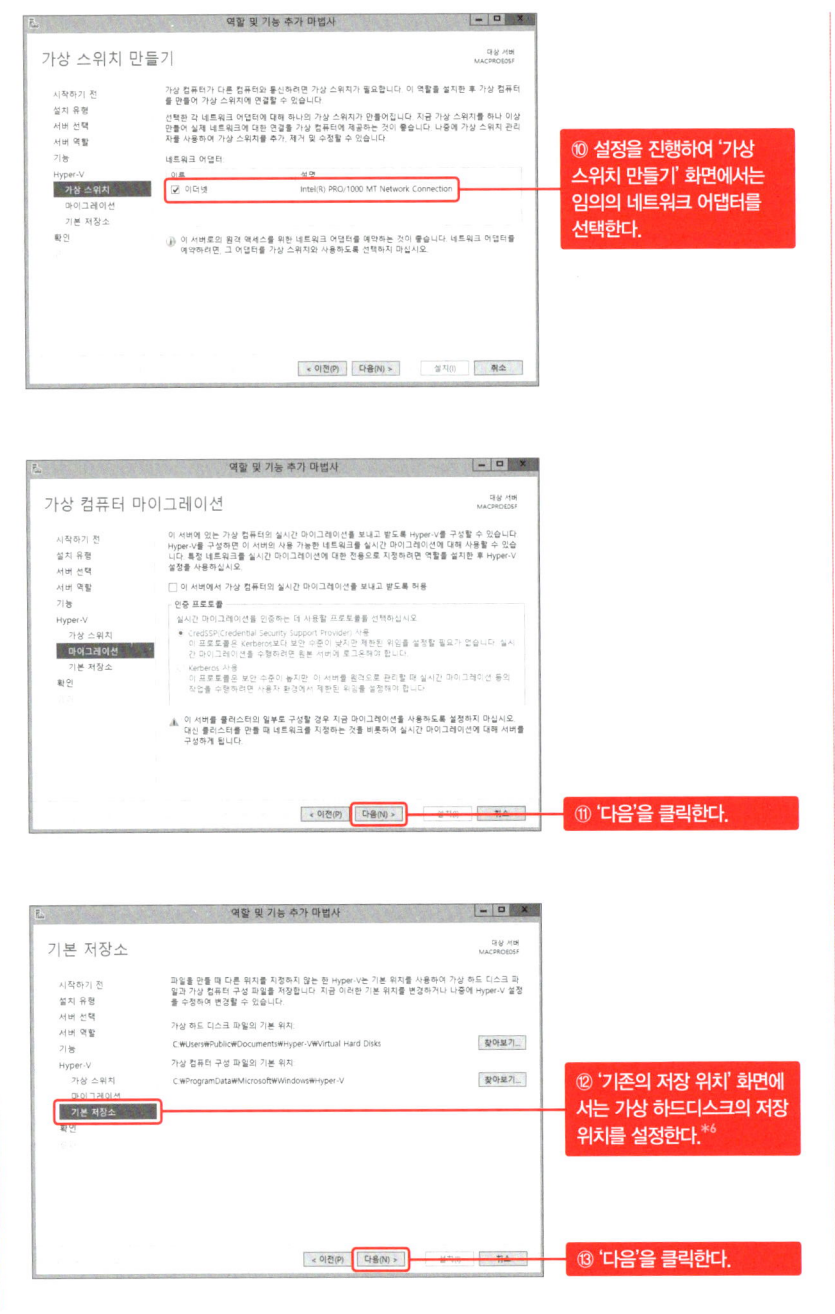

*6 회사별로 규칙이 있는 경우는 그에 따라 설정합니다(이 책에서는 기본값 그대로 설정을 진행합니다).

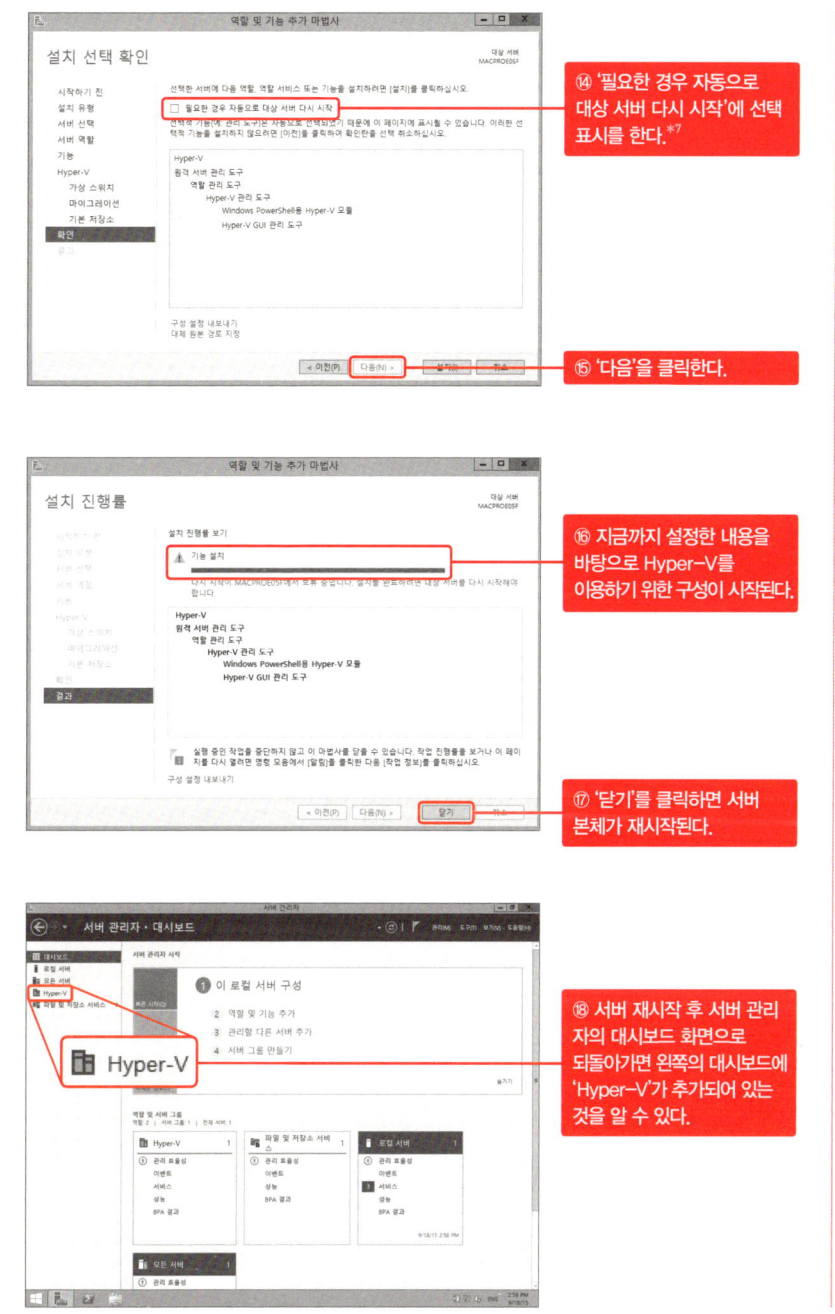

*7 이 책에서는 선택 표시는 하지 않고 다음으로 진행합니다.

Chapter 03 서버 가상화 117

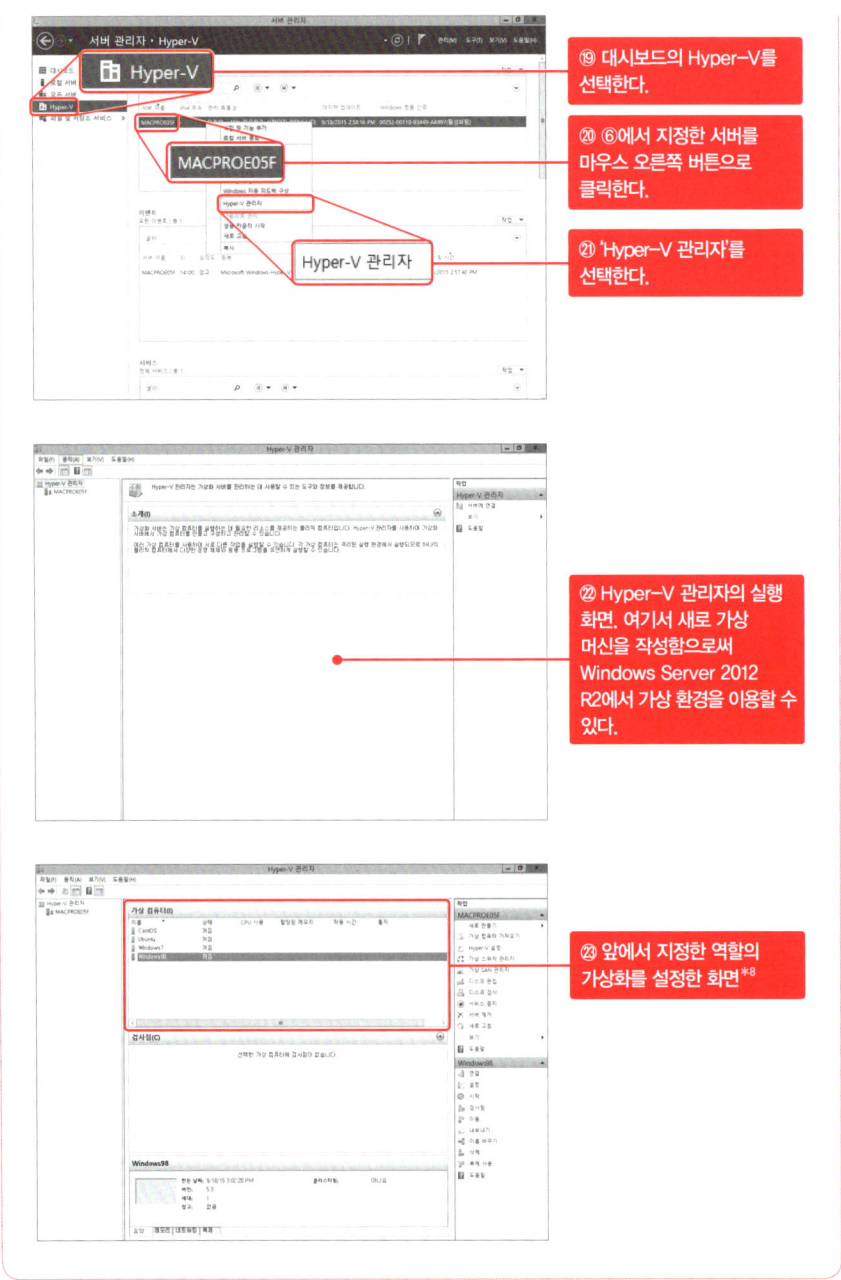

*8 2장에서는 두 대의 가상 서버에서 시스템을 가동시키는 계획을 세웠지만, 모든 대상 서버를 작성해두고 실제로는 작동시키지 않음으로써 스탠바이(대기)시킬 수도 있습니다.

● 가상 머신 안에 시스템을 작성하려면

실제로 기업에서 이용하는 서버를 가상화하여 그 안에 시스템(환경)을 작성하는 데는 몇 가지 방법이 있습니다.

처음부터 깨끗한 상태에서 시스템을 작성하는 경우도 있지만 현실적으로 물리 환경에서 작동하고 있는 경우, 매우 단순한 구성이거나 확실한 절차를 밟지 않는 한 설정 누락 등으로 인한 사고가 일어나기 마련입니다.

그래서 실제 환경의 하드디스크를 가상화하여 하이퍼바이저 환경으로 들고 가는 방법을 취하는 경우도 있습니다. 이 방법을 'P2V'라고 합니다.

P2V는 'Physical to Virtual'의 약자로, '물리에서 가상으로'라는 뜻을 지니고 있습니다. 비슷한 용어로 'V2V(Virtual to Virtual)'가 있는데, 이것은 다른 하이퍼바이저로, 이동(이사)을 가리키는 용어입니다. 또한 요즘은 클라우드로 이동하는 'V2C(Virtual to Cloud)'나 'P2C(Physical to Cloud)'와 같은 용어도 등장하고 있습니다.

예를 들어 이 책과 같이 'X사'가 지금까지 실제의 물리 환경 서버에서 시스템을 가동시키고 있던 것을 가상화 환경으로 옮기는 것은 P2V에 해당하는 방법입니다.

또한 실제로 P2V를 구현하려면 특정 툴을 이용할 필요가 있습니다. 좀 더 구체적으로 말하자면 특정 툴을 이용하여, 예를 들어 Windows의 C 드라이브를 가상 하드디스크 형식(VHD: Virtual Hard Disk)으로 변환합니다. 이 VHD 디스크 이미지는 하이퍼바이저인 Hyper-V에서 다룰 수 있는 형식으로 되어 있으므로 설정이나 데이터의 무결성을 확보하기 위한 수고를 어느 정도 완화시킬 수 있습니다.

● P2V를 구현하는 툴

P2V를 구현하는 툴로는 (유료 툴로 지원도 받을 수 있는 것으로) 'System Center 2012 SP1 Virtual Machine Manager(SC 2012 SP1 VMM)' 안에 포함되어 있는 툴을 들 수 있습니다.[*9]

그 밖에 유료나 무료, 내용도 다양하지만 P2V 툴로는 다음과 같은 것이 있습니다 (표12). 필요한 경우에는 그런 툴들을 알아보거나 검증해보는 것도 좋을 것입니다.

[*9] 그 후에 발매된 'Microsoft System Center 2012 Virtual Machine Manager(SC 2012 VMM)'에는 P2V 툴이 포함되어 있지 않으므로 주의하기 바랍니다.

표12 P2V를 구현하는 툴

툴명	URL	제공처	비고
PlateSpin Migrate	https://www.netiq.com	NetIQ	유료(무료 평가판 있음)
Double-Take Move	http://www.visionsolutions.com	Vision Solutions	유료
Disk2VHD	https://technet.microsoft.com/ko-kr/sysinternals/ee656415.aspx	Microsoft	유료

● **V2V를 구현하는 툴**

V2V를 구현하는 툴에 대해서도 소개하겠습니다. V2V는 앞에서 말했듯이 다른 가상 환경(하이퍼바이저)상에서 가동되던 가상 머신을 변환하여 자신의 회사의 가상 환경에서도 가동할 수 있도록 하는 장치입니다. 이 V2V 툴도 유료이지만 'System Center 2012(SC 2012 R2 VMM)'에 포함되어 있습니다. 또한 'Microsoft Virtual Machine Converter(MVMC)'라는 무료 툴도 있습니다(http://www.microsoft.com/en-us/download/details.aspx?id=42497).

더욱이 P2V와 마찬가지로 'PlateSpin Migrate'(NetIQ 사)나 'Double-Take Move'(Vision Solutions) 등에서도 지원할 수 있는 내용이 포함되어 있습니다.

특히 V2V의 경우, 옮길 곳(VMware 등)의 버전과 같은 환경에 따라 '지원'이나 '지원 안 함'으로 나뉘므로 필요한 경우 찾아보기 바랍니다.

● **V2C를 구현하는 툴**

V2C를 구현하는 툴에 대해서도 살펴봅시다. 요즘 많은 주목을 받고 있는 것이 클라우드인데, 클라우드는 클라우드 서비스를 제공하는 업체에 따라 방법이 달라집니다. 예를 들어 Microsoft 사에서는 'Microsoft Azure'라는 클라우드 서비스를 제공하고 있는데, Microsoft Azure는 Hyper-V 호환 하이퍼바이저를 채택하고 있습니다. 따라서 기업 내에서 사용하고 있는 서버가 Hyper-V로 가상화되어 있다면 이미지 파일을 복사하여 설정하면 바로 클라우드에서 이용 가능합니다. 한편 Hyper-V를 사용하지 않는 경우는 Microsoft Azure로 옮기는 것이 어렵습니다.

이와 같이 V2C는 클라우드 서비스를 제공하는 업체가 해당 클라이언트 서비스에 채택하고 있는 하이퍼바이저에 좌우되는 경우가 많습니다.

● 라이선스에 주의하기

지금까지 설명한 대로 현재는 각 회사가 편리한 도구를 릴리즈하고 있으므로 기능이나 하고 싶은 작업에 따라 툴을 선택하고 다양한 환경으로 옮길 수 있습니다(그림 9). 하지만 주의할 점도 있습니다. 바로 이 책에서도 몇 번이나 언급하고 있는 '라이선스' 문제입니다. 설사 몰랐다고 하더라도 라이선스 위반으로 인정되면 그 대가를 지불해야 합니다. 예를 들어 'P'라는 실제 머신에 들어 있던 서버 OS를 P2V로 'V'라는 가상화 서버로 옮긴 경우를 생각해봅시다. 처음에 구입한 'P' 머신은 구입 금액을 낮추기 위해서 하드웨어 머신과 서버 OS를 세트로('OEM' 등의 형식으로) 라이선스 계약을 체결했다고 합시다.

이러한 경우 이 OS는 일반적으로 해당 하드웨어로 한정됩니다. 이때 P2V로 가상 환경을 제공하는 하드웨어상에서 가동시키면 라이선스 위반이 될 가능성이 있습니다.

이 부분은 Windows나 Linux 등 각 OS를 제공하는 회사나 하드웨어를 조달하는 업체에 확실한 견해를 구하여 적절한 판단을 할 필요가 있습니다. 이와 반대로 요즘 서버 OS의 경우, 순정 하이퍼바이저상에서 가동되는 서버 OS에 대해서는 추가 라이선스 비용없이 가동을 인정하는 경우도 있습니다.[*10]

어찌됐든 예기치 못한 사고를 막기 위해서라도 라이선스에 대해서는 조달처에 확실하게 확인을 하는 등 세심한 주의를 기울이기 바랍니다.[*11]

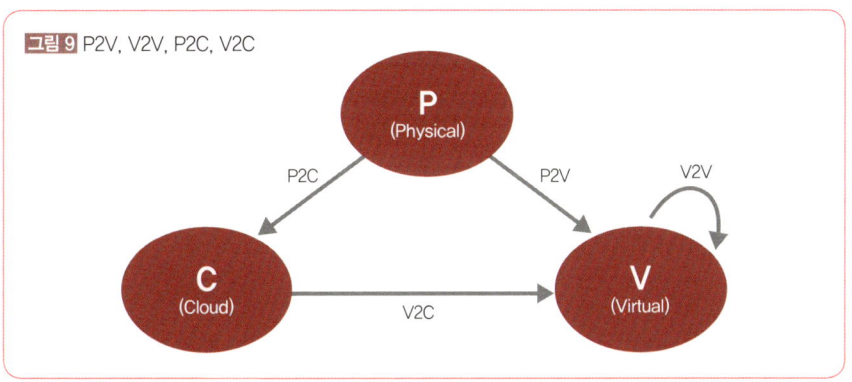

그림 9 P2V, V2V, P2C, V2C

[*10] 예를 들어 Microsoft 사의 서버 OS인 'Windows Server 2012 R2 Datacenter/Standard'의 경우, Hyper-V를 사용하여 가상 OS를 가동시킬 때 해당 가상 OS의 라이선스는 각 종류에 따라 무료로 가동시킬 권리가 있습니다(Datacenter는 무제한, Standard는 두 개까지).

[*11] Windows Server 2012 R2의 라이선스에 관해서는 해당 Web 사이트(http://www.microsoft.com/ko-kr/server-cloud/products/windows-server-2012-r2/Purchasing.aspx)를 참고하기 바랍니다.

3장의 정리

- 기업이 가상화(또는 새로운 기술 등)를 채택할 때는 구체적인 이미지(이유)를 확실히 하는 것이 중요하다.
- 기업에는 다양한 용도(역할, 종류)의 시스템이 있다.
- 가상화 도입의 요건으로는 '하드웨어의 리소스를 효율적으로 이용할 수 있을 것', '운용 부담(비용 등도 포함하여)을 줄일 수 있을 것' 등이 있다.
- 이용 상황이 낮아도 가상화에 적합하지 않은 시스템도 있다(소속 네트워크가 다른 경우 등).
- 시스템별로 여러 개의 실제 기기를 준비하는 것보다 가상화로 최소한의 실제 기기를 운용하는 편이 관리 및 운용의 수고를 덜 수 있으며, 시스템 자체의 가시성도 기대할 수 있다.
- 실제 서버로부터 가상화로 옮겨가는 것을 'P2V(Physical to Virtual)'라고 한다.

Q1 다음 중 기업 시스템을 가상화함으로써 얻을 수 있는 장점은 무엇입니까?

- **A** 실제 서버 수가 줄어들 가능성이 있다.
- **B** 운용 담당자의 수고가 늘어난다.
- **C** 투자 계획을 세우기 어려워진다.
- **D** 관리 및 운용이 번거로워진다.

Q2 물리 서버의 하드디스크를 가상 서버로 옮기는 방법을 무엇이라고 합니까?

- **A** P2V
- **B** V2V
- **C** V2C
- **D** C2C

해답 Q1. A Q2. A

Chapter 04

네트워크 가상화
네트워크를 가상화하는 의미

이 장에서는 네트워크의 가상화에 대해 배웁니다. 네트워크를 가상화하면 어떤 장점이 있는지, 또 실제로 네트워크를 가상화하기 위해 사용되는 기술에는 어떤 것들이 있는지를 이해하기 바랍니다.

Section 01

가상 머신에 네트워크를 추가하자

2장에서 가상 머신을 작성했는데, 이 하이퍼바이저상의 가상 머신은 단순히 CPU와 메모리, 디스크 등으로부터 최소한의 OS가 실행되는 정도의 리소스만 사용하고 있습니다. 이번에는 Hyper-V상에 작성한 가상 머신에 네트워크를 추가해봅시다.

Step 1 가상 머신의 연결 상황을 확인하자

먼저 현재 상태로 가상 머신을 기동시켜 Web 브라우저를 실행해봅시다. 아마 Web 사이트가 표시되지 않을 것입니다. 왜냐하면 아직 가상 머신은 네트워크에 연결되어 있지 않기 때문입니다. 실제로 가상 머신상의 제어판에서 네트워크 상태를 확인하면 어떤 네트워크에도 연결되어 있지 않다는 것을 확인할 수 있습니다. 호스트 OS 측의 가상 머신 하드웨어 구성에서 네트워크를 연결시키지 않는 한, 이 상태로는 가상 머신상의 제어판이나 장치 관리자에서 네트워크 연결 설정을 할 수 없습니다. 확인이 끝났으면 가상 머신의 전원을 끄기 바랍니다.

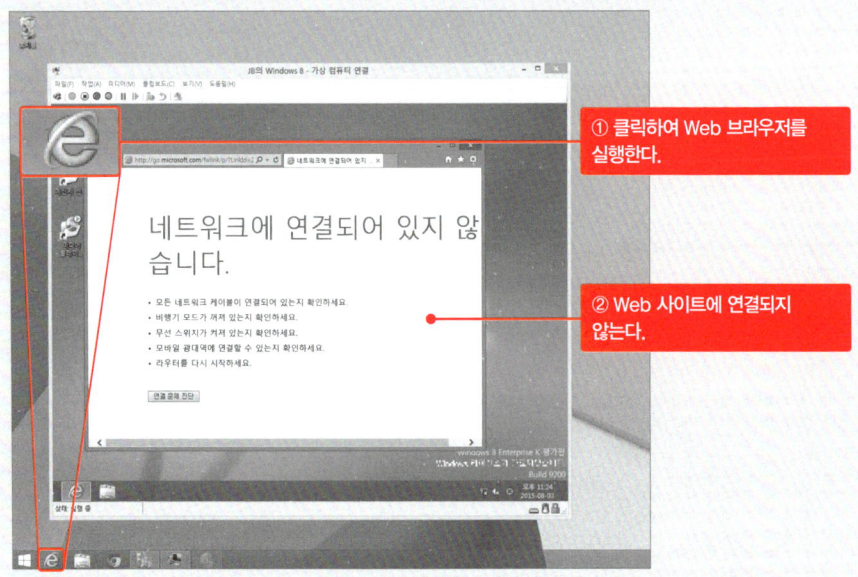

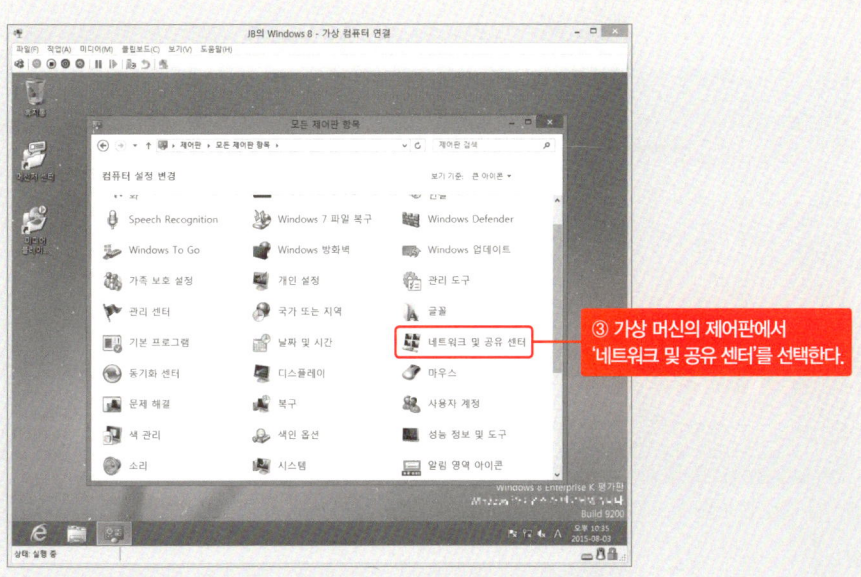

③ 가상 머신의 제어판에서
'네트워크 및 공유 센터'를 선택한다.

현재 네트워크에 연결되어 있지 않습니다. ④ 네트워크에 연결되어 있지 않다.

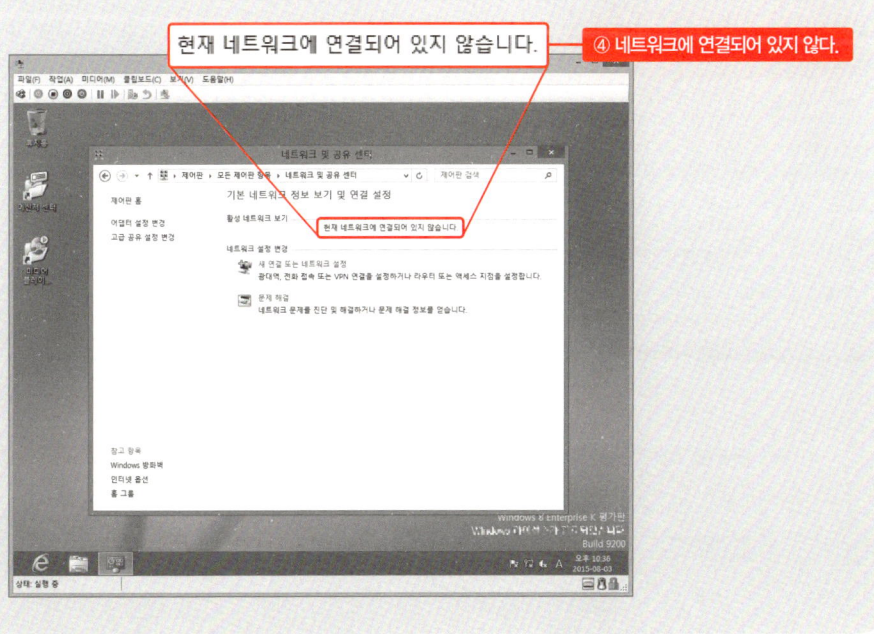

Chapter 04 네트워크 가상화

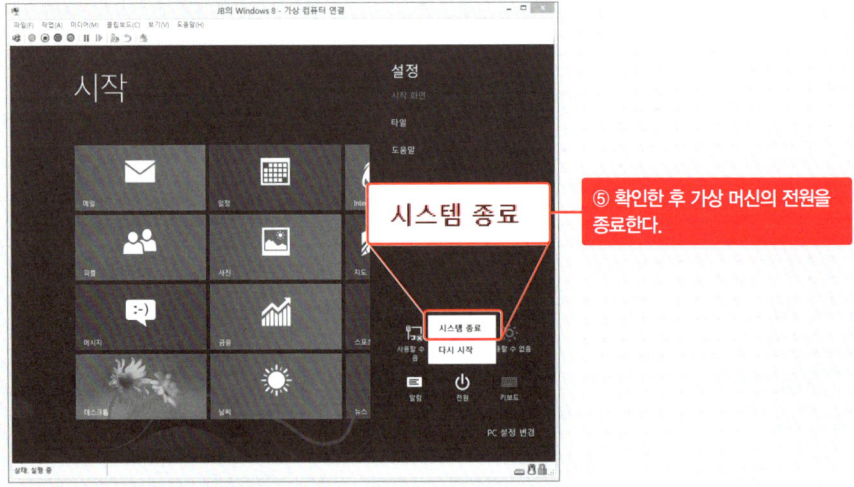

⑤ 확인한 후 가상 머신의 전원을 종료한다.

Step 2 ▶ 가상 스위치를 작성하자

계속해서 가상 머신을 네트워크에 연결시켜봅시다. 가상 머신을 정지시킨 상태에서 Hyper-V 관리자를 실행시키고, 오른쪽의 '작업' 패널에서 '가상 스위치 관리자'를 선택합니다. 이 화면에서 왼쪽 위에 있는 '새 가상 네트워크 스위치'를 선택하여 가상 스위치를 작성합니다. 여기서는 이름을 'V-Switch'로 하고 '외부' 네트워크에 연결하는 순서를 소개합니다. 외부 네트워크 아래에 각 호스트 OS가 인식하고 있는 네트워크의 설정이 나타나므로 네트워크가 여러 개 있는 경우는 그 중 하나를 선택합니다. 또한 실제로 기업 등에서 이용할 때 인터넷을 필요로 하지 않는 경우는 각각의 용도에 맞는 항목을 선택하기 바랍니다.

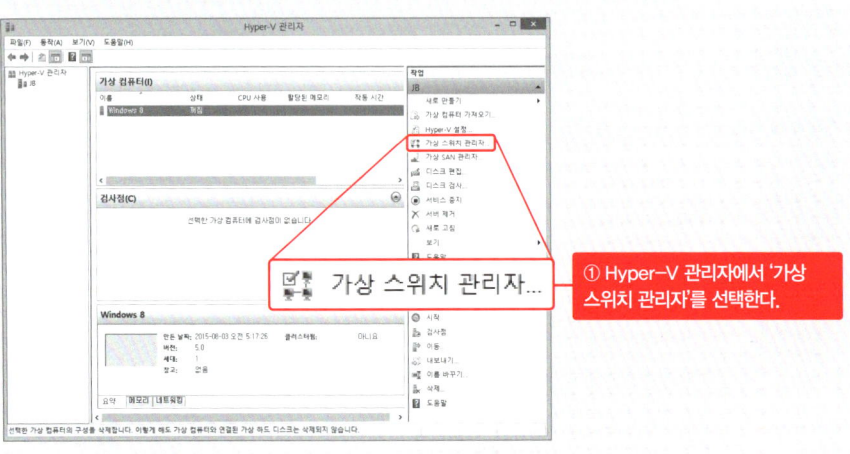

① Hyper-V 관리자에서 '가상 스위치 관리자'를 선택한다.

126 집에서 배우는 가상화의 기본 개념

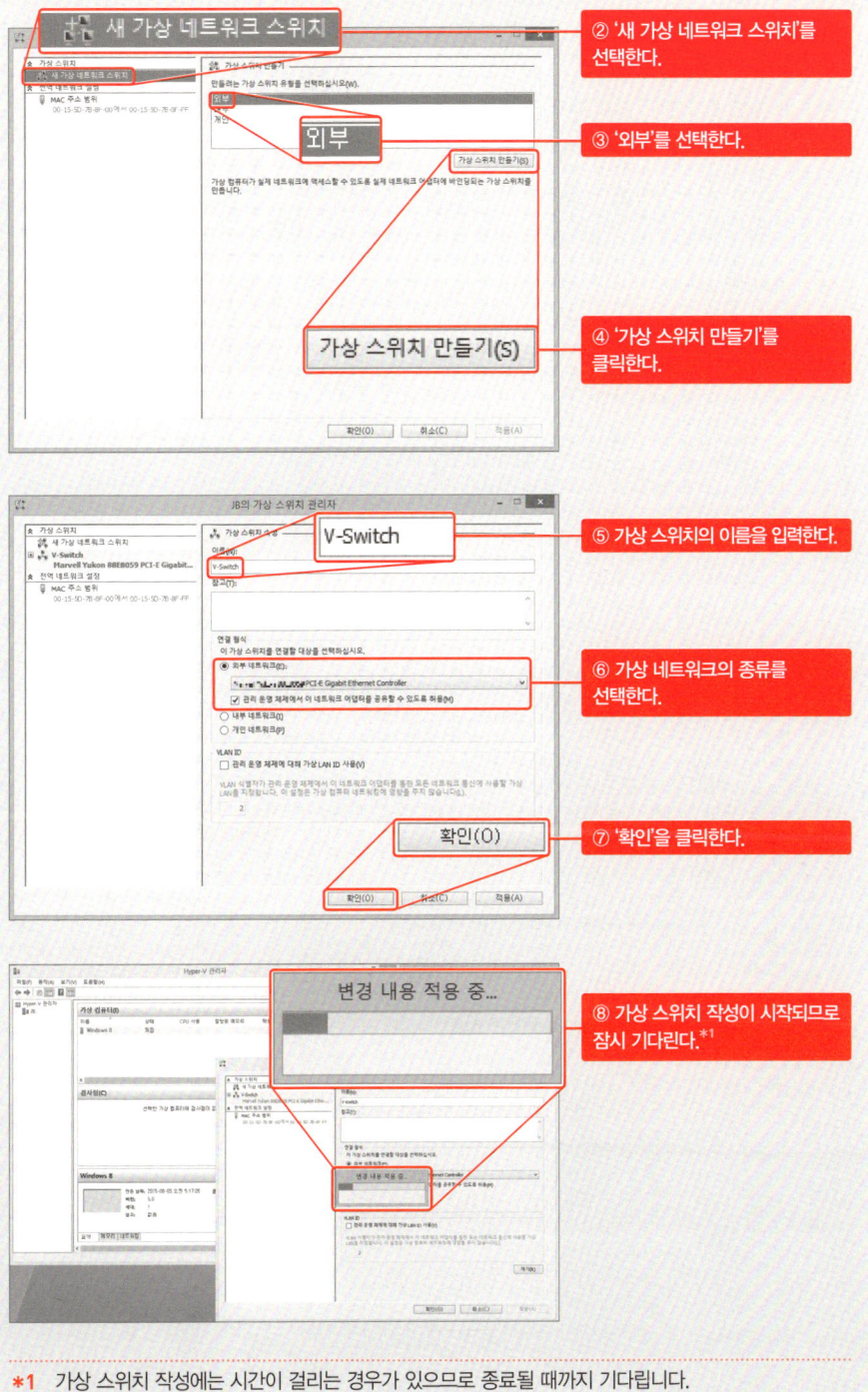

*1 가상 스위치 작성에는 시간이 걸리는 경우가 있으므로 종료될 때까지 기다립니다.

Chapter 04 네트워크 가상화 127

Step 3 작성한 가상 스위치에 연결하자

가상 스위치를 작성했으면 다시 Hyper-V 관리자로 돌아간 후 대상 가상 머신에서 설정을 선택합니다. 왼쪽 항목에서 '네트워크 어댑터'를 선택하면 오른쪽 부분이 '네트워크 어댑터' 설정 화면으로 바뀝니다. 그중에서 '가상 스위치' 항목을 클릭하고 조금 전에 추가한 'V-Switch'가 선택 항목에 들어 있는지 확인합니다. 확인한 후 이 'V-Switch'를 선택하기 바랍니다.

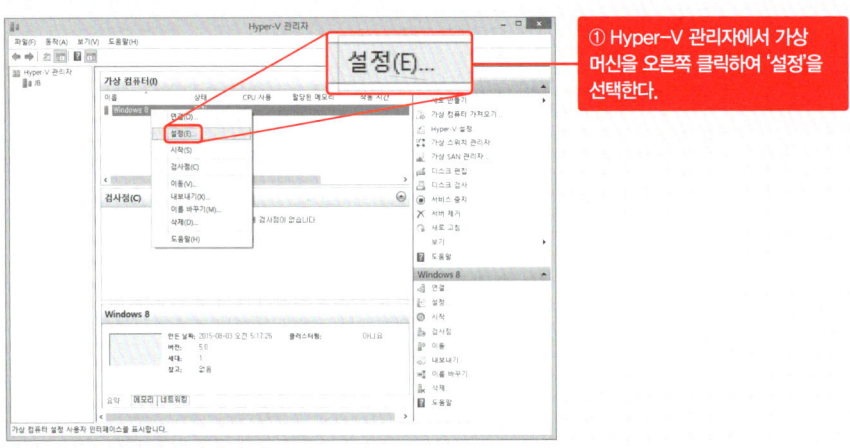

① Hyper-V 관리자에서 가상 머신을 오른쪽 클릭하여 '설정'을 선택한다.

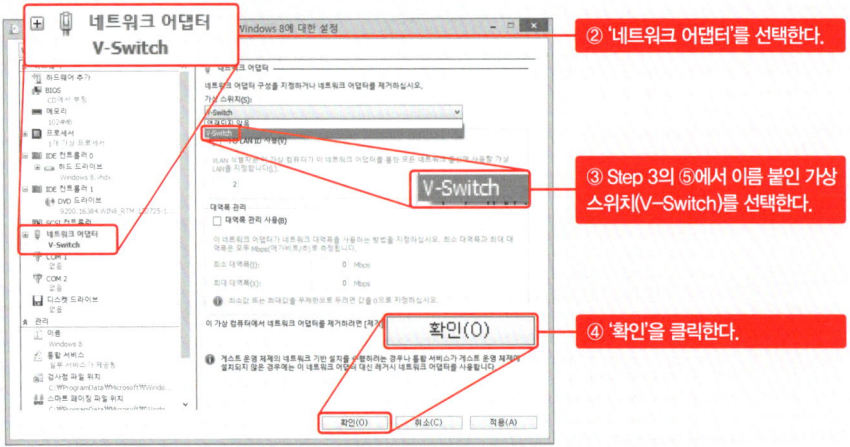

② '네트워크 어댑터'를 선택한다.

③ Step 3의 ⑤에서 이름 붙인 가상 스위치(V-Switch)를 선택한다.

④ '확인'을 클릭한다.

Step 4 ▶ 가상 머신에서 다시 Web 브라우저를 실행시켜보자

마지막으로 가상 머신을 기동시켜 다시 Web 브라우저를 실행시켜봅시다. 그러면 이번에는 인터넷에 연결되는 것을 확인할 수 있습니다. 이것으로 하이퍼바이저상의 가상 머신에 네트워크를 할당할 수 있습니다.

① 클릭하여 Web 브라우저를 실행시킨다.

② Web 사이트에 연결된다.

'네트워크 가상화'란?

● 네트워크 가상화의 필요성

여기서는 '네트워크의 가상화'에 대해 설명하겠습니다.[*1]

3장에서 설명했듯이 '서버 가상화'라는 기술을 사용하면 한 대의 하드웨어상에서 여러 개의 서버를 작동시킬 수 있습니다.

하지만 '하드웨어가 하나'라는 것은 '네트워크도 하나'라는 것을 의미하는 경우가 많기 때문에 지금까지 여러 대의 서버를 각기 다른 네트워크에 연결시켜 관리하면 문제가 발생하는 경우가 있습니다.

예를 들어 어떤 서버는 업무상의 데이터만 주고받게 하고, 또 다른 서버는 인터넷에 자유롭게 액세스할 수 있도록 하고 싶은 경우 가상화로 인해 문제가 발생할 가능성이 있습니다(그림1, 그림2).

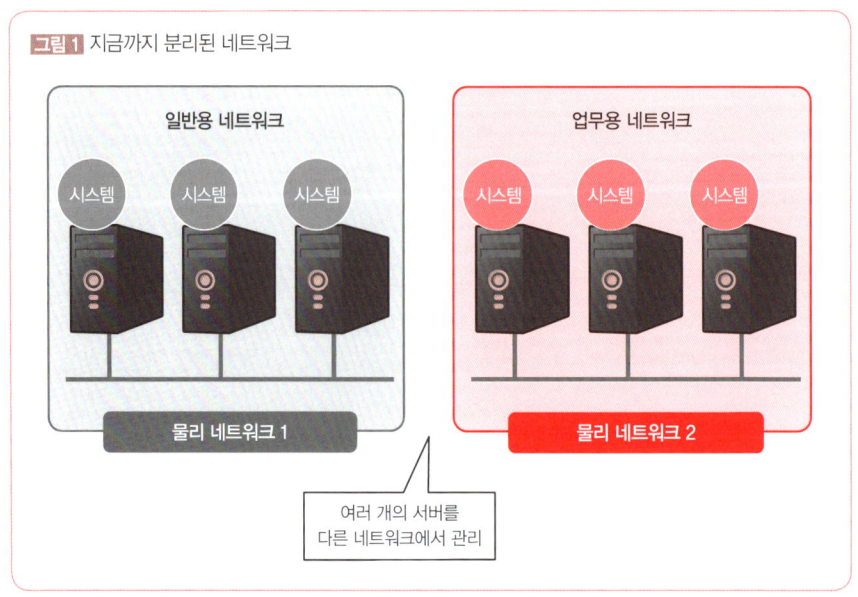

그림1 지금까지 분리된 네트워크

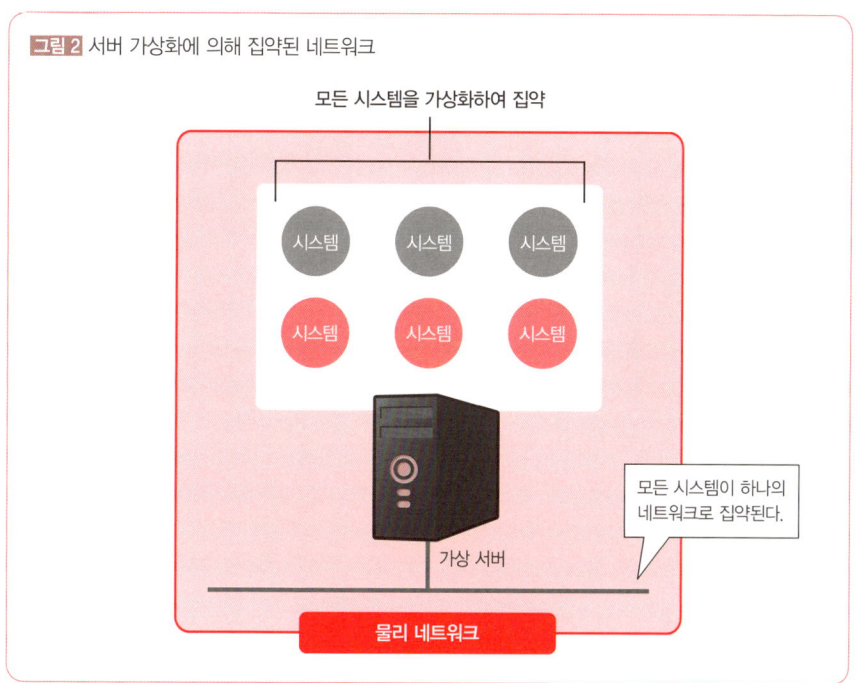

그림 2 서버 가상화에 의해 집약된 네트워크

이러한 상황에서 지금까지와 마찬가지로 네트워크를 분할하고 싶다면 어떻게 하는 것이 좋을까요?

네트워크를 잘 알지 못하는 사람이라 하더라도 간단히 떠오르는 방법으로 '한 대의 물리 서버에 대해 두 개의 네트워크 카드를 마련하여 일반용과 업무용 가상 머신을 각각 다른 네트워크에 연결'시키는 방법이 있을 것입니다. 이 방법은 서버 가상화 측에서도 지원할 수 있으므로 실현 가능한 방법임에는 틀림없습니다.

하지만 이 대책에는 문제도 있습니다. 첫째는 모처럼 가상화로 서버를 집약했는데 '네트워크 집약'은 하지 못했다는 점이고, 둘째는 물리적인 네트워크를 이용함으로써 '현 상태 그대로의 서버 이동이 어려워진다'는 점입니다.

---

*1 이 책에서 다루는 네트워크에 대한 설명은 '가상화'라는 개념을 쉽게 이해할 수 있도록 표현하기 위해 네트워크 전문가가 요구하는 엄밀한 부분은 무시하고 있는 부분도 있으므로 이 점은 이해하기 바랍니다.

● 네트워크를 집약하는 의미

서버 가상화를 이용하는 기업은 '라이브 마이그레이션'*2이라는 기술을 이용하여 가상 머신을 다른 물리 서버로 이동시키는 경우가 흔히 있습니다. 즉, 현실적인 운용에 있어서의 대전제는 '가상 머신은 이동하는 것'이라는 것입니다(그림3). 모처럼 서버를 가상화했으므로 당연한 조치이기도 합니다.

하지만 만일 다른 네트워크 카드로 네트워크를 분리시킨 경우라면 가상 머신의 이동 시에도 네트워크 설정은 그에 따라야 합니다.

즉, 가상 머신과 물리적인 네트워크를 하나로 묶어 버리면 가상 머신을 이동시킬 때마다 네트워크 카드도 이동시켜야 한다는 것입니다.

네트워크 카드를 추가하는 것 자체는 어렵지 않지만, 이 작업은 시간이 걸리므로 그다지 현실적인 대책이라고 할 수 없습니다.

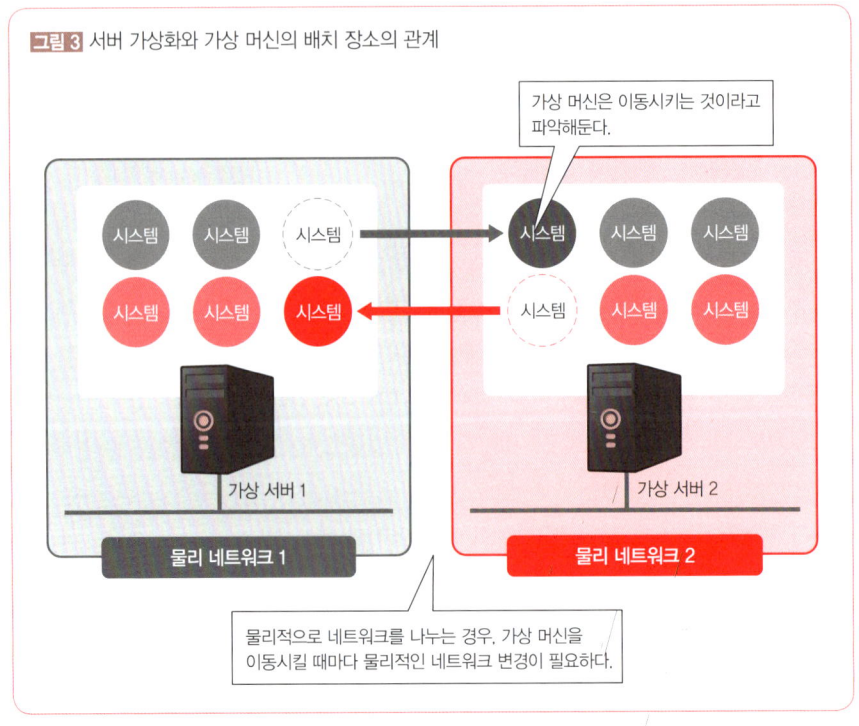

그림3 서버 가상화와 가상 머신의 배치 장소의 관계

*2 가상 머신에서 가동하고 있는 OS나 소프트웨어를 정지시키지 않고 그대로 다른 물리 머신으로 이동시키는 것을 가리킵니다.

● 네트워크 가상화의 장점

이 문제에 대한 한 가지 해결책이 이 책에서 다루는 '네트워크 가상화'입니다.

네트워크 가상화를 사용하면 하나의 네트워크 케이블에 연결되어 있지만 마치 여러 개의 네트워크가 있는 것처럼 처리를 할 수 있어서 일반용과 업무용 가상 머신의 네트워크 통신을 하나의 물리적인 네트워크로 집약시킬 수 있습니다(그림 4).

이로써 물리적인 네트워크는 하나밖에 없어도 하나의 서버에 다섯 개의 시스템을 가동시켜 각각 다른 다섯 개의 네트워크에 연결시키는 일이 가능해집니다.

다음 절에서는 네트워크 가상화에는 구체적으로 어떤 방법이 있는지를 설명하겠습니다.

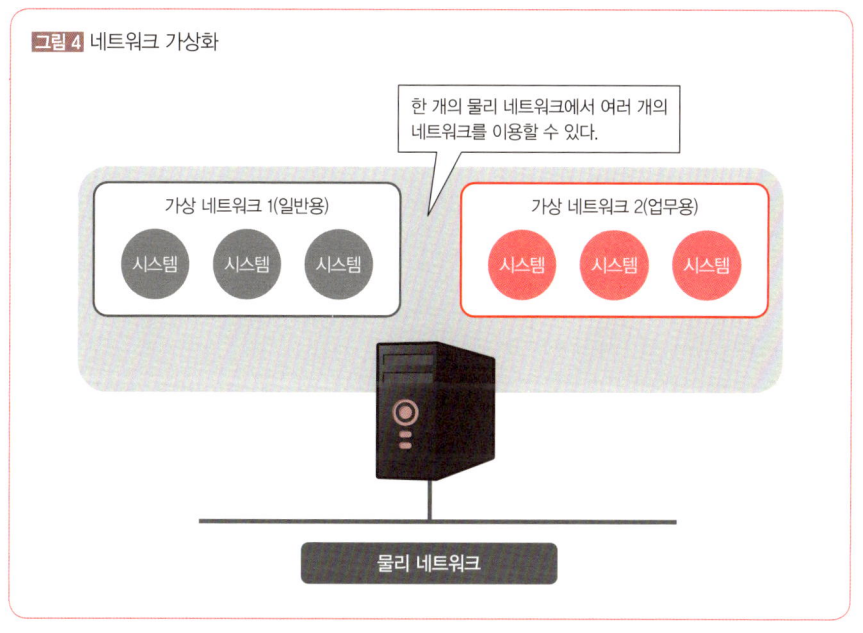

그림 4 네트워크 가상화

문제 해결책 ① VLAN

● VLAN이란?

네트워크 가상화의 대표적인 기술로는 'VLAN(Virtual LAN)'을 들 수 있습니다. VLAN은 '가상 LAN'이라고도 하는데, 이는 말 그대로 LAN(Local Area Network)을 가상화하는 기술입니다.

VLAN은 서버 가상화 기술과 세트로 취급할 필요없이, 물리 서버밖에 없는 환경에서도 네트워크만 가상화하는 구성을 취할 수도 있으므로 일반적으로도 널리 사용되는 기술입니다.

VLAN의 구현 방법에는 몇 가지 종류가 있는데, 그중에서도 서버 가상화와 함께 많이 사용되는 것이 '태그 VLAN'이라는 기술입니다. 태그 VLAN에서는 가상 머신으로부터 나오는 데이터에 번호가 붙어 있는 태그를 붙임으로써 하나의 네트워크 안에서 데이터를 여러 그룹으로 나눌 수 있습니다.

보통 컴퓨터가 발신하는 데이터에는 주소가 적혀 있는데, 이는 데이터를 바로 해당 주소로 보내는 것이 아니라 태그를 보면서 보낼 곳을 정해 나가는 것입니다. 컨베이어 벨트상의 화물에 번호 태그가 붙어 있는 이미지를 떠올리면 좋을 것입니다(그림 5). 이렇게 해서 1번 태그의 데이터는 그룹 1로, 2번 태그의 데이터는 그룹 2로, 3번 태그의 데이터는 그룹 3으로 정확하게 전달할 수 있기 때문에 컨베이어 벨트를 그룹별로 가지고 있을 필요가 없어집니다. 공장 등에 있는 컨베이어 벨트의 수를 줄일 수 있다고 상상하면 네트워크 가상화의 중요성을 이해할 수 있을 것입니다.

● VLAN 구현을 위해 필요한 처리

하지만 이 기능을 구현하기 위해서는 컨베이어 벨트 자신이 번호가 다른 데이터를 구분하여 그룹별로 자동으로 나누는 기능을 가지고 있어야 합니다. 또한 작업자도 자신이 정한 장소에 있어야 합니다.

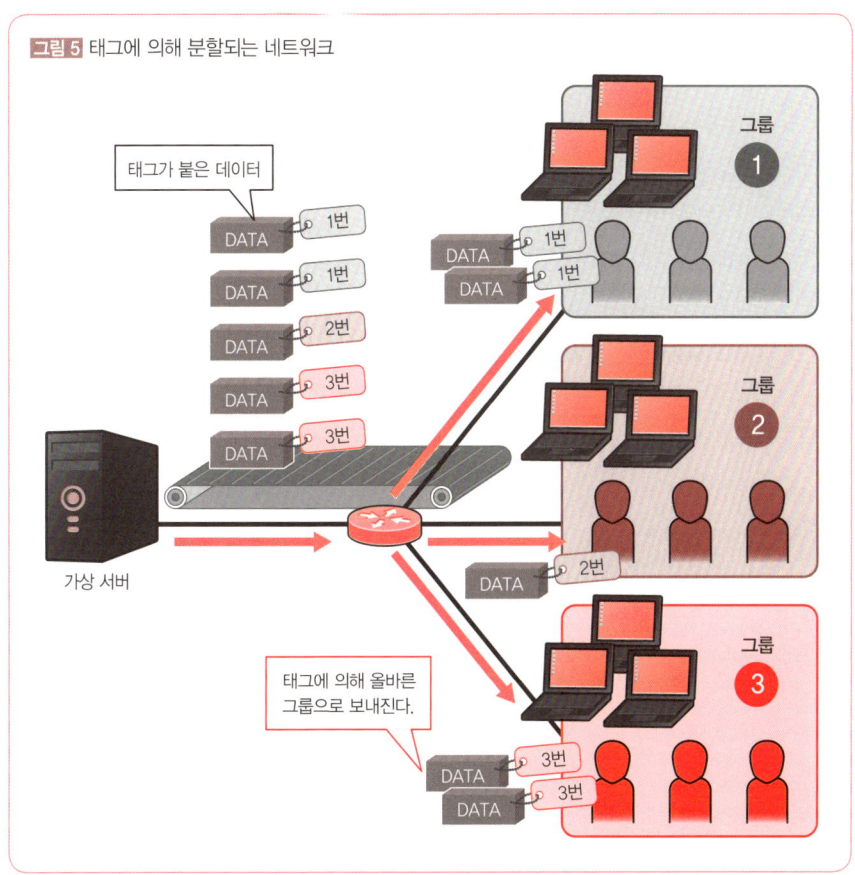

그림 5 태그에 의해 분할되는 네트워크

그렇지 않으면 데이터가 올바르게 전달되지 않거나 전달할 필요가 없는 데이터가 전달되는 일이 발생합니다. 또한 그룹을 늘리려고 하면 큰 작업이 됩니다. 관리할 태그를 늘리지 않으면 안 되며, 컨베이어 벨트에 새로운 분할 장치를 추가할 필요도 있습니다.

컨베이어 벨트의 변경 시에는 화물의 운송을 중지할 필요도 있으며, 설정 오류가 있는 경우 운송 라인에 많은 영향을 끼칠 수 있으므로 그룹 추가는 가능한 한 하고 싶지 않은 작업일 것입니다.

● VLAN의 단점

위와 같은 작업을 기업 내의 실제 네트워크로 바꿔보면 데이터를 보내는 서버 가상화 시스템과 네트워크 기기는 둘 다 'VLAN 지원(태그 붙임과 태그를 보면서 네트워크를 분리하는 기능)'이 필수라는 것을 알 수 있습니다.

또한 어떤 번호의 데이터를 어디로 보낼지와 같은 경로 설계도 중요하며, 그것을 사전에 올바르게 설정할 필요가 있습니다.

더욱이 VLAN에서는 네트워크를 나누는 수를 늘릴 때(VLAN의 태그를 늘릴 때)마다 물리 네트워크 기기의 설정 작업이 빈번히 발생합니다. 이를 생각하면 VLAN은 편리하기는 하지만 다소 유연성이 떨어지는 기술이라고 할 수 있습니다.

Coffee Break 주변에서 사용하고 있는 VLAN

서버 가상화와는 직접 관계가 없지만, 여러분이 출장을 갈 때는 특별히 의식하지 않은 채 VLAN을 사용하고 있는 경우가 있습니다.

바로 호텔 등에서 자주 사용하는 '프라이빗 VLAN'이라는 VLAN 기술입니다.

출장 시 호텔에서 네트워크 케이블을 연결하여 인터넷을 사용한 적이 있을 것입니다. 하지만 호텔 측은 객실의 수만큼 네트워크 회선을 외부로부터 끌어다 쓰고 있는 것이 아닙니다. 그래서 아무런 궁리를 하지 않으면 호텔의 다른 이용자 통신이 객실 여기저기에 보내질 가능성이 있습니다. EC 사이트의 카드 정보 등은 별도로 하더라도 모든 통신이 암호화되어 있는 것은 아니므로 별로 유쾌한 일은 아닐 것입니다.

그래서 등장한 것이 '프라이빗 VLAN'이라는 기술입니다. 호텔에서는 이 프라이빗 VLAN을 채택하여 객실별로 다른 네트워크 회선에 연결되어 있는 것처럼 보이는 처리를 하고 있는 것입니다.

다음에 호텔에 묵을 때 자신이 네트워크 가상화 기술을 사용하고 있다는 것을 떠올려보면 가상화가 더욱 가깝게 느껴질지도 모릅니다.

문제 해결책 ② 오버레이 네트워크

● 오버레이 네트워크란?

앞에서 VLAN은 네트워크를 분리시킬 수 있지만 유연성이 떨어진다는 이야기를 했습니다. '좀 더 간단하고 유연하게 처리할 수 없을까?'라는 기대에 부응하여 VLAN과는 다른 방법으로 똑같은 목적을 달성하기 위해 태어난 것이 '오버레이 네트워크'라는 기술입니다.

앞에 나온 컨베이어 벨트를 예로 들어 설명하면 오버레이 네트워크에서는 데이터 자체에 태그를 붙이는 것이 아니라 일단 상자에 넣어 나르는 동작을 합니다.

그림6 을 보기 바랍니다. 작업자 Y 씨는 화물을 컨베이어 벨트에 싣기 전에 다른 상자에 넣어 그 상자의 보낼 곳을 '작업자 V 씨'로 합니다. 그러면 컨베이어 벨트 자체는 그룹을 나누는 기능을 가질 필요가 없으므로 심플해집니다. 또한 만일 새로운 사용자가 그룹 2로 참가하더라도 작업자 Y 씨와 V 씨에게 올바르게 전달되기만 한다면 컨베이어 벨트를 변경할 필요없이 화물은 올바른 그룹에 전달됩니다.

더욱이 오버레이 네트워크의 경우 상자를 상대에게 전달할 수 있기만 하면 되므로 상자의 운송 수단이 바뀌어도, 받을 곳이 원격지에 있는 공장이라 하더라도(여러 가지 수송 수단이 그 사이에 끼어 있더라도) 동일한 구조로 화물을 전달할 수 있습니다. 예를 들어 화물을 다른 공장의 누군가에게 보내고 싶은 경우에는 공장 2의 작업자 Z 씨에게 보내주기만 하면 되는 것입니다(그림7).

● 네트워크 기기의 비용을 줄인다

이제 오버레이 네트워크를 실제 네트워크로 바꿔 정리해봅시다. 오버레이 네트워크의 중요한 처리(상자에 넣어 라벨을 붙이는 처리)를 '캡슐화'라고 합니다.

이 장치의 경우, 캡슐화라는 처리를 해서 캡슐로부터 내용을 꺼내 보낼 곳으로 데이터를 보내는 작업을 하거나, 누가 어떤 공장에 있는지를 작업자 Y 씨나 Z 씨에게 적절히

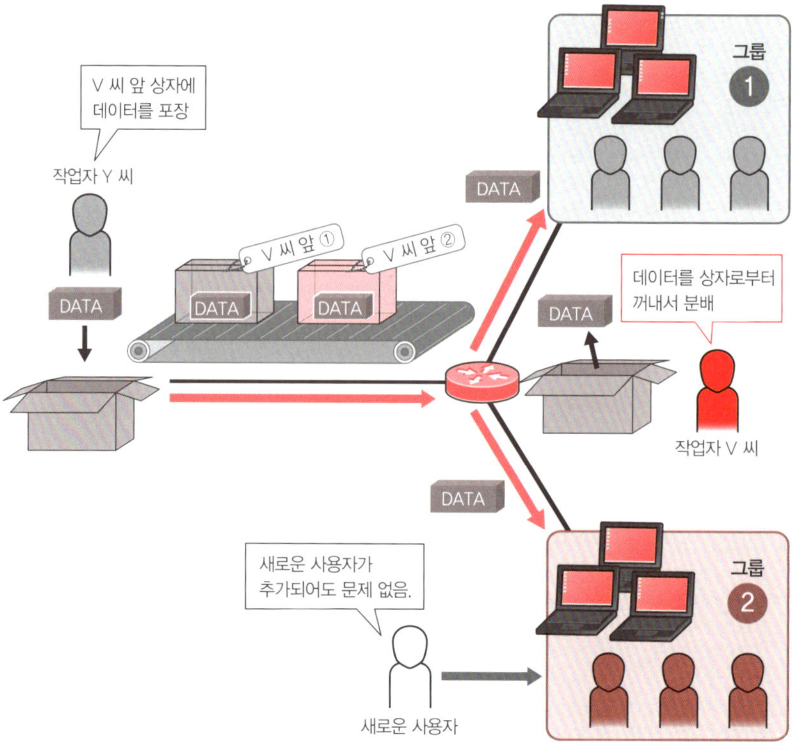

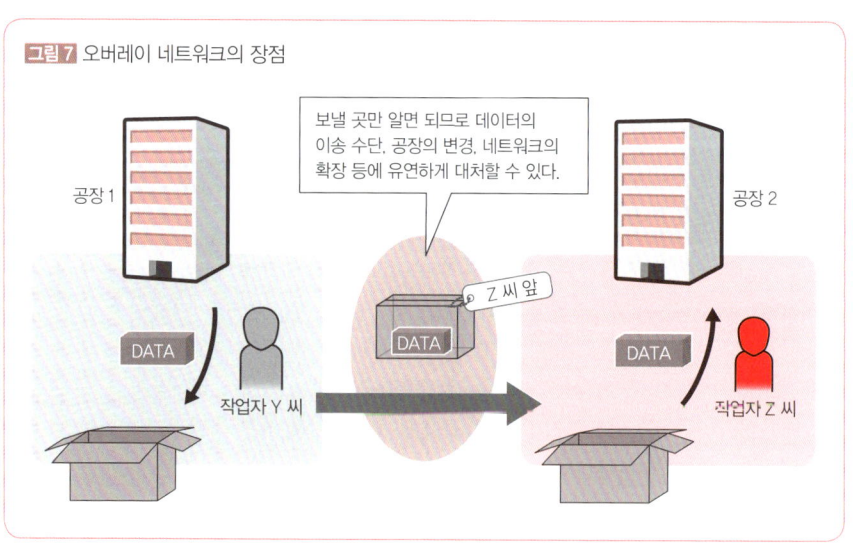

알려주는 역할(기능)이 필요합니다. 사실 요즘은 Hyper-V 등과 같은 서버 가상화가 그 역할을 담당할 수 있게 되어 있습니다.

즉, 지금까지 라우터나 스위치 등과 같은 물리 네트워크 기기가 담당하던 처리의 일부를 서버 가상화가 담당해주는 것입니다. 이로써 네트워크 사이에 데이터를 보내는 물리적인 네트워크 기기의 종류에 구애받지 않게 됩니다. 따라서 싼 가격에 심플한 기기를 잘 활용할 수 있으면 '비교적 비싸다'라고 여겨지는 네트워크 기기의 비용을 줄일 수 있습니다.

● 오버레이 네트워크의 동작

이제 이러한 처리를 어떻게 수행하는지 Hyper-V를 예로 들어 설명하겠습니다.

여기서는 서버 가상화용으로 두 개의 물리 서버를 마련하여 Hyper-V를 작동시키고 있다고 가정합니다. 또한 물리적인 네트워크는 하나밖에 없으며, 두 개의 Hyper-V상에는 가상 머신이 각각 아홉 대씩 움직이고 있습니다. 보통은 하나의 네트워크에 모든 가상 머신이 연결되는 것을 네트워크 가상화 기술을 사용하여 가상 머신을 세 개의 가상 네트워크로 분리시켜, 네트워크 1~3이 서로 간섭하지 않는 상황을 만들겠습니다. 이때 네트워크 3 안에 있는 가상 머신 A로부터 동일한 네트워크 3 안의 가상 머신 B로 데이터를 보낼 때의 움직임은 다음과 같습니다(그림8).

① 네트워크 3 안의 왼쪽에 있는 가상 머신 A가 데이터를 송신한다.
② 데이터는 왼쪽의 Hyper-V에 전달된다.
③ 데이터를 받은 Hyper-V는 데이터를 캡슐화하여 보낼 곳을 오른쪽의 Hyper-V로 한다.
④ 캡슐화된 데이터를 물리 네트워크로 송신한다.
⑤ 데이터는 오른쪽의 Hyper-V에 전달된다.
⑥ 데이터를 받은 오른쪽의 Hyper-V는 캡슐을 풀어 데이터를 꺼낸다.
⑦ 오른쪽 Hyper-V는 실제로 보낼 곳을 보고 가상 머신에게 데이터를 전달한다.
⑧ 가상 머신 B는 데이터를 무사히 받는다.

이와 같이 실제로는 하나의 물리 네트워크를 사용하여 통신을 하고 있음에도 불구하고 네트워크 1이나 2상에서 움직이는 가상 머신은 이들 간의 통신에는 관여하지 않습니다.

그리고 이 동작은 Hyper-V상의 가상 머신이 백 대 또는 천 대 있더라도 두 대의 가상 머신 간의 통신 처리에 관여하는 것은 두 대의 물리 서버에서만 해결하게 되어 있습니다. 데이터 센터를 확장해도, 물리적인 네트워크를 늘려도 똑같은 개념으로 이용할 수 있습니다.

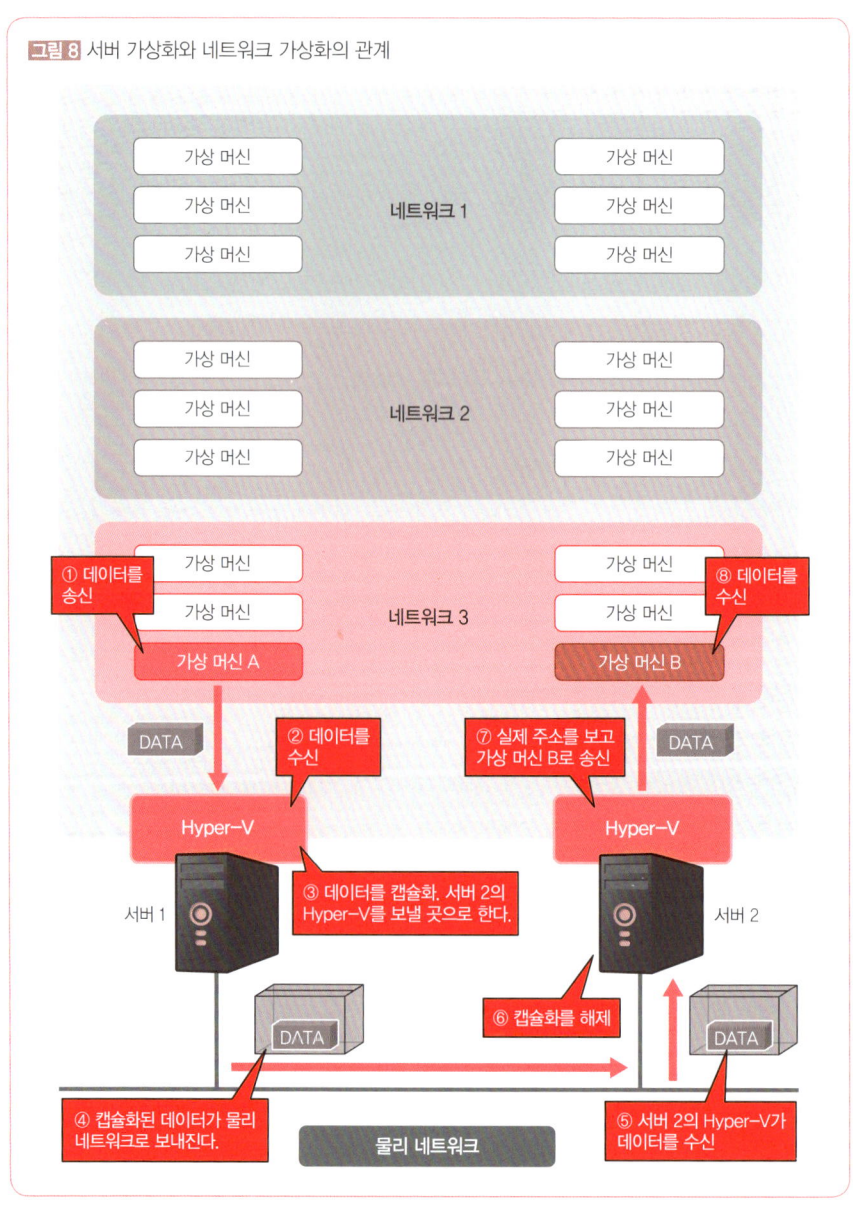

그림 8 서버 가상화와 네트워크 가상화의 관계

오버레이 네트워크와 클라우드

● 크게 바뀌고 있는 네트워크 관리

보통 네트워크는 물리적 네트워크 기기에 존재하며, '네트워크 엔지니어'라 불리는 사람이 전용 명령 등을 구사하여 설정합니다.
하지만 앞에서 소개한 '오버레이 네트워크'의 등장으로 이러한 스타일이 크게 바뀌고 있습니다.
특히 오버레이 네트워크의 장점을 최대한 활용하고 있는 것이 클라우드입니다.
앞에서 말했듯이 오버레이 네트워크를 사용하면 하나밖에 없는 네트워크상에 여러 개의 가상 네트워크를 구축할 수 있습니다. 더욱이 물리 네트워크 기기의 설정은 필요 없습니다.
그래서 클라우드에서는 네트워크를 가상 머신과 똑같이 서비스로서 제공할 수 있게 되었으며, 사용자가 자신의 네트워크를 직접 만들 수 있게 된 것입니다.

● 사용자 개개인에 의한 관리가 가능

그림9 는 'Microsoft Azure'라는 클라우드상에서 이용자가 직접 네트워크를 작성하는 화면입니다. '한국'에 있는 Azure 데이터 센터상에 '172.16.×.×'라는 주소를 가지고 있는 네트워크를 만들고 있는 장면입니다. 네트워크가 만들어지면 그 네트워크상에 가상 머신을 배치합니다.
그러면 Microsoft 등과 같은 클라우드 사업자가 관리하고 있는 데이터 센터를 이용하고 있음에도 불구하고 자신이 직접 네트워크 기기를 나열하여 연결한 것처럼 이용자의 독자적인 네트워크를 가질 수 있습니다.
이와 같이 네트워크 엔지니어가 아니라 사용자 개개인이 네트워크를 작성 및 관리하는 시대가 도래하고 있습니다. 이러한 점도 '가상화'의 발전에 의한 혜택 중 하나라고 할 수 있습니다.

그림 9 클라우드에서 네트워크를 작성한다.

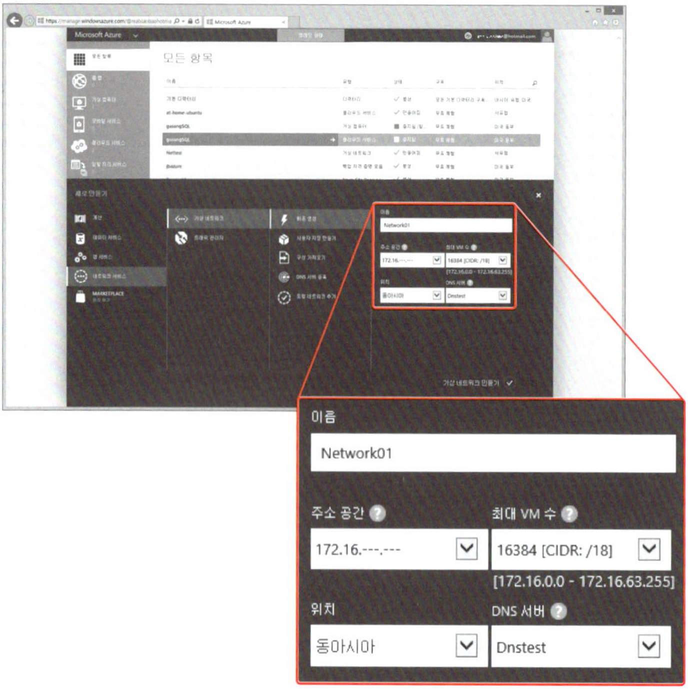

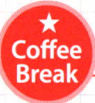

Coffee Break SDN이란?

네트워크 전문가가 아니라고 하더라도 IT 기술과 관련된 사람이라면 'SDN'이라는 말을 들어 본 적이 있을 것입니다.

SDN은 'Software Defined Network'의 약자로, 네트워크를 구성하는 각 기기를 하나의 소프트웨어에 의해 집중 제어하여 동적인 네트워크 제어를 가능하게 하는 기술의 통칭입니다.

요즘 SDN은 매우 광범위한 의미로 사용되고 있는데, 이번에 설명한 오버레이 네트워크뿐만 아니라 물리적인 네트워크 기기를 소프트웨어 기반에서 컨트롤하는 다양한 기술, 네트워크가 혼잡한지 아닌지에 따라 패킷(통신 데이터)의 경로를 변경하는 제어 기술을 통칭하고 있으며, 최근에는 이 SDN으로 분류되는 제어 기술이 계속 나오고 있습니다.

SDN이 이렇게 발전된 데에는 이유가 있습니다.

종래에는 텍스트 메일이나 파일 서버에 대한 액세스 정도였던 기업 내 네트워크도 화상 회의 시스템 등이 당연하게 사용됨으로써 매일 나오는 문서의 양도 늘고, 파일의 크기도 점점 거대

화되었습니다. 이에 따라 네트워크상에 흐르는 부하도 점점 커져 갔습니다. 그래서 기업은 네트워크 기기나 회선 등과 같은 하드웨어에 대한 투자를 계속 늘릴지, SDN과 같이 소프트웨어로 네트워크를 컨트롤하면서 최적화를 꾀할지 선택하게 된 것입니다.

SDN에 관한 기술은 급속히 발전되고 있으며 아직 발전의 여지가 남아 있습니다. 하지만 한 가지 분명한 것은 SDN은 서버 가상화와 마찬가지로 IT 업계의 패러다임 변환으로 이어지는 중요한 기술이라는 것입니다.

그리고 무엇보다도 지금까지 상자 모양의 물리적인 기기와 케이블 배선, 네트워크 엔지니어의 스킬이 중요했던 네트워크가 서버 가상화 기술의 보급과 소프트웨어화로 인해 그 모습이 크게 달라지고 있다는 것입니다.

4장의 정리

- 하드웨어가 하나라면 네트워크도 하나인 경우가 많다.
- 하나의 실제 기기에 다섯 개의 가상 시스템을 가동시키고 네트워크를 다섯 개 준비하고 싶은 경우에 '네트워크를 가상화'하는 개념이 필요하다.
- 네트워크 가상화로 가상 머신을 특정 실제 기기에 고정시키지 않고 어떤 리소스에도 유연하게 이동할 수 있는 개념을 반영한 시스템을 구축할 수 있다.
- 하나의 네트워크 선을 가상화하는 개념으로 'VLAN'이 있다. VLAN을 사용함으로써 하나의 네트워크 안에 여러 개의 가상 네트워크를 설정할 수 있다.
- VLAN은 하이퍼바이저 등 가상 서버와 세트가 아니라 실제 기기에 단독 OS를 설치하여 네트워크만을 가상화하는 구축도 할 수 있다.
- '오버레이 네트워크'라는 네트워크 분리 방식은 캡슐화 기술에 의해 이루어진다.
- 데이터를 특정 길이로 만들거나(상자 넣기), 보낼 곳을 정의하는 것(라벨 붙이기)을 '캡슐화'라고 한다.
- 서버 가상화에 채택하는 제품에 따라 네트워크 데이터를 받거나 보내는 일을 하이퍼바이저가 수행해주는 경우가 있다.
- Software Defined Network를 줄여 'SDN'이라고 한다.
- 클라우드 시스템과 네트워크 가상화의 관계에 오버레이 네트워크나 SDN과 같은 기술의 발전이 크게 기여하고 있다.

Q1 다음 중 '네트워크 가상화'에 대한 설명으로 올바른 것은 무엇입니까?

- A 하나의 물리적인 선(네트워크)에 하나의 네트워크를 정의하는 것
- B 여러 개의 물리적인 선(네트워크)에 여러 개의 네트워크를 정의하는 것
- C 하나의 물리적인 선(네트워크)에 여러 개의 네트워크를 정의하는 것
- D 이미 있는 가상화나 클라우드 환경에서 이용하는 네트워크

Q2 다음 중 '태그 VLAN'에 대한 설명으로 올바른 것은 무엇입니까?

- A 네트워크를 흐르는 데이터에 태그 이미지 번호를 붙이는 것
- B 여러 개의 다른 네트워크 통신을 중계하는 기기로, 패킷을 전송하는 것
- C 여러 개의 컴퓨터에 대해 일괄 송신을 하는 동작
- D 여러 개의 다른 네트워크 세그먼트를 단일 세그먼트로 통합하는 방법

Q3 다음 중 네트워크 통신에 있어서 '오버레이 네트워크'에 대한 설명으로 올바른 것은 무엇입니까?

- A 오브젝트 내의 사양이나 구조(프로그램 등)를 외부로부터 은폐하는 것
- B 데이터 자체를 캡슐화하고 태그를 추가하여 통신하는 것
- C 물리 케이블이나 무선 네트워크 기기 등을 이용하여 동일 거점 안에 있는 컴퓨터나 주변 기기를 통신 기기를 통해 구축하여 데이터를 주고받는 것
- D 지리적으로 떨어진 거점끼리를 연결하는 장치

Q4 다음 중 'SDN'에 대한 설명으로 올바른 것은 무엇입니까?

- A 네트워크 기기를 이용하지 않고 물리 서버 안의 소프트웨어로 네트워크를 구축하는 것
- B 네트워크 기기의 펌웨어를 소프트웨어로 제공하는 것
- C 물리적인 네트워크 기기를 소프트웨어 기반에서 제어하는 기술
- D 물리적인 선 대신 무선 통신을 이용하여 네트워크를 구축하고 데이터를 주고받는 것

해답 Q1. C   Q2. A   Q3. B   Q4. C

Chapter 05

스토리지 가상화

가상화 시대의 스토리지 기술

이 장에서는 스토리지의 가상화에 대해 배웁니다. 스토리지를 가상화한다는 것의 의미와 가상화 시대의 스토리지 기술에 대한 이해를 도와줍니다. 또한 기업에서 가상화 시스템을 이용하는 경우 어떤 하드웨어를 사용하여 어떤 개념으로 구성되는지에 대해서도 설명합니다.

Section 01

실제 용량보다 큰 크기의 드라이브를 만들어 보자

여기서는 스토리지의 가상화에 대해 배웁니다. 이번 실습에서는 스토리지 가상화를 실감하기 위해 '실제 용량보다 큰 크기'의 드라이브를 작성해봅시다.

Step 1 ▶ 시나리오를 확인하자

여기서는 가상 머신에 Windows 8을 설치한 환경의 하드디스크를 확장합니다. 먼저 이번 실습에서 수행할 시나리오를 확인해둡시다. 여기서는 아래 그림과 같은 환경을 구현할 것입니다.

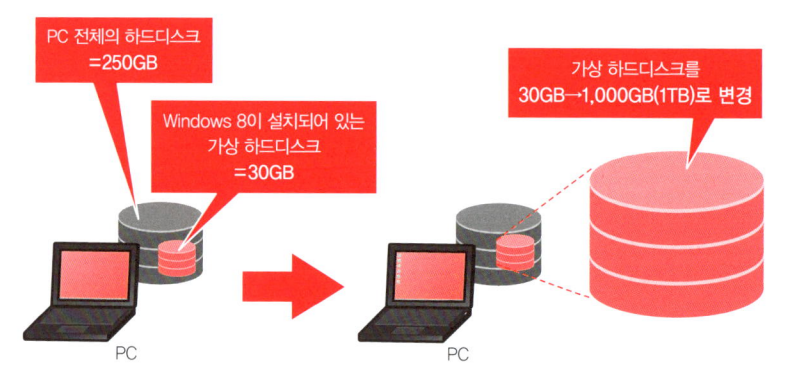

Step 2 ▶ 현재의 가상 디스크 용량을 확인하자

2장에서 작성한 가상 머신에서는 디스크의 용량을 '30GB'로 정의하여 그 안에 Windows 8을 설치했습니다. Step 1에서 확인했듯이 여기서는 그 30GB의 디스크 용량이 부족해진 경우를 가정하여 하드디스크를 '1,000GB(1TB)'로 늘리기로 하겠습니다. '그게 가능한가?'라고 생각하는 분도 있을 것입니다. 아래에 그 순서를 보일 것이므로 반드시 도전해보기 바랍니다. 먼저 가상 머신인 Windows 8에서 디스크의 상태를 확인하는 일부터 시작해봅시다. 시작 메뉴에서 '컴퓨터'를 오른쪽 버튼으로 클릭하고 '관리'를 선택합니다.

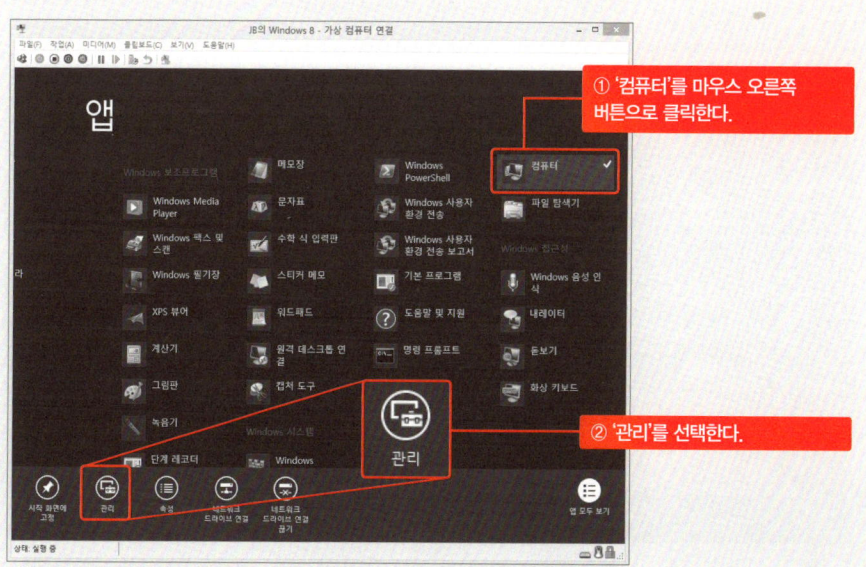

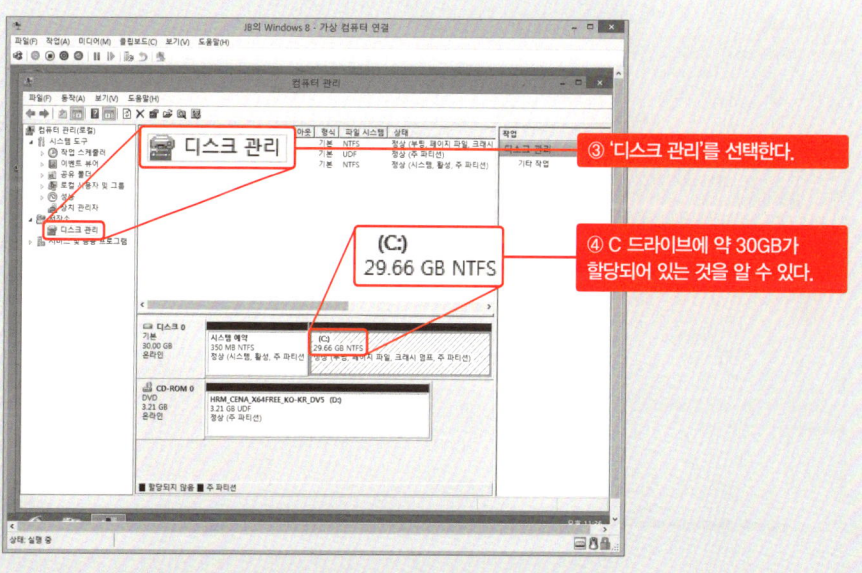

Chapter 05 스토리지 가상화 147

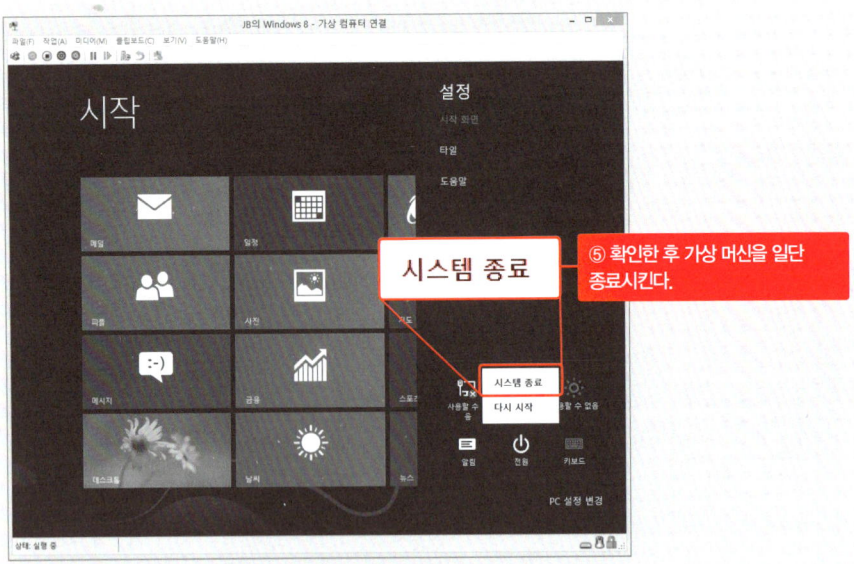

Step 3 ▶ Hyper-V에서 가상 디스크를 추가하자

여기서는 실제로 가상 머신의 가상 디스크를 확장하는 순서를 설명합니다.

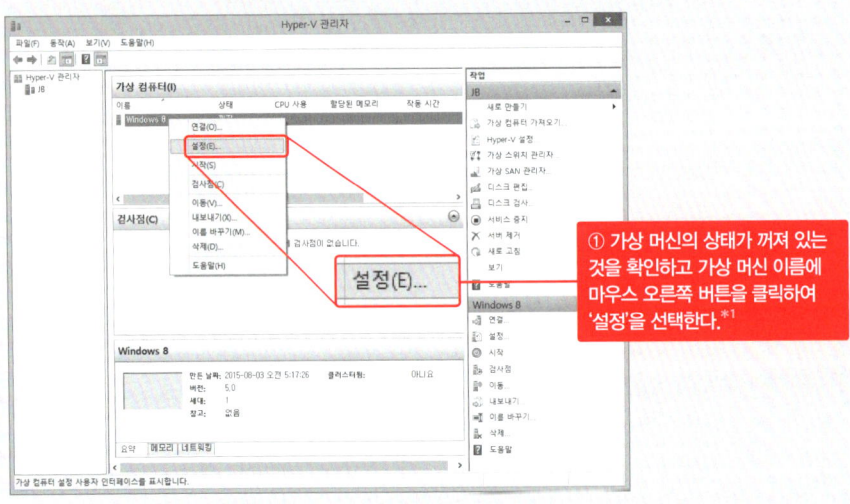

① 가상 머신의 상태가 꺼져 있는 것을 확인하고 가상 머신 이름에 마우스 오른쪽 버튼을 클릭하여 '설정'을 선택한다.[*1]

[*1] 오른쪽의 '작업' 화면에서 '디스크 편집'을 선택해도 동일한 조작을 할 수 있습니다.

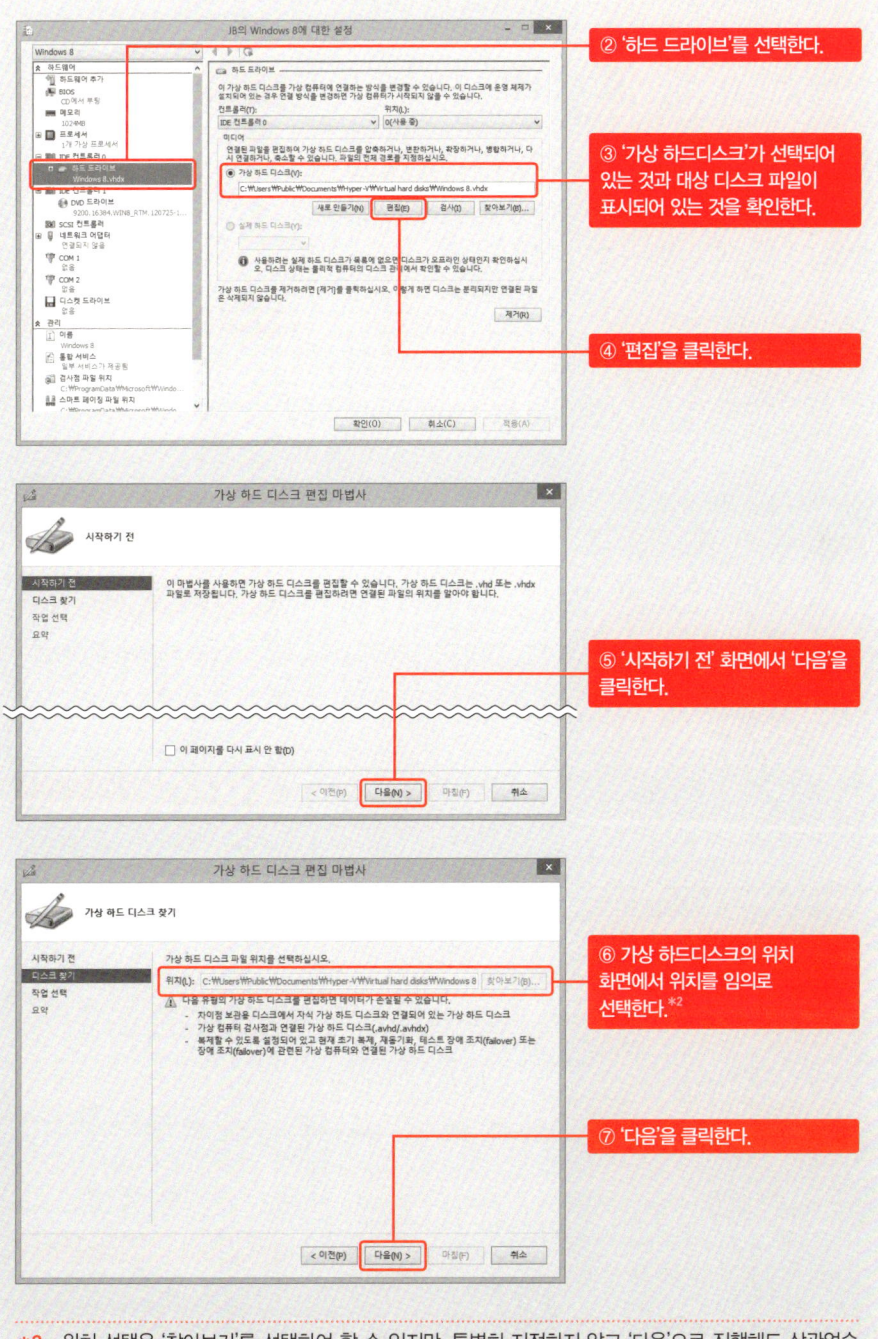

*2 위치 선택은 '찾아보기'를 선택하여 할 수 있지만, 특별히 지정하지 않고 '다음'으로 진행해도 상관없습니다.

Chapter 05 스토리지 가상화 149

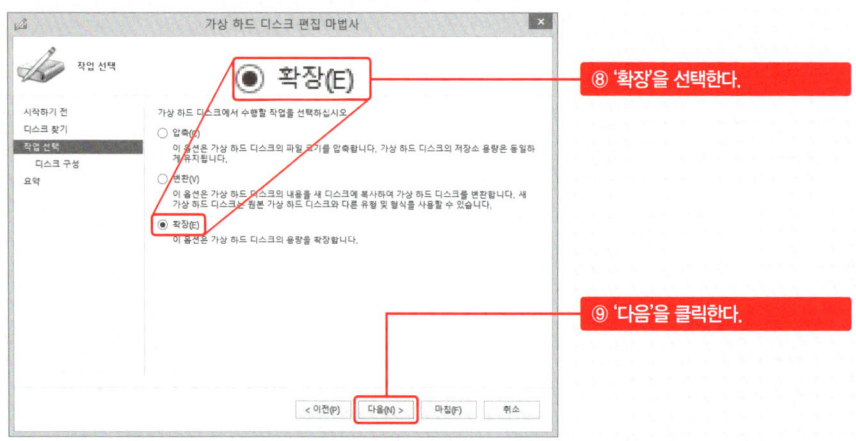

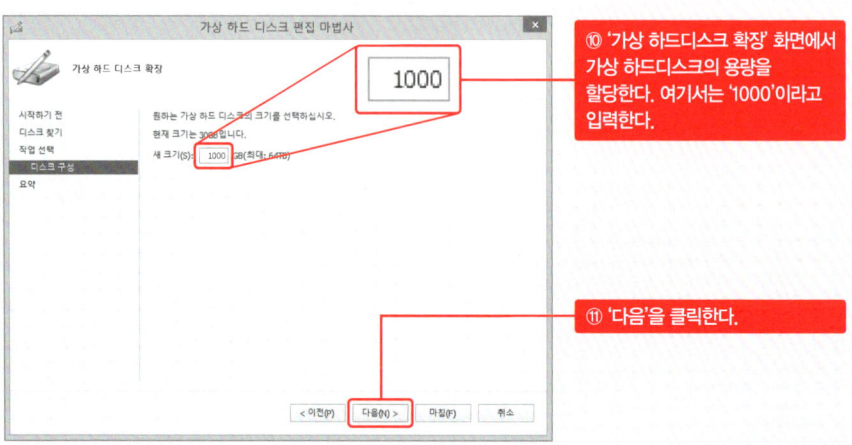

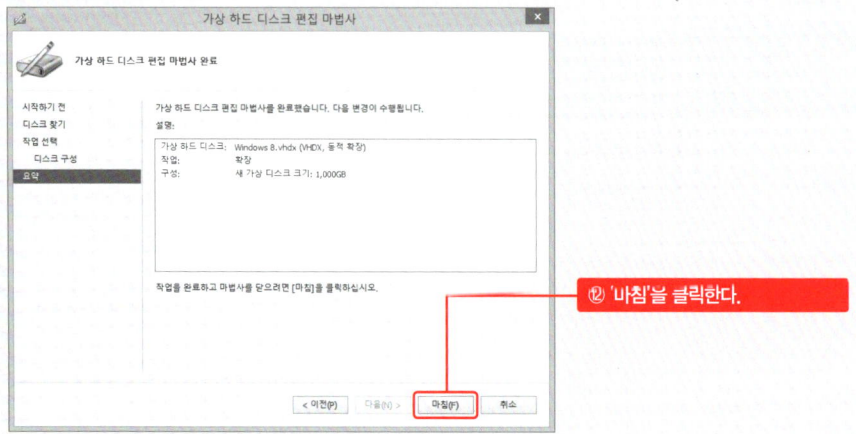

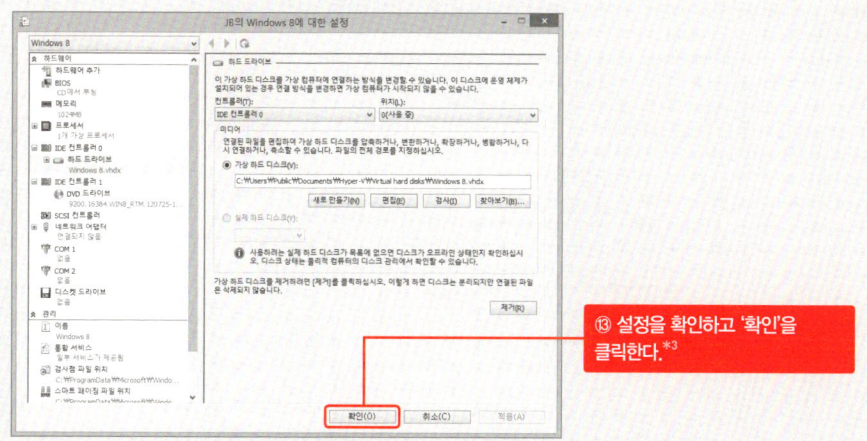

⑬ 설정을 확인하고 '확인'을 클릭한다.*3

Step 4 추가한 가상 디스크를 확인하자

설정 완료 후 가상 머신을 기동시키고 가상 머신 OS에 로그인하기 바랍니다. Step 3에서 설정한 가상 디스크의 확장이 실제로 반영되어 있는 것을 확인해봅시다.

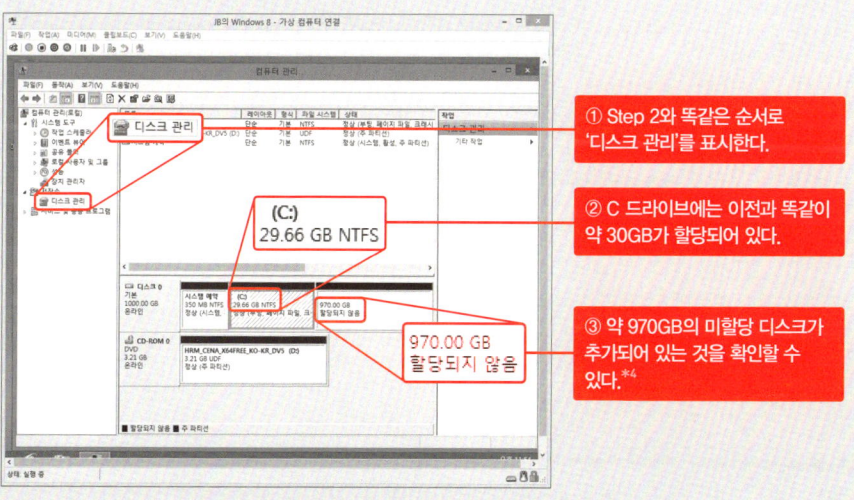

① Step 2와 똑같은 순서로 '디스크 관리'를 표시한다.

② C 드라이브에는 이전과 똑같이 약 30GB가 할당되어 있다.

③ 약 970GB의 미할당 디스크가 추가되어 있는 것을 확인할 수 있다.*4

*3 그 후 체크 포인트 취득 화면이 표시되면 필요한 경우 취득하기 바랍니다.
*4 원래의 30GB에 더해 970GB가 추가되어 있으므로 합계가 '1,000GB(1TB)'가 됩니다.

Chapter 05 스토리지 가상화 151

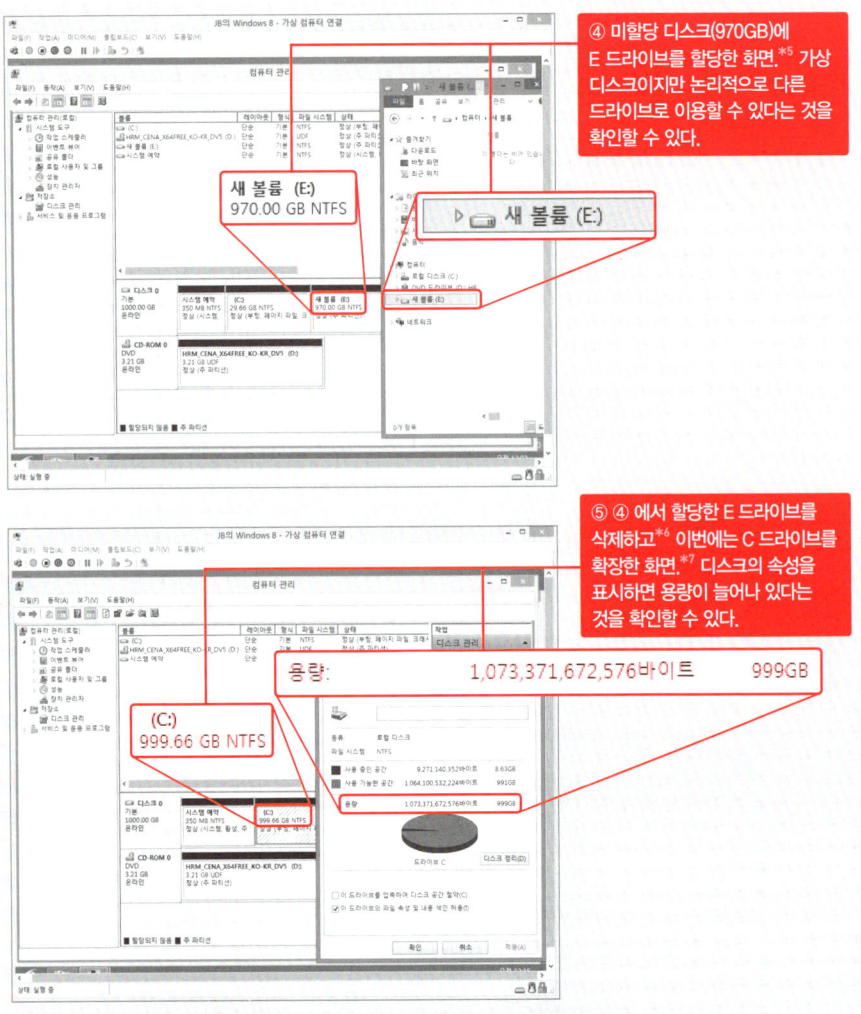

*5 드라이브(파티션)는 해당 드라이브를 마우스 오른쪽 버튼으로 클릭하고 '새 단순 볼륨'을 선택하면 설정할 수 있습니다.

*6 드라이브의 삭제는 해당 드라이브를 마우스 오른쪽 버튼으로 클릭하고 '볼륨 삭제'를 선택하면 설정할 수 있습니다.

*7 드라이브의 확장은 해당 드라이브를 마우스 오른쪽 버튼으로 클릭하고 '볼륨 확장'을 선택하면 설정할 수 있습니다.

'스토리지 가상화'란?

● 확장한 가상 스토리지는 사용 가능한가?

앞의 실습에서는 가상 머신의 하드디스크를 '실제 용량보다 큰 크기'로 확장해보았습니다. 실습에서 확인했듯이 가상 스토리지의 개념을 이용하면 실제 용량보다 큰 크기를 정의할 수 있습니다.

하지만 여기서 주의할 점은 '가상 스토리지를 이용하면 실제 용량보다 큰 크기를 자유자재로 사용할 수 있다'는 것이 아니라는 점입니다.

실제로 사용할 수 있는 용량은 물리적인 용량을 초과할 수 없습니다.

실습의 예에서 PC의 내장 하드디스크의 총 용량은 '250GB'였습니다.

따라서 실제로는 모두 합해서 250GB 이상의 용량을 이용할 수는 없습니다(그림1).

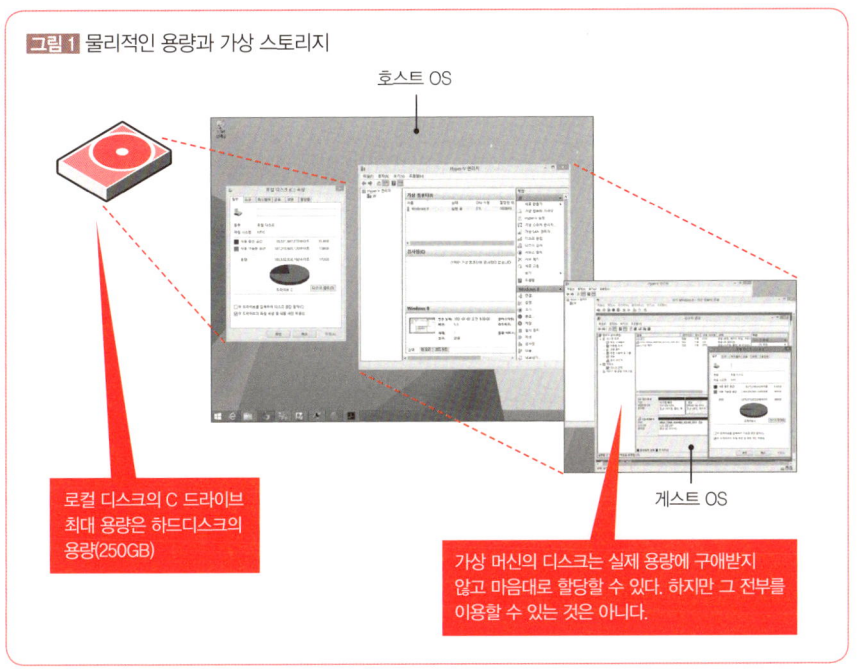

그림1 물리적인 용량과 가상 스토리지

호스트 OS

로컬 디스크의 C 드라이브 최대 용량은 하드디스크의 용량(250GB)

게스트 OS

가상 머신의 디스크는 실제 용량에 구애받지 않고 마음대로 할당할 수 있다. 하지만 그 전부를 이용할 수 있는 것은 아니다.

Chapter 05 스토리지 가상화 **153**

● 확장한 1,000GB의 정체

그렇다면 250GB의 하드디스크 안에 있는 '1,000GB(1TB)'의 디스크 정체는 무엇일까요? 하이퍼바이저 등을 경유하여 가상 머신상에서 이용할 수 있는 가상 디스크의 정체는 가상 머신상에서 보면 하드디스크로 보입니다. 하지만 호스트 OS(이번 예에서는 Windows 8)에서 보면 텍스트 파일이나 Word 등과 같은 문서 파일과 똑같은 '파일'로 취급됩니다. 그림2 는 PC에서 가상 디스크가 있는 장소(가상 디스크 파일)를 표시한 것입니다. 당연하지만 이 파일 자체는 실제로 1,000GB(1TB)가 되지 않습니다. 사용한 부분만큼의 용량으로 되어 있으므로 'Windows 8 평가판의 OS(게스트 OS) 부분과 약간의 데이터를 더한 용량'이 호스트 OS(Windows 8)에서 본 용량이 됩니다.

기술적인 설명을 하자면 매우 고도의 가상 스토리지 기술을 사용하게 되는데, 여기서는 '씬 프로비저닝(Thin Provisioning)'이라는 기술을 사용하고 있습니다. 간단히 말해서 게스트 OS(Windows 8 평가판)에서 보면 '1,000GB(1TB)'로서 인식하고, 실제의 호스트 OS(Windows 8)에서 보면 하나의 파일로 인식하여 사용한 만큼만 실체로서 존재한다고 이해하면 좋을 것입니다(그림3).

● 실제 용량보다 더 사용해 버리면 어떻게 되나?

실제로 실용량보다 큰 사이즈를 정의한 이상 아무런 제약을 걸지 않으면 가상 머신상에서 정의된 용량을 모두 사용하는 것이 (논리적으로는) 가능합니다.

하지만 250GB라는 물리적인 상한을 맞이하면 디스크 용량이 가득 차게 됩니다. 어

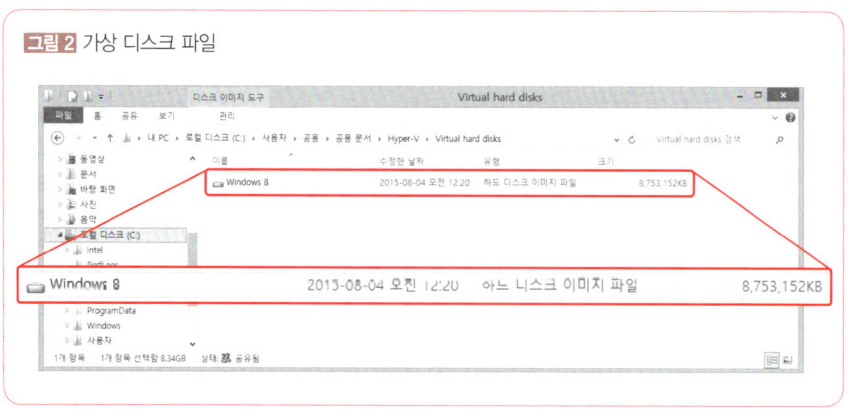

그림2 가상 디스크 파일

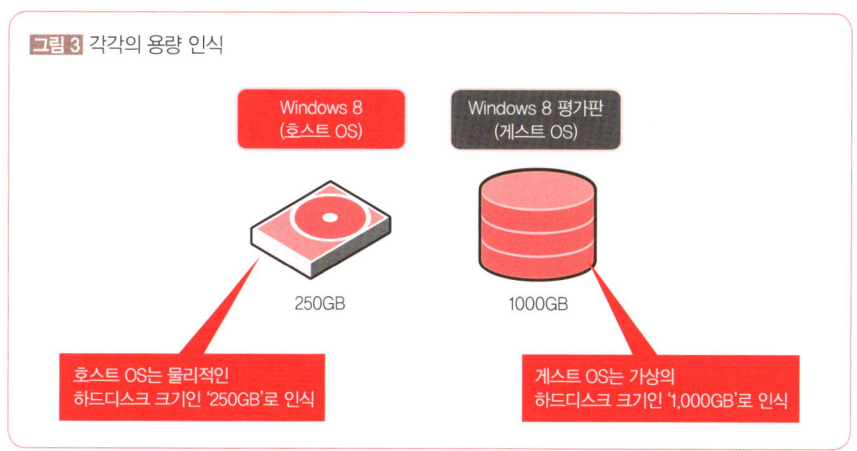

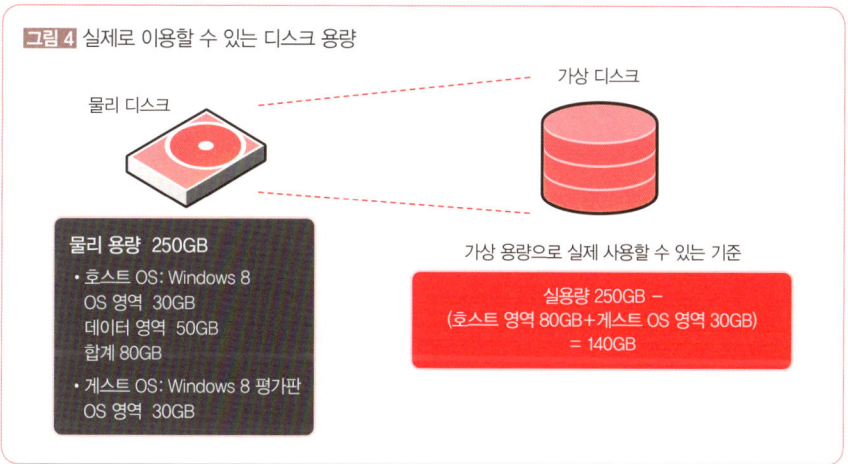

느 정도의 용량을 이용해야 가득 차게 되는지는 그림 4 와 같이 생각할 수 있습니다. 그림 4 와 같이 가상 디스크에서 사용할 수 있는 것은 '140GB'가 된다는 것을 알 수 있습니다. 게스트 OS상의 가상 하드디스크에서는 '1,000GB를 이용할 수 있다'라고 정의하고 있지만, 실제로는 그보다 적은 용량을 이용할 수 있다는 것을 이해할 수 있을 것입니다. 지금까지의 설명을 보고 '그렇다면 실제로는 실용량을 넘어서 정의할 필요가 없지 않을까?'라고 생각하는 사람도 있을 것입니다. 이번의 경우를 말하자면 처음부터 이러한 계산을 산출해서 게스트 OS의 '가상의 하드디스크에 140GB를 정의하면 되지 않을까?'라는 것은 당연히 나오는 질문입니다. 하지만 바로 여기에 스토리지를 가상화하는 의미가 있습니다.

● 스토리지를 가상화하는 의미

기업 등에서 이용하고 있는 서버나 전용 스토리지의 경우 나중에 하드디스크를 추가하는 경우가 있습니다. 또한 실제로 용량을 늘려 여러 개의 하드디스크를 하나의 디스크로 재구축한 후 용량을 늘려 계속 이용합니다.[*1] 그럴 때 사전에 스토리지를 가상화해두면 효과적입니다.

또한 하드디스크는 용량의 상한이 다가올수록 퍼포먼스가 떨어지는 경향이 있습니다. 따라서 실제 기업 등에서는 실용량의 '90% 정도'를 상한으로 하는 규칙 등을 정해 운용하고 있습니다(250GB의 하드디스크가 있는 경우, 규칙상으로 225GB가 상한이 됩니다). 이와 같은 경우에도 스토리지를 가상화하여 큰 용량을 설정해두면 퍼포먼스의 저하를 막을 수 있을 것입니다.

실제 현장에서는 기업의 파일 서버에서 용량이 부족해질 때 시스템 부서는 용량을 증설하는 등 다양한 대응을 하고 있습니다(그림 5).

또 이렇게 보면 24쪽에서 소개한 '주변의 가상화 서비스의 이면(온라인 스토리지편)'의 서비스의 개념에 대해서도 이미지가 보다 잘 떠오를 것입니다.

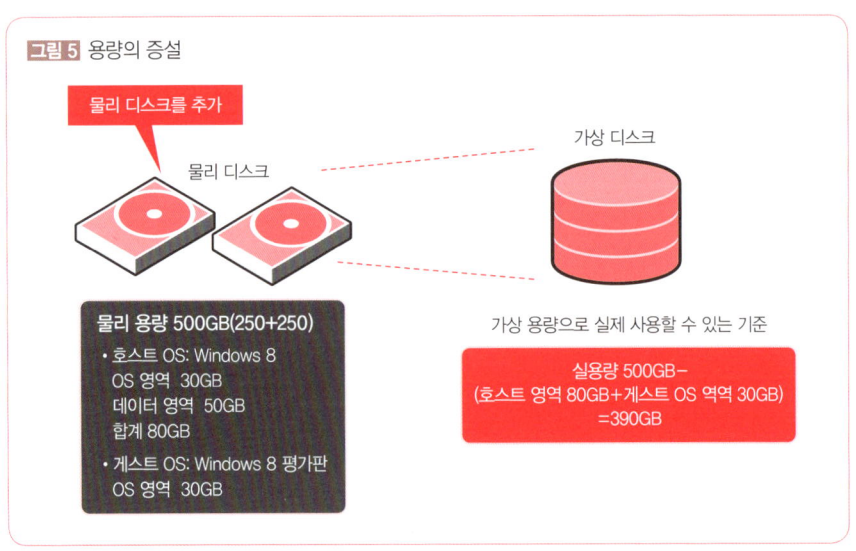

그림 5 용량의 증설

*1 디스크를 몇 대 늘릴 수 있는지, 용량을 어느 정도까지 인식하는지, 재구축을 하기 위해 머신 전체를 정지시킬 필요가 있는지 등과 같은 문제는 스토리지 제조업체나 기기에 따라 다릅니다.

가상화 시대의 스토리지 기술 ①
- 오버 커미트와 계층화

● 오버 커미트와 계층화

앞에서 소개한 '실제 하드디스크의 용량보다 큰 크기의 드라이브를 작성'하는 기술에는 주로 '오버 커미트'라는 기술을 사용합니다. 말 그대로 '많이 있는 것처럼 가장'하는 기술이라고 할 수 있습니다.

예를 들어 CPU가 2코어밖에 없는데 '4코어 가상 머신입니다'라고 말하듯이 실용량보다 크게 정의할 수 있다면 그것이 바로 오버 커미트가 됩니다.

스토리지의 경우는 오버 커미트로 정의한 용량과는 별도로 실용량을 감시하여 일정 용량이 되었을 때 실용량을 늘릴 수 있는 기술이 있습니다. 이것이 앞에서 조금 소개한 '씬 프로비저닝(Thin Provisioning)'입니다. 예를 들어 처음 실습과 같이 '1,000GB'로 정의한 드라이브를 준비하고 실제로는 물리 디스크에 '100GB'밖에 없는 경우, 운용 규칙으로 90%의 이용률을 감시하여 이를 넘으면 100GB를 추가하는 운용이 가능합니다.

특히 컴퓨터 리소스에 관해서는 동일한 성능일 경우, 가격은 시간과 함께 하락하는 경향

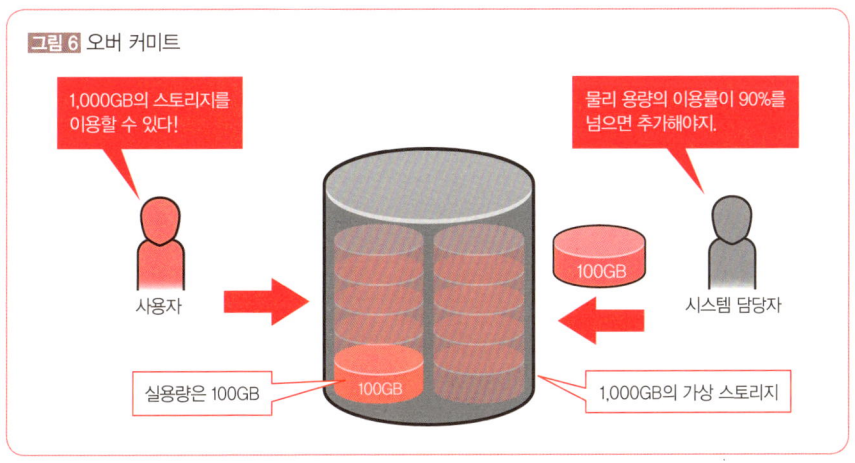

그림 6 오버 커미트

이 있으므로 필요한 시기에 싼 값으로 조달할 수 있기 때문에 이러한 운용이 효과적입니다.

또한 기업의 경리 정책 등과 맞으면 그 시기에 사용하지 않는 자산을 가지고 있을 필요가 없다는 장점도 있습니다(그림 6).

요즘에는 '스토리지의 계층화'라는 기술도 나오고 있습니다. 스토리지의 계층화란, 가상 머신이 저장되는 가상 하드디스크나 데이터, 파일 등을 적재적소에 배치하는 기술을 말합니다.

다양한 시스템이 동시에 움직이는 용도로 이용되는 가상 스토리지는 스토리지가 원인으로 액세스 속도가 지연되어 고민하는 경우도 있습니다. 스토리지의 계층화를 사용하면 사용자에게는 동일한 볼륨으로 보이는 것을 실제로는 '자주 사용되는 데이터는 SSD*2에', '그다지 사용하지 않는 것은 하드디스크에'와 같이 효율적으로 사용할 수 있습니다(그림 7). '어느 정도의 용량이 필요하지만 속도를 추구'하는 경우나 'All Flash*3 스토리지를 사용하면 비용이 걱정'인 경우에 적합한 구성이라고 할 수 있습니다.

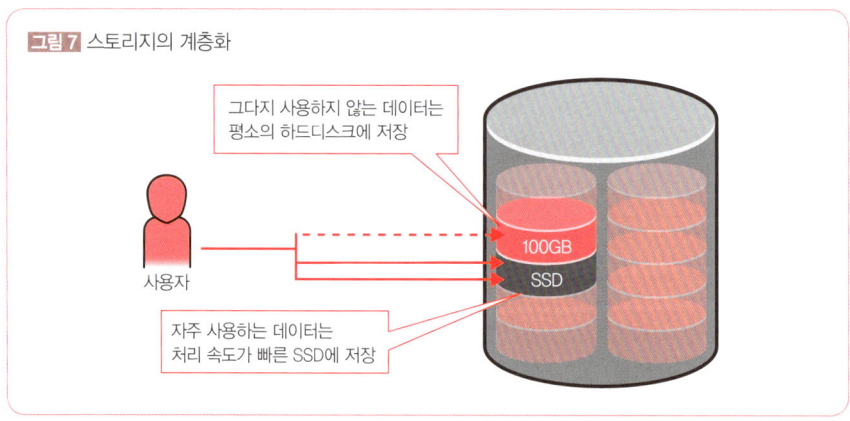

그림 7 스토리지의 계층화

그다지 사용하지 않는 데이터는 평소의 하드디스크에 저장

사용자

100GB
SSD

자주 사용하는 데이터는 처리 속도가 빠른 SSD에 저장

---

*2 'Solid State Drive'의 약자로, 기억 매체로서 Flash 메모리를 사용하는 드라이브 장치를 말합니다. 하드디스크와 같은 디스크를 가지고 있지 않기 때문에 고속으로 읽고 쓰기가 가능합니다.

*3 모두 SSD를 사용한 스토리지를 'All Flash'라고 합니다(163쪽 참조). 단, All Flash 스토리지는 비용이 고가인 경향이 있습니다.

가상화 시대의 스토리지 기술 ②
- RAID

● 스토리지 가상화의 역사

스토리지에 관한 가상화 노력은 PC나 서버의 고성능화가 진행되기 전부터 있었습니다. 주로 범용기에 종사한 세대라면 'DASD(Direct Access Storage Device)'라는 스토리지(직역하면 직접 연결 기억 장치)나 다음에 설명할 RAID 기술이 채택되기 시작할 즈음을 떠올릴지 모릅니다.

범용기 시절은 적은 컴퓨터 리소스를 많은 디바이스나 사람이 공유하는 경우가 많고, 그에 비례하여 가동하는 시스템이나 스토리지 볼륨의 수도 많기 때문에 관리하기가 복잡했습니다.

또 스토리지의 하드웨어 장애를 만나면 대상 볼륨과 관계되는 시스템을 정지시키거나 일일이 제조업체의 담당자를 불러 수리를 의뢰할 필요가 있습니다.

이러한 번잡함을 해소한 것이 스토리지 가상화의 대표적인 기술인 'RAID'입니다. RAID 기술이 일반화되면서 업무를 계속하면서도 수리를 의뢰하는 등의 운용이 가능해졌습니다.

● RAID란?

RAID는 'Redundant Arrays of Inexpensive Disks'의 약자로, 주로 두 개 이상의 스토리지(HDD나 SSD)를 하나의 드라이브처럼 인식시키는 기술입니다.

예를 들어 1TB의 하드디스크를 두 개 사용하여 2TB로 된 하나의 디스크 드라이브로 보이게 하거나 반대로 두 개의 1TB 하드디스크를 한 개의 1TB 하드디스크로 보이게 해서 두 개의 하드디스크에 완전히 똑같은 데이터를 기록함으로서 한쪽이 고장 나도 다른 한쪽에서 데이터를 보전하는 일을 가능하게 해줍니다.

RAID는 역할별로 'RAID 레벨'로서 분류되는데, 'RAID 0'부터 'RAID 6'까지 일곱 종류의 구성으로 나뉩니다(두 가지 종류의 RAID를 조합하는 구성도 존재합니다).

그중에서 주로 사용되는 것은 'RAID 0', 'RAID 1', 'RAID 5'입니다. 이에 대해 각각의 개요를 소개하겠습니다.

RAID 0

'RAID 0'은 '스트라이핑'이라 불리는 기술로, 두 개 이상의 하드디스크를 조합하여 여러 개의 하드디스크에서 읽고 쓰기 처리를 수행합니다.

물리적인 하드디스크에 나란히 읽고 씀으로써 액세스 속도를 고속화할 수 있습니다. 예를 들어 그림 8과 같은 구성이 있는 경우 HDD1과 HDD3을 읽을 때는 보통의 속도로 읽지만, HDD1과 HDD2를 읽는 경우는 나란히 처리가 가능하므로 고속 처리를 기대할 수 있습니다. 실제로는 많은 디스크를 사용하여 데이터를 효율적으로 분산함으로써 보다 고속으로 처리합니다. 단, RAID 0의 단점으로는 디스크 장애가 발생한 경우 데이터 자체가 없어질 가능성이 있기 때문에 이를 보완할 기술과 병용하여 사용하는 경우가 많다는 점을 들 수 있습니다.

RAID 1

'RAID 1'은 '미러링(이중화)'이라고 불리는 기술로, 기본적으로 동일 기종, 동일 용량의 디스크에 동일한 데이터를 씁니다(그림 9). 개념적으로는 '복사'와 똑같은 뜻이지만 한쪽에 써서 복사를 하기보다는 양쪽에 같이 쓴다는 뜻이 강하므로 '미러링'이라고 부릅니다.

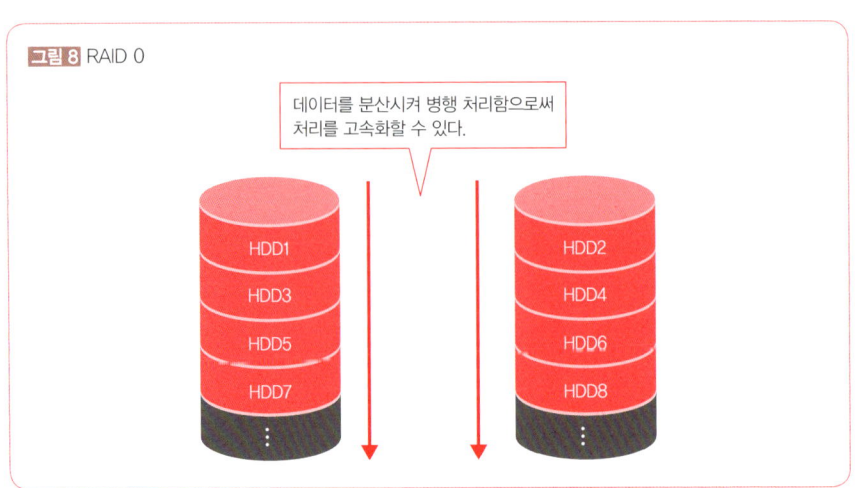

그림 8 RAID 0

데이터를 분산시켜 병행 처리함으로써 처리를 고속화할 수 있다.

장점으로는 하나의 디스크 장애에 대해 시스템 장애가 연동하지 않는다(중복성이 확보된다)는 점을 들 수 있습니다.

한편 단점으로는 필요한 데이터를 구현하는 경우, 두 배의 스토리지가 필요하다는 점이 있습니다. 또한 조작 실수 등 사용자 행동에 의한 데이터 소실 등은 피할 수 없으므로 그 시스템과는 별도로 백업 시스템도 필요합니다(RAID 1만으로는 백업이 되지 않습니다).

RAID 5

RAID 5는 'RAID 0과 RAID 1의 장점을 채택한 기술'이라고 생각하면 좋을지도 모르겠습니다.

기본적으로 데이터를 쓸 때는 RAID 0과 마찬가지로 여러 개의 디스크에 대해 데이터를 씁니다. 또 RAID 1과 같이 똑같은 데이터를 여러 곳에 써서 중복성을 확보합니다. 하지만 RAID 1과 달리 RAID 5에서는 '패리티(Parity)'라 부르는 독립된 디스크를 마련하여 보전해야 할 데이터는 이 패리티 안에도 분산시켜 저장합니다(그림 10).

데이터와 동시에 패리티를 계산 및 생성한 후 모든 디스크에 분산시켜 기록함으로써 특정 디스크에 부하가 집중되는 것을 막고 처리 속도를 확보하는 것입니다.

또한 패리티 이외의 디스크에 장애가 발생했을 때는 비어 있는 스토리지에 패리티로부터 데이터를 복사하고, 이와 반대로 패리티 디스크에 장애가 있을 때는 스토리지 측의 기능으로 재계산하여 데이터를 보전합니다.

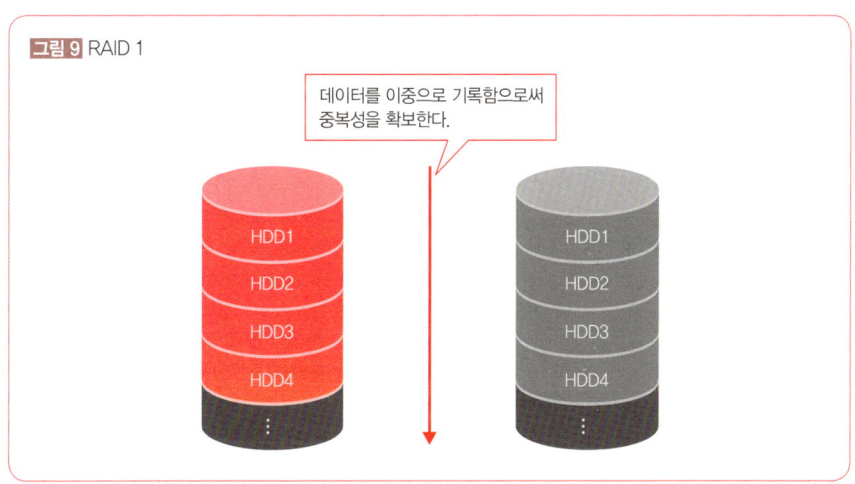

그림 9 RAID 1

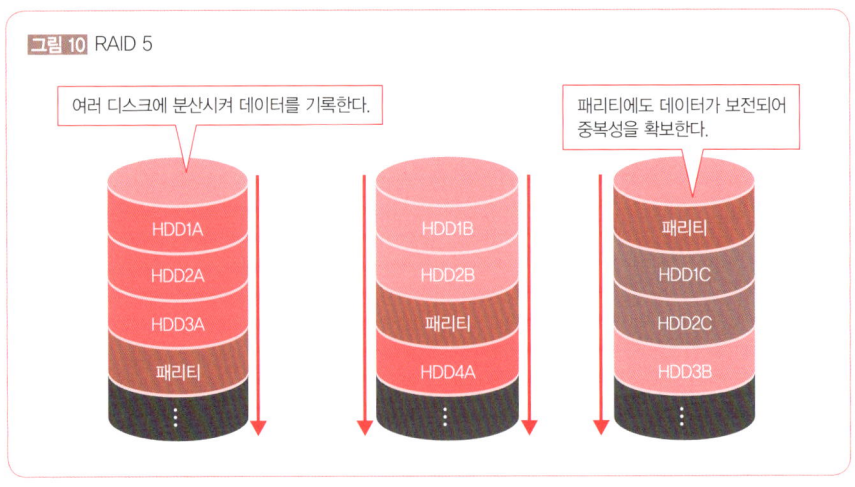

그림 10 RAID 5
- 여러 디스크에 분산시켜 데이터를 기록한다.
- 패리티에도 데이터가 보전되어 중복성을 확보한다.

이와 같이 처리 속도와 중복성이 높은 것이 RAID 5의 장점입니다. 한편 단점으로는 하드디스크의 수가 적으면 이러한 장점을 얻을 수 없다는 점을 들 수 있습니다. 그래서 RAID 5는 비교적 대규모 시스템에서 이용하고 있습니다.

● **그 밖의 RAID 레벨**

그 밖에도 RAID 2, RAID 3, RAID 4 등이 있어서 각각의 장단점이 있지만, 이것들은 그다지 사용하지 않는 기술이므로 설명은 생략하겠습니다.

또한 나중에 설명하겠지만 RAID를 구성하는 경우 'RAID 카드'와 같은 하드웨어와 RAID 레벨을 구성하는 펌웨어가 필요합니다.

하드웨어로 된 RAID 카드를 필요로 하지 않는 '소프트웨어 RAID'라는 기술도 있지만, OS를 포함한 그 밖의 시스템 퍼포먼스에 크게 영향을 끼치는 경우가 있기 때문에 기업의 실무에서는 그다지 사용하지 않습니다. 하드웨어 기능에서는 요즘 (특히 RAID 2, 3, 4는) 처음부터 지원하지 않는 기종도 있습니다.

● **여러 RAID 레벨의 조합**

RAID 레벨을 여러 개 조합함으로써 속도와 신뢰성을 둘 다 높이는 경우도 있습니다. 예를 들어 RAID 0과 RAID 1을 조합하면 속도와 용량, 신뢰성을 확보할 수 있습니다.

단, 하드웨어 또는 펌웨어의 해석에 따라 RAID 0의 기능에 RAID 1을 추가했는지, 그 반대인지, 이 둘을 합친 것 같은 기술인지에 따라 'RAID 10', 'RAID01', 'RAID 0+1' 등으로 표기하는 경우도 있습니다.

● RAID 기술을 사용할 때의 개념

기본적으로 동일한 성능을 가진 하드디스크 등을 이용하는 경우, 가능한 한 용량은 적게 하고 수를 늘림으로써 퍼포먼스를 향상시킵니다.

왜냐하면 하드디스크의 경우 아무래도 액세스 암[*4]과 같은 이동 부분을 생략할 수 없으므로 기능면에서 한계가 있기 때문입니다. 그래서 용량이 적은 하드디스크의 경우, 액세스 암이 이동하는 가동 범위가 줄어들어 결과적으로 퍼포먼스가 향상됩니다. 이와 동시에 여러 개의 하드디스크를 병렬로 나열함으로써 성능을 더욱 향상시킬 수 있습니다.

요즘은 'All Flash'라고 해서 모든 스토리지에 SSD를 사용한 스토리지도 나오고 있습니다. 하지만 기업의 경우 한 번의 투자로 5년 또는 그 이상 이용하는 경우도 있을 것입니다. All Flash와 같은 Flash 스토리지를 사용하는 경우, 단순히 하드디스크를 교체하는 것뿐만 아니라 다른 것(데이터 손실이나 중장기적으로 옮기는 것도 가능한 스토리지 구성)도 검토할 필요가 있습니다. 또한 Flash 스토리지는 보통의 하드디스크 드라이브와 비교해서 용량이 적은 것이 많고, 비용도 보통 스토리지보다 많이 들기 때문에 사용 용도가 제한적인 경우가 많습니다.

● RAID를 구성하는 하드웨어

RAID를 구성하는 경우 RAID 카드, 즉 'RAID 컨트롤러'라 부르는 하드웨어가 필요합니다(그림11). RAID 컨트롤러는 서버 외관에서는 봐도 알 수 없지만 기업용 서버 안에 탑재되어 있습니다.

이 컨트롤러 자체에 사양이 있어서 캐시 성능이나 패리티 등을 갖추고 있습니다. 또한 이 컨트롤러로부터 각 하드디스크나 SSD 등과 같은 디스크에 연결되어 RAID를 구성

[*4] 하드디스크의 부품 중 하나로, '자기 헤드'라는 부품을 디스크의 특정 위치에 고정시킬 수 있는 이동식 장치를 말합니다.

하게 됩니다. 일반적으로 판매되는 PC용에서는 타워형 데스크톱 제품용으로 판매되고 있는데, 탑재되는 슬롯이나 크기 등을 확인할 필요가 있습니다.

만일 RAID 기술에 도전하는 경우는 각 부품이나 성능 등에 관한 사전 조사를 충분히 한 후에 도전해보기 바랍니다.

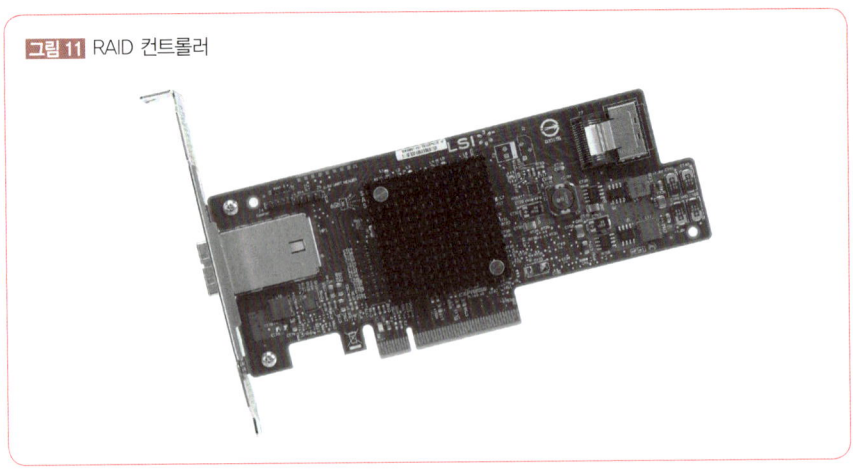

그림 11 RAID 컨트롤러

RAID를 운용할 때는

RAID 기술에 관해서는 여기서 설명한 대로 'RAID 0 ~ RAID 6'까지의 종류와 그것들을 조합하여 이용하는 경우가 있습니다.

하지만 기업에서 실제로 사용하는 경우, 유의해야 할 점이 있습니다. 특히 유의해야 할 점은 시스템에 관한 사원(특히 경영진)의 이해입니다.

예를 들어 시스템과 전혀 관계없는 사람에게 '그 시스템은 RAID 0을 채택하고 있기 때문에 디스크 장애가 발생했을 때 시스템이 영향을 받았습니다'라는 하면 그 사람이 내용을 이해할 수 있을까요? 또는 'RAID 1을 채택하고 있으니까 단일 장애만으로는 시스템에 영향이 없습니다'라고 하면 상황을 이해할 수 있을까요?

시스템에 관해 모든 것을 이해할 필요는 없지만 최소한의 교육을 하여 사원의 이해도를 높여야 합니다. 이와 반대로 시스템에 정통한 사원이 많고 'RAID 1을 채택하여 미러링을 할 것'이라는 빙침을 채택하고 있는 기업에서도 RAID를 하지 않는 경우와 비용 차이 등을 이해하고 있지 않은 경우도 있습니다.

이러한 점은 시스템에 종사하는 구성원이 시스템(서비스)에 대해 장단점 외에도 경영을 전제로 생각했을 때 어떤 특징이 있는지를 확실하게 정리할 필요가 있습니다.

Section 02

스냅샷을 사용해보자

가상화 시대의 스토리지 기능으로 '스냅샷'이라는 기술이 있습니다. 기술명은 업체마다 다르지만 Microsoft 사의 클라이언트인 Hyper-V의 경우에는 '체크 포인트(검사점)'라고 부르는 기술입니다. 세세한 동작이나 기술은 제조업체에 따라 조금씩 차이가 있지만 기본적인 개념은 거의 비슷합니다. 여기서는 가상 머신상에 설치된 Windows 8 평가판을 사용하여 체크 포인트(스냅샷) 기능을 시험해봅시다.

Step 1 기존의 사용자 계정을 확인하자

여기서는 호스트 OS(Windows 8)에서 Hyper-V 관리자를 경유하여 게스트 OS(Windows 8 평가판)를 기동시키고 체크 포인트를 취득합니다. 그 후 기동된 Windows 8 평가판의 설정을 변경한 후, 체크 포인트를 사용하여 원래의 설정으로 되돌려봅시다. 이번에는 '사용자'에 관한 설정을 변경해보겠습니다. 먼저 기존의 사용자를 확인해봅시다.

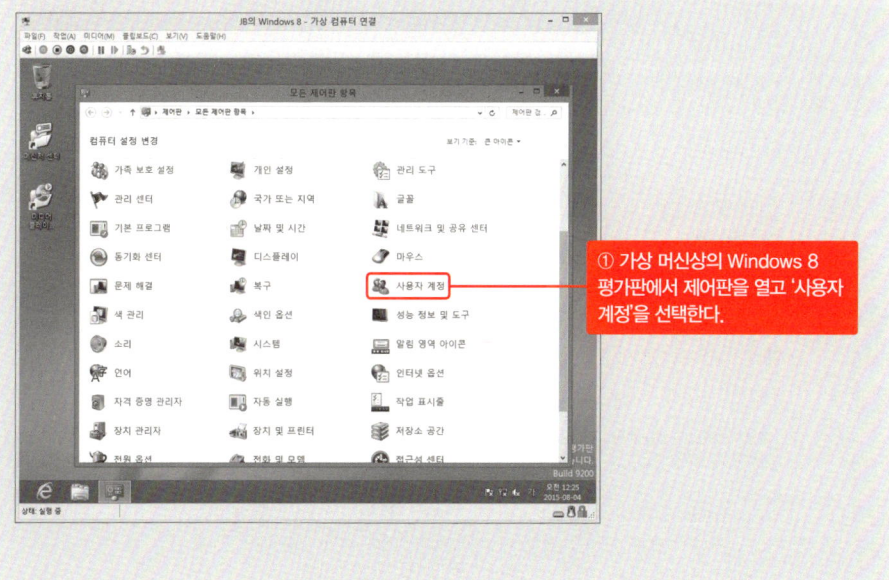

① 가상 머신상의 Windows 8 평가판에서 제어판을 열고 '사용자 계정'을 선택한다.

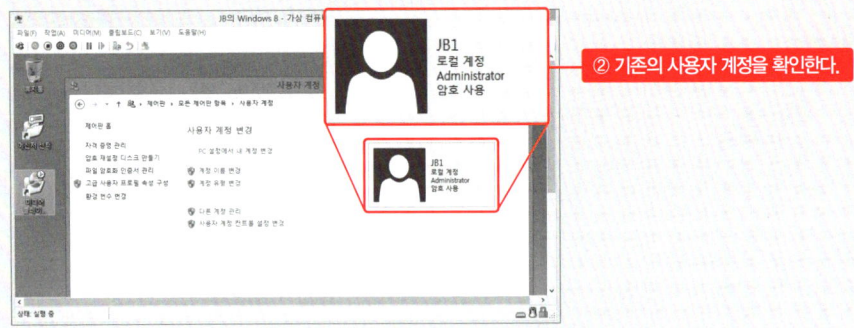

JB1
로컬 계정
Administrator
암호 사용
② 기존의 사용자 계정을 확인한다.

Step 2 체크 포인트를 작성하자

계속해서 '체크 포인트'를 작성하여 현재의 설정을 저장해봅시다.

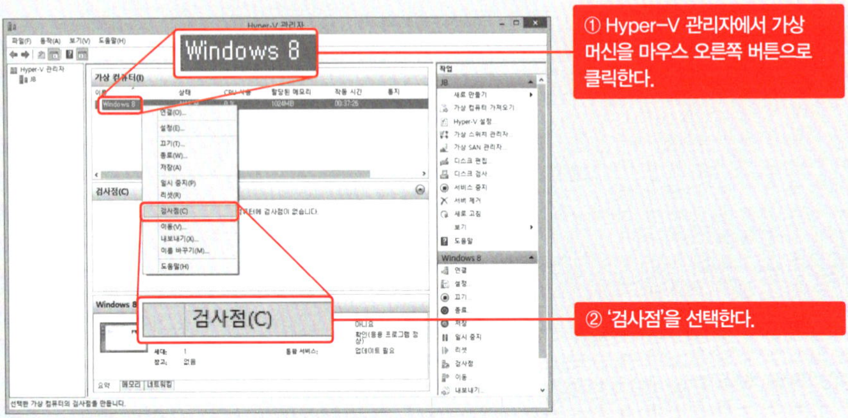

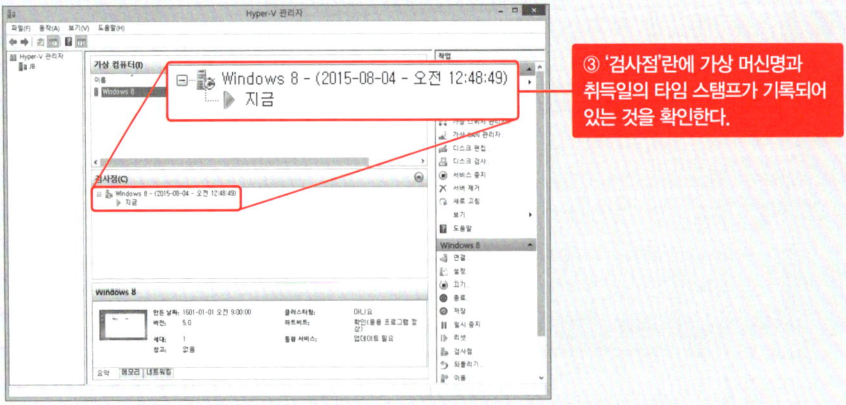

Hyper-V 관리자
Windows 8
① Hyper-V 관리자에서 가상 머신을 마우스 오른쪽 버튼으로 클릭한다.
검사점(C)
② '검사점'을 선택한다.

Hyper-V 관리자
Windows 8 - (2015-08-04 - 오전 12:48:49)
지금
③ '검사점'란에 가상 머신명과 취득일의 타임 스탬프가 기록되어 있는 것을 확인한다.

Step 3 ▶ 사용자 계정을 추가하자

체크 포인트 기능을 확인하기 위해 새로운 사용자 계정을 작성합니다.

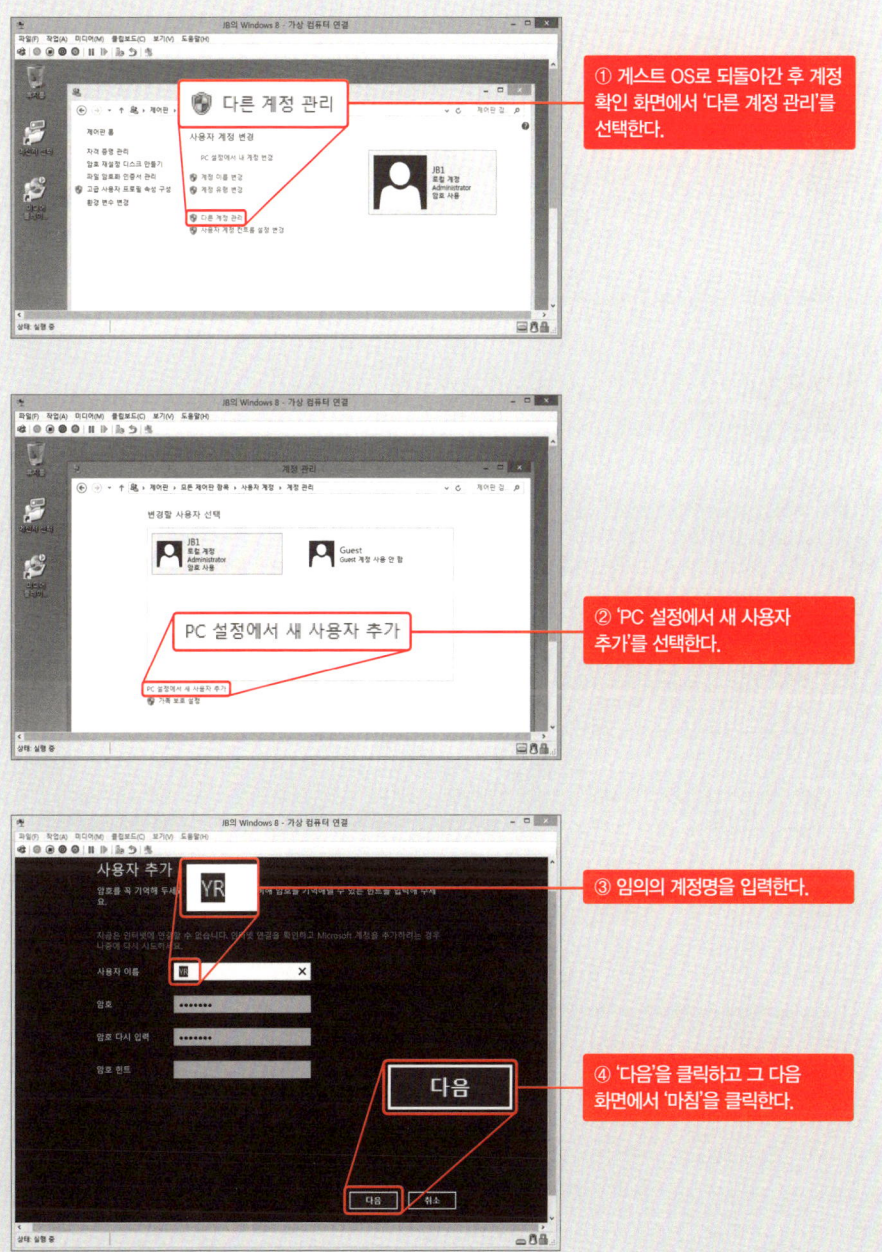

① 게스트 OS로 되돌아간 후 계정 확인 화면에서 '다른 계정 관리'를 선택한다.

② 'PC 설정에서 새 사용자 추가'를 선택한다.

③ 임의의 계정명을 입력한다.

④ '다음'을 클릭하고 그 다음 화면에서 '마침'을 클릭한다.

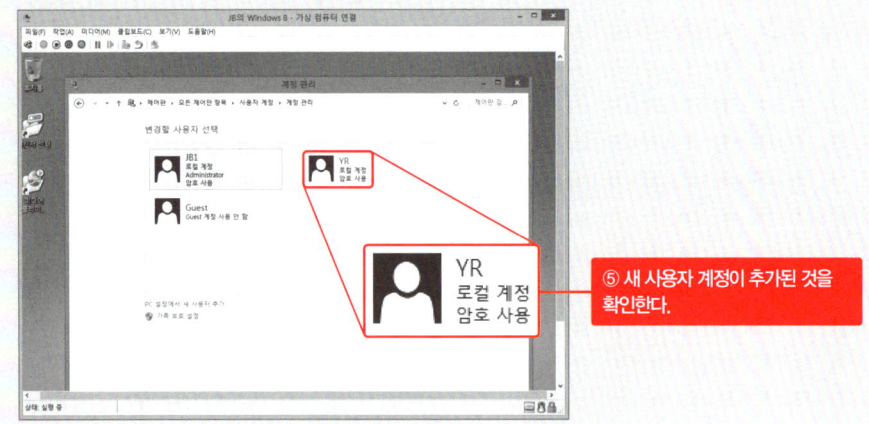

Step 4 ▶ 체크 포인트를 이용하여 설정을 되돌리자 ①

여기서 Step 2에서 작성한 체크 포인트를 적용하여 '사용자 계정 추가 전' 상태로 되돌려봅시다.

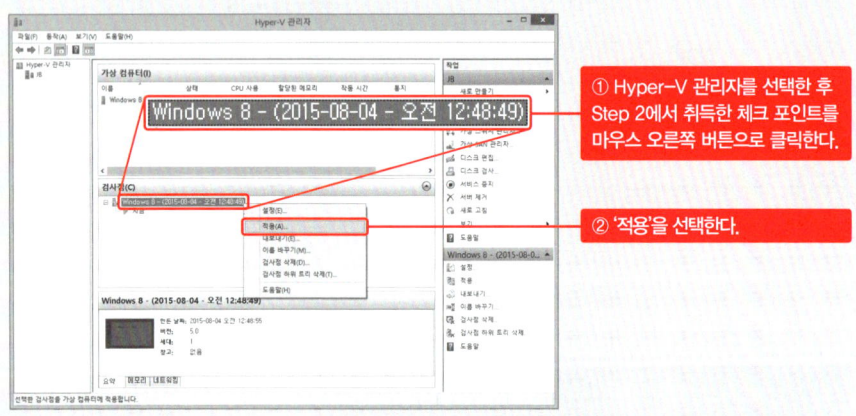

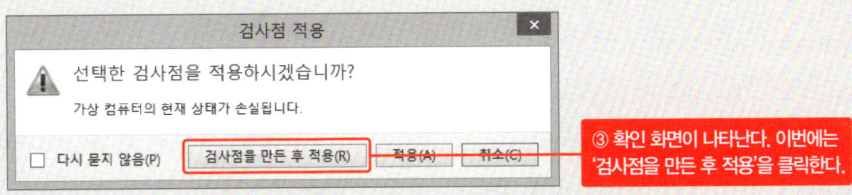

③ 확인 화면이 나타난다. 이번에는 '검사점을 만든 후 적용'을 클릭한다.

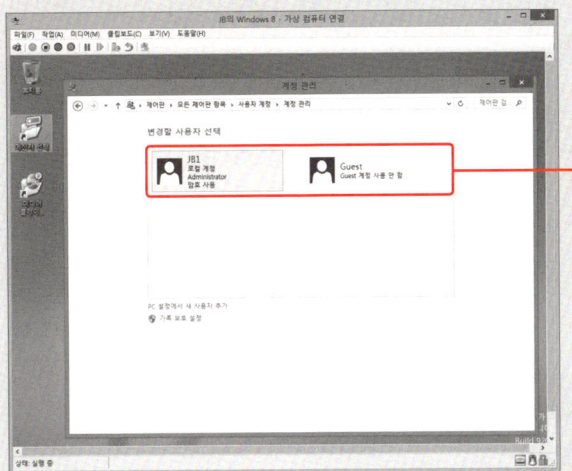

④ 다시 한 번 사용자 계정을 확인하면 사용자 계정을 추가하기 전 상태로 되돌아가 있다.

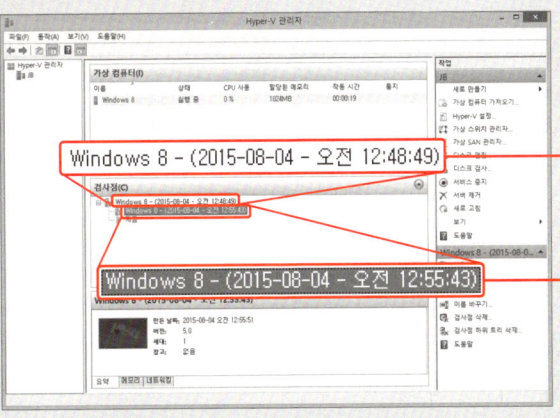

⑤ Hyper-V 관리자 화면을 보면 체크 포인트가 두 개 늘어나 있는 것을 확인할 수 있다.

'사용자 계정을 추가하기 전' 체크 포인트

'사용자 계정을 추가하고 처음으로 되돌아가기 직전' 체크 포인트

Chapter 05 스토리지 가상화 **169**

Step 5 체크 포인트를 이용하여 설정을 되돌리자 ②

마지막으로 Step 4에서 새로 작성된 체크 포인트를 적용하면 '사용자 계정 추가 후' 상태로 되돌릴 수 있습니다. 한번 확인해봅시다.

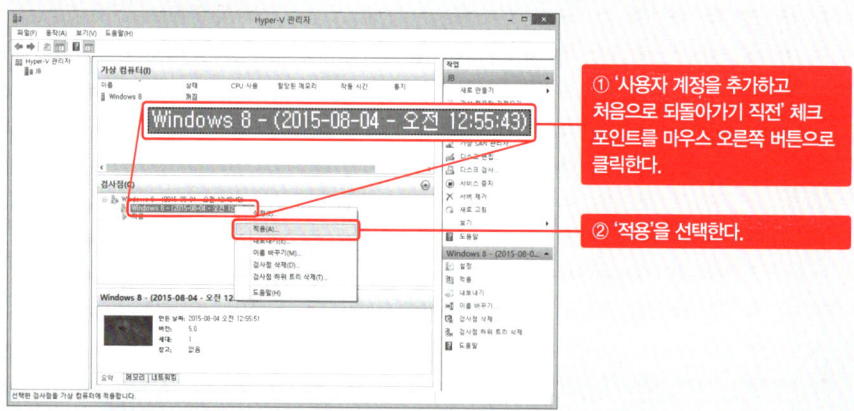

① '사용자 계정을 추가하고 처음으로 되돌아가기 직전' 체크 포인트를 마우스 오른쪽 버튼으로 클릭한다.

② '적용'을 선택한다.

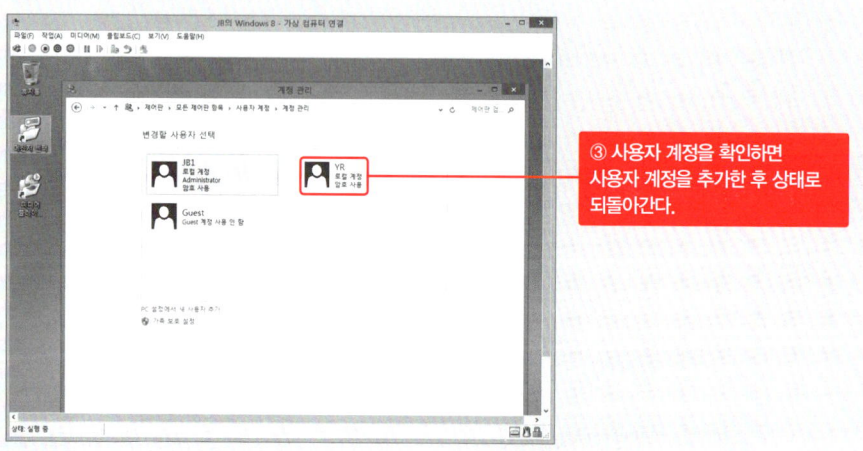

③ 사용자 계정을 확인하면 사용자 계정을 추가한 후 상태로 되돌아간다.

가상화 시대의 스토리지 기술 ③
- 스냅샷

● 스냅샷 기능

실습에서는 스냅샷(체크 포인트)의 사용 방법을 소개했습니다.

실습에서 확인했듯이 스냅샷 기능을 사용하면 언제든지 임의의 상태로 설정을 되돌릴 수 있습니다.

예를 들어 어떤 설정 항목의 동작을 조사할 때 변경 직전에 스냅샷을 취득해두면 실제로 설정을 해보고 문제가 없으면 그 상태 그대로 두고, 문제가 있으면 설정 전 상태로 되돌릴 수 있습니다. 또는 '실수로 파일을 삭제해 버렸지만 다시 사용하고 싶은' 경우에도 이용할 수 있습니다.

● 시퀀셜 액세스란?

스냅샷은 다른 기술과 마찬가지로 예전부터 있었던 기술이지만 가상화 시대에서는 보다 유용하게 사용됩니다. 그 이유를 스냅샷이 작동하는 방법을 보면서 설명하겠습니다.

스냅샷(체크 포인트)의 동작은 '스토리지 자체의 데이터 저장 방법'을 생각하면 이해하기가 쉽습니다.

실제 스토리지(하드디스크 등)에 있는 데이터는 온과 오프라는 전기 신호의 집합으로 되어 있습니다.

예를 들어 'hello'라는 데이터가 있는 경우, 사용자로부터 데이터 액세스 요청이 있으면 '하드디스크의 어느 위치에 무엇이 있는지'라는 정보가 '어디에 있는지'를 찾아야 합니다. 그렇다면 스토리지 안에서의 검색은 어떤 방법으로 수행하는 것일까요?

이 검색 방법에는 크게 '시퀀셜 액세스'와 '랜덤 액세스'로 나눌 수 있습니다. 그림 12 를 보기 바랍니다. 그림 12 와 같은 액세스의 개념을 '시퀀셜 액세스(순차 액세스)'라고 합니다.

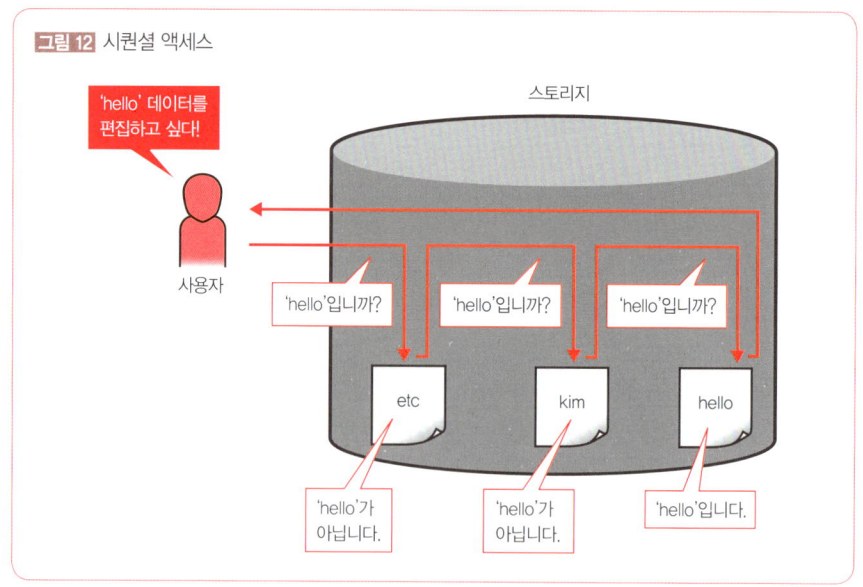

시퀀셜 액세스는 테이프 장치 등에서 이용되는 방식으로, 그림과 같이 내용이 맞는지 아닌지를 반복적으로 확인해서 해당 내용에 도달하면 응답을 반환합니다.

하지만 이 방식은 데이터에 도달할 때까지 쓸데없이 많은 시간이 걸리므로 그다지 효율적이라고 할 수 없습니다. 실제로 요즘의 PC나 서버는 방대한 용량에, 방대한 수의 데이터를 저장하고 있기 때문에 시퀀셜 액세스를 채택하는 일은 거의 없습니다.

● 랜덤 액세스와 스냅샷

'랜덤 액세스'는 시퀀셜 액세스와 달리 필요한 데이터에 직접 액세스하는 방식입니다. 랜덤 액세스가 가능한 스토리지에는 주소(번지) 개념이 있어서 '몇 번지에 무슨 데이터가 저장되어 있는지'라는 정보가 'index(색인)'로 저장되어 있습니다.

이 색인 데이터를 조회함으로써 다른 데이터의 위치와는 관계없이 목표로 하는 데이터에 빠르게 액세스할 수 있습니다(그림 13).

여기서 'hello'라는 데이터에 대해 스냅샷을 취득한 경우의 동작을 살펴봅시다. 이때 index(색인) 측에 동일한 번지에 대해 'hello'의 스냅샷이 생겼다는 것이 추가됩니다. 이로써 물리적인 데이터의 양과는 관계없이 비교적 빠른 시간 안에 사용자에게 스냅샷을 취득한 결과가 되돌아갑니다(그림 14).

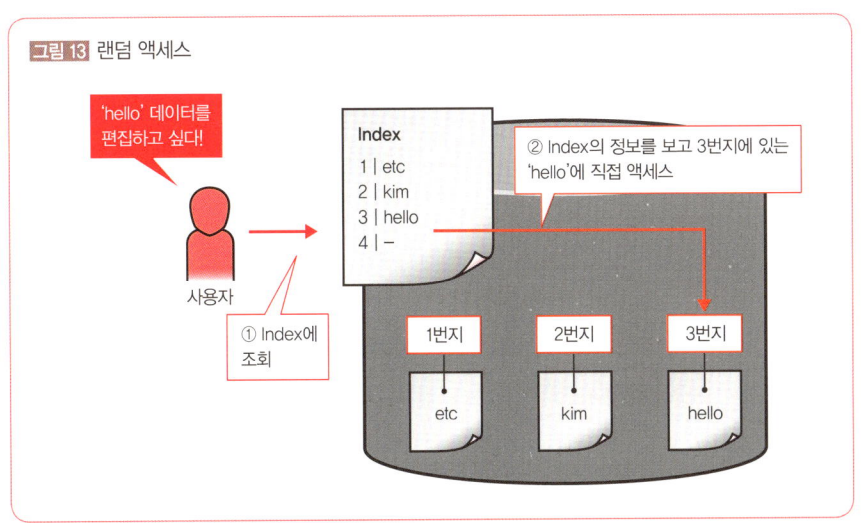

그림 13 랜덤 액세스

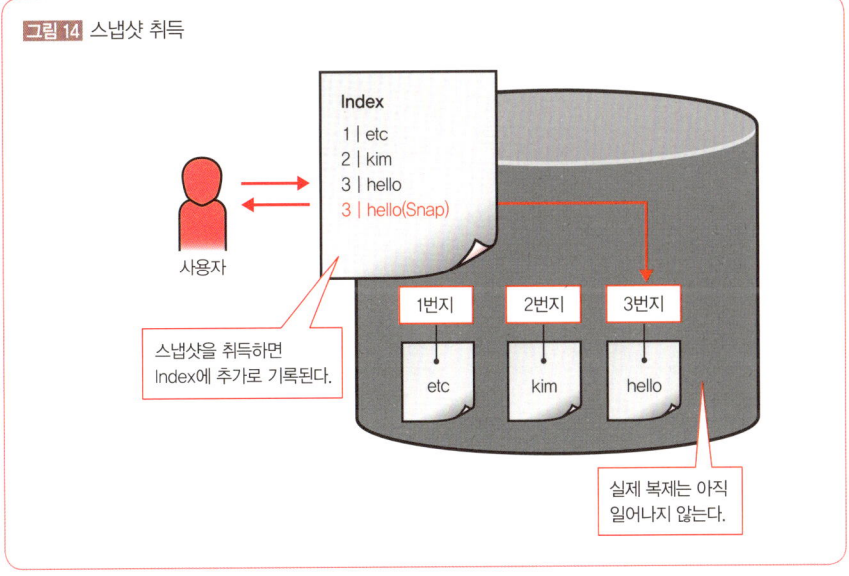

그림 14 스냅샷 취득

단, 어떤 타이밍에 복제가 만들어지는지는 스토리지나 스냅샷의 기능에 따라 다릅니다. index(색인)를 구성한 후에 4번지 등과 같이 비어 있는 장소에 작성되는 경우도 있으며, 실제로 hello 데이터가 갱신될 때까지는 스냅샷이 아무리 많이 있더라도 동일한 내용으로 간주하고, 실제로 갱신되는 타이밍에 수정된 내용만 작성해 나가는 경우도 있습니다(그림 15). 즉, 데이터가 갱신될 때까지 실제로는 취득하지 않아도 '스냅샷

Chapter 05 스토리지 가상화 173

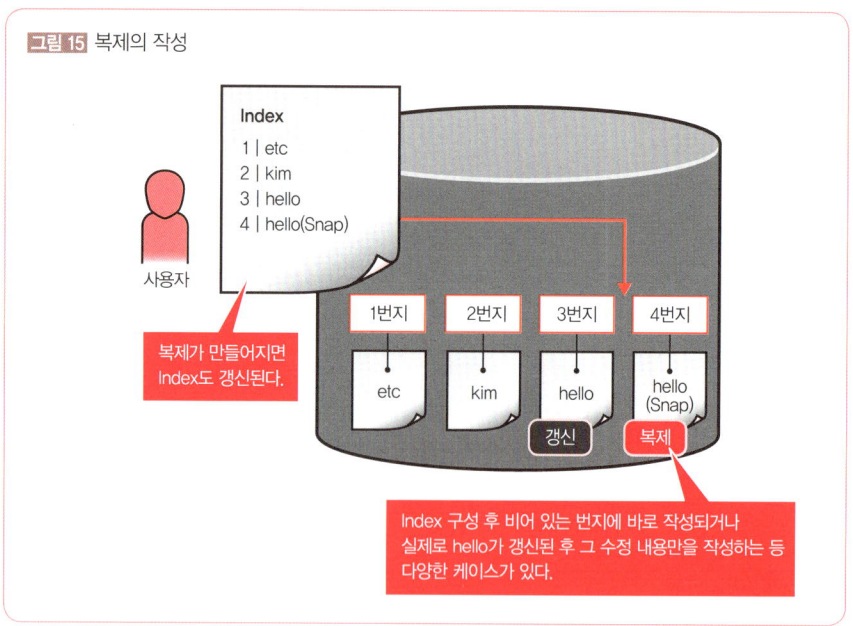

그림 15 복제의 작성

을 찍은 것'으로 간주하는 것입니다. 이는 157쪽에서 소개한 '오버 커미트'가 실제로는 없는 내용을 '있다'라고 표시하는 것과 동일한 이미지라고 할 수 있습니다. 그런 의미에서 스냅샷은 스토리지 가상화만의 기능이라고 할 수 있을 것입니다.

● 스냅샷의 특징

스냅샷은 물리적 데이터를 복제하는 '백업'이나 '복사'와는 다릅니다. 구체적으로 스냅샷은 다음과 같은 이미지로 작동합니다.

① index를 복사한다.
② 데이터가 변경된 경우 index를 참조하여 특정 데이터에 액세스하여 내용을 변경한다(단, 오리지널을 변경하는 것이 아니라 새로 복제를 만든다).
③ '새로 작성된 내용(데이터)이 저장되어 있는 장소'를 index에 기록한다.
④ 변경 전 상태로 되돌아가는 경우는 복사한 index를 참조하여 변경 전 데이터에 액세스한다.

스냅샷은 이와 같이 취득한 순간에는 '데이터가 있는 장소를 가리키는 것'을 취득한 것에 지나지 않습니다.

따라서 특히 하드웨어의 고장에 대한 리스크에는 대처하기 어렵고 스냅샷만으로 되돌릴 수 없는 데이터도 있습니다. 이러한 점을 고려하여 스냅샷의 장점을 살리는 운용 계획을 세워야 합니다.

● 가상 머신의 익스포트/임포트

그렇다면 스냅샷으로 복원할 수 없는 것에는 어떤 것들이 있을까요?

예를 들어 어떤 설정을 하기 전에 게스트 OS의 스냅샷(체크 포인트)을 취득했다고 가정합시다. 그런 다음 하이퍼바이저 측에서 하드웨어 정보의 설정을 변경하고(물리적인 디스크 구성을 변경하는 등) 그 후 게스트 OS 측에서 변경된 하드웨어에 새로운 드라이브를 작성합니다. 조금 운용을 한 후에 처음에 취득한 스냅샷으로 되돌리려고 하면 Hyper-V 관리자 측의 가상 머신의 설정과 게스트 OS 측에서 본 하드웨어 정보가 달라 오류가 발생합니다(그림 16).

이러한 경우는 게스트 OS의 스냅샷(체크 포인트)뿐만 아니라 Hyper-V 관리자에서 가상 머신을 '익스포트'하여 가상 머신 자체의 백업을 취득하는 것이 해결책입니다.

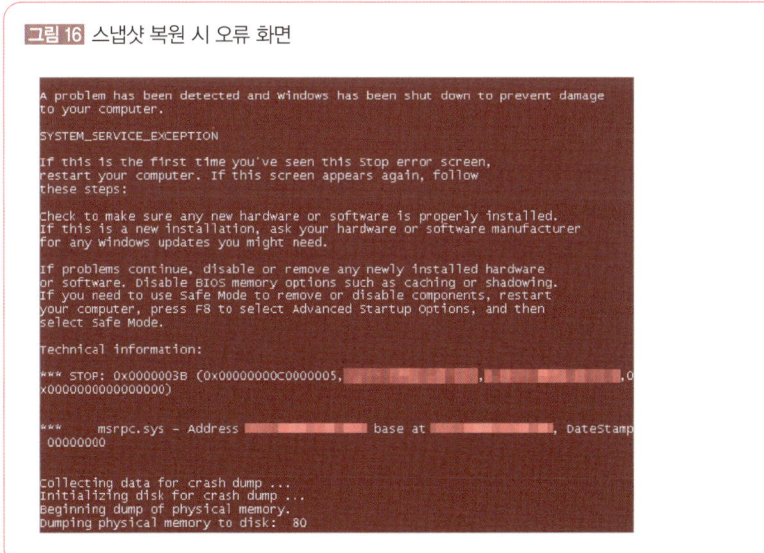

그림 16 스냅샷 복원 시 오류 화면

그 후에 가상 머신을 임포트하고, 필요한 경우 덮어쓰기나 복제를 하면 취득한 익스포트 데이터가 정상인지 아닌지도 확인할 수 있습니다(그림17). 또한 복제한 가상 머신과 익스포트한 가상 머신은 둘 다 기동시킬 수 있습니다.

하드웨어 구성과 같은 변경을 확인할 때 '스냅샷(체크 포인트)만으로는 불안'한 경우에는 이와 같이 물리적으로 가상 머신을 복제하여 확인할 수 있다는 것을 기억해두기 바랍니다.

그림 17 가상 머신의 임포트

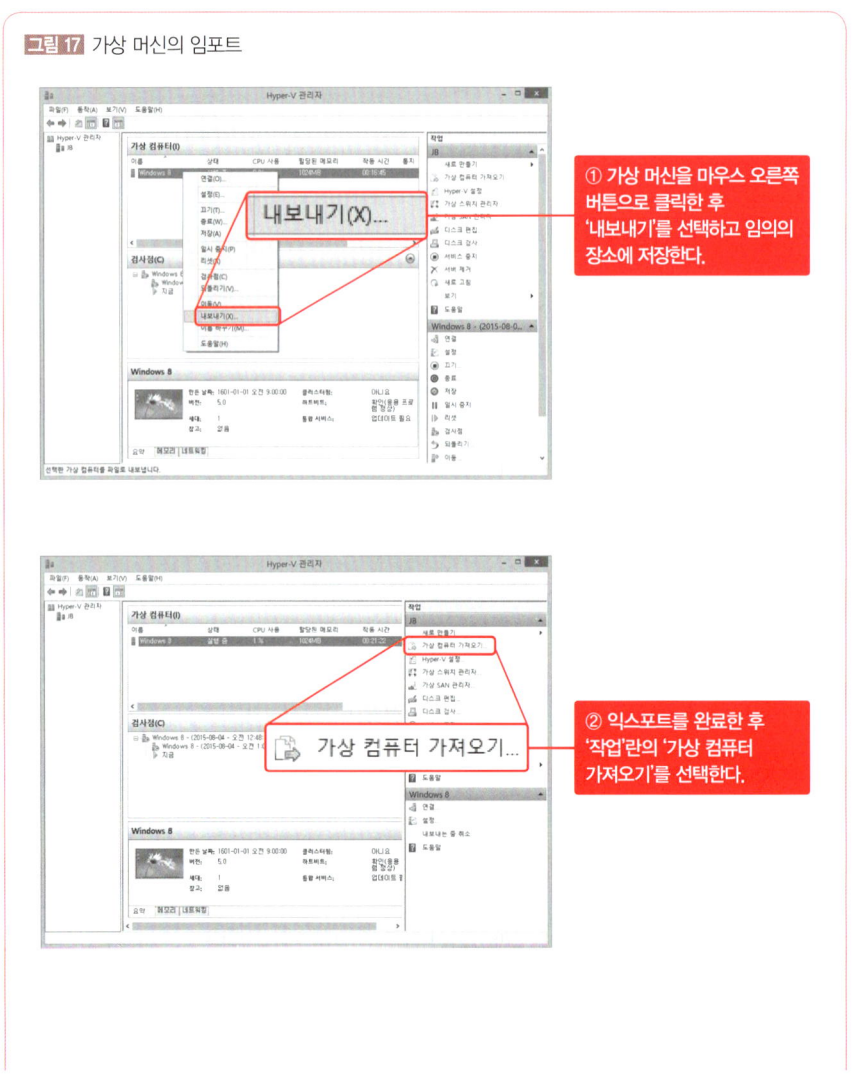

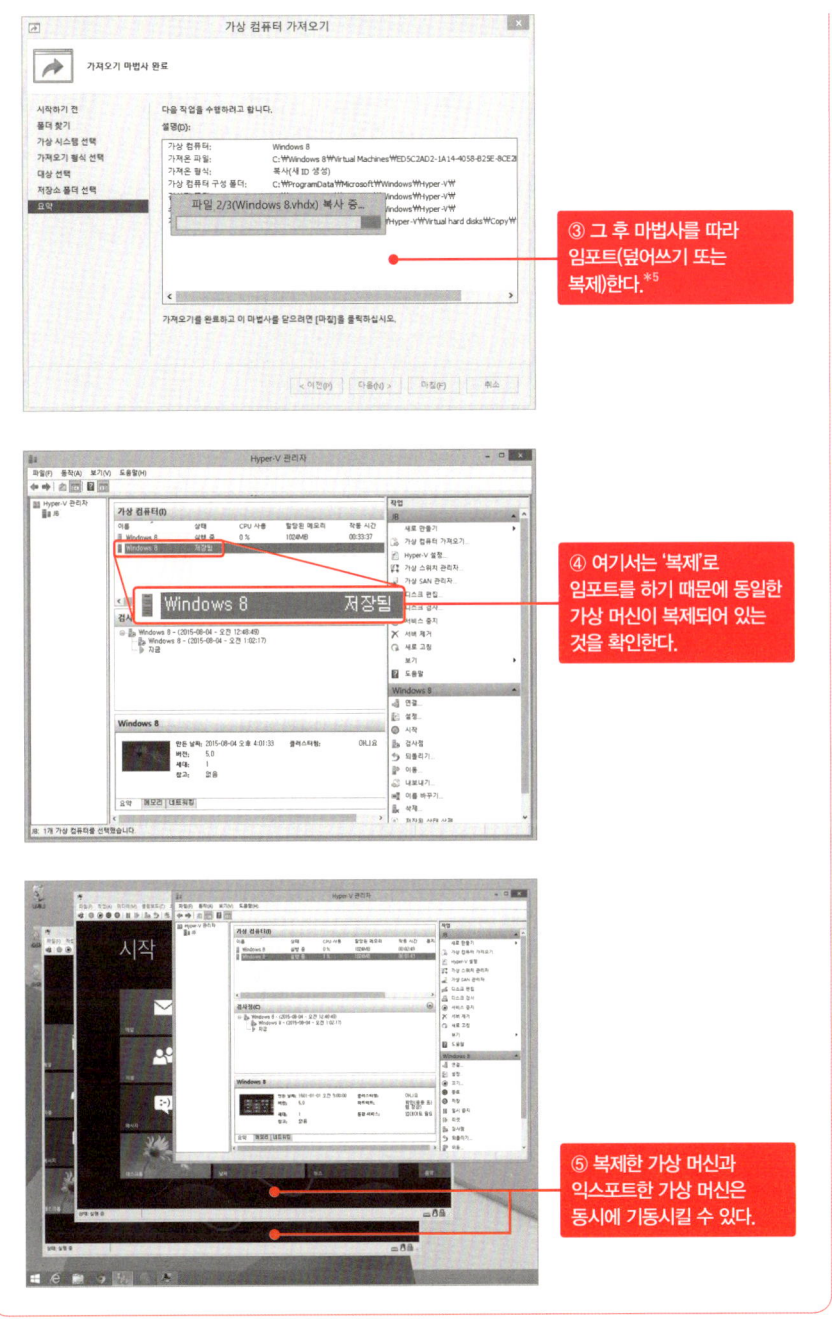

*5 가동을 확인하고 싶다면 덮어쓰기가 아니라 복제를 하기 바랍니다.

● **익스포트를 할 때의 주의점**

가상 머신의 익스포트는 가상 머신이 이용하고 있는 영역을 모두 복제한다는 점에 주의해야 합니다. 즉, 가상 머신의 C 드라이브 용량이 아니라 '실제로 가상 머신이 이용하고 있는 데이터 영역의 실제 용량'만큼의 빈 공간이 필요합니다.

따라서 저장 영역 등을 신경 쓰면서 익스포트할 장소 등을 검토할 필요가 있습니다 (그림 18).

그림 18 빈 영역에 유의

스토리지 가상화와 기업의 가상화 시스템

● 기업의 가상화 개념에 대한 일례

지금까지 서버 가상화, 네트워크 가상화, 그리고 스토리지 가상화에 대해 설명했습니다. 지금부터는 좀 더 깊이 들어가서 실제로 기업에서 사용하는 가상화 시스템의 개념과 사용되는 시스템을 소개하겠습니다.

기업에서 가상화 시스템을 사용하는 경우, 먼저 하드웨어의 역할을 정하는 경우가 있습니다. 각각에 주어지는 역할의 일례를 소개하겠습니다.

● CPU와 메모리

먼저 랙마운트형 서버 등을 이용하여 CPU와 메모리 탑재량을 검토합니다(그림19).
이 영역은 매우 중요하므로 가상화하여 받아들일 수 있는 머신의 수를 결정하는 요인이 됩니다.
예를 들어 서버에 물리적인 CPU가 두 개 있고, 각 CPU에 코어가 열 개씩 있는 경우 한 대의 머신은 20코어의 성능을 가지게 됩니다.
이 20코어 머신에서 가동할 수 있는 서버가 몇 대 있는지, 그것들을 가동시키기 위해 어느 정도의 메모리가 필요한지를 검토합니다. 또한 필요하다면 서버에 물리적으로

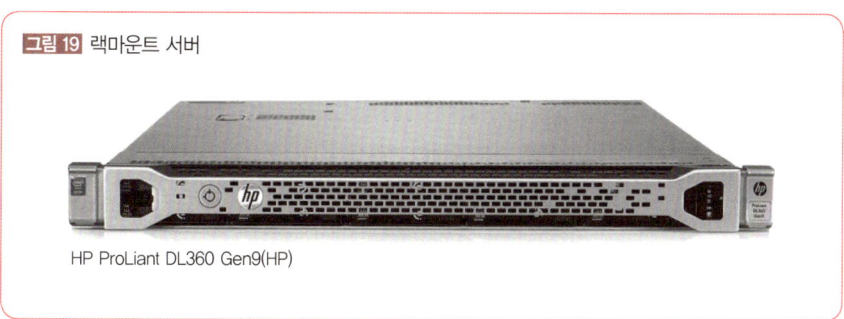

그림 19 랙마운트 서버

HP ProLiant DL360 Gen9(HP)

탑재하는 네트워크의 대역, 서버의 로컬 스토리지가 필요한지도 검토합니다. 서버의 로컬 스토리지는 '하이퍼바이저만 가동시킬 수 있으면 되는' 최소 구성인 경우, 가동할 수 있는 최소 용량보다 조금 여유 있는 구성으로 합니다.

요즘은 매우 콤팩트한 박스(상자)에 여러 개의 CPU를 탑재할 수도 있으며, CPU 자체의 성능도 비약적으로 향상되어 있습니다.

하이엔드 CPU의 경우 매우 많은 코어를 탑재한 것도 있는데, 비용적으로 맞지 않는 경우도 있기는 하지만 차세대 CPU 중에서는 스탠더드 모델로 자리매김하고 있습니다. 따라서 검토할 시스템의 특성을 이해함과 동시에 가능한 한 하드웨어 기술의 동향을 주시할 필요도 있습니다.

● 네트워크

물리적인 하나의 서버에서 여러 개의 머신을 가상화하는 경우, 통신 경로가 되는 '네트워크' 개념도 매우 중요합니다.

최근에는 물리적인 서버에 1Gbps의 성능을 가진 네트워크 카드를 탑재시키는 것이 당연시되고 있습니다. 여러 대의 서버를 한 대의 서버로 가상화한 경우, 예를 들어 세 대의 서버에 각각 1Gbps 네트워크 성능이 있던 서버를 한 대로 1Gbps 성능을 가진 서버로 집약(가상화)하게 됩니다.

그래서 아래와 같은 관점을 검토할 필요가 있습니다.

- 서버 측(CPU, 메모리가 탑재되어 있는 틀)에 탑재할 네트워크의 성능
- 서버를 통솔하는 네트워크 기기의 성능
- 각 디바이스를 연결하기 위한 네트워크의 성능

기본적인 구성 예는 그림20 과 같은 형태가 됩니다. 당연한 이야기지만 서버의 수가 늘어나거나 한 대의 서버 안에 가상 머신을 많이 가동시키면 네트워크의 부담은 커집니다.

이러한 상황 속에서 네트워크의 종류(칩 등의 제조 회사)나 광섬유로 할지 보통의 이더넷 케이블로 할지, 속도는 10Gpbs로 충분한지 아니면 그 이상이 필요한지, 기기나 경로에 여유를 줄 필요가 있는지 등도 검토해야 합니다.

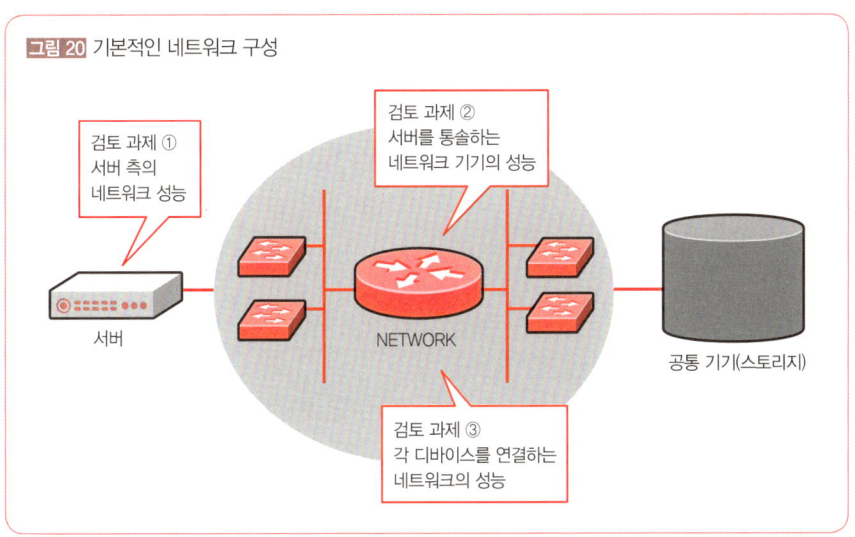
그림 20 기본적인 네트워크 구성

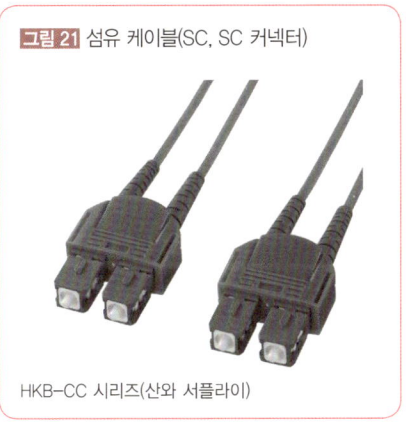
그림 21 섬유 케이블(SC, SC 커넥터)

HKB-CC 시리즈(산와 서플라이)

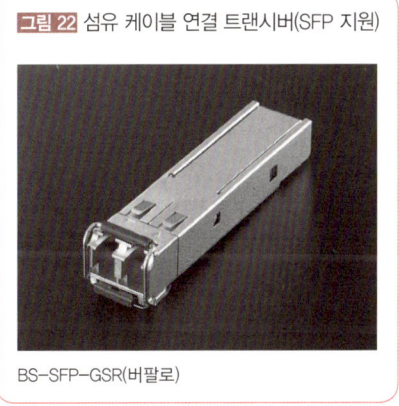
그림 22 섬유 케이블 연결 트랜시버(SFP 지원)

BS-SFP-GSR(버팔로)

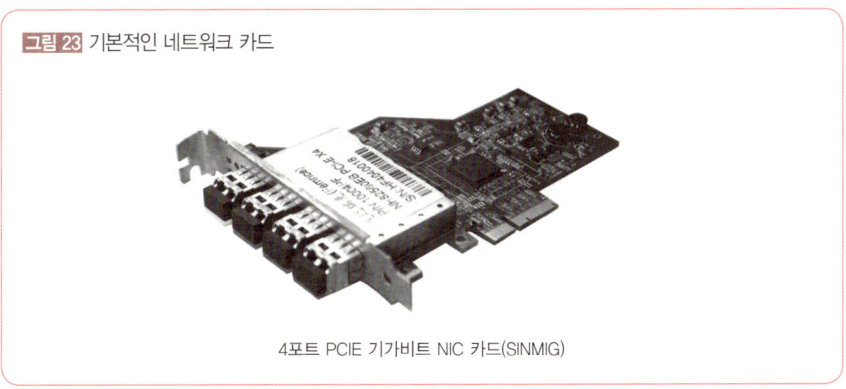
그림 23 기본적인 네트워크 카드

4포트 PCIE 기가비트 NIC 카드(SINMIG)

Chapter 05 스토리지 가상화 **181**

또한 네트워크에 관해서는 '왠지 느리다', '이상하게 움직인다' 등과 같은 추상적인 현상으로부터 조사를 시작하는 경우도 있습니다. 가능하다면 네트워크 카드나 네트워크 기기들은 동일 제조 회사로 하여 펌웨어 등도 구비하면 문제가 발생했을 때의 해결 방법이나 지원 등의 혜택을 받을 수 있습니다.

또한 광섬유를 사용한 통신은 일반적인 이더넷용 케이블과 달리 몇 가지 기기로 구성됩니다. 다양한 규격이 존재하지만 비교적 널리 보급된 것이 'SFP(Small Form factor Pluggable)'라는 규격입니다. SFP 모듈을 지원하는 제품의 일례로 아래와 같은 것이 있습니다(그림 21, 그림 22, 그림 23).

● 스토리지

물리적인 서버가 한 대 있을 때 로컬(C 드라이브 등)에 가상 하드디스크를 만드는 경우도 있습니다. 146쪽의 실습에서도 이와 같이 했습니다(그림 24).

하지만 실제로 물리적인 서버가 고장이 나거나 보안 업데이트로 다시 시작해야 하는데, 시스템은 정지시키고 싶지 않은 상황이 종종 발생합니다. 그래서 요즘의 스토리지는 그러한 사태를 지원할 수 있는 기능으로 특화된 것도 판매되고 있어서 많은 기업들이 도입하고 있습니다.

예를 들어 그림 25 는 가상 하드디스크의 이미지를 물리 서버의 로컬과 분리함으로써

그림 24 이 책에서 수행한 실습

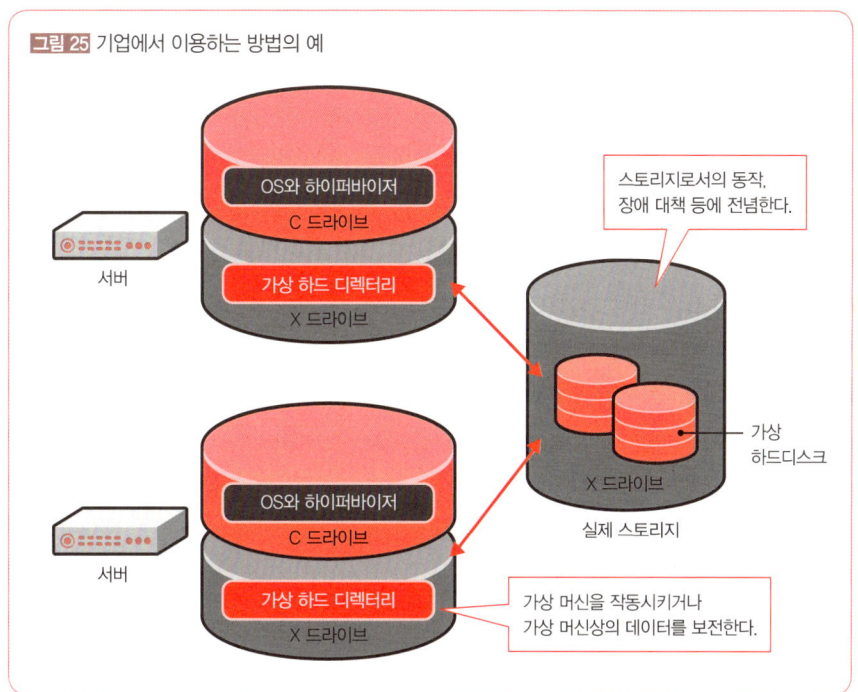

그림 25 기업에서 이용하는 방법의 예

물리 서버가 고장 난 경우, 다른 서버에서도 가상 머신이 움직일 수 있도록 설계한 예입니다.

그림 24 (실습에서 한 예)에서는 서버의 C 드라이브 안에 가상 머신의 가상 하드디스크를 저장하고 있습니다.

한편 그림 25 의 예에서는 새로 'X 드라이브'라는 개념을 마련하여 X 드라이브의 물리적인 본체를 C 드라이브가 저장되어 있는 서버와는 별도로 하고 있습니다.

가상 하드디스크로서의 X 드라이브는 가상 머신을 작동시키거나 가상 머신에서 수행한 데이터의 보전(백업이나 가상 머신이 움직이는 물리적 서버가 고장났을 때의 동작) 등과 같은 운용을 합니다. 한편 X 드라이브 전용으로 마련된 스토리지는 스토리지로서의 동작이나 장애 대책(예를 들어 한 개의 하드디스크가 고장 났을 때 전체를 멈추지 않고 교환을 하거나 X 드라이브 자체의 용량이 부족할 때 정지시키지 않고 물리적인 용량을 늘리는 등의 대책) 등에 전념할 수 있습니다.

● 기업에서 사용하는 가상화 시스템의 구성 예

실제로 기업 등에서 사용하는 가상화 시스템의 구성은 물리적인 구성과 논리적인(가상적인) 구성 둘 다 첫눈에는 복잡해 보입니다. 하지만 가상화란 어떤 것인지, 서버, CPU, 디스크, 네트워크 등에 요구되는 각각의 역할을 확실하게 이해해두면 그 다음은 규모의 크기에 익숙해지만 하면 됩니다.

여기서는 대충 다섯 대의 물리 서버(서버 한 대당 10코어의 CPU를 두 개 탑재)에서 100코어를 구현하는 가상화 환경의 일례를 소개하겠습니다.[*6]

그림 26 을 보기 바랍니다. 이 그림은 가상화를 구현하는 물리적인 구성의 예입니다. 아래 부분의 왼쪽에 있는 '스토리지 서비스 1, 2'는 위에 있는 다섯 대의 서버(그림 25 의 X 드라이브에 해당)에 연결되어 가상 하드디스크를 저장하는 스토리지입니다. 이 스토리지들은 하드디스크 이미지로 RAID화되어 있거나 스토리지 본체의 컨트롤러가

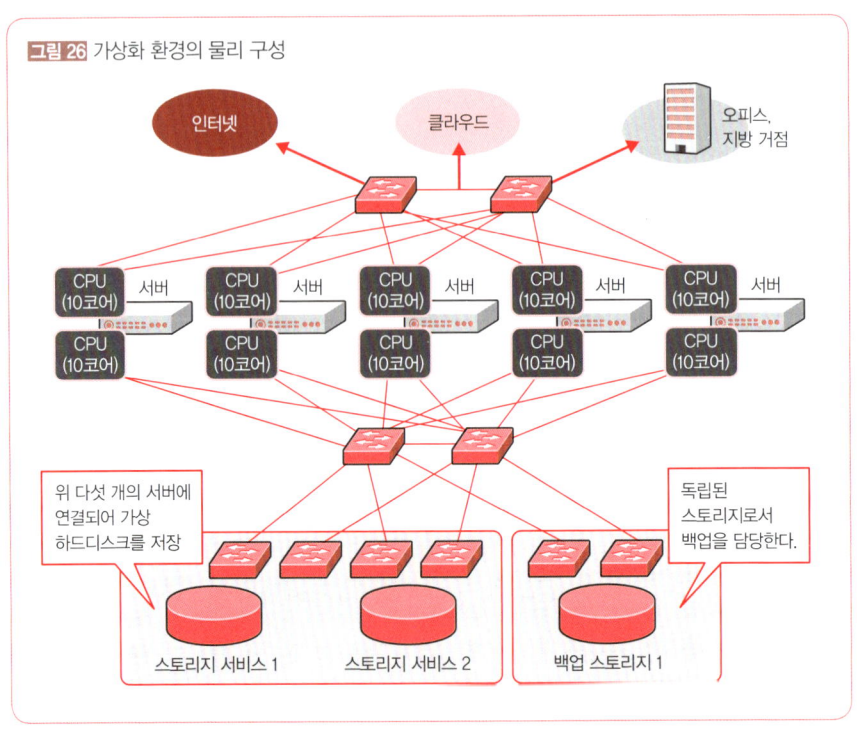

그림 26 가상화 환경의 물리 구성

---

*6 여기에서는 공유 디스크를 한데 모으는 헤드나 관리 관련 세그먼트를 구현하는 서버, 그 밖에 비교적 세세한 기능은 생략했습니다.

물리적으로 나눠져 있는 등 대책이 세워져 있습니다. 또한 그림과 같이 스토리지를 두 대로 다중화함으로써 장애 등에도 견딜 수 있는 구성으로 만들 수 있습니다.

X 드라이브에 해당하는 드라이브의 용량이 부족해진 경우 스토리지 서비스 3, 4를 추가하면 시스템을 유연하게 확장할 수도 있습니다. 한편 그 옆에 있는 '백업 스토리지'는 말 그대로 백업을 전담하는 스토리지입니다. 여기에 저장된 스토리지는 독립된 회선을 거쳐 다른 거점에 가상 하드디스크나 데이터를 백업함으로써 데이터를 분산하는 역할을 담당하고 있습니다.

● 가상화 시스템의 논리 구성과 운용

물리적인 구성을 살펴보았으므로 이번에는 이 시스템의 논리적인 구성과 운용 시의 개념에 대해 살펴봅시다.

평상시의 운용

평상시에는 공통 스토리지에 저장되어 있는 가상 하드디스크를 각 서버에서 기동시켜 가상화된 서버를 제공합니다. 논리 구성은 그림 27 과 같습니다.

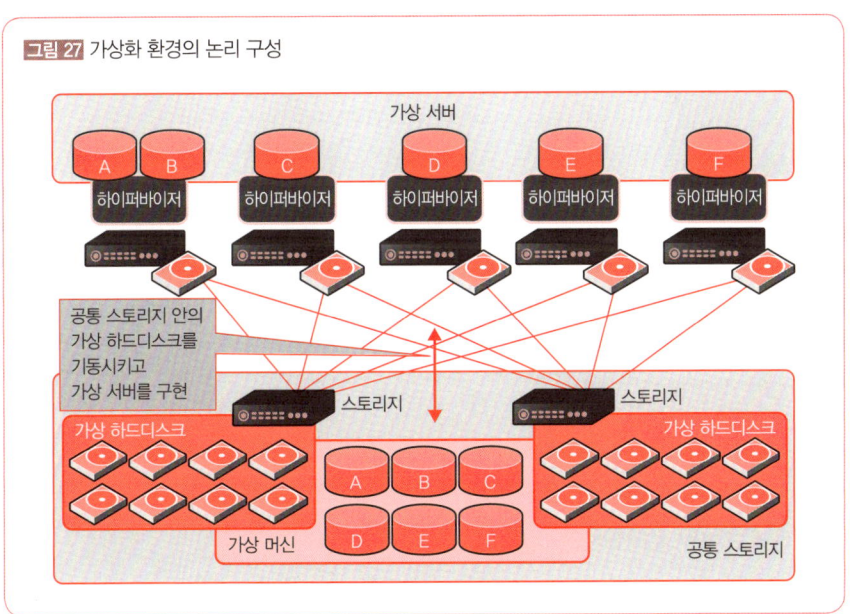

그림 27 가상화 환경의 논리 구성

장애 시의 운용

스토리지 측은 두 대의 복제 구성으로 되어 있으므로 스토리지가 한 대의 기능을 하지 않더라도 서비스는 계속할 수 있습니다. 한편 서버 쪽은 만일 장애가 발생한 경우 해당 서버에서 가동하던 가상 머신은 정지합니다(그림 28).

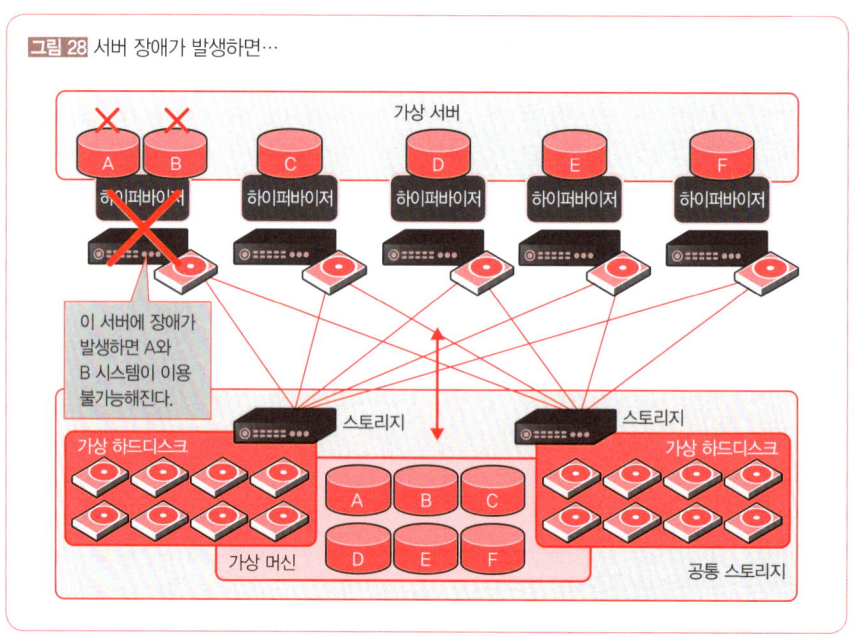

그림 28 서버 장애가 발생하면…

이와 같은 경우 'A'와 'B' 시스템을 이용하던 사용자는 시스템을 이용할 수 없게 됩니다. 이때 이 가상 시스템을 정확하게 이해하고 있는 관리자가 있다면 시스템 C~F가 가동되고 있는 실제 서버 중에서 시스템 A와 B를 가동시키기 위해 필요한 리소스(CPU와 메모리)가 있다는 것을 떠올리고 A와 B를 재빨리 재가동시킬 수 있을지도 모릅니다. 하지만 관리자가 없으면 그런 신속한 대책을 취할 수 없습니다. 또한 원래 대상이 되는 실제 서버나 그 위에서 가동되는 가상 머신의 수가 수백, 수천 개를 넘는 경우 인력으로 관리하는 데는 한계가 있습니다.

그럴 때 도움이 되는 것이 '가상화 관리 서버'입니다. 가상화 관리 서버는 가상화된 기반을 한데 모아서 관리해주는 역할을 담당합니다.

● 가상화 관리 서버의 역할

비교적 큰 규모의 가상화 시스템을 운용하는 경우, 가상화 관리 서버를 도입하면 관리 및 운용에 드는 수고를 상당 부분 줄일 수 있습니다. 가상화 관리 서버는 각 하이퍼바이저 제조업체가 제공하는 것을 이용하는 것이 일반적이며, 'System Center 2012 R2'나 'VMware vCenter Server' 등이 유명합니다. 둘 다 프라이빗 클라우드 환경(하이브리드 클라우드 환경)과 데이터 센터용 관리 솔루션 등을 구비하고 있으며, 안정적인 가상화 환경의 구축에 도움이 됩니다.

이를 이용할 만한 상황으로는 심야에 지원하던 인건비 등을 포함한 가동 비용을 이러한 관리 소프트웨어로 대응할 수 있는 범위에서 SLA[*7]로서 도입하는 경우를 생각할 수 있습니다.

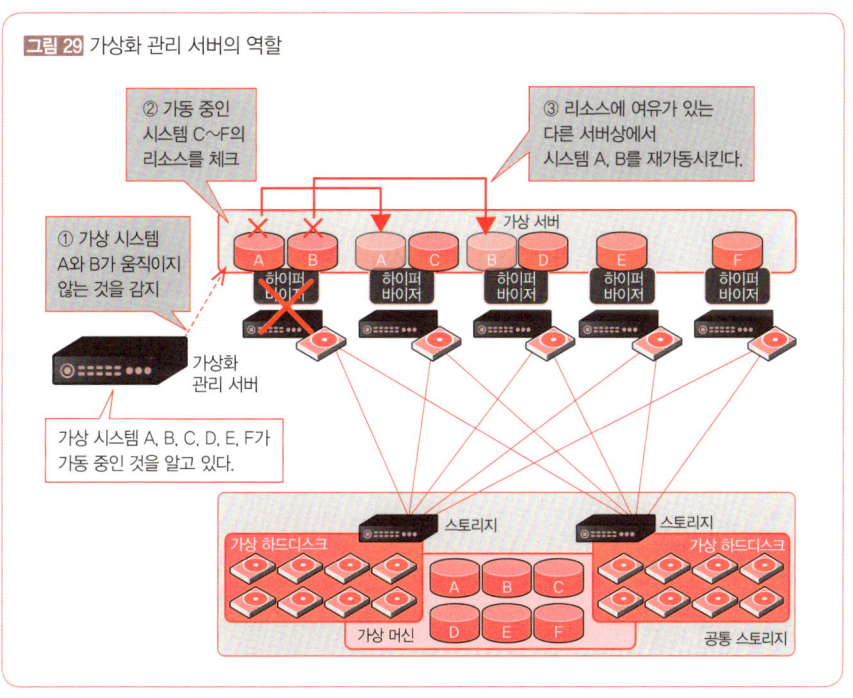

그림 29 가상화 관리 서버의 역할

---

*7 서비스를 제공하는 사업자가 계약자에 대해 보증하는 품질을 말합니다. 'Service Level Agreement'의 약자로, '서비스 품질 보증'이라고 합니다.

조금 전의 서버 장애를 예로 들면 가상화 관리 서버가 있는 경우 '가상 머신 A와 B를 사용할 수 없다'는 것을 누구보다 빨리 감지합니다. 가상화 관리 서버는 다른 실제 서버상에서 다른 시스템 C~F가 가동되고 있다는 사실도 알고 있기 때문에 그쪽의 리소스를 체크하여 비어 있는 리소스상에 시스템 A와 B를 옮겨 신속하게 가동시켜줍니다 (그림 29).

여기서 설명한 가상화 시스템은 실제로는 좀 더 고도의 기능이나 구조로 구현됩니다. 하지만 '업무의 계속성'을 중시하는 사용자 요구의 관점에서 봤을 때 이러한 시스템이 매우 유용하다는 것은 막연하게나마 이해했으리라 생각됩니다.

예를 들어 여기서 설명한 것처럼 물리적으로 다른 스토리지를 준비하여 가상 머신의 이미지와 가상 머신이 이용하는 데이터를 보전하거나, 가상화 관리 서버를 도입하여 물리적인 장애에 대해 1차 대응을 빈틈없이 하는 등 요즘은 다양한 설계가 가능해졌습니다. 또한 실제 서버를 가상화함으로써 CPU나 메모리를 효율적으로 이용할 수 있게 되었다는 것은 두 말할 필요도 없습니다.

아마 이 정도의 규모로 가상화 시스템을 이용할 기회는 없을지도 모르겠지만 여기서는 '이러한 장치도 있다'는 정도로 기억해두기 바랍니다.

5장의 정리

- 미리 준비를 해두면 스토리지 가상화를 사용하여 나중에 디스크 크기를 변경할 수 있다.
- 실제 크기보다 큰 크기를 정의하고 사용자에게 실제보다 큰 용량을 보여주는 기술을 '오버 커미트', '씬 프로비저닝'이라고 한다.
- 스토리지 가상화를 사용하는 경우, 논리적으로 할당하는 크기와 실제로 이용(운용)하는 크기는 달라진다.
- 스토리지의 안정 및 고속화 등을 가능하게 하는 기술로 'RAID'가 있다.
- 스토리지에 실제로 데이터를 쓸 때는 index와 데이터를 나눔으로써 복사나 삭제 등을 일단 index에서만 처리하고 실제 데이터 부분에 대한 처리는 다른 타이밍에 실행할 수 있다.
- 가동 중인 스토리지 단면(그 때)의 복사를 취득하는 기술을 '스냅샷'이라고 한다.
- 비교적 큰 시스템에서 가상화를 구현하는 경우 CPU, 메모리, 스토리지, 네트워크를 물리적으로 나누어 설계한다.
- 대형 스토리지 기기에서는 스토리지 기기만으로 신뢰성, 운용의 효율화를 실현할 수 있는 장치가 있다.
- 대형 스토리지에서는 여러 개의 HDD 등을 저장하여 운용한다(단, 하나의 HDD 용량이 클수록 고장 시 복구에 시간이 걸린다).

연습문제

Q1 다음 중 씬 프로비저닝에 대한 설명으로 올바른 것은 무엇입니까?

- **A** 한 시스템을 정지시키지 않고 필요할 때 용량을 추가할 수 있는 기술
- **B** 시스템을 정지시키고 리소스를 증설하는 것
- **C** 가상 서버에서 가동시키는 C 드라이브에 1,000GB가 할당되어 있는데, 실제로는 200GB밖에 이용하지 않는 것
- **D** 가상 서버에서 가동시키는 C 드라이브에 1,000GB를 실제로 할당해두는 것

Q2 다음 중 오버 커미트에 대한 설명으로 올바른 것은 무엇입니까?

- **A** 실제 머신에 탑재되어 있는 CPU보다 더 큰 정의를 가상 머신에 할당하는 것
- **B** 실제 용량보다 큰 크기의 디스크 용량을 할당하는 것
- **C** 실제 용량보다 큰 메모리 공간을 정의하는 것
- **D** 실제로 필요한 비용보다 많은 예산을 산정하는 것

Q3 A 그룹과 B 그룹의 용어는 RAID 기술과 관련된 명칭과 기능입니다. 이를 올바르게 연결하십시오.

- **A 그룹** RAID 0, RAID 1, RAID 5
- **B 그룹** 미러링, 패리티, 스트라이핑

Q4 다음 중 스냅샷(체크 포인트)에 대한 기능 설명으로 올바른 것은 무엇입니까?

- **A** 해당 시점의 파일, 디렉터리 등의 정보를 취득하는 기능
- **B** 파일 자체의 백업을 취득하는 기능
- **C** 하드디스크 전체의 백업을 취득하는 기능
- **D** 가상 서버의 복제를 만드는 기능

해답 Q1. A   Q2. B   Q3. RAID 0/스트라이핑, RAID 1/미러링, RAID 5/패리티   Q4. A

Chapter 06

클라우드 서비스
가상화 기술의 집대성

'클라우드'는 가상화 기술의 집대성이라 불립니다. 이 장에서는 클라우드 서비스의 개요 및 관리와 클라우드 상에 구축한 시스템을 관리하는 데 있어서 빼놓을 수 없는 가상 네트워크의 개요에 대해 설명합니다.

Section 01

클라우드 서비스를 사용해보자

클라우드의 편리함을 이해하기 위해 실제로 클라우드 서비스를 조작해봅시다. 여기서는 Microsoft 사의 클라우드 서비스인 'Microsoft Azure'의 무료 평가판을 등록하고, Azure상에 CMS 서비스인 'WordPress'와 가상 서버로서 'Ubuntu'를 도입하는 방법을 설명합니다. 클라우드를 이용하여 간단히 여러 시스템을 도입할 수 있다는 것을 이해하면 좋겠습니다.

Step 1 ▶ Microsoft Azure에 등록하자

Microsoft Azure를 개인이 처음 이용하는 경우 Microsoft 계정과 신용카드 정보를 입력하여 등록합니다. 무료 평가판의 경우, 일정 용량의 Windows Azure 플랫폼을 한 달 동안 무료로 체험할 수 있습니다.[*1]

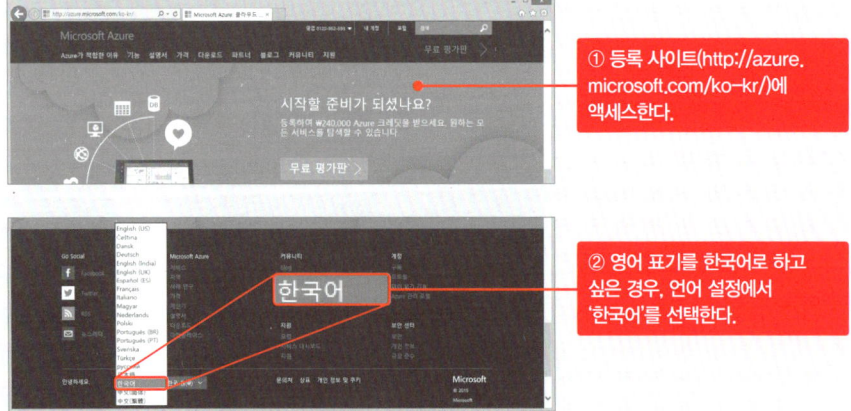

① 등록 사이트(http://azure.microsoft.com/ko-kr/)에 액세스한다.

② 영어 표기를 한국어로 하고 싶은 경우, 언어 설정에서 '한국어'를 선택한다.

[*1] 이 책의 집필 시점(2015년 3월 현재) 정보입니다. 자세한 정보는 필요할 때 Web 사이트를 확인하기 바랍니다.
https://azure.microsoft.com/ko-kr/pricing/
https://azure.microsoft.com/ko-kr/pricing/details/websites/

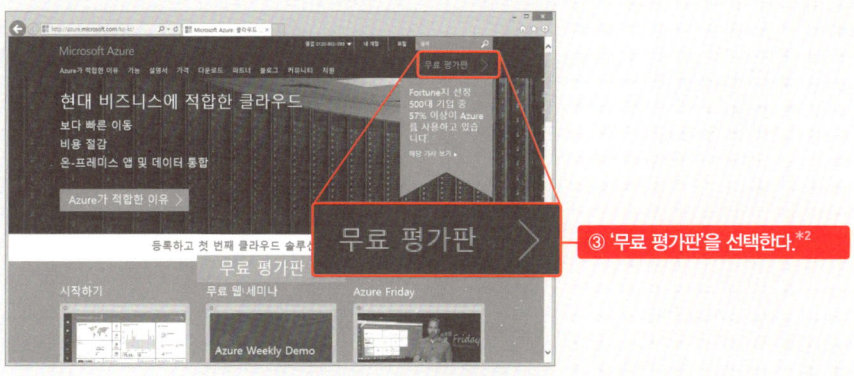

③ '무료 평가판'을 선택한다.[*2]

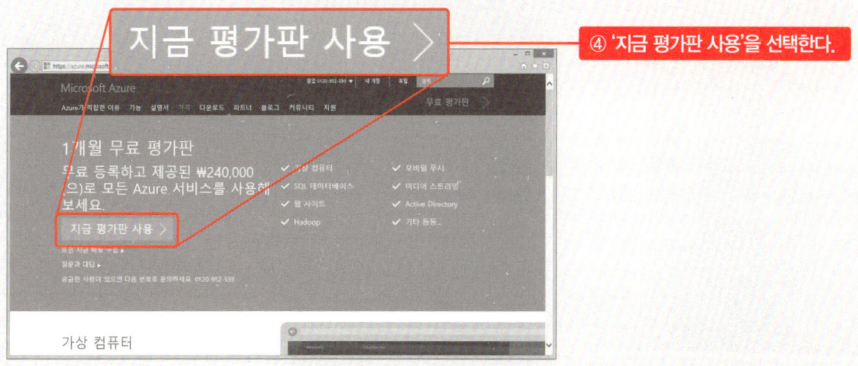

④ '지금 평가판 사용'을 선택한다.

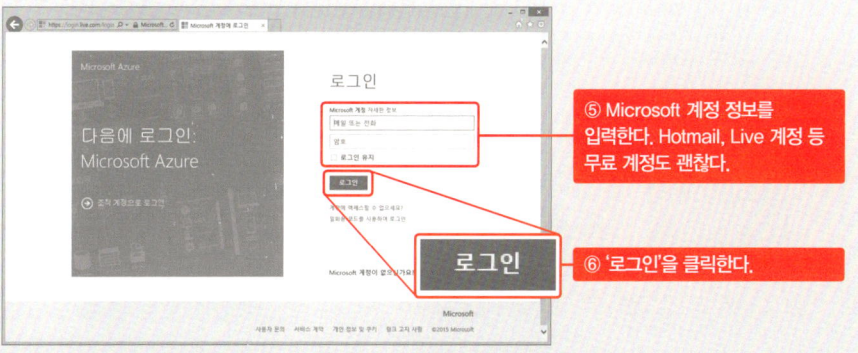

⑤ Microsoft 계정 정보를 입력한다. Hotmail, Live 계정 등 무료 계정도 괜찮다.

⑥ '로그인'을 클릭한다.

[*2] 이 책의 집필 당시에는 '1개월', '240,000원'이 무료로 제공되었습니다.

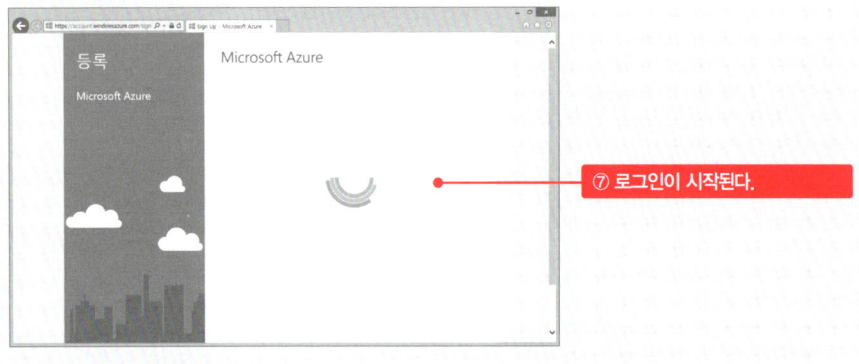

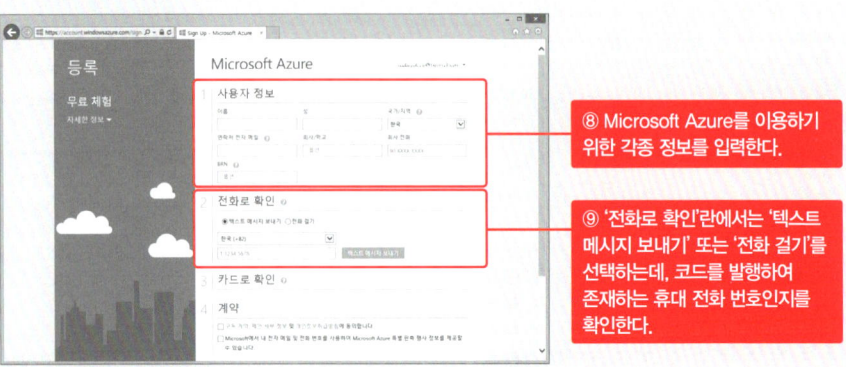

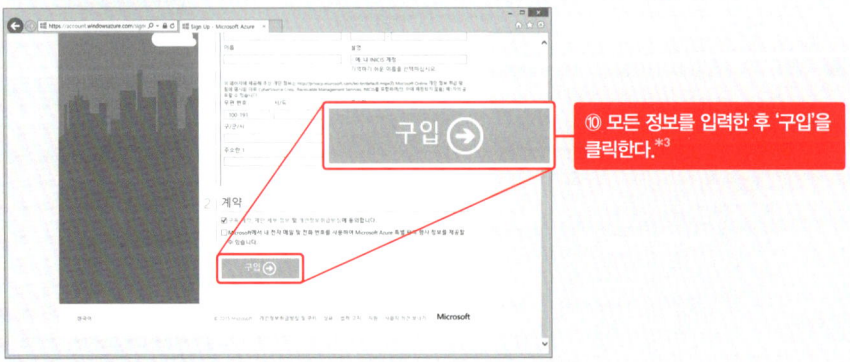

＊3 무료판이지만 등록 시에는 휴대 전화 번호나 신용카드 정보를 입력해야 합니다. 이는 보안상의 문제로 실제로 존재하는 사람인지를 확인하기 위해 수행하는 것입니다.

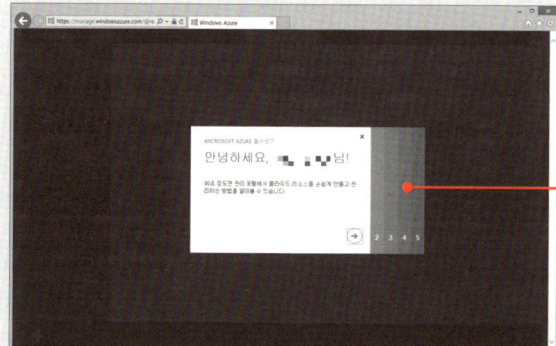

⑪ 문제없이 등록되면 Microsoft Azure 안내 화면이 표시된다.

⑫ 설정이 완료되면 이와 같은 관리 포털 화면이 표시된다. 화면 상단 가운데에 있는 '크레딧 상태'를 클릭하면 '무료 체험'의 상태(240,000원, 30일이 설정되었다는 것)를 확인할 수 있다.*4 *5

Step 2 ▶ WordPress를 도입하자(PaaS) ①

클라우드 서비스를 등록했으면, 이제 클라우드 기반에서 간단히 서비스를 등록 및 이용할 수 있다는 것을 확인해봅시다. 여기서는 Microsoft Azure의 PaaS 기능으로 제공되는 WordPress를 이용해봅니다. WordPress는 유연성이 뛰어난 Web 사이트를 만들 수 있는 CMS(Contents Management System) 서비스입니다.

*4 여기가 무료 체험으로 되어 있지 않은 경우는 등록한 신용카드로부터 결제가 될 가능성이 있으므로 설정을 다시 확인하기 바랍니다. 하지만 이 시점에서는 신청 및 등록만 한 것이므로 실제로 클라우드를 이용하지 않습니다.
*5 Microsoft Azure의 해지에 대해서는 210쪽을 참조하기 바랍니다.

① Microsoft Azure의 관리 포털 화면*6을 연다. 처음에는 '모든 항목'이라는 부분이 표시된다. 화면은 아직 클라우드 서비스를 하나도 이용하고 있지 않은 상태이다.

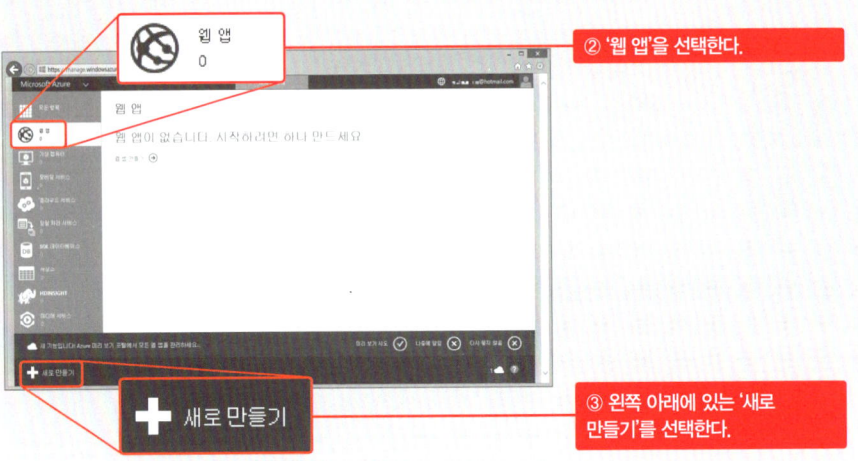

② '웹 앱'을 선택한다.

③ 왼쪽 아래에 있는 '새로 만들기'를 선택한다.

④ 신규 작성에 필요한 화면이 표시되므로 '계산'→'웹 앱'→ '갤러리에서'를 선택한다.

*6 클라우드 서비스의 관리에 대해서는 212쪽을 참조하기 바랍니다.

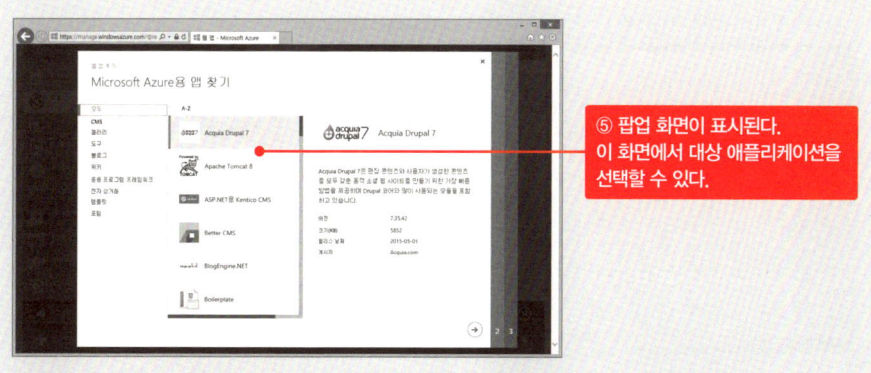

⑤ 팝업 화면이 표시된다.
이 화면에서 대상 애플리케이션을 선택할 수 있다.

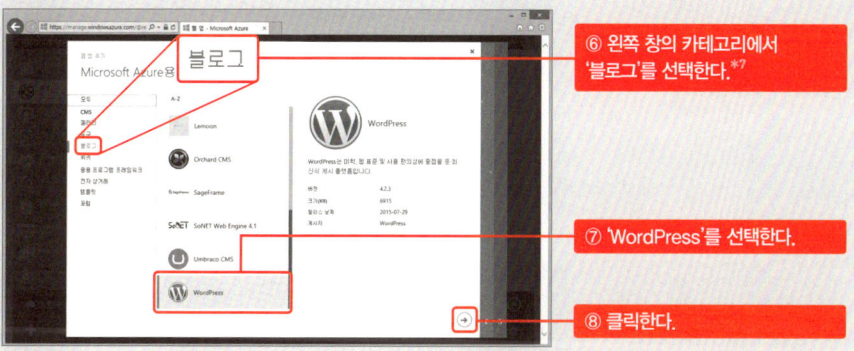

⑥ 왼쪽 창의 카테고리에서 '블로그'를 선택한다.*7

⑦ 'WordPress'를 선택한다.

⑧ 클릭한다.

⑨ 블로그 설정에 필요한 정보를 입력한다. 여기서는 URL을 'at-home'로 설정했다.

⑩ 클릭한다.

*7 중앙의 카테고리는 'A~Z'순으로 정렬되어 있으므로 스크롤하여 목적하는 애플리케이션을 선택할 수 도 있습니다.

Chapter 06 클라우드 서비스 **197**

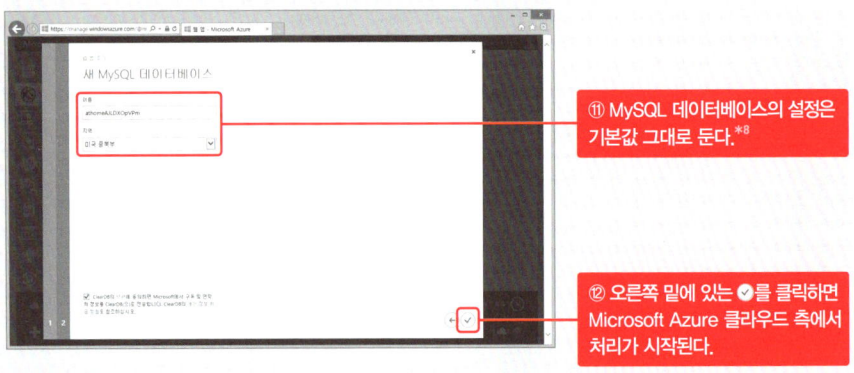

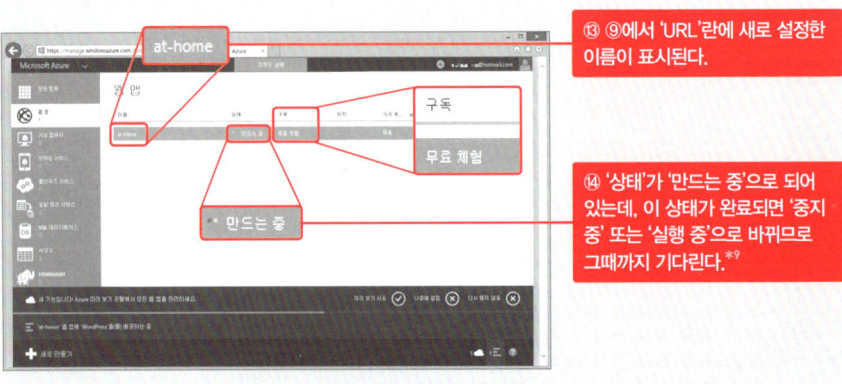

*8 설치나 상세한 설정을 할 필요없이 바로 이용할 수 있다는 점이 PaaS의 편리한 점입니다.
*9 '구독'란이 '무료 체험' 상태로 되어 있는 것도 확인하기 바랍니다.

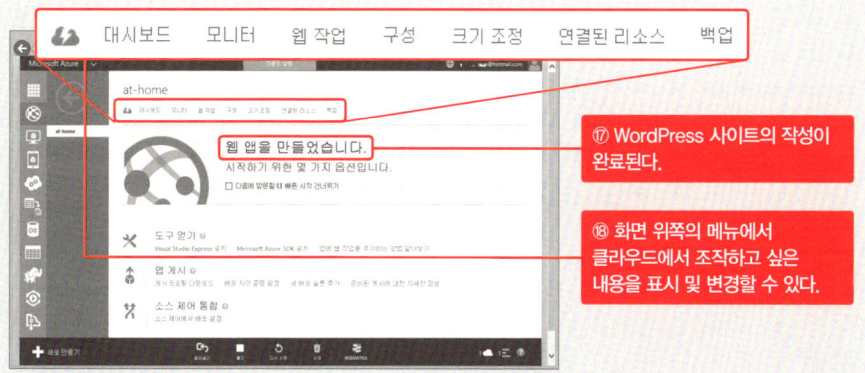

⑰ WordPress 사이트의 작성이 완료된다.

⑱ 화면 위쪽의 메뉴에서 클라우드에서 조작하고 싶은 내용을 표시 및 변경할 수 있다.

⑲ 위쪽 메뉴에서 '대시보드'를 선택한다. 이 화면이 주요 관리 포털이 되므로 어떤 조작을 할 수 있는지 스크롤하여 확인해보는 것이 좋다.

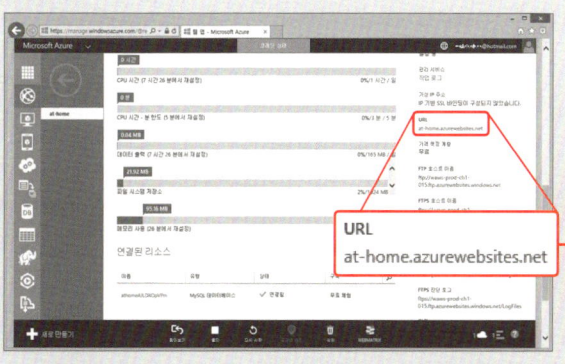

⑳ 대시보드 화면에서 아래쪽까지 스크롤하면 '사이트의 URL'이 게재되어 있으므로 여기를 클릭한다.

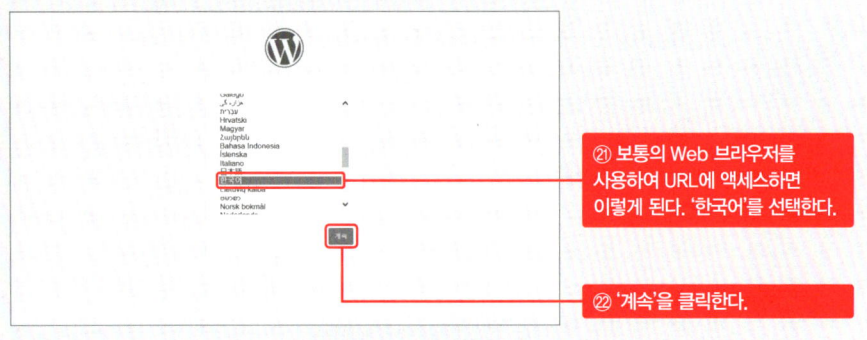

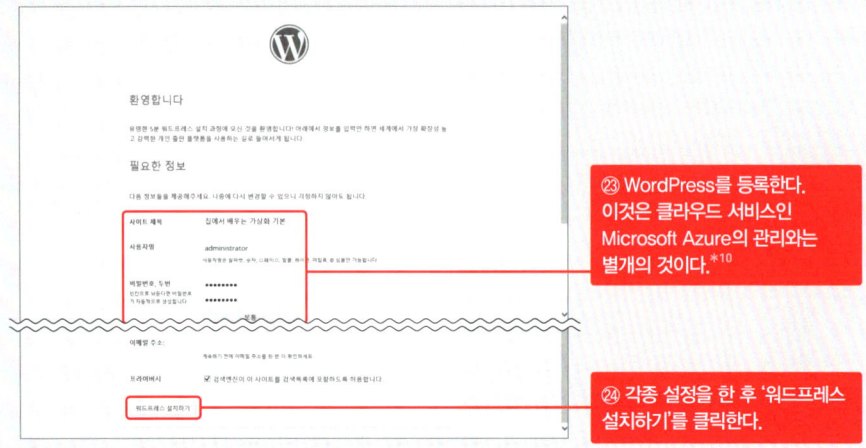

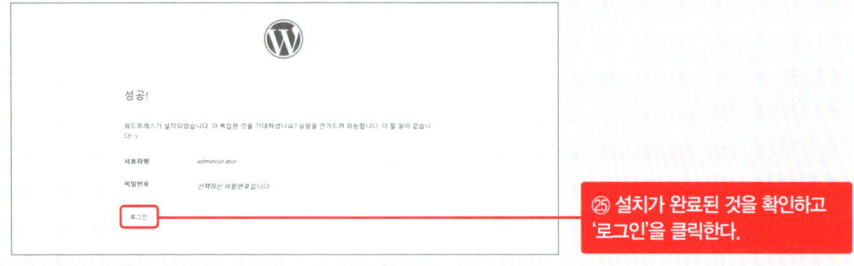

*10 이 화면에서 WordPress를 이용하여 디자인을 변경하거나, 기사를 올리거나, 각종 플러그인을 이용하는 데 필요한 관리자 등을 설정합니다.

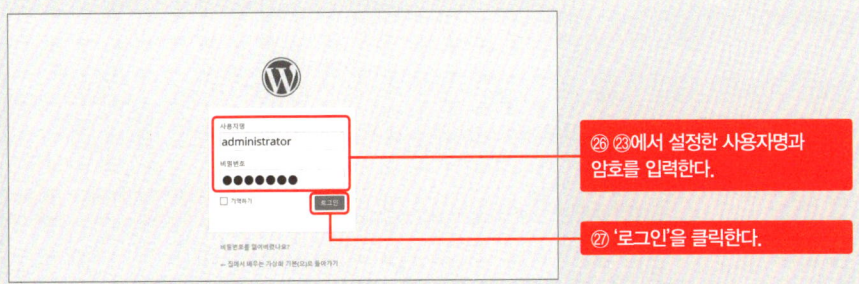

㉖ ㉓에서 설정한 사용자명과 암호를 입력한다.

㉗ '로그인'을 클릭한다.

㉘ 무사히 WordPress 관리 화면에 로그인한 상태. 이 화면에서 Web 사이트의 사용자 정의나 기사를 투고할 수 있다.[*11]

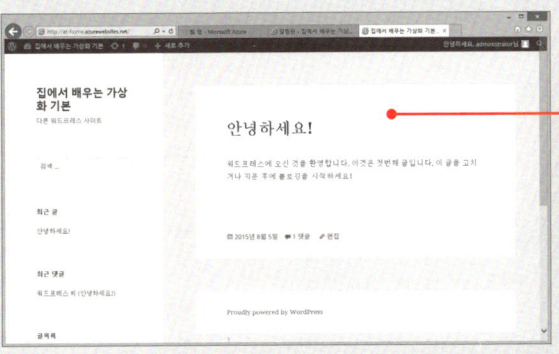

㉙ 작성한 WordPress 사이트의 URL에 액세스하여 보통의 열람 페이지를 열어보면 처음에 '안녕하세요!' 페이지가 표시된다. 이것으로 일련의 설정이 제대로 되었다는 것을 확인할 수 있다.

*11   여기까지 했으면 기사를 추가하거나 디자인 템플릿을 변경해서 WordPress를 즐겨보는 것도 좋을 것입니다.

Step 3 › WordPress를 도입하자(PaaS) ②

Step 2에서 Microsoft Azure상에 WordPress를 추가했습니다. 여기서는 Microsoft Azure의 관리 화면에서 할 수 있는 조작과 WordPress의 삭제 방법을 설명합니다.

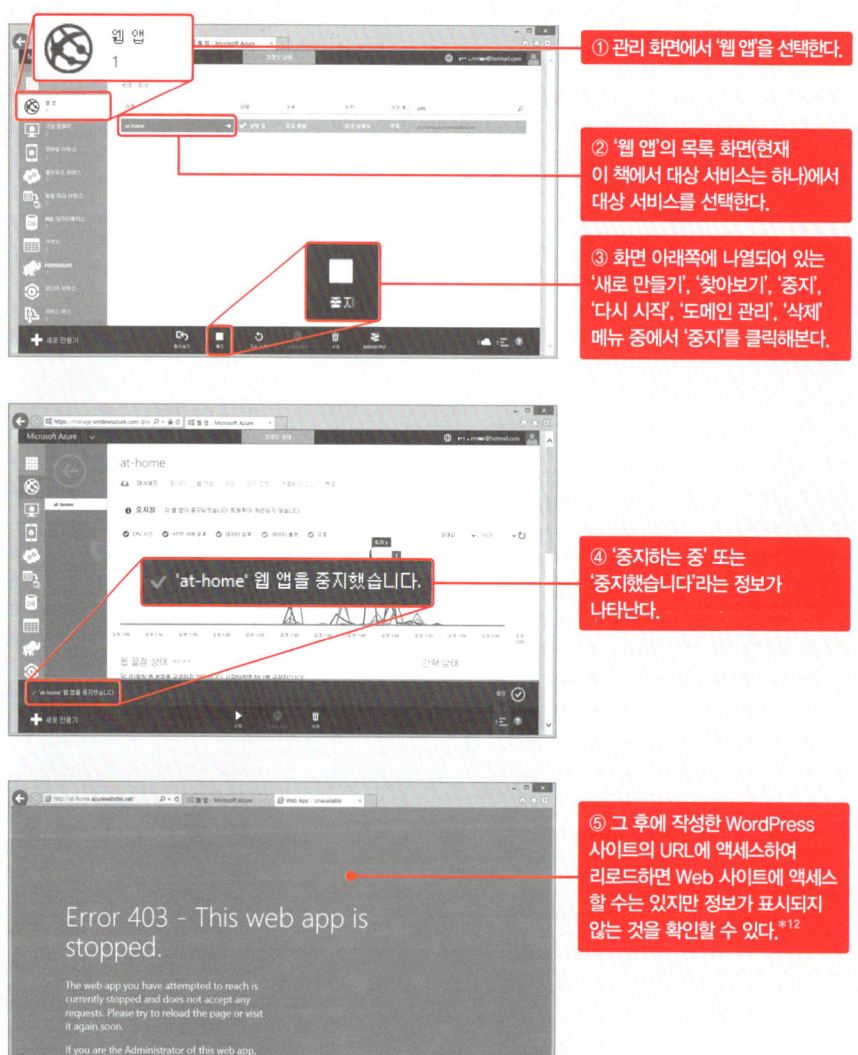

① 관리 화면에서 '웹 앱'을 선택한다.

② '웹 앱'의 목록 화면(현재 이 책에서 대상 서비스는 하나)에서 대상 서비스를 선택한다.

③ 화면 아래쪽에 나열되어 있는 '새로 만들기', '찾아보기', '중지', '다시 시작', '도메인 관리', '삭제' 메뉴 중에서 '중지'를 클릭해본다.

④ '중지하는 중' 또는 '중지했습니다'라는 정보가 나타난다.

⑤ 그 후에 작성한 WordPress 사이트의 URL에 액세스하여 리로드하면 Web 사이트에 액세스 할 수는 있지만 정보가 표시되지 않는 것을 확인할 수 있다.[*12]

*12 이는 설정한 URL이 제대로 기능하고 있지만 클라우드 서비스인 Microsoft Azure상에서 WordPress 의 기능이 정지되어 있다는 것을 나타내는 것입니다.

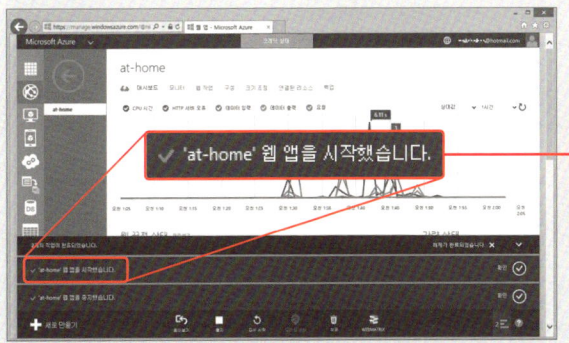

⑥ Microsoft Azure의 대시보드로 되돌아가서 '시작'을 선택하면 WordPress가 다시 시작된다.

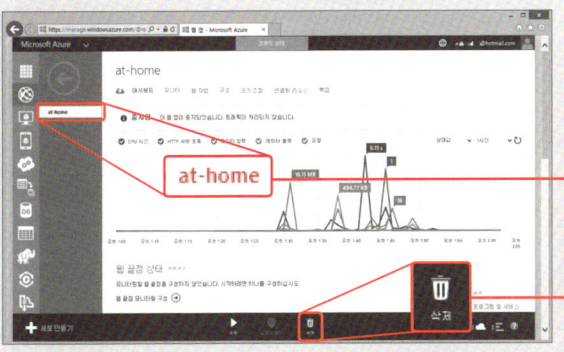

⑦ 서비스의 작성이나 운용 방법을 대충 이해했으면 서비스를 삭제한다. 삭제 대상 서비스를 선택한다.

⑧ 아래쪽 메뉴에서 '삭제'를 선택한다.

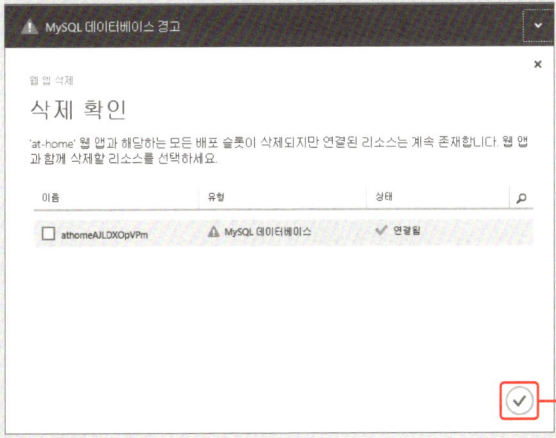

⑨ 삭제 확인 화면이 표시되므로 오른쪽 아래의 ✓를 클릭한다.

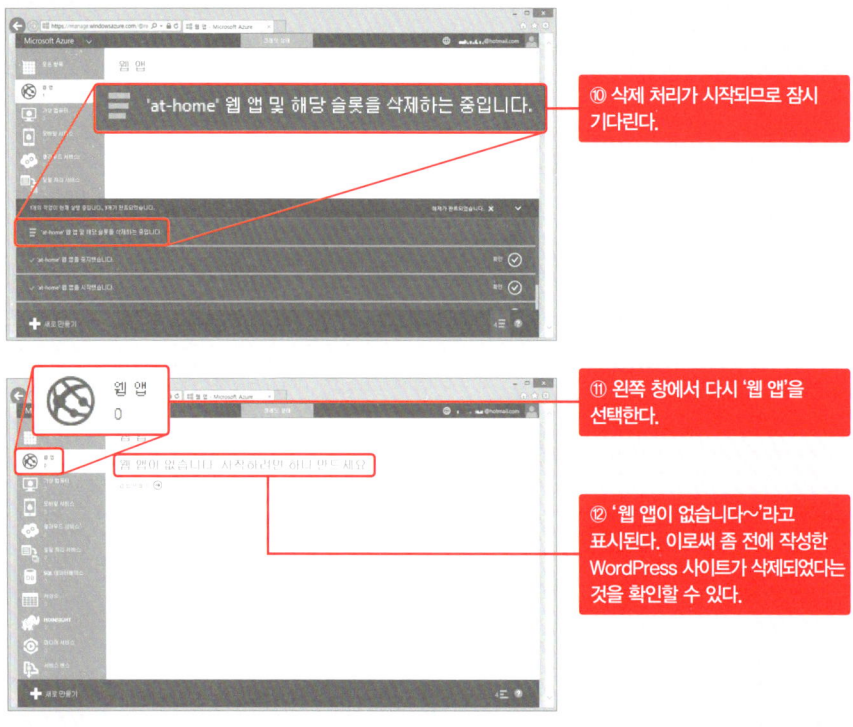

Step 4 ▶ Ubuntu를 도입하자(IaaS)

Step 2와 3에서는 클라우드 서비스인 PaaS 기능을 체험해보았습니다. 번거로운 설정은 필요없으며 간편하게 WordPress를 이용할 수 있습니다. 여기서는 이와 마찬가지로 Microsoft Azure의 IaaS 기능을 이용하여 가상 머신을 도입해봅시다. 여기서는 Linux 계열 OS로 인기가 많은 'Ubuntu'(우분투)의 설치와 연결까지를 소개하므로 꼭 도전해보기 바랍니다.

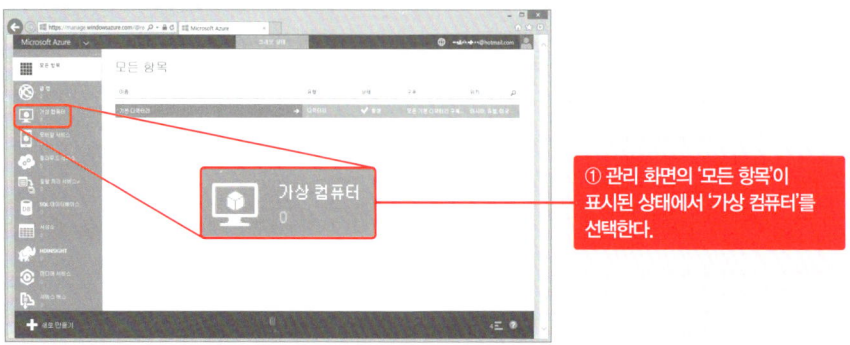

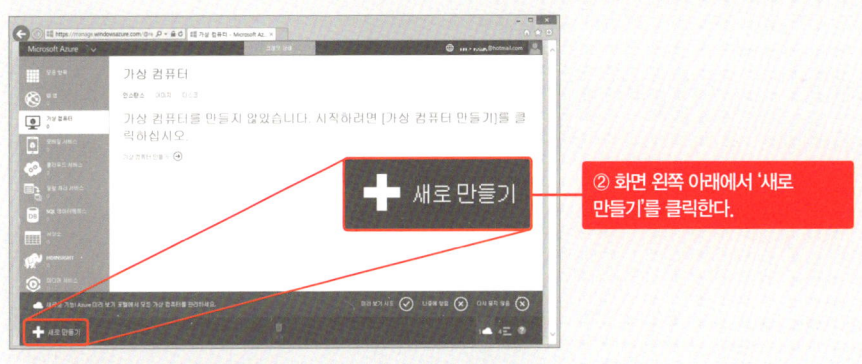

② 화면 왼쪽 아래에서 '새로 만들기'를 클릭한다.

③ '계산' → '가상 컴퓨터' → '갤러리에서'를 클릭한다.

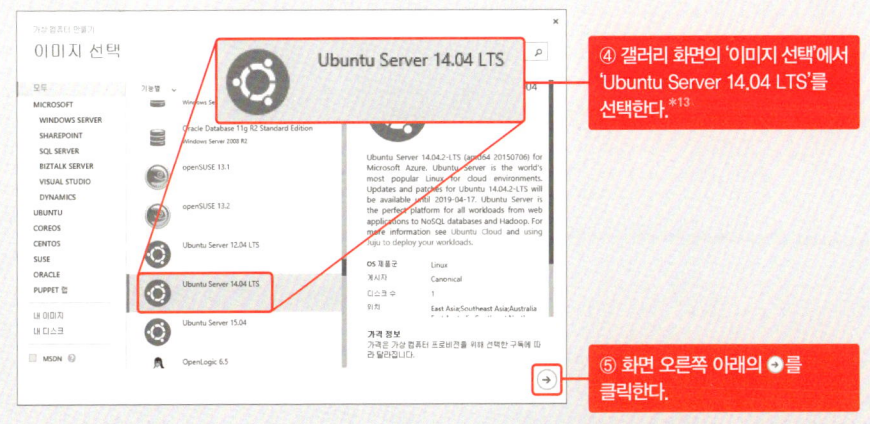

④ 갤러리 화면의 '이미지 선택'에서 'Ubuntu Server 14.04 LTS'를 선택한다.[13]

⑤ 화면 오른쪽 아래의 ●를 클릭한다.

*13 이미지는 변경될 수도 있습니다. 그때마다 목적하는 이미지를 선택하기 바랍니다.

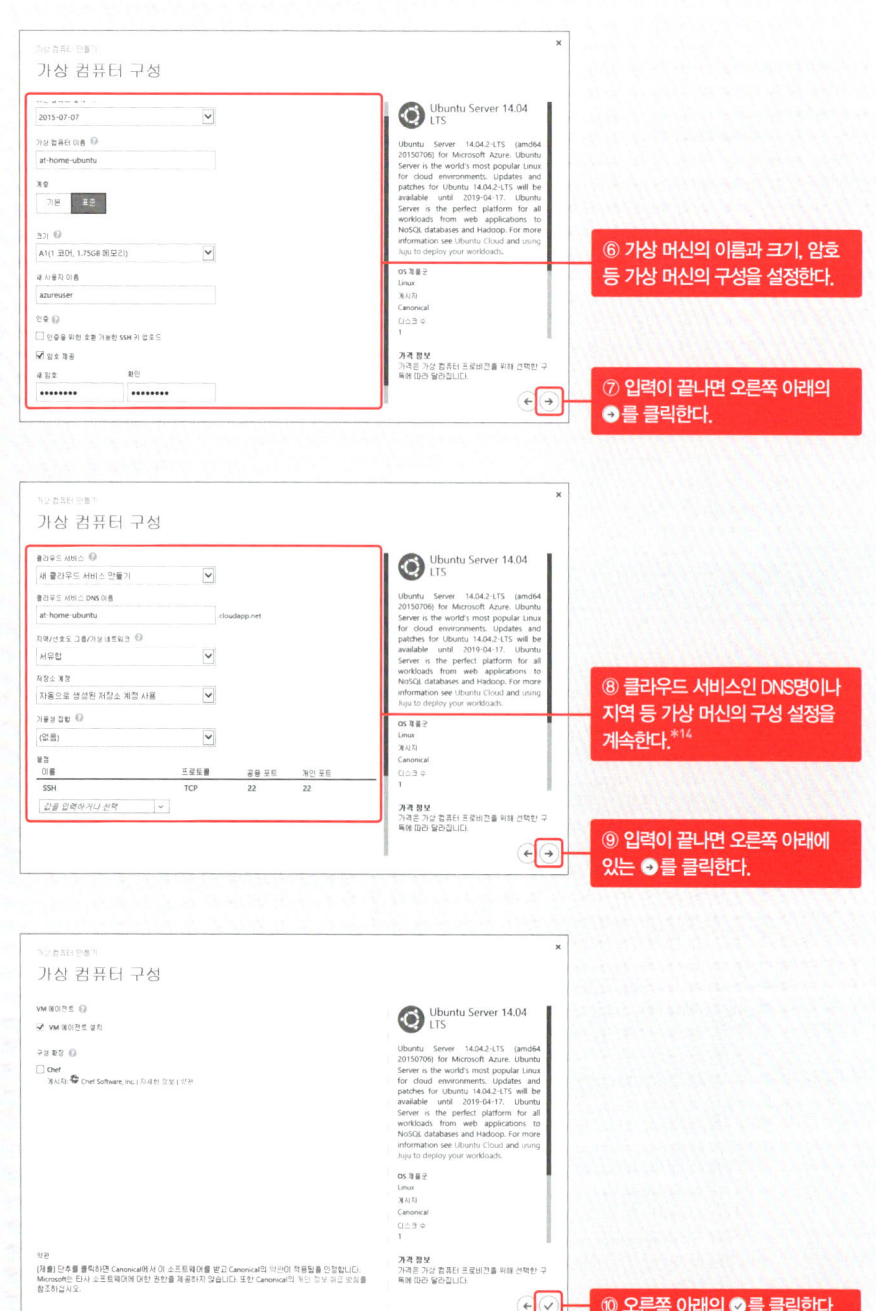

*14 SSH 이외의 포트를 설정하는 경우(202쪽의 ⑲도 참조) 이 화면에서 입력합니다.

⑪ 가상 머신의 구축이 시작된다. '상태'란이 '시작 중(프로비전)'으로 되는데 '실행 중'으로 바뀔 때까지 기다린다.

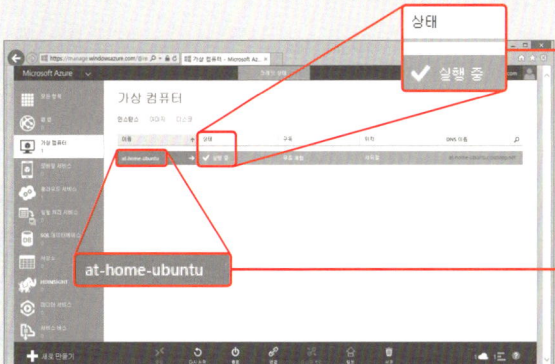

⑫ '상태'란이 '실행 중'으로 바뀐 것을 확인한다.

⑬ 이 가상 머신의 이름인 'at-home_ubuntu'를 선택한다.

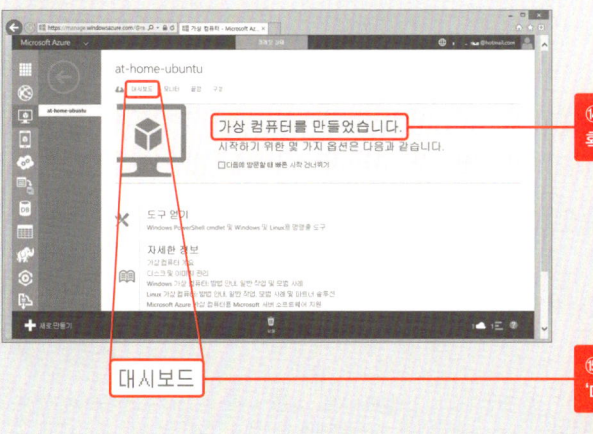

⑭ 가상 머신이 작성된 것을 확인할 수 있다.

⑮ 위쪽에 있는 메뉴에서 '대시보드'를 선택한다.

Chapter 06 클라우드 서비스 **207**

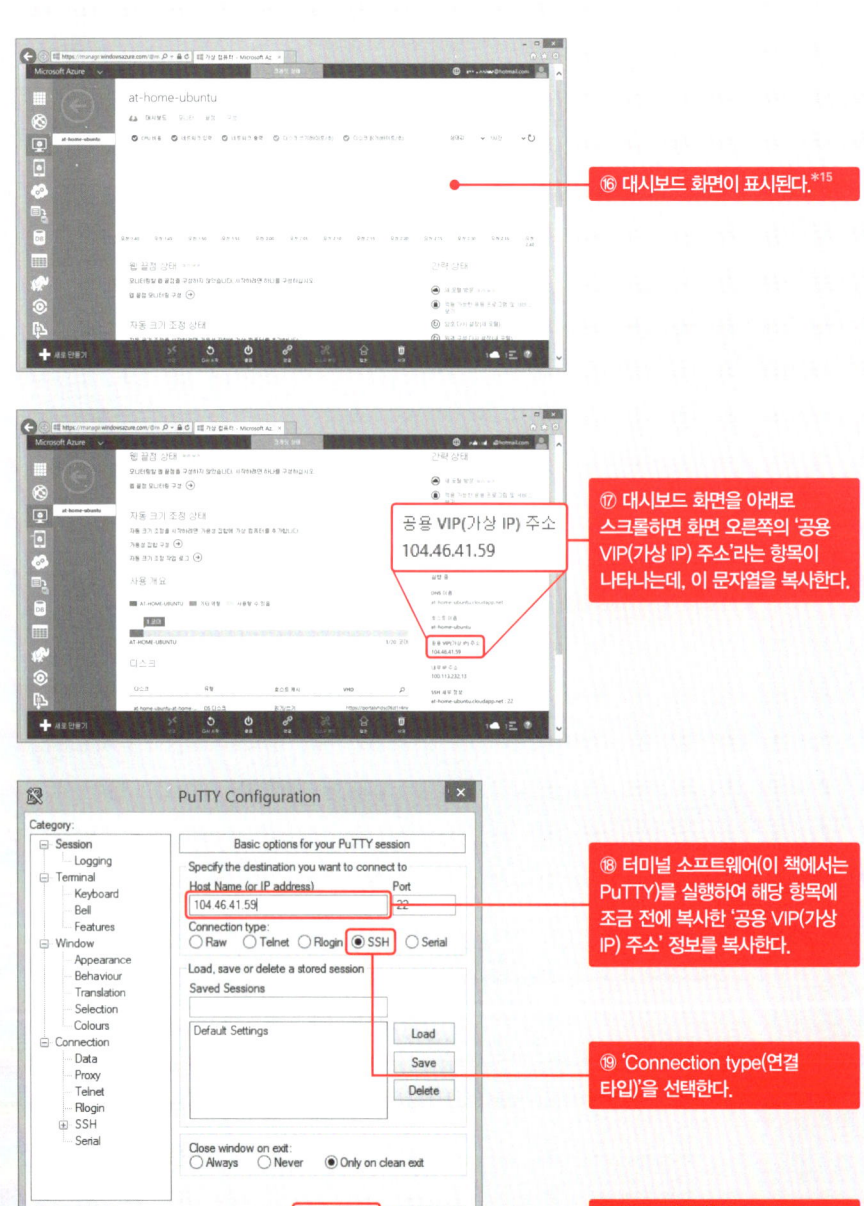

⑯ 대시보드 화면이 표시된다.*15

⑰ 대시보드 화면을 아래로 스크롤하면 화면 오른쪽의 '공용 VIP(가상 IP) 주소'라는 항목이 나타나는데, 이 문자열을 복사한다.

공용 VIP(가상 IP) 주소
104.46.41.59

⑱ 터미널 소프트웨어(이 책에서는 PuTTY)를 실행하여 해당 항목에 조금 전에 복사한 '공용 VIP(가상 IP) 주소' 정보를 복사한다.

⑲ 'Connection type(연결 타입)'을 선택한다.

⑳ 'Open(열기)'을 클릭한다.

*15 가상 머신에 Windows Server를 도입하는 경우는 원격 데스크톱이 필요하지만 Linux 계열 OS에서는 원격 데스크톱을 이용하지 않고 터미널 소프트웨어를 이용합니다. 또한 이 책에서는 터미널 소프트웨어로 'PuTTY'(http://www.chiark.greenend.org.uk/~sgtatham/putty/)가 설치되어 있다고 전제합니다.

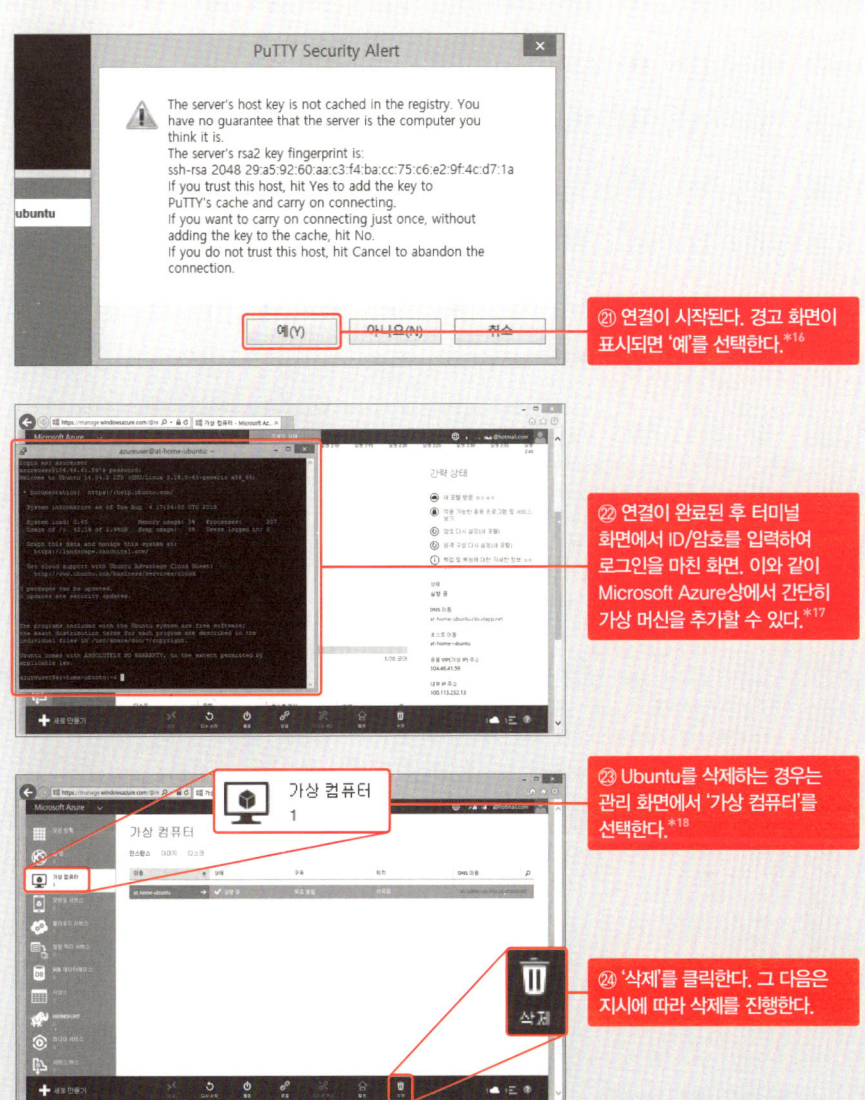

*16 본래는 제대로 된 인증과 보안 확보 등을 해야 할 필요가 있지만 이번에는 Microsoft Azure에서 간단히 가상 OS를 이용할 수 있다는 것을 목적으로 하고 있기 때문에 ID/암호 인증으로 수행합니다.
*17 여기서는 가상 머신의 OS로 'Ubuntu'를 이용했지만, Windows Server 시리즈 등 Windows 계열 OS도 당연히 이용할 수 있습니다.
*18 클라우드 서비스의 경우 OS를 끄면 가상 머신을 기동시킨 상태에서 요금이 계속 발생하는 경우가 있습니다. 이것은 서비스별로 다른 구조로 되어 있기 때문에 요금제로 신청하여 이용할 서비스가 어떤 요금 체계로 되어 있는지 주의하여 이용하기 바랍니다.

Step 5 ▶ Microsoft Azure를 해지하자

한 달 무료 평가일을 넘기면 해제된다는 내용의 메일이 도착하고 지금까지 이용하던 관리 화면 등을 이용할 수 없게 됩니다.[19] 하지만 신용카드 정보 등도 등록했기 때문에 '확실하게 해제해두고 싶다'고 생각하는 사람도 있을 것입니다. 그래서 마지막으로 Microsoft Azure의 해지 절차를 소개하겠습니다.[20] 먼저 Microsoft Azure에 로그인하여 계정의 구독 페이지(https://account.windowsazure.com)에 액세스합니다.[21]

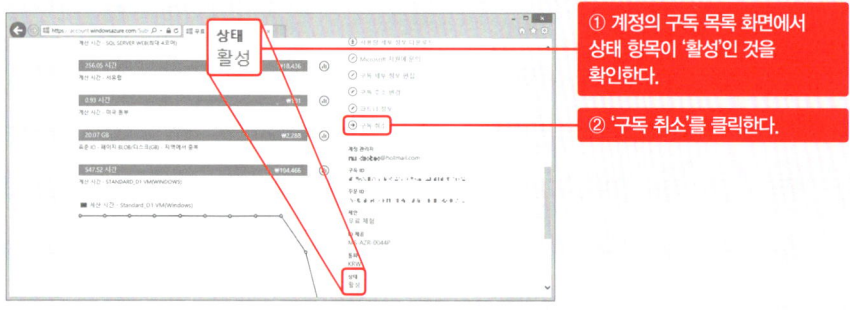

① 계정의 구독 목록 화면에서 상태 항목이 '활성'인 것을 확인한다.

② '구독 취소'를 클릭한다.

---

[19] 이 책에서 구축한 관리 화면도 평가 기한을 넘긴 후에 액세스하면 환경은 남아 있는 것처럼 보이지만 구독 부분에 경고가 표시되고 일정 기간이 지나면 삭제됩니다.

[20] 무료판으로 등록하면 등록 정보 등 Microsoft가 정보 안내를 중심으로 한 메일이 도착하도록 되어 있습니다. 무료판인 경우 기본적으로 어떤 행동을 취할 필요는 없지만 받은 메일은 한번 훑어보기 바랍니다. 또한 Microsoft 사로부터 받은 메일의 안내에 관해서는 등록 후의 시기에 따라 내용이 달라질 가능성이 있습니다.

[21] 이 책의 집필 당시(2015년 3월)에는 1개월 이용 기간이 지나면 자동으로 해지되었습니다. 하지만 앞으로도 동일한 정책이 계속될지는 단정할 수 없습니다(유료판으로 바뀔 가능성도 있습니다). 따라서 앞으로 유료판으로 옮길 것을 생각하고 있지 않는 경우는 여기서 설명한 명시적인 해지 작업을 반드시 하기 바랍니다. 또한 등록한 시기와 상관없이 등록한 후 안내 메일 등을 확실히 체크하여 사용자 자신의 의도에 맞는지 아닌지도 확인할 것을 권장합니다. 또한 클라우드 사업자는 의도하지 않고 또는 명시적으로 유료 플랜으로 옮겨갔을 때 일정 금액을 소비했다는 것을 알려주는 서비스 등 다양한 정보를 제공합니다. 필요한 항목은 Web 사이트 등을 확인하기 바랍니다.

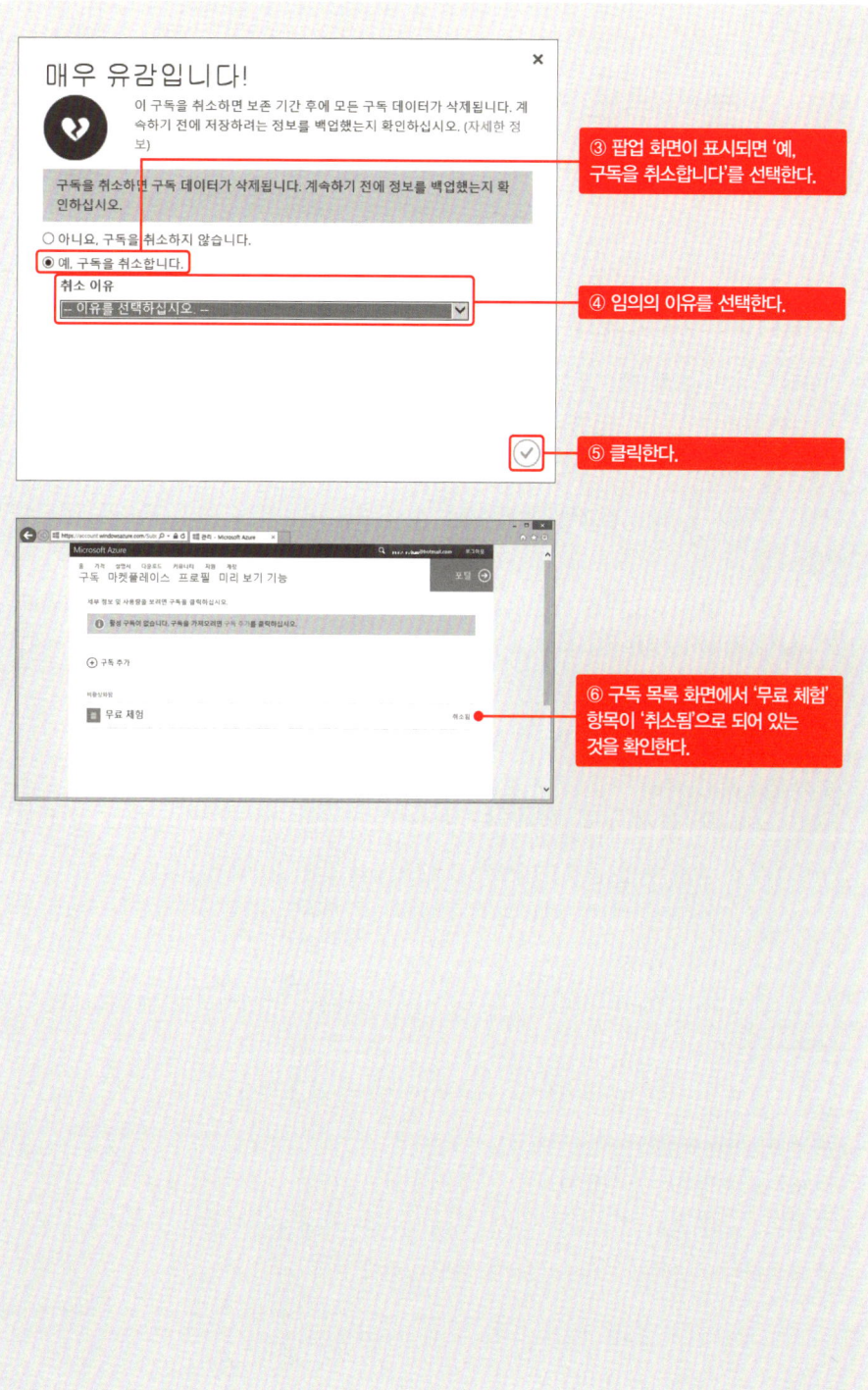

'클라우드 서비스'란?

● 클라우드 서비스란?

지금까지 다양한 가상화 기술을 소개했는데, 가상화를 이용한 기술의 대표적인 서비스가 '클라우드 서비스'입니다.

클라우드 서비스는 CPU나 메모리, 디스크, 기타 여러 가지 인프라와 실제 기기 등을 가상화하여 사용자가 '필요할 때에', '필요한 만큼'을 이용할 수 있는 서비스라 할 수 있습니다.

예를 들어 1장에서 소개한 OneDrive와 같은 '온라인 스토리지'는 전형적인 클라우드 서비스라 할 수 있는데, 용량 추가를 신청하면 자신이 가지고 있는 실제 기기의 사양과는 관계없이 방대한 리소스를 이용할 수 있습니다.

클라우느 서비스의 개념은 다양한 분야에서 사용되고 있으며, 그 영역은 앞으로도 더욱 확대될 것입니다.

또한 1장에서도 잠깐 설명했듯이 클라우드로 제공되는 서비스는 그 내용에 따라 몇 가지 종류로 나눌 수 있습니다. 아래에 그 대표적인 것을 소개하겠습니다.

PaaS

'PaaS(파즈/파스: Platform as a Service)'는 클라우드 기반에서 '플랫폼'을 제공하는 것입니다.

앞의 실습에서는 Microsoft Azure에 'WordPress'를 도입했습니다. 이것도 PaaS의 한 예입니다.

PaaS는 사전에 OS나 미들웨어 등 자주 사용되는 기술을 조합해 놓기 때문에 신청 시에는 완전 자동화로 서비스를 시작할 수 있습니다. 사용자는 복잡한 구축이나 설정을 할 필요없이 목적하는 기능을 이용할 수 있습니다.

IaaS

'IaaS(이아스/아이아스: Infrastructure as a Service)'는 클라우드 기반에서 '인프라(기반)'를 제공하는 것입니다.

앞의 실습에서는 Microsoft Azure상에 가상 머신으로 오픈 소스인 'Ubuntu'를 도입해보았습니다. IaaS에서는 사용자가 CPU의 종류나 코어 수, 메모리나 디스크 등과 같은 구성만 신청하여 OS나 미들웨어를 사용자 측에서 구축 및 운용하는 서비스라고 할 수 있습니다.

SaaS

'SaaS(사즈/사스: Software as a Service)'는 클라우드 기반에서 '소프트웨어'를 제공하는 것입니다.

SaaS로는 사용자가 클라우드 서비스를 이용하여 애플리케이션(메일이나 스토리지 등)을 직접 이용할 수 있습니다.

이와 같이 'ㅇaaS'라 부르는 것은 대체적으로 클라우드 기술을 이용하여 제공되는 서비스라고 생각하면 좋을 것입니다(그림1).
또한 대표적인 클라우드 서비스 플랫폼으로는 AWA(Amazon Web Services)나 Microsoft Azure, Google Cloud Platform(GCP) 등이 있습니다.

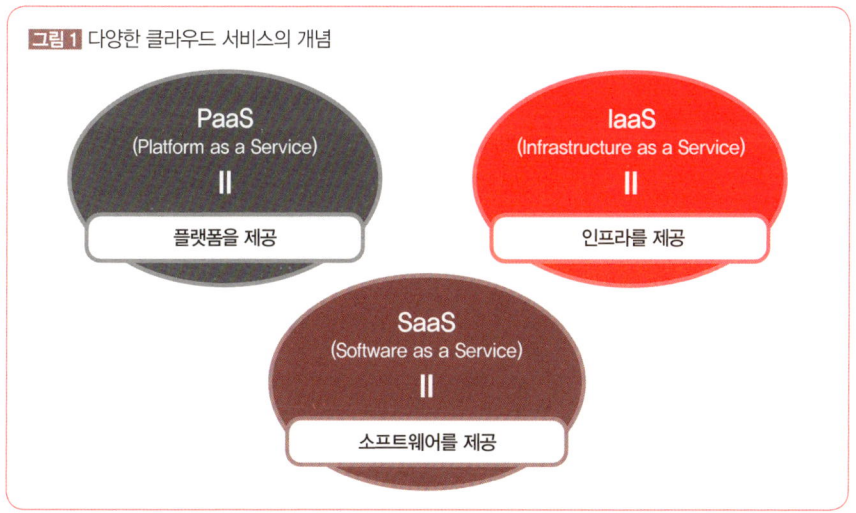

그림1 다양한 클라우드 서비스의 개념

● 클라우드 서비스의 이점

클라우드 서비스를 도입하면 기업에는 어떤 이점이 있을까요?

클라우드 서비스의 종류는 매우 다양하기 때문에 이 책에서 모두 설명하는 데는 한계가 있지만, 여기서는 가상화 기술을 배우는 데 있어서 도움이 될 만한 클라우드 서비스로서 주로 '리소스(컴퓨터 리소스)'를 제공하는 클라우드 서비스에 주목해보겠습니다. 이 경우 '클라우드 서비스'를 도입하는 편이 좋을지, '실제 기기의 가상화(온프레미스: on-premise)'를 지원하는 편이 좋을지를 생각해봅시다.

종래에는 실제 서버 한 대분까지의 리소스가 필요없는 처리를 하는 경우에도 다중화를 고려하여 하드웨어를 여러 대 구입해서 자산으로 운용할 필요가 있습니다.

하지만 리소스를 제공하는 클라우드 서비스를 이용하면, 예를 들어 CPU의 코어가 두 개 정도 있으면 충분한 시스템의 경우 4코어나 8코어의 하드웨어를 구입하여 여러 개의 다중 구성을 구축할 필요가 없어집니다.

또한 각 분야와 방식에 따라 예상되는 태스크에 대해 비용을 예상할 수 있다면 회사의 시스템을 변경하는 경우에 '우리 회사의 시스템을 클라우드화하는 편이 좋은지', '실제 기기 환경에서 가상화로 지원하는 편이 좋은지'를 쉽게 판단할 수 있습니다.

● 클라우드와 가상화의 비용 산정

그림 2를 보기 바랍니다. 여기서는 시스템의 본질은 추구하지 않고 단순히 클라우드인지, 실제 기기(온프레미스: 사내 구축)인지라는 판단 자료의 일부를 제시하고 있습니다. 태스크의 크기 등을 수치적인 중량으로 환산할 수 있다면 더욱 판단하기 쉽겠지만, 실제 기기에 수반되는 태스크 중 장애 대책만 들어봐도 '전원 장애', '하드디스크 등과 같은 기억 장치의 장애'는 클라우드 환경에는 없습니다.

또한 몇 년 뒤에 하드웨어의 유지보수 및 교체 타이밍에서 새로운 하드웨어를 다시 조달할 것인지라는 비용 계산도 불필요합니다.

이러한 부분이 이득이라고 여겨진다면 운용하고 있는 시스템이 어느 쪽에 맞는지 아닌지를 판단할 수 있을 것입니다.

단, 클라우드 서비스를 이용했다고 해서 반드시 비용이 낮아진다고는 할 수 없으므로 이 점에 관해서는 주의가 필요합니다.

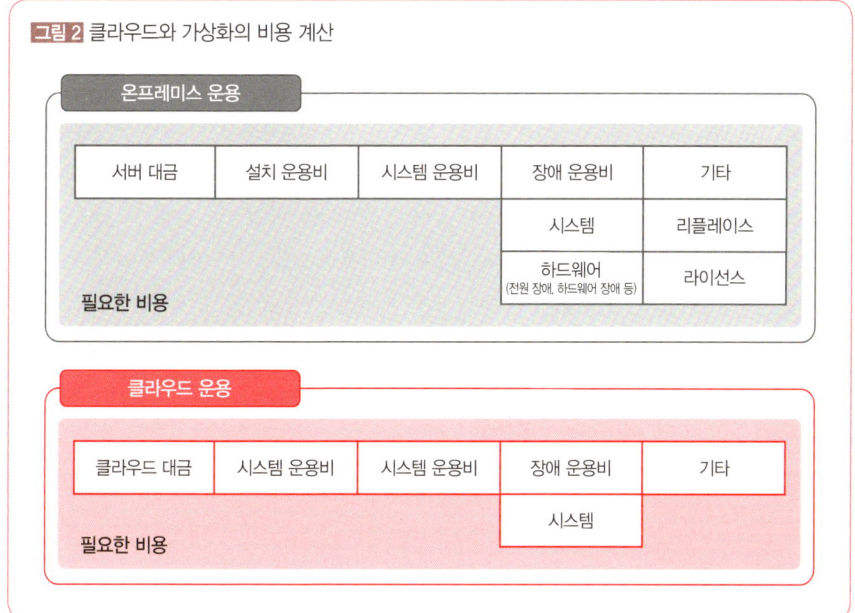

그림 2 클라우드와 가상화의 비용 계산

● 비용을 생각하는 방식

그림 2 의 예에서는 사내 구축으로 실제 서버를 구입하는 경우, 그리고 최저 사양의 서버라도 리소스가 남아도는 경우를 가정했습니다.

이 경우는 클라우드를 도입하는 편이 비용이 낮아질 가능성이 있습니다. 또한 클라우드라면 보다 슬림한 환경을 구축할 수 있다는 것은 틀림없습니다.

하지만 시스템의 규모가 커질수록 실제 기기를 이용하는 편이 비용면에서 이익일 수 있습니다.

예를 들어 데이터 센터에 2랙(1랙으로는 다중화를 확보할 수 없기 때문에)을 사용하여 1랙 42U(유닛) 안에 35대의 1U형 서버를 탑재한다고 가정합시다.

이와 같은 설계에서 1U 서버에 2개의 CPU를 탑재할 수 있으며 각각 16코어씩 탑재할 수 있다고 하는 경우 아래와 같은 리소스를 점유할 수 있습니다.

16코어×2CPU=32코어/1U

32코어×35대=1,120코어/1랙

1,120코어×2랙=2,240코어/2랙

랙을 이중 구성하는 경우 1랙 안에 '1,120코어'이므로 2랙 안의 모든 리소스를 합하면 '2,240코어'를 점유할 수 있습니다.

예를 들어 1U에 256GB 메모리를 탑재한 경우 2랙에는 70대의 1U 서버가 있으므로 도합 17,920GB(256GB×70대)의 메모리를 이용할 수 있습니다.

더욱이 네트워크 영역 등도 기본적으로 점유할 수 있는 시스템을 클라우드로 조달하는 경우와 자사에서 조달하여 운용하는 경우의 비용을 비교하면 어떤 부분에 어떤 이점이 있는지 이해할 수 있을 것입니다.

● '운용 면'의 부담도 고려한다

실제 기기로 하는 온프레미스 운용에서는 규모가 커질수록 데이터 센터의 '운용'이 부담이 되는 경우가 있습니다. 예를 들어 전국에 지점이 있고, 각 지점별로 서버를 설정하는 경우를 생각해봅시다. 온프레미스 운용의 경우 각 지점으로 출장을 가서 납품된 머신을 구축하고 본사나 기관과의 연결을 확인하는 등의 과정이 필요합니다.

한편 클라우드 서비스를 이용하면 본사에서 클라우드 서비스를 신청하여 새로운 지점용 서버를 구축하고, 실제 거점은 본시에서 도입을 해서 언결 확인까지 끝낸 서버를 받기만 하면 되거나 하루 정도의 출장으로 입회하기만 하면 될 가능성이 있습니다. 국내가 아닌 해외에 사업을 전개하는 기업의 경우는 클라우드 쪽이 더 메리트가 있을 수 있습니다.

또한 소규모라도 일반적으로는 데이터 센터 조달까지의 예산 확보, 견적서 주고받기(구성 결정), 품의, 발주, 납품, 구축으로 진행합니다. 한편 클라우드 서비스의 경우는 대강의 견적과 그 회사별 예산 책정, 품의, 신청하여 구축하는 절차로 끝나므로 속도 면에 있어서도 차이가 납니다.

그 밖에도 예를 들면 여러 해에 걸친 시스템, 대표적인 것으로 올림픽이나 월드컵 시스템 등을 들 수 있는데 이를 몇 년마다 실제 기기 온프레미스로 수행하는 것은 효율이 떨어집니다. 그때마다 최신 서버 환경에서 구축해도 4년 후에는 확실히 낡은 세대가 되어 버립니다.

이와 마찬가지로 선수 관련 시스템 등에서는 일단 몇 년에 한 번씩으로 정해져 있기는 하지만 사직이나 해산 등으로 갑자기 시스템이 필요해지는 경우도 있습니다. 이러한 용도의 경우는 클라우드 서비스가 딱 들어맞는다고 할 수 있습니다.

● 클라우드 서비스 사업자의 강점

여담이지만 클라우드 서비스를 제공하는 회사(사업자)는 회사마다 강점을 가지고 있는 경우가 눈에 띕니다.[*1]

예를 들어 세계적인 규모로 물류 사업 등을 하고 있는 서비스 사업자의 경우, 시스템 가동에 있어서 대량의 서버, 사업의 스피드에 따른 빠른 전개, 가능한 한 매니지먼트의 부담을 주지 않으려는 노하우를 가지고 있습니다.

또는 토지나 건물 등과 같은 부동산은 그 분야의 전용 노하우를 필요로 하는데(우리나라를 예로 들어봐도 건축기준법, 소방법 등 다양한 제약이나 기준이 있습니다), 부동산에 강점을 가지고 있는 서비스 사업자는 그러한 제약이나 기준에 입각해서 비어 있는 토지에 대량의 리소스를 잘 활용하여 비용을 낮추고 있습니다.

그 밖에도 클라우드를 신청하여 이용하는 사용자가 어떤 라이선스를 필요로 하는 경우는 일반적으로 라이선스 벤더가 클라우드 사업을 함으로써 다른 업체와는 다른 이점을 가지고 점유율 경쟁을 하는 경우도 있습니다.

이와 같이 클라우드 서비스를 제공하는 회사는 각기 저마다의 장점을 활용하여 밤낮 서비스를 계속 제공하고 있습니다.

[*1] 자세한 것은 242쪽도 참조하기 바랍니다.

클라우드 서비스의 관리

● 클라우드 서비스를 관리한다

앞의 실습에서는 클라우드 서비스에 등록을 했습니다. 이로써 클라우드 기반에서 다양한 서비스를 등록할 수 있다는 것을 이해했으리라 생각됩니다.
그렇다면 이러한 다양한 서비스는 어떻게 관리하는 것일까요? 클라우드 서비스의 관리는 '관리 포털'이라는 Web 기반 관리 화면에 접속하여 수행합니다. 관리 포털은 기본적으로 각각의 클라우드 서비스 사업자가 제공합니다.

● 관리 포털이란?

가 클라우드 서비스 사입자에 따라 '관리 포털'의 명칭은 달라지는데, '매니지드 콘솔(Managed Console)'이나 '대시보드(Dashboard)' 등으로 부릅니다. 하지만 기능은 어느 것이나 거의 비슷합니다. 가상화를 수행할 때 이용하는 'Hyper-V 관리자'나 'System Center' 등과 같은 툴도 똑같은 의미를 가지지만 실제 기기와 클라우드의 관리 화면에서는 다른 점도 있습니다.
바로 클라우드의 관리 화면은 비교적 짧은 사이클로 기능이 추가되거나 관리 화면의 디자인이 변경된다는 점입니다.
가상화 시스템을 관리하는 애플리케이션에 대해서는 기본적으로 화면이 대폭 바뀌는 일은 없지만, 클라우드 서비스의 관리 화면은 사용자의 PC나 서버에 인스톨하는 것이 아니기 때문에 기능을 자주 추가하거나 디자인을 바꿉니다.

● 발전하는 관리 화면

이 점은 클라우드 관리에서 중요한 포인트라고도 할 수 있습니다. 실제 기기에 설치하는 애플리케이션의 경우, 추가 기능 등은 사용자 측에서 액션(업데이트 등)을 취해야 하지만, 클라우드 서비스의 경우는 실제 기기에 설치하는 모델이 아니라 네트워크를 통해 연결하는 모델이기 때문에 기능 추가나 업데이트는 서비스 제공 사업자 측에서 수행하기 때문입니다. 빈번한 UI의 변경이 있는 한편으로, 세세한 기능 추가나 업데이트는 자동으로 수행되므로 그만큼 관리의 수고를 경감시킬 수 있게 됩니다.

이 책에서도 몇 가지 관리 화면을 소개했지만 이 화면이 앞으로 변경될 가능성도 충분히 생각할 수 있습니다. 단, '관리한다'라는 본질은 변함이 없으므로 UI가 변경되더라도 그때마다 '어떤 조작으로 무엇을 관리할 수 있는지'라는 관점을 잊어 버리지 않는 것이 중요합니다.

● 다양한 관리 포털

여기서는 샘플로서 Microsoft Azure와 AWS(Amazon Web Services)의 관리 화면을 살펴보겠습니다(그림 3, 그림 4). 모양이나 배치 등은 다르지만 대략의 조작 방법은 비슷합니다.

그림 3 Microsoft Azure의 관리 포털

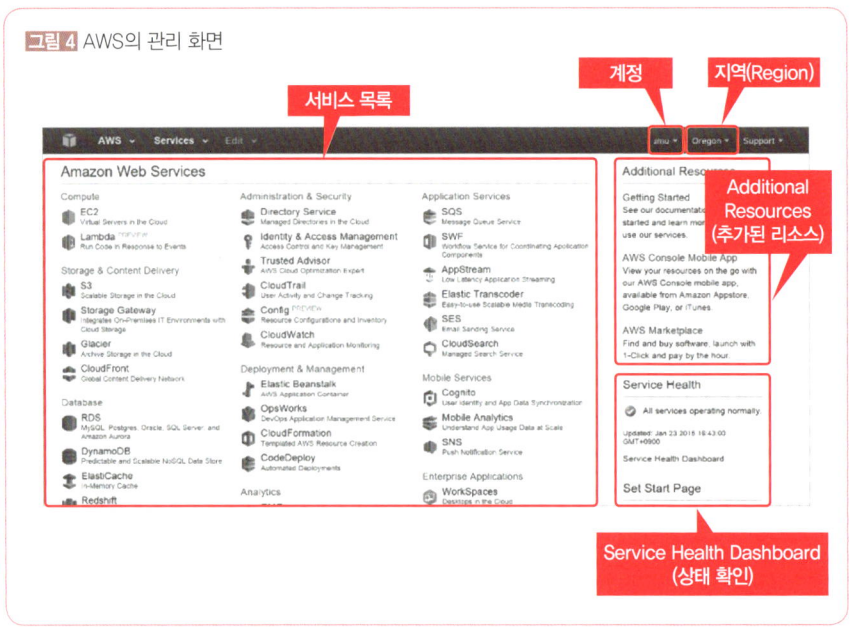

또한 클라우드 서비스를 기업에서 이용하는 경우 '관리 화면을 이용할 수 있는 사람' 을 명확하게 정해두는 경우가 있습니다. 전 사원이 관리 화면을 이용하는 것은 운용상 바람직하지 않습니다.

그리고 사원의 이동이나 퇴직 등이 있었을 때의 관리 방법도 폴리시로서 정해두어야 합니다.

● 관리 화면의 조작

마지막으로 AWS를 이용한 서비스의 이용 방법의 예를 소개하겠습니다(그림 5). 앞의 실습에서 한 작업과 비교해보더라도 이러한 클라우드 서비스를 제공하는 업체가 다른 경우 사용자가 목적을 수행하기까지의 절차는 거의 비슷하다는 것을 알 수 있을 것입니다.

클라우드 서비스에 국한되지 않고 가상화된 시스템을 관리하는 방법도 이와 마찬가지라고 할 수 있습니다.

그림 5 AWS에서 가상 서버를 이용하는 예

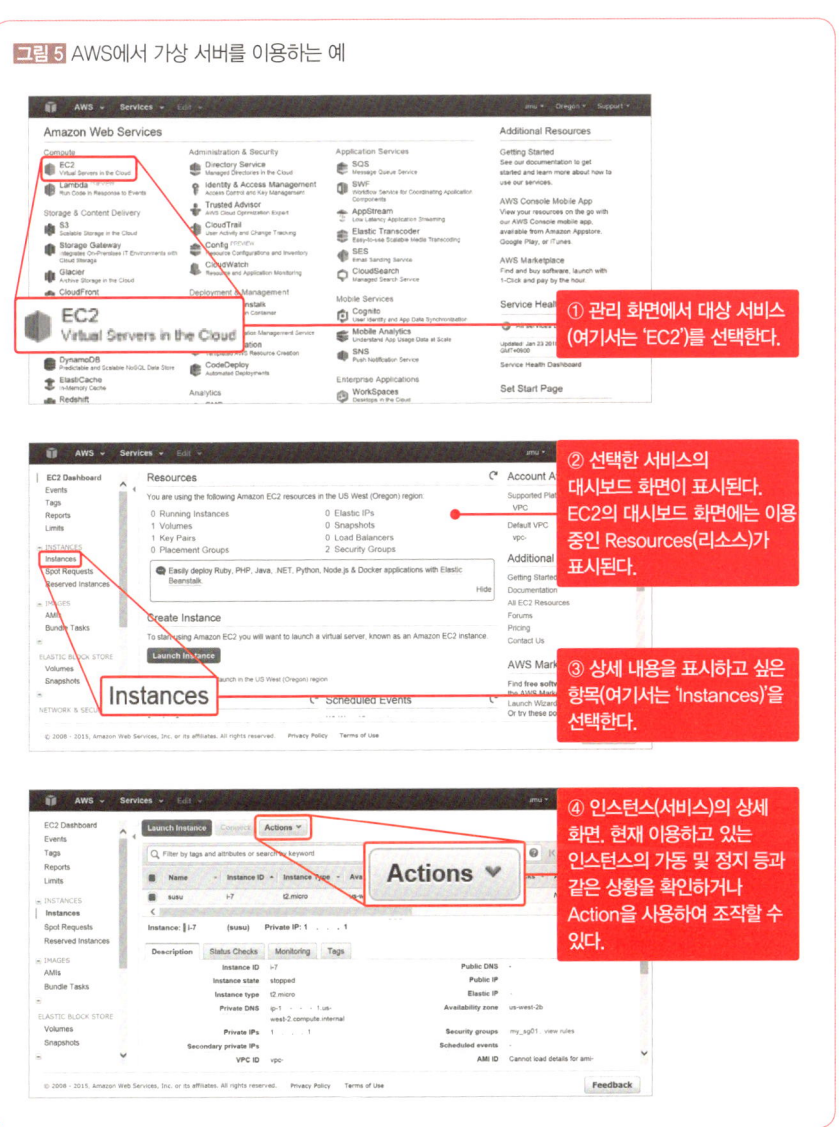

Chapter 06 클라우드 서비스 **221**

클라우드 시스템과 가상 네트워크의 관계

● 클라우드상의 시스템과 네트워크

지금까지 클라우드 서비스를 이용하여 단독으로 인스턴스(서비스)를 사용하는 방법을 소개했습니다.

클라우드에서의 시스템 이용을 생각할 때 예를 들어 PaaS(WordPress 등)에서는 Web 서버, DB 서버, 미들웨어가 '하나의 패키지'로 되어 있기 때문에 시스템 단독으로 클라우드 서비스를 이용할 수 있습니다.

한편 IaaS(서버 OS 등)을 이용하는 경우, 원격 데스크톱 기능 등 서버 측에 통신 애플리케이션을 구축하지 않으면 안 됩니다. 그래서 '여러 개의 데이터를 다른 IaaS 서비스로 나누어 보관하고 싶다'와 같은 요구가 있으면 시스템 단독으로만 이용하기는 어렵습니다(그림 6).

기업에서 클라우드를 이용하는 경우는 이러한 IaaS와 같이 클라우드상에서 여러 개의 시스템을 구축하고 클라우드상에서 서로 간섭하지 않도록 하고 싶은 경우도 있을 것입니다.

하지만 클라우드를 '대규모 서비스'나 '데이터 센터 서버'와 같은 단위로 봤을 때 자사 서비스뿐만 아니라 다양한 용도의 가상 서버나 가상 네트워크가 혼재할 가능성이 있습니다.

이와 같은 상황에서도 다른 사람의 가상 머신에 액세스하는 일은 절대로 있을 수 없으며, 이와 마찬가지로 같은 회사(기업)에서 계약하고 있는 서비스라 하더라도 필요 이외의 사람이 서버에 액세스하는 일도 허용되지 않습니다.

이 경우 네트워크에 제한을 설정함으로써 관계없는 이용자나 서버 등으로부터 액세스할 수 없도록 하거나 물리적 또는 논리적인 통신을 차단하여 보안 수준을 확보할 필요가 있습니다.

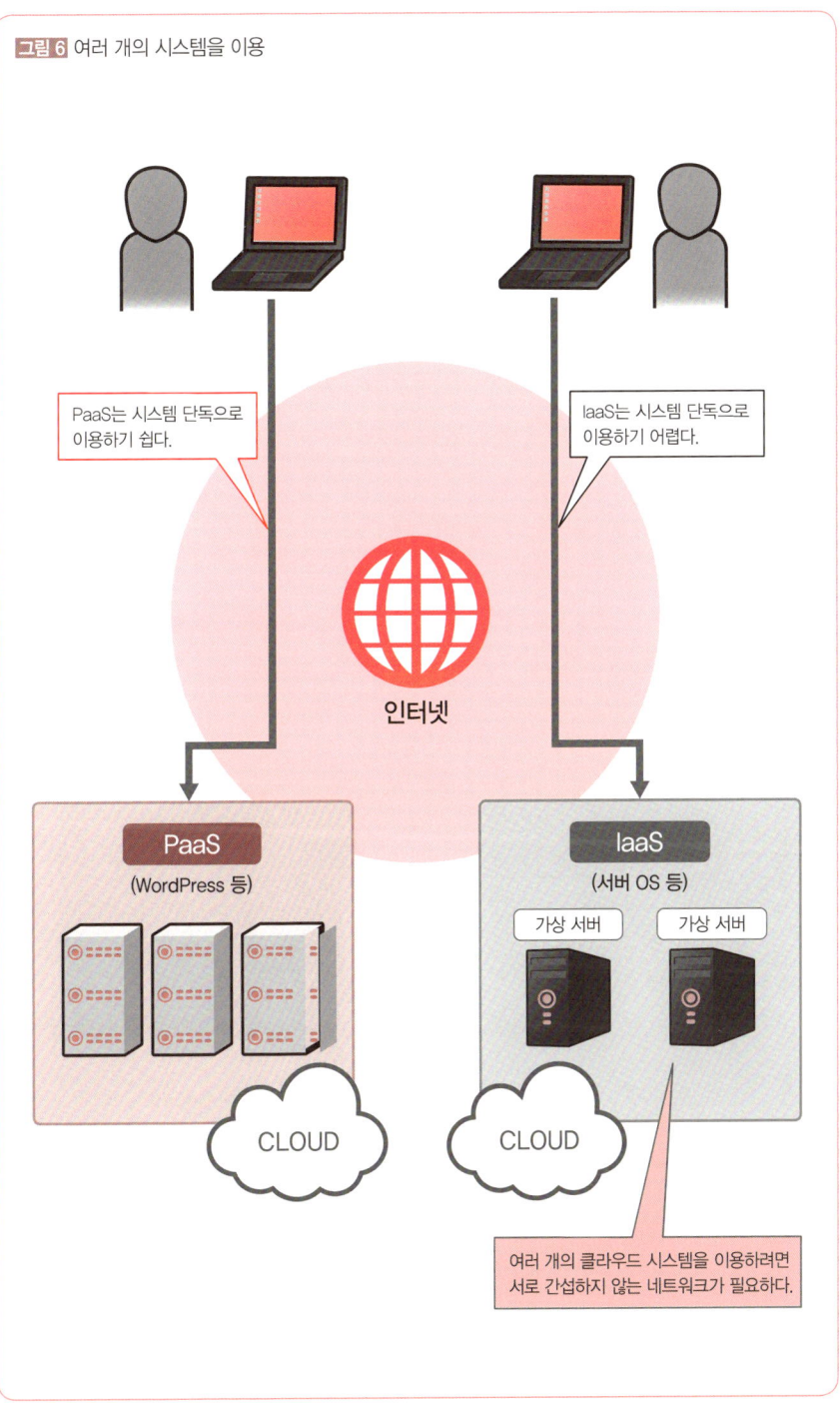

● 가상 네트워크의 구축 예

실제로 클라우드 서비스에서는 PaaS나 IaaS의 서버 리소스를 신청하여 이용하는 것과 동시에 '네트워크 자체'도 신청하여 이용할 수 있습니다.

물론 클라우드를 제공하는 사업자는 신청이 있을 때마다 네트워크의 회선이나 전용 구성을 정의하는 것이 아니라 모두 자동화된 '가상 네트워크'를 이용하게 됩니다.

또한 가상 네트워크의 구축도 앞에서 소개한 관리 포털에서 수행합니다(그림7). 여기서는 Microsoft Azure를 예로 들어 가상 네트워크의 구축 방법을 살펴보겠습니다(그림8). 클라우드 서비스에서 가상화된 네트워크란 무엇인지, 그것을 이용하여 어떤 동작을 하는지 등을 대강이나마 이해하기 바랍니다.

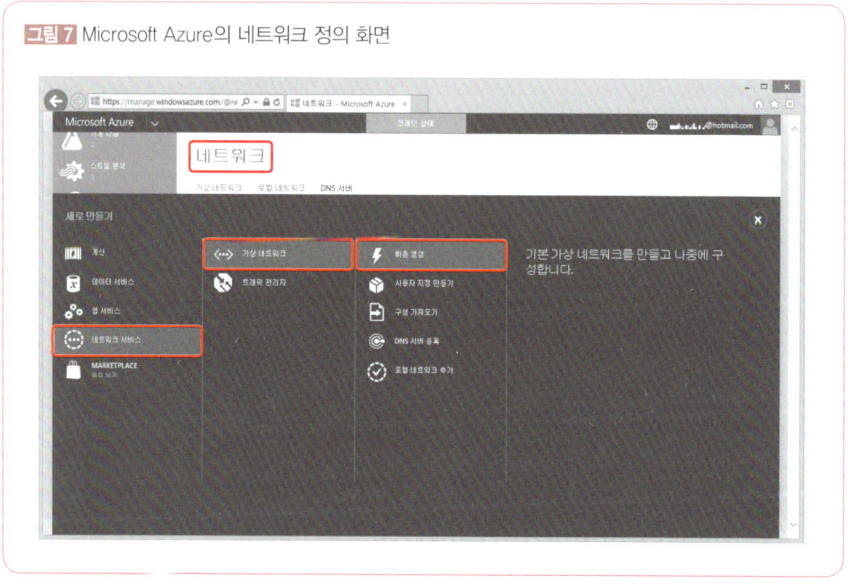

그림7 Microsoft Azure의 네트워크 정의 화면

그림 8 가상 네트워크의 작성

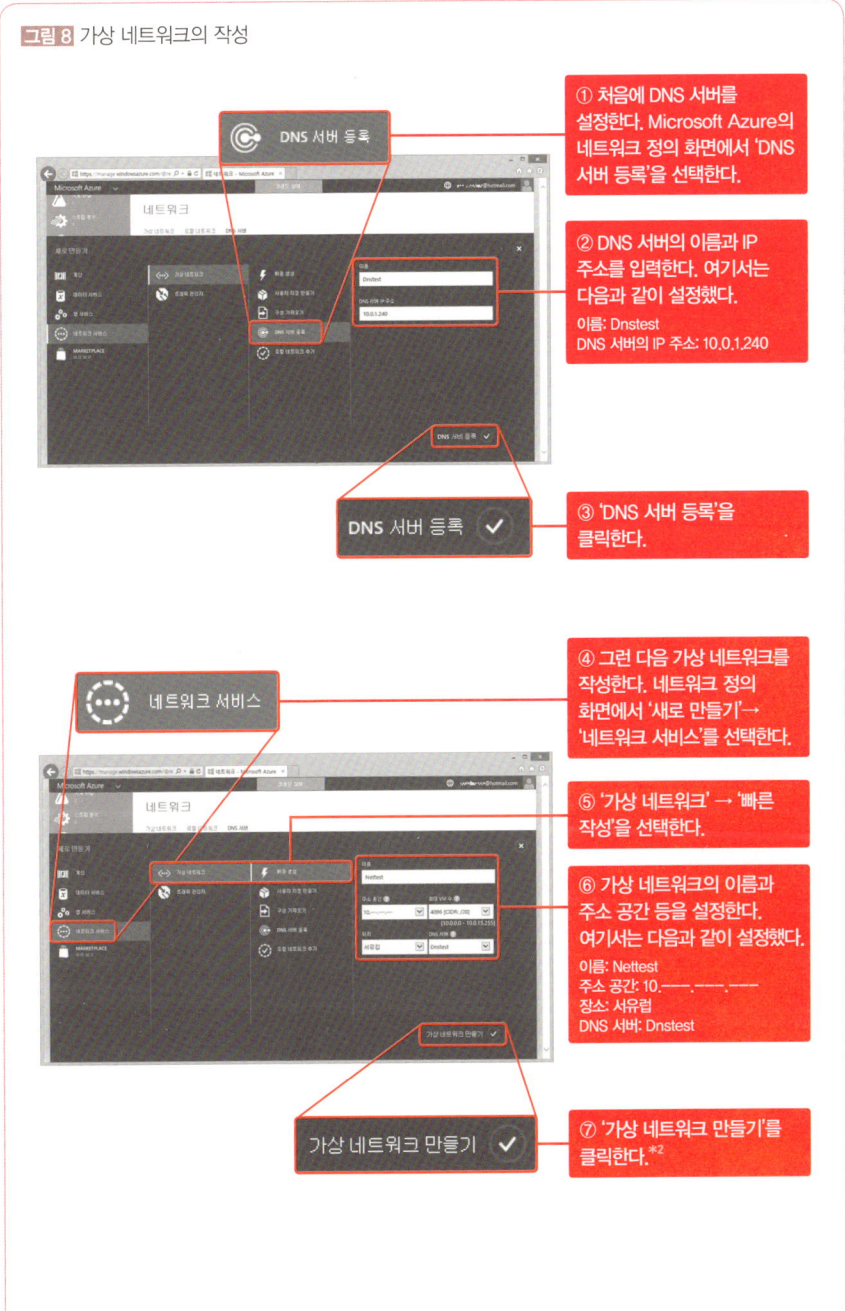

*2 이 조작은 앞의 DNS 서버를 올바르게 설정했다는 것을 전제로 합니다.

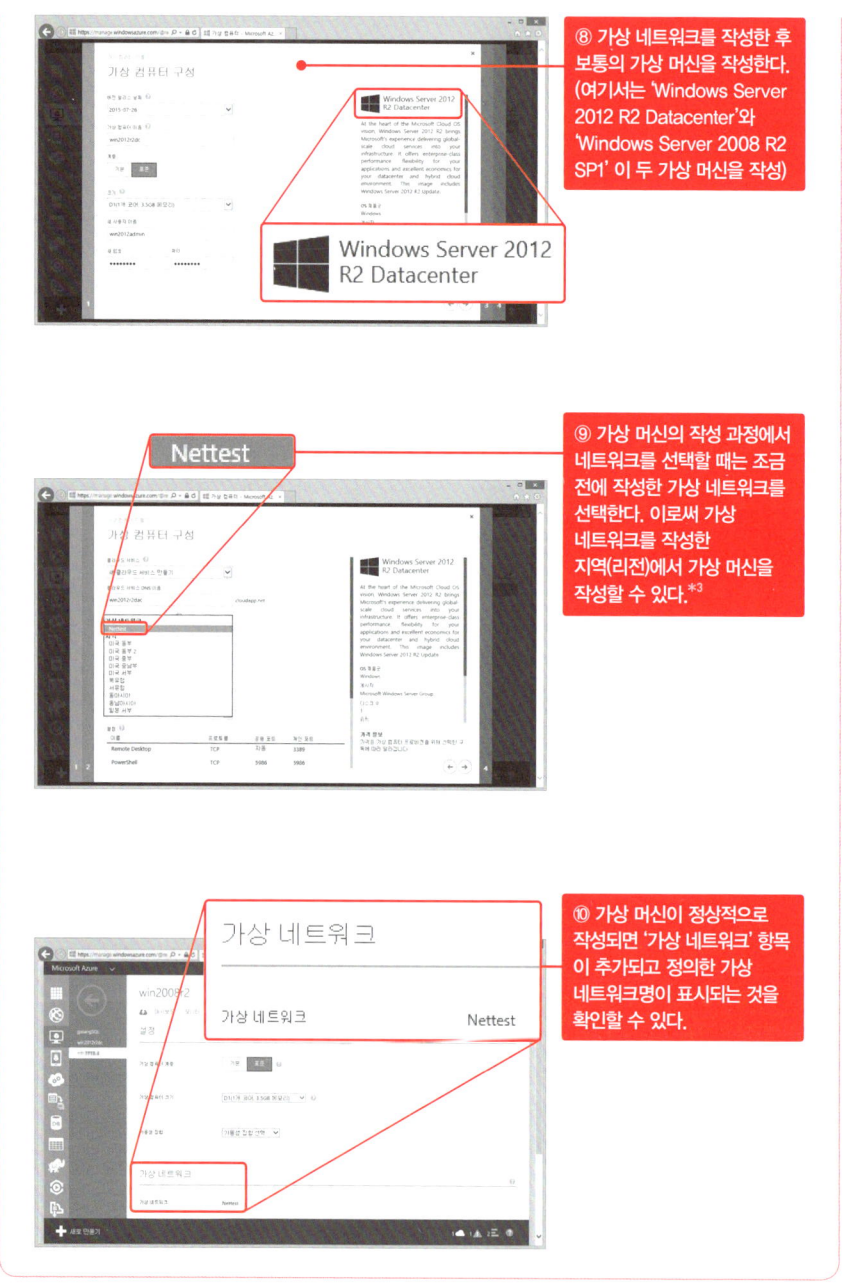

*3 실제로 이용할 때는 어떤 지역(리전)에서 이용하고 싶은지 등을 충분히 검토하여 환경을 구축할 것을 권장합니다.

● 가상 네트워크 작성의 장점

이와 같이 가상 네트워크는 클라우드 서비스의 관리 화면에서 간단히 작성할 수 있습니다.

이제 가상 네트워크로 가상 머신을 연결하면 어떤 이점이 있는지 살펴봅시다.

그림 9 는 그림 8 에서 작성한 두 대의 가상 머신을 원격 데스크톱으로 연결하여 명령 프롬프트를 표시하고 'ipconfig' 명령으로 동일 네트워크 세그먼트의 IP 주소가 할당되어 있는 것을 확인하는 화면입니다.

화면 오른쪽은 Windows Server 2012 R2 Datacenter의 가상 머신(머신 B)으로, IP 주소는 '10.0.0.4'입니다. 화면 왼쪽은 Windows Server 2008 R2 SP1의 가상 머신(머신 A)으로, IP 주소는 '10.0.0.5'로 표시되어 있습니다.

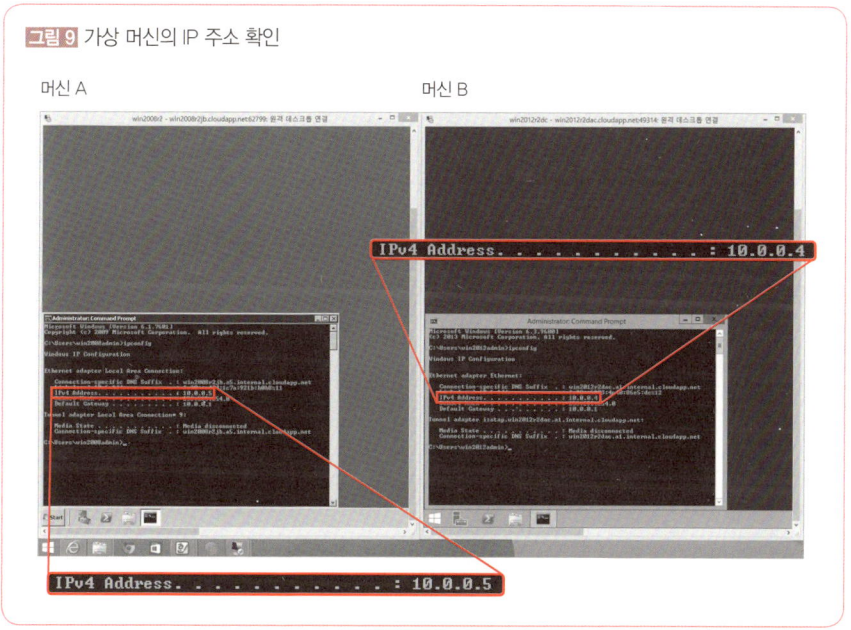

그림 9 가상 머신의 IP 주소 확인

즉, 그림 8 에서 할당한 가상 네트워크에서 등록한 주소 공간의 범위 내에서 해당 가상 네트워크에 참가한 가상 머신의 주소가 할당되어 있다는 것을 확인할 수 있습니다.[*4]

[*4] Windows Server의 경우 보통 아무것도 하지 않고 인스톨을 한 직후에는 방화벽 설정으로 인해 Ping 응답을 받지 못하는 설정으로 되어 있으므로 주의가 필요합니다.

또한 오른쪽의 가상 머신 B에서 사용자(User) 폴더를 열고 'test'라는 이름의 파일을 새로 만들어 그 폴더를 공유해봅니다(그림 10).

그런 다음 왼쪽 머신 A에서 폴더를 열고 머신 B의 IP 주소를 '\\10.0.0.4'로 입력하면 공유 폴더가 존재한다는 것을 확인할 수 있습니다(그림 11).

그림 12는 양쪽의 가상 머신에서 공유한 'test' 폴더를 연 화면입니다. 그림 12는 오른쪽 가상 머신(머신 B)에 실제 파일이 있고, 왼쪽의 가상 머신(머신 A)은 오른쪽의 가상 머신 공유 폴더를 참조하고 있는 상태가 됩니다.

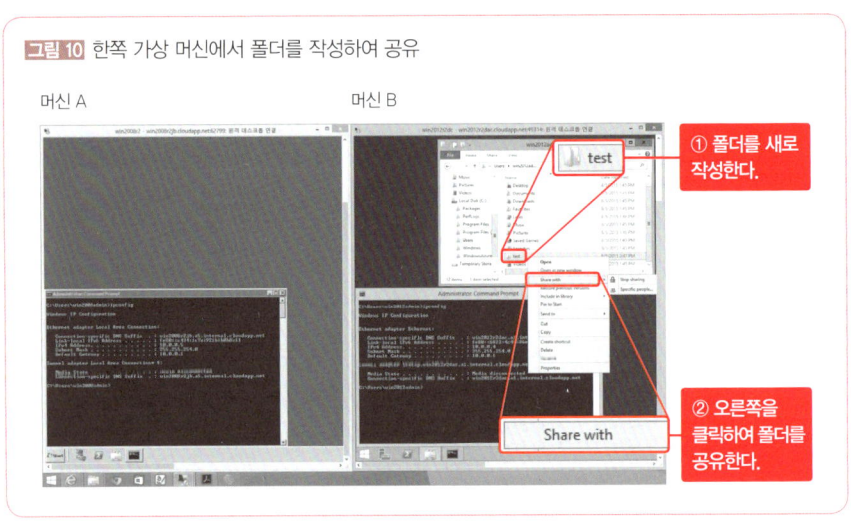

그림 10 한쪽 가상 머신에서 폴더를 작성하여 공유

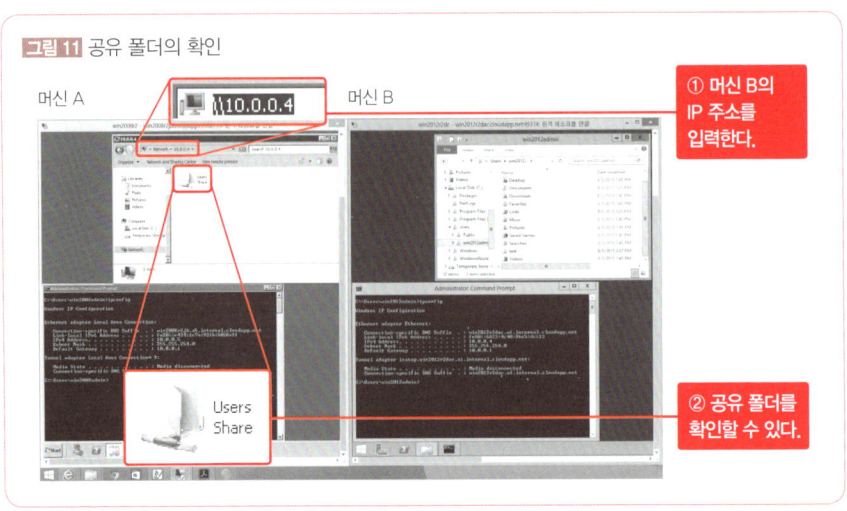

그림 11 공유 폴더의 확인

228 집에서 배우는 가상화의 기본 개념

그 후 오른쪽 가상 머신 B의 공유 폴더 안에서 'Text Document'를 새로 작성하면 아무것도 하지 않았는데, 왼쪽의 가상 머신에 새로운 텍스트 파일이 작성됩니다 (그림 13). 즉, 이 두 대는 클라우드상의 가상 머신으로, 앞에서 정의한 가상 네트워크를 이용하여 연결되어 있다는 것을 알 수 있습니다.

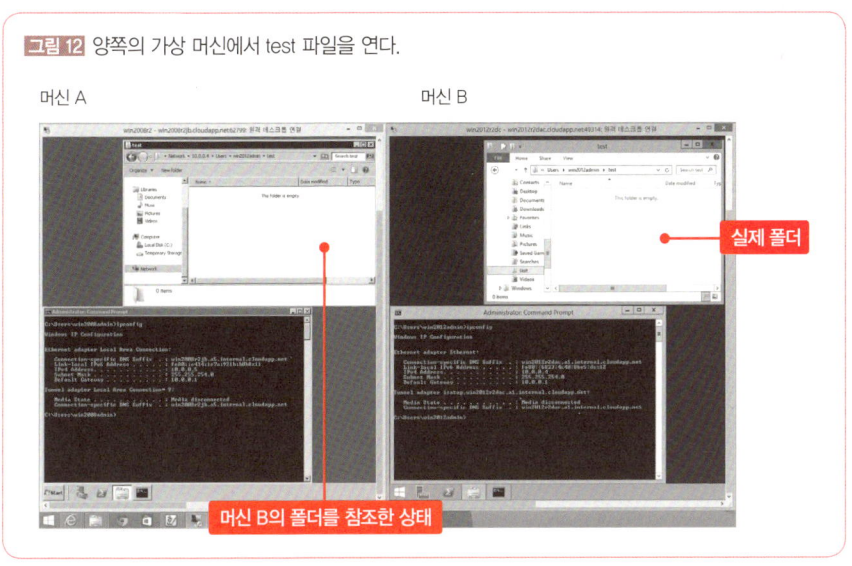

그림 12 양쪽의 가상 머신에서 test 파일을 연다.

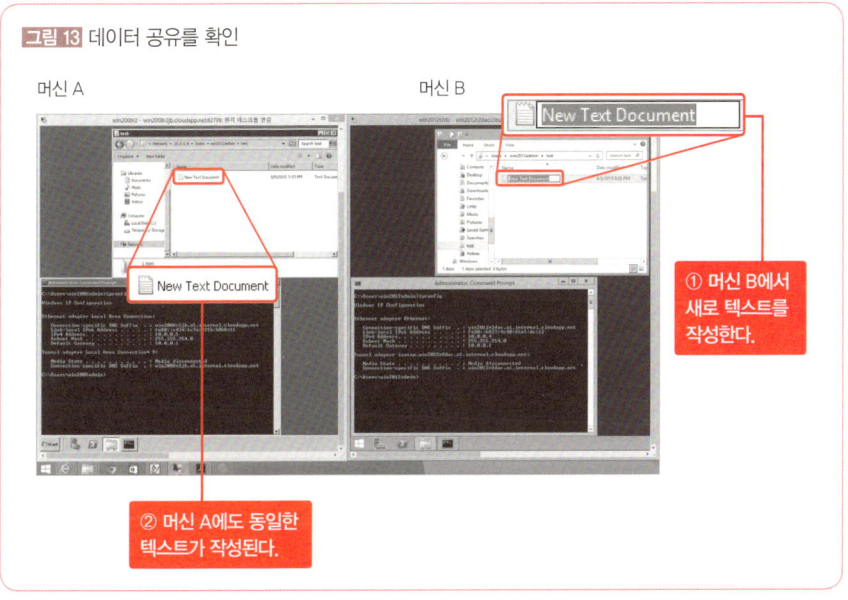

그림 13 데이터 공유를 확인

● **가상 네트워크의 실무 구성**

이 상태를 223쪽의 그림 6 에 대입해보면 그림 14 와 같은 상태가 됩니다.

이와 같이 클라우드상에 있는 여러 개의 가상 머신 사이에 데이터 등을 주고받을 경우 '가상 네트워크'라는 개념을 가지고 해당 가상 네트워크에 가상 서버를 참가시킬 필요가 있습니다.

또한 보다 실무적인 환경 구성으로는 이번의 구성에서 가상 네트워크 안에 로컬 네트워크를 작성하여 가상 머신 A에는 사용자 애플리케이션 등을 도입하고, 가상 머신 B에는 데이터베이스를 도입하여 데이터를 관리하고 가상 머신 B에서 정기적으로 백업을 하는 구성도 생각할 수 있습니다.

이 책에서는 여기까지는 들어가지 않지만 실제로 기업에서 도입할 기회가 있다면 꼭 전문적인 내용에도 도전해보기 바랍니다.

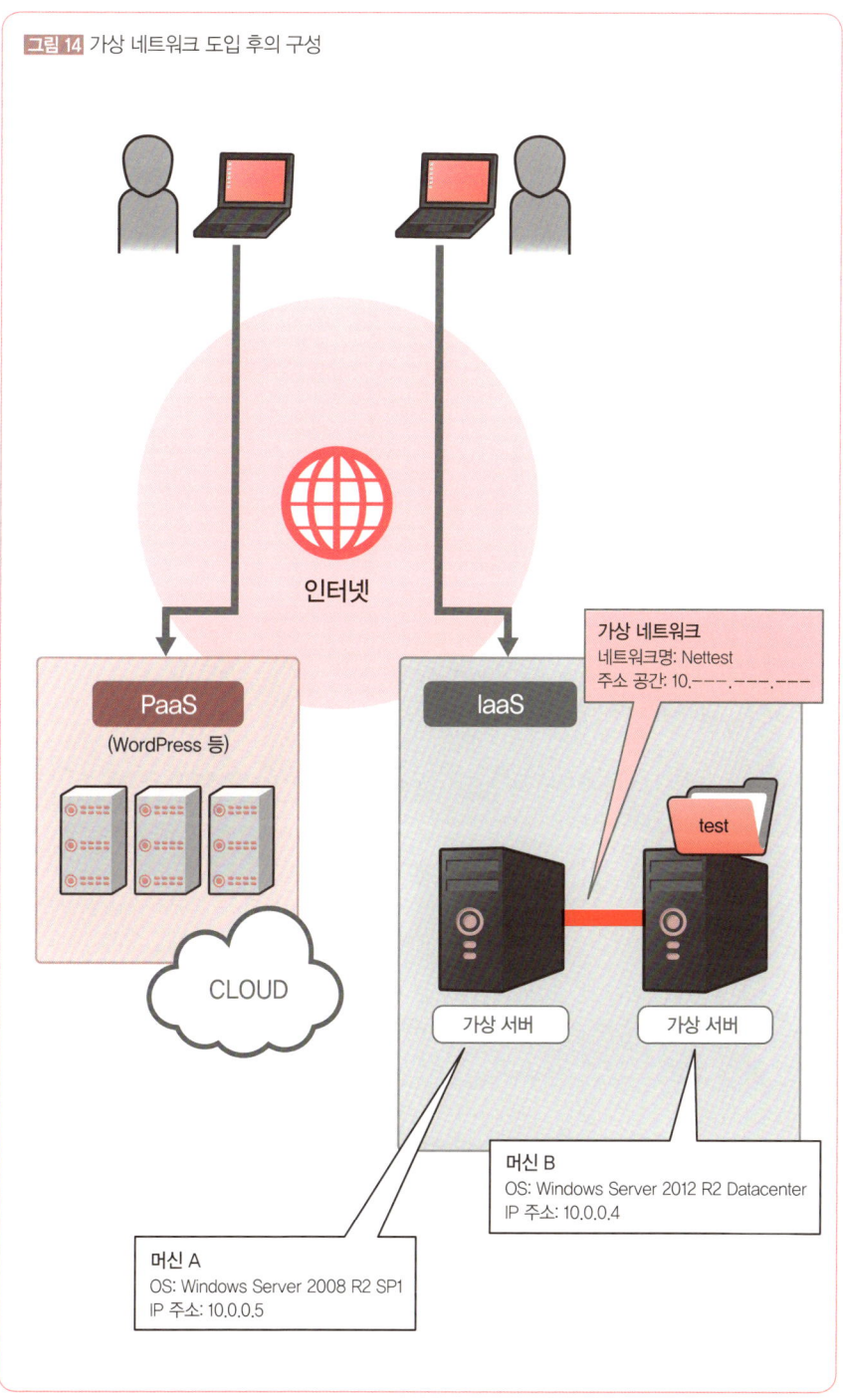

다른 OS를 동일 네트워크에 참가시킨다

여기서는 가상 머신 두 대의 양쪽에 Windows OS(Windows Server 2008 R2 SP1 / Windows Server 2012 R2 Datacenter)를 사용했지만, 다른 OS를 동일 네트워크에 참가시켜 통신할 수도 있습니다.

그림A는 Windows Server와 Ubuntu를 동일 네트워크에 참가시킨 화면입니다.
❶ 이 가상 머신 'Windows Server 2012 R2 Datacenter'의 화면으로, ❷를 향해 Ping 통신을 수행하고 있는 모습입니다. 한편 ❷는 가상 머신 'Ubuntu Server 14.04 LTS'의 화면으로, IP 주소의 상태를 나타내고 있습니다. 마지막으로 ❸은 Microsoft Azure의 관리 화면에서 네트워크를 표시하고 있으며, ❶과 ❷가 동일 네트워크에 참가하여 IP 주소가 할당되어 있는 것을 나타내고 있습니다.

그림A Windows와 Ubuntu의 네트워크

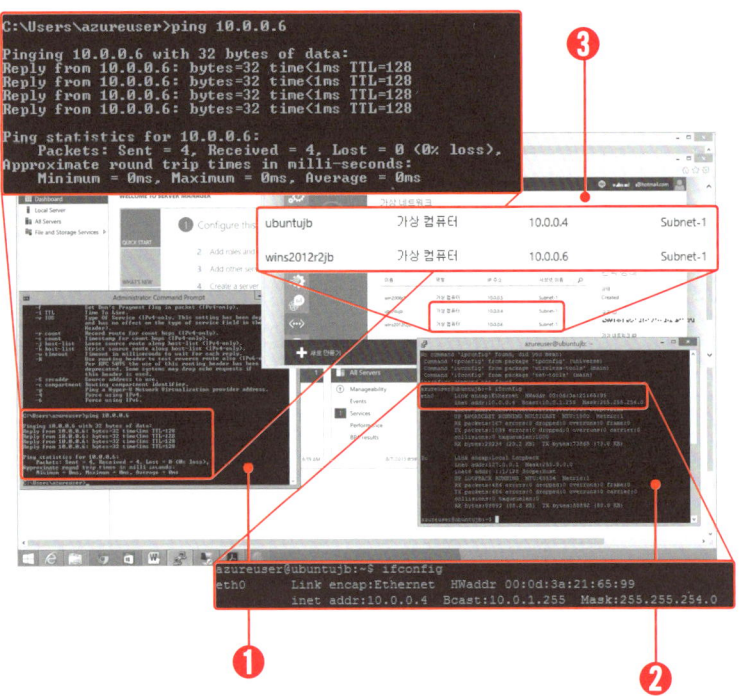

6장의 정리

- 가상화를 이용한 기술의 대표적인 서비스로 '클라우드'가 있다.
- 클라우드 서비스는 CPU나 메모리, 디스크, 그 밖의 인프라나 실제 기기 등을 가상화하여 사용자가 필요할 때, 필요한 만큼 이용할 수 있는 서비스다.
- OS나 미들웨어 등 자주 사용하는 기술을 미리 조합해두고 신청 시에는 완전 자동화된 서비스를 제공하여 사용자가 복잡한 구축이나 설정을 할 필요없이 목적하는 기능을 이용할 수 있는 형태를 'PaaS'라고 한다.
- 사용자가 CPU의 종류나 코어 수, 메모리나 디스크 등의 구성만을 신청하고 OS나 미들웨어를 이용자 측에서 구축 및 운용하는 형태를 'PaaS'라고 한다.
- 사용자가 클라우드 서비스를 이용하여 애플리케이션(메일이나 스토리지 등)을 직접 이용하는 형태를 'SaaS'라고 한다.
- 대표적인 클라우드 서비스 플랫폼으로는 AWS(Amazon Web Services), Microsoft Azure, Google Cloud Platform(GCP)가 있다.
- 이용 중인 클라우드는 Web 브라우저상에서 관리 포털에 접속하여 관리한다.
- 클라우드 서비스상에서 가상화된 서버군이 저장되어 있는 위치를 '리전(Region)'이라고 한다.
- 실제 기기에 설치하는 애플리케이션의 경우, 기능 추가 등은 이용자 측의 액션(업데이트 등)으로 한다.
- 클라우드 서비스의 경우 실제 기기에 설치하는 모델이 아니라 네트워크를 통해 연결되는 모델이기 때문에 기능 추가나 업데이트는 서비스 제공 사업자 측에서 한다.

Q1 다음 중 클라우드 서비스에서 이용하고 싶은 미들웨어가 미리 플랫폼으로 제공되는 서비스는 무엇입니까?

- **A** Iaas(Infrastructure as a Service)
- **B** Paas(Platform as a Service)
- **C** Saas(Software as a Service)
- **D** mBaas(mobile Backend as a Service)

Q2 다음 중 기업에서 클라우드를 이용하고 할 때 유의할 점은 무엇입니까? 해당되는 것을 모두 고르십시오.

- **A** 실제 서버와 클라우드의 비용이나 예산과 함께 그로부터 얻을 수 있는 이점을 명확하게 정리하여 검토할 필요가 있다.
- **B** 일시적인 처리 등으로 이용할 경우, 용도가 끝난 리소스는 확실하게 요금이 부과되지 않는 상태로 만들도록 유의한다.
- **C** 클라우드 서비스를 도입하면 틀림없이 비용 절감을 실천할 수 있다.
- **D** 기업으로서 실제 기기를 소유하지 않는 것이 이득인 경우, 그 이득은 전 사원이 이해하지 않으면 안 된다.

Q3 다음 중 클라우드 서비스 관리의 특징 및 개념으로 올바른 것은 무엇입니까? 해당되는 것을 모두 고르십시오.

- **A** 한 번 작성된 관리 화면은 변경되는 일이 거의 없다.
- **B** 관리 화면은 그때마다 새로운 기술이 추가되거나 조작 방법, UI 디자인 등이 변경된다.
- **C** 클라우드에 신청을 할 때는 관리 툴을 인스톨하여 이용한다.
- **D** 기업 등에서 이용하는 경우, 관리 화면을 이용할 수 있는 사람의 직함이나 이동, 퇴직 등이 있을 때의 관리 방법을 폴리시로서 정해둘 필요가 있다.

해답　Q1. B　Q2. A와 B　Q3. B와 D

Chapter 07

가상화의 미래

가상화와 클라우드의 미래 예상도

이 장에서는 가상화의 미래에 대해 생각해봅니다. 가상화 기술의 발전에는 어떤 미래가 기다리고 있을까요? 여기서는 '사용자'와 '기술자', 이 둘의 시점에서 살펴보겠습니다. 또한 최근 주목받고 있는 '하이브리드 클라우드'의 개념에 대해서도 설명합니다.

Section 01

가상화의 미래를 생각해보자

지금까지 가상화의 기본적인 구조부터 서버 가상화, 네트워크 가상화, 스토리지 가상화 등 다양한 가상화 기술을 설명했습니다. 이러한 다양한 가상화 기술의 집대성이라 할 수 있는 것이 요즘 급속히 발전하고 있는 클라우드 서비스입니다. 클라우드는 가상화 기술이 지지하고 있다고 해도 과언이 아닐 것입니다. 여기서는 '클라우드'를 키워드로 하여 가상화 기술의 미래를 함께 생각해보겠습니다.

Step 1 ▶ '하이브리드 클라우드'의 의미를 찾아보자

클라우드 기술의 새로운 형태로 '하이브리드 클라우드'라는 개념이 등장하고 있습니다. 하이브리드 클라우드란 무엇을 가리키는지 웹으로 검색하여 용어의 의미를 찾아보기 바랍니다.

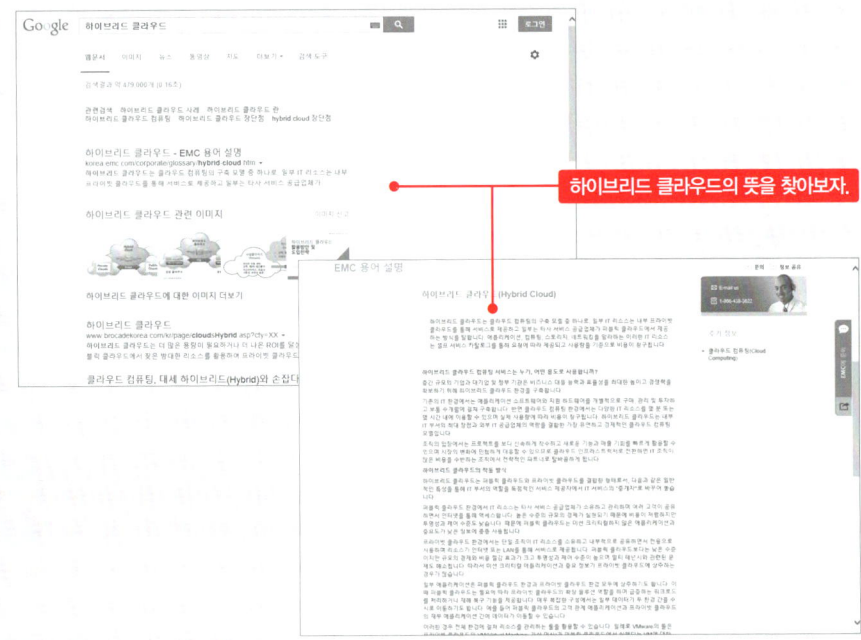

하이브리드 클라우드의 뜻을 찾아보자.

Step 2 ▶ 다양한 클라우드 서비스 제공 회사를 찾아보자

클라우드 기술의 발전과 함께 다양한 회사가 (대소의 차이는 있지만) 클라우드 서비스나 솔루션을 제공하고 있습니다. 예를 들어 '클라우드 서비스', '클라우드 컴퓨팅', '클라우드 솔루션' 등과 같은 용어로 검색하면 여러 기업명이 나타날 것입니다. 그래서 어떤 기업이 어떤 클라우드 서비스를 제공하고 있는지를 조사해봅시다.

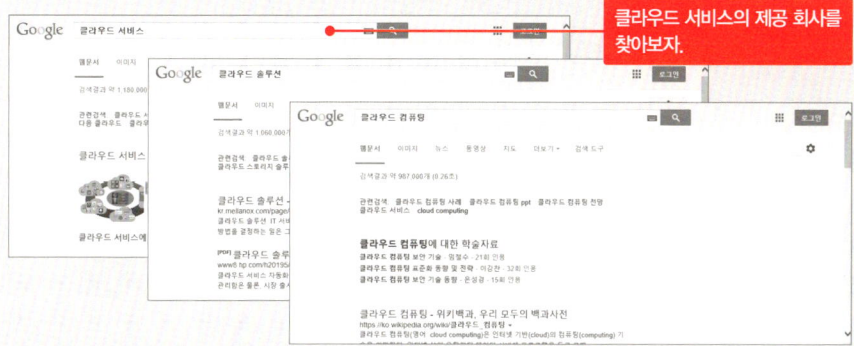

클라우드 서비스의 제공 회사를 찾아보자.

Step 3 ▶ 클라우드 서비스 제공 회사의 주력 분야를 찾아보자

Step 2에서 다양한 클라우드 서비스 제공 회사의 이름을 찾았을 것입니다. Amazon이나 Microsoft, Google, LG 유플러스, IBM 등과 같은 기업명이 나타났을지 모릅니다. 각 기업은 클라우드 서비스뿐만 아니라 다양한 제품 및 서비스를 판매하고 있습니다. 예를 들어 Microsoft 사의 경우는 OS나 Office 소프트웨어 등을 제공 및 판매하고 있으며, Amazon은 EC 사이트 등을 운영하고 있습니다. 그래서 각 클라우드 서비스 제공업자가 클라우드 서비스 이외에 어떤 사업을 하고 있는지, 이른바 각 기업의 '주력 분야'를 생각해봅시다.

'하이브리드 클라우드'란?

● 계속 발전하는 가상화 기술

하이퍼바이저를 이용한 가상 서버는 인접한 서버로 순식간에 기능을 이동시킬 수 있는 기능이 있습니다. 이러한 기능을 '라이브 마이그레이션'이라고 합니다.

서버 한 대당의 기능이 향상되어 많은 가상 서버가 함께 존재하는 시스템의 경우, 하드웨어의 장애에 의한 리스크도 그만큼 높아집니다.

그야말로 LAN 케이블 하나가 끊어져 버리면 몇십 대의 가상 서버와의 통신이 불가능해질 가능성도 있는 것입니다.

또한 장애 외에도 예를 들어 어떤 이유로 어떤 실제 기기의 부하가 극단적으로 높아진 경우, 연동하는 가상 머신이 영향을 받아 전체 퍼포먼스가 저하되는 경우도 생각할 수 있습니다.

그래서 각 하이퍼바이저 제조업체는 정상적으로 가동하고 있는 하드웨어나 리소스를 감시하여 필요할 때 가상 머신을 이동시키거나 통신이 단절된 경우에 새로 기동시키는 기능을 추가 패키지나 통합 관리 환경과 같은 형태로 제공하고 있습니다.

● 클라우드 구성과 가상화

가상화 기술이 보급되지 않았던 시대, 즉 실제 기기만 사용했던 환경에서는 시스템의 다운을 막기 위해 똑같은 처리를 하는 서버를 여러 대 마련했습니다.

그리고 그런 서버가 제공하는 기억 장치를 이용하여 사용자로부터의 오는 액세스는 기동 중이며 처리 가능한 서버로 전송시킵니다. 이로써 장애가 발생하더라도 정상적으로 작동하는 다른 서버에서 처리를 계속할 수 있다면 장애의 영향을 거의 받지 않고 시스템을 계속 가동할 수 있습니다.

그림1 은 그러한 시스템 구성의 한 예입니다.

동일한 처리를 수행하는 서버를 두 대(여러 대) 준비하여 각 서버들은 서로가 정상적으로 작동하고 있는지를 감시하고 경우에 따라서는 서로의 처리 상황을 공유합니다. 또한 중요한 처리 결과나 데이터는 양쪽의 서버가 액세스할 수 있는 공유 디스크(기억 장치)에 저장됩니다. 시스템 전체로 보면 두 대의 서버를 한 대의 서버처럼 취급하는 이미지입니다. 이와 같이 여러 대의 서버를 한 대처럼 취급하는 것을 '클러스터링' 또는 '클러스터 구성'이라고 합니다.

클러스터 구성을 취하면 만일의 경우 어느 한쪽의 서버에 장애가 발생했을 때 다른 한쪽의 서버가 장애를 탐지하여 처리를 이어받을 수 있습니다. 또한 해당 처리의 상황은 공유 디스크에도 반영되어 장애가 발생한 서버가 복구되면 처리를 계속할 수 있습니다.

당시에는 이러한 기술을 '액티브 스탠바이형 클러스터 구성' 등으로 불렀습니다.

하지만 가상화 시대에 들어서면서 라이브 마이그레이션과 같은 기능보다 더욱 유연한 처리를 할 수 있게 되었습니다.

더욱이 클라우드 서비스 등과 병행함으로써 앞으로는 '현재 이용하고 있는 가상 서버가 어떤 환경에서 어떤 형태로 움직이고 있는지'와 같은 것조차 의식할 필요없는 시대가 도래하고 있습니다.

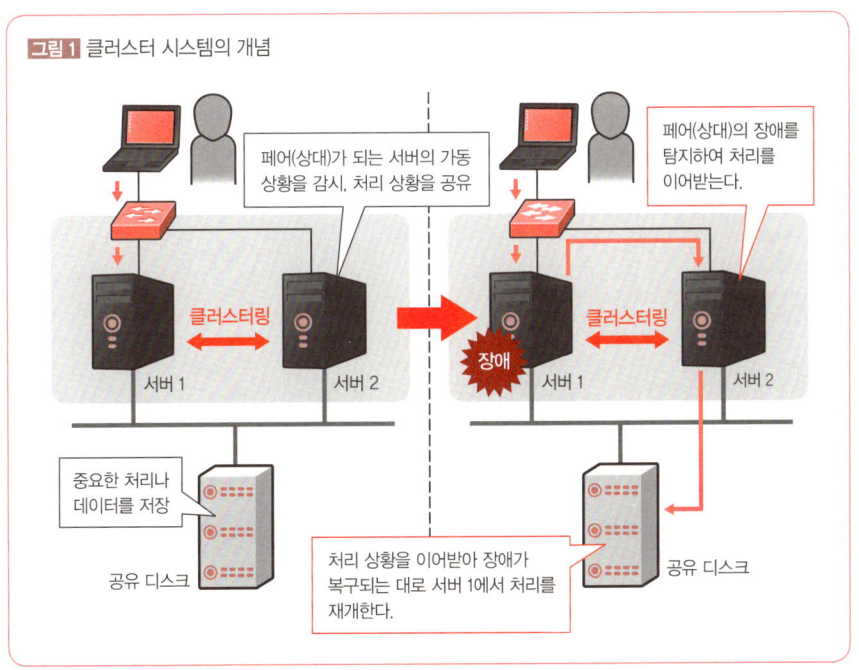

그림1 클러스터 시스템의 개념

● 라이브 마이그레이션의 개념

일찍이 실제 머신과 실제 OS(처리)는 일대일이었지만, 가상화 기술의 발전으로 인해 실제 머신 1에 대해 여러 개의 가상 머신이 가동되어 다양한 처리를 할 수 있게 되었습니다.

하지만 이 장의 처음에 설명했듯이 이러한 상태에서는 한 대의 실제 머신에 장애가 발생했을 때의 영향은 가상화 이전보다 커집니다.

그래서 '라이브 마이그레이션'으로 대표되는 장치, 즉 실제로 가동하는 실제 서버를 의식하지 않고 가상 머신을 가동시킬 수 있는 장치가 나온 것은 앞에서 말한 그대로 입니다.

라이브 마이그레이션 기능을 사용하는 경우 '동일한 하이퍼바이저상에서 가동하고 있다' 등과 같이 어떤 일정한 규칙을 따르고 있다면 가상 서버는 기본적으로 메모리와 디스크 등의 복사함으로써 장소를 가리지 않고 이동시킬 수 있습니다. 라이브 마이그레이션의 이미지는 그림2 와 같습니다.

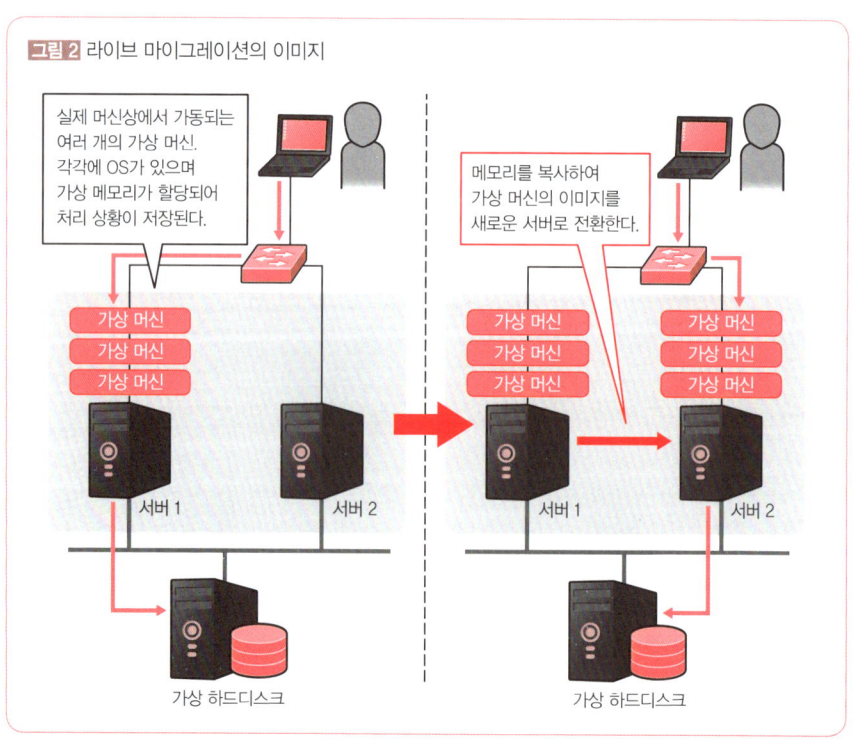

그림2 라이브 마이그레이션의 이미지

이로써 가상 머신을 원격지에서 작동시키거나 나중에 설명할 클라우드상으로 이동시켜도 문제없이 작동할 수 있게 되었습니다(단, 현재는 정말 거의 정지하는 일 없이 가동할 머신을 변경하는 기술에는 일부 제약이 남아 있습니다).

● 하이브리드 클라우드의 개념

최근 주목받고 있는 개념으로 '하이브리드 클라우드'가 있습니다.
하이브리드 클라우드는 실제 서버군과 클라우드 서비스를 조합한 기능을 가리킵니다. 하이브리드 클라우드를 구현하면 원격지나 회사가 관리하지 않는 하드웨어상(클라우드 등)에서 가상 머신을 작동시킬 수 있습니다.
구체적인 이미지로 설명하자면 Hyper-V상에서 가동되는 가상 서버에 대해 자사의 실제 서버상의 Hyper-V에서든, 클라우드 서비스인 Microsoft Azure상에서든 문제없이 작동시킬 수 있다는 것입니다(그림 3).

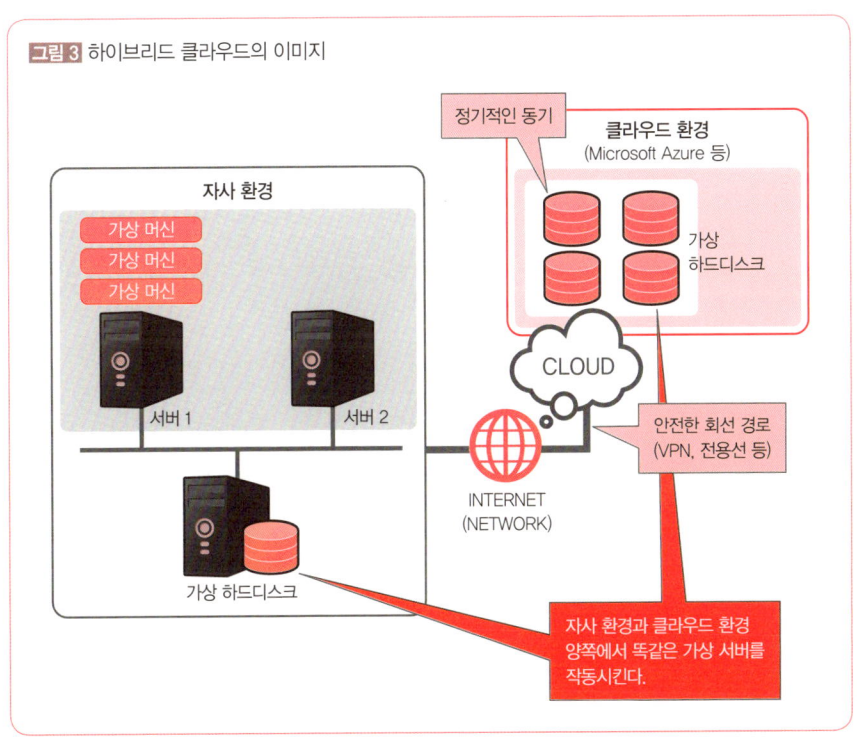

그림 3 하이브리드 클라우드의 이미지

● 관리자의 부담이 없어지는 시대

전국에 거점을 두고 있는 기업의 경우, 서울과 부산 또는 광주 등과 같은 원격지 거점의 백업을 할 때 전용 설비를 운용하거나 실제로 가서 백업을 하는 등 다양한 설비 투자나 인적 자원이 필요했습니다.

하지만 하이브리드 클라우드 환경을 구현하면 다양한 설비나 개념, 복잡한 운용 등과 같은 부담을 큰 폭으로 경감시킬 수 있습니다.

단, 현 시점에서 백업 이상의 작업을 수행하는 데는 기술적인 제약이 남아 있습니다.

예를 들어 프라이머리 사이트(평상시에 가동되고 있는 시스템)가 장애를 입어서 그 후 처리를 클라우드에서 구현시키고 싶은 경우는 프라이머리 사이트와 클라우드 사이트 간의 네트워크 운용이나 이름 해결을 어떤 폴리시로 할지 등을 검토해야 합니다. 그 밖에도 클라우드 사이트에서 리소스를 항상 대기시킬 필요가 있는지, 그런 경우 프라이머리 사이트 측의 데이터 갱신에 클라우드 사이트가 어느 정도 따라갈 필요가 있는지 등 다양한 문제를 해결할 필요가 있습니다.

반대로 말하면 이러한 대책에 대해 사용자 측의 부담은 거의 주지 않고 구현하는 기술이야말로 가상화의 미래일지도 모르겠습니다.

하이브리드 클라우드 환경의 구축

요즘은 하이브리드 환경의 구축도 서비스로 구현할 수 있습니다. 예를 들어 Microsoft에서 하이브리드 클라우드 환경을 구축할 때는 Microsoft Azure의 항목에서 설정 가능합니다(구체적으로 말하면 '복구 서비스'라는 항목의 '회복 셋업'란에서 '온프레미스 Hyper-V 사이트와 Azure 사이'를 선택합니다). Hyper-V 사이트의 그룹화, 실제 머신에 대한 전용 소프트웨어의 인스톨 등 몇 가지 설정해야 할 항목이 있지만 서비스를 이용하면 비교적 쉽게 안전한 하이브리드 환경을 구축할 수 있도록 되어 있습니다(그림A).

이와 같이 클라우드 사업자가 제공하는 서비스도 항상 발전을 거듭하고 있습니다. 자사에서 이용하고 있는 클라우드 서비스가 있다면 공식 사이트 등을 정기적으로 확인하여 최신 정보의 수집에 힘쓰도록 합시다.

그림A Microsoft Azure의 하이브리드 클라우드 설정 화면

Chapter 07 가상화의 미래 243

가상화의 미래와 기술자에게 요구되는 것

● 가상화 기술의 최종 목표

지금까지 다양한 가상화 기술에 대해 설명했습니다. 마지막으로 가상화의 미래에 대해 필자의 경험을 참고로 예측해보겠습니다.

여기서는 이용자이기도 한 '사용자(사용자 기업)'의 시점과 그것을 구현하는 '가상화 서비스 제공자 측'의 시점에서 생각해보겠습니다.

먼저 사용자(사용자 기업)의 시점에서 생각해봅시다. 이 책에서는 지금까지 가상화의 기술에 대해 설명했습니다. '대충 이해됐다'는 분도 있을 테지만 그중에는 '아직 모르는 것이 많다'고 느끼시는 분도 있을 것입니다.

하지만 가상화 기술의 최종 도착점은 '가상화에 관한 전문 지식'은 필요없고, (사용자 또는 사용자 기업이) 자신도 모르는 사이에 편리함을 향유할 수 있는 데 있다고 생각합니다.

최소한의 용도, 예를 들면 어떤 가상 머신을 'Web 서버로 이용할지, 사내 정보 시스템으로 이용할지'와 같은 방침만 결정되면 그 다음은 '이러한 하드웨어의 사양으로 프라이빗 네트워크에 속하는 가상 머신을 원한다.'라고 서비스 제공 사업자에게 주문만 하면 끝나는 시대입니다. 리소스도, 백업도, 장애 시 처리도, '어떤 기술이 필요한지'와 같은 이야기는 전혀 관계없이 실현될 수 있는 시대가 조만간 찾아올지 모릅니다(**그림 4**). 그렇게 되면 사용자 기업도 자사의 사업 개발에 더욱 힘을 쏟을 수 있게 될 것입니다.

● 사용자가 더 편리한 시대로

장애가 일어났을 때 자사의 가상 머신이 사업을 계속할 수 있는 기술이 클러스터링인지, 라이브 마이그레이션인지, 그와는 다른 기술인지, 사업자는 그것들이 '각기 전혀 다른 기술'이라고 주장할지도 모르지만 실제 사용자는 '어떤 것이든 상관없다'는 것이 본심일 것입니다.

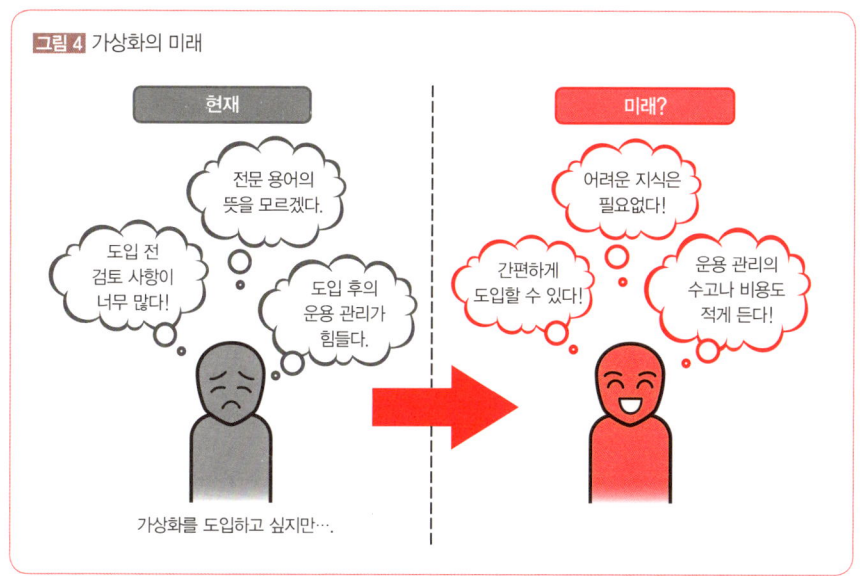

그림 4 가상화의 미래

실제로 IT 업계에서는 거의 비슷한 기능임에도 불구하고 독자성을 존중해왔기 때문에 서비스에 다른 이름을 붙여서 결과적으로는 사용자의 혼란을 야기시키는 경우도 적지 않습니다.

하지만 좀 거칠게 말해서 사용자 측에서 보면 가상화 서비스가 AWS에서 움직이는지, Microsoft Azure에서 움직이는지는 관심사가 아닙니다. 그보다도 자사의 시스템이 다운되는 일 없이 잘 작동하기만 하면 그것으로 만족할 것입니다.

극단적으로 말하자면 어떤 서비스 사업자의 클라우드 서비스가 완전히 정지하더라도 다운 타임없이 다른 클라우드 서비스에서 계속 가동되기만 한다면 아무 문제가 없다는 것입니다. 그것도 '예비 시스템을 준비한다.'는 개념이 아니라 '클라우드' 이미지로 운용될 수 있다면 더할 나위가 없을 것입니다.

'클라우드'는 '구름'의 이미지를 가지고 이름이 붙여진 용어입니다. 현재는 이용하는 클라우드 서비스에 따라 기능이 다르지만 '구름이 다르다고 해서 전부 달라지는 것은 불편하다.'라고 느끼는 사용자도 많을 것입니다. 그러한 현상이 개선되는 시대가 머지 않아 찾아올지도 모릅니다.

● 기술자가 주의해야 할 점

한편 서비스 제공 사업자에 소속된 기술자의 시점도 생각해봅시다.

기술자 시점에서 보면 기존의 자사 구축(온프레미스)을 중심으로 한 인프라 엔지니어는 점점 직종의 정의를 바꿔 가면서 가상화나 클라우드의 기본 설계를 하는 부분까지 담당하게 되었습니다.

업계에 따라서는 클라우드 관리 화면을 이용하거나 운용 및 감시하는 직종도 '인프라 엔지니어'라고 부르는 경우도 있는 것을 보면 시대가 크게 바뀌어 가고 있는 듯합니다. 또한 해당 부분 시스템(SI)으로 특화된 시스템 인티그레이터(SIer)도 등장하여 종래의 데이터 센터가 수행하던 호스팅 SI도 발전하고 있는 것 같습니다.

개인적인 이야기이지만 필자는 데이터 센터 구축, 메탈 회선 설치, 전력 공급이나 부동산 공사와 같은 '인프라의 이면' 업무도 경험했습니다. 또한 그것과는 별개로 범용기 전반에 관한 인프라 구축부터 UNIX나 PC 서버에 이르기까지 20년 이상을 IT 업계의 성장과 추이를 계속 지켜봤습니다. 그러한 경험으로 얻은 여러 지식과 노하우도 있지만 이것들이 점점 '옛날이야기'로 바뀌어 가고 있다는 것을 실감하고 있습니다.

● 이용자의 요구를 파악한다

하지만 지금까지의 경험이나 지식이 시대에 뒤떨어졌다고 하더라도 필자를 포함하여 오래된 엔지니어의 일이 없어지는 것은 아닙니다. 필자 자신도 범용기부터 PC 서버로 기술이 크게 바뀌는 중에서도 똑같은 일을 계속해왔습니다.

다소 설교조가 되어 버렸지만 중요한 것은 '이용자가 어떤 이미지를 가지고 있는지'와 같은 요구를 제대로 이해하고 '방법 우선인지, 구현 우선인지' 등 이용자의 요구를 잘 파악하여 대응하는 것입니다. 왜냐하면 가상화가 더욱 발전하여 클라우드 서비스가 전성기를 맞이하더라도 그 근본은 변하지 않기 때문입니다.

● 서비스의 관리 형태도 바뀐다

앞으로도 IT 기술은 더욱 진화하고 기술의 사이클도 점점 빨라질 것입니다. 또한 그와 함께 서비스의 관리 형태도 달라질 것입니다.

예를 들어 종래에 서비스를 도입할 때는 라이선스를 구입하고 인스톨러를 이용하여 애플리케이션 기반으로 제공되었습니다. 하지만 요즘은 Web 경유로 언제든지 최신 툴을 이용할 수 있게 되었습니다. 또한 관리 화면 자체도 클라우드를 통해 Web 기반으로 화면 구성이 제공됩니다. 이러한 방식은 앞으로 점점 더 표준이 되어 갈 것입니다.

● 새로운 기능은 우선 시험해본다

종래에는 자사에서 구입한 서비스를 운용할 때 기술자는 서비스의 절차에 대해 세세하게 화면 캡처를 해서 사용 설명서나 체크리스트를 보면서 운용했습니다.
하지만 요즘과 같은 클라우드 기반의 제공 형태의 경우, 지금까지의 방식으로는 운용하지 않으리라 생각됩니다. 고집스럽게 종래의 방법을 답습할 것이 아니라 일단 새로운 것을 시험해보는 자세도 중요합니다. 지금까지 이용하던 기능이 없어지는 경우도 다른 기능으로 대용할 수 없는지, 새로운 기능을 사용하여 자사의 업무에 새로운 경험을 추가할 수 없는지 등 유연하게 대처할 필요가 있습니다.
사실 이렇게 말하는 필자도 2010년 즈음에 처음으로 클라우드를 접했을 때는 영어로 된 관리 화면에 먼저 거부감이 들어 클라우드 서비스 측의 장애에 자사의 개념을 적용할 수 없어서 고생했던 적이 있습니다. 이후 새로운 개념, 새로운 기술, 새로운 화면이 모두를 즐기려는 생각으로 바꾸어 현재에 이르렀습니다.
가상화나 클라우드 기술은 매년 발전하고 있으며 아마 앞으로도 그 조류는 멈추지 않을 것입니다. 하지만 올바르게 활용할 수 있으면 사용자 기업에게 있어서 큰 이점을 가져다줄 것입니다. 만일 새로운 클라우드 시스템을 자사에 도입할 때는 경영층이나 사업 부서, 시스템 부서 등을 불문하고 비용을 아끼지 말고 사내 교육을 시행해야 한다고 생각합니다.

● 클라우드는 가상화 기술의 집합체

가상화를 하기 위한 기술이라는 점에서는 이 책에서 소개했듯이 클라우드 서비스가 시대를 견인하기 시작했습니다. 또한 클라우드를 지지하는 기술은 이른바 가상화 기술의 집합체라고 할 수 있습니다.
앞으로는 보다 대규모의 시스템을 가동시키기 위한 가상화 기술이나 클라우드 서비스와 자사에서 이용하고 있는 실제 기기상에 가상화 시스템 등을 공존(하이브리드 클라우드 시스템)시키고, 그것들을 쉽게 관리하는 방법(툴)의 개발이 활발해질 것입니다. 하드웨어에 관해서는 CPU, 메모리, 하드디스크 등과 같은 스토리지, 네트워크가 있는데, 먼저 전체적으로는 '전력의 효율화'라는 부분에서의 대처가 진행되지 않을까 생각합니다.

특히 CPU의 경우는 '클럭이나 내부 캐시가 아무리 많아도 부족하다'와 같은 처리는 거의 없습니다. 그보다도 전력 효율이 좋은 회로 설계나 저렴한 CPU에 코어 등을 대량으로 실을 수 있는 기술이 발전되어 가상화로 구현되는 시스템의 효율적인 운용이 개발되어 갈 것입니다.

● **스토리지의 미래**

하드디스크와 같은 스토리지에 관해서는 일단 기술 혁신이 피크에 달한 것처럼 보였지만 2014년 후반부터 또 다시 하드디스크 드라이브의 용량이 커지고 있습니다.
한 하드디스크의 용량이 커지면 RAID 기술 등으로 지원해도 하나의 하드디스크가 장애로 인해 손실을 입으면 그만큼의 대용량 데이터를 재구축할 필요가 있습니다.
핫스페어형[*1] RAID 시스템에서는 너무 큰 용량의 디스크에 의존하는 것은 그만큼 리스크도 커지므로 아마 이 부분에서 혁신적인 기술이 발전되지 않을까 (개인적으로) 기대하고 있습니다. 그 밖에는 '자주 사용하는 것'과 '그렇지 않은 것'으로 나누는 로직이 보다 세련되어지고 하드디스크 드라이브보다 비싼 실리콘형 디스크(SSD 등)를 유효하게 활용하여 사용자의 체감 속도가 점점 올라가지 않을까 생각합니다.

● **네트워크의 미래**

네트워크는 매년 크게 발전하고 있습니다. 클라우드 사업을 포함한 대규모 시스템의 가상화는 네트워크의 설계가 복잡하기 마련입니다. 하지만 이를 해결하려는 기술이 나날이 등장하고 있습니다. 예를 들어 종래에는 네트워크 담당자가 아무 생각을 하지 않고 새로운 네트워크 기기를 도입하면 네트워크의 무한 루프가 발생하는 등의 장애가 발생했습니다.
하지만 요즘은 그러한 일이 사라졌습니다. 이와 같이 네트워크 관리자의 업무 부담은

[*1] HDD 고장에 대비해 미리 예비 HDD의 전원을 넣어 대기시켜두는 것을 가리킵니다.

앞으로도 더욱 경감되어 갈 것입니다. 네트워크의 설계나 추가, 구축, 매일의 운용에 이르기까지 전문 지식이 없어도 운용할 수 있는 시대가 곧 찾아올지도 모릅니다.

단, 각 네트워크 제조업체가 유사한 기술을 많이 발매하거나 통일된 규격없이 각기 개별 규격을 사용해서 동일한 기술인데도 제조업체에 따라 호칭이 달라지는 등 사용자의 혼란을 야기시키는 경우도 눈에 띕니다. 이러한 이야기는 앞에서 설명했듯이 네트워크 제조업체에 국한된 문제는 아니지만 앞으로는 좀 더 사용자의 관점에서 개선되었으면 하는 바람입니다.

● 가상화 소프트웨어의 미래

가상화 기술이라는 측면에서는 하이퍼바이저 등으로 대표되는 소프트웨어 측의 발전이 가장 주목받고 있습니다. 지금까지는 하이퍼바이저형과 비교하여 호스트 OS형은 퍼포먼스가 나오지 않는다고 했습니다. 한편 하이퍼바이저형은 화면 구성이 심플한 만큼 전문 지식이 풍부한 기술자에게는 호평을 받고 있지만 사용자 측에서 보면 익숙하지 않습니다. 하지만 요즘은 이 책에서도 언급했듯이 하드웨어나 하이퍼바이저 자체도 발전되어 호스트 OS형과 하이퍼바이저형의 차이가 줄어들고 있습니다.

앞으로는 각 영역의 기술로 특화된 엔지니어를 여러 명 고용할 수 있는 대규모 시스템이 아닌 한, 어느 정도는 사용자 측도 직관적으로 설정할 수 있는 하이퍼바이저가 계속 출현 및 발전되지 않을까 생각합니다.

또한 클라우드 서비스와의 심리스 동기나 클라우드 서비스로 육성한 복잡한 기술을 간단히 이용할 수 있는 기술의 환원도 일어나지 않을까 기대하고 있습니다.

● 클라우드 서비스 제공 사업자의 미래

가상화 시스템의 집대성이라 할 수 있는 클라우드 서비스는 앞으로 새로운 서비스 사업자가 증가하는 것보다 기존의 서비스 제공 사업자가 얼마만큼 서비스의 품질을 유지하면서 독자성을 어필할 수 있을지 없을지의 문제가 될 것입니다.

한편 이른바 '호스팅'의 이미지로 실제 서버가 아니라 코어나 리소스를 메뉴화하여 클라우드 서비스로 만드는 사업자가 증가하여 종래의 호스팅 서비스가 그리로 옮겨 가지 않을까 생각됩니다.

또한 클라우드 서비스라고 하면 실제 기기가 아니라 Web상에서 제공되는 서비스라는 이미지가 있는데, 클라우드 서비스를 제공하는 사업에는 이용할 실제 서버와 그를 배치할 장소, 회선이나 전원 등의 설비가 필요합니다(그림 5).

즉, '클라우드'라고 하더라도 그를 위해 필요한 다양한 설비가 있는 것입니다. 그러한 설비는 아래와 같이 몇 가지 영역으로 나눌 수 있습니다.

① 데이터 센터, 코로케이션, 랙, 전력, 회선 등
② 하드웨어, 서버, 스토리지, 네트워크 기기 등
③ 라이선스, OS, 데이터베이스 등

여기서 생각을 좀 해봅시다. 예를 들어 클라우드 서비스 사업을 하기 위해 몇십 만 대의 서버가 필요한 경우, 서버 업체로부터 조달할 필요가 있습니다.

그렇게 생각하면 ②의 영역을 전문으로 하는 업체(서버 메이커나 CPU 등의 제조업체)가 클라우드 서비스를 수행하면 서버는 자사 제품을 사용할 수 있으므로 사용자에게 보다 저렴한 클라우드 서비스를 제공할 수 있을 것입니다.

혹은 ①의 영역인 데이터 센터 관련 기업, ③의 영역인 OS나 데이터베이스 관련 기업도 이와 똑같이 말할 수 있습니다(실제로 데이터 센터 관련 기업이 클라우드 서비스

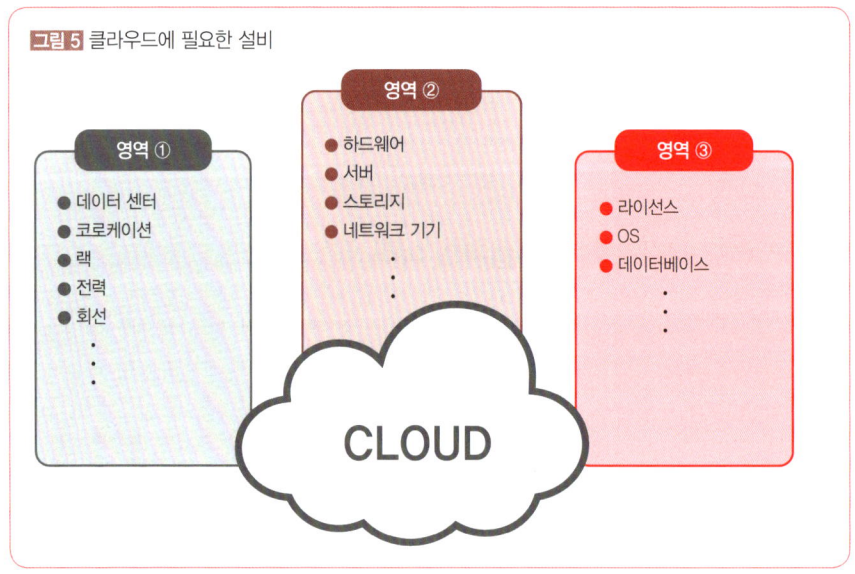

그림 5 클라우드에 필요한 설비

를 제공하고 있는 회사도 있으며, 마찬가지로 클라우드 서비스를 제공하는 Microsoft 도 ③으로 분류되는 기업입니다).

이와 같은 배경이 있음에도 클라우드 서비스 제공 사업이 버섯처럼 증식하지 않는 데는 이유가 있습니다.

예를 들어 데이터 센터 관련 기업은 데이터 센터의 플로어나 네트워크 회선의 일부분, 전원 공급 등은 자사에서 마련할 수 있지만, 서버와 같은 하드웨어 기기나 클라우드로 이용할 가상 머신의 OS 관련 라이선스 비용은 각 제조업체에 지불해야 합니다. 이와 같이 ①~③ 중 어딘가로 분류되는 기업은 모두 자사의 관할 밖에 있는 부분에 대해 비용을 지불해야 하는 것입니다.

그러한 비용을 빼고서도 타사의 클라우드 서비스와의 압도적인 차별화나 참신한 기술, 사용자 중심의 가격을 추구할 수 있는지가 클라우드 서비스 사업의 관건이 됩니다.

● 클라우드 서비스 사업자에게 요구되는 것

문제는 이 밖에도 많습니다. 예를 들어 하드웨어의 고장과 관련해서는 스케일 운용의 노하우로 고장의 영향은 거의 없다고 해도 과언이 아닐 정도의 수준까지 이르렀습니다. 이 때문에 하드웨어의 유지보수 기한이 다가와서 서버 기기를 교체하는 일 등은 이용자(사용자)에게 영향을 끼치지 않고 처리할 수 있습니다.

하지만 예를 들어 Microsoft 사의 경우 2015년은 Microsoft Windows Server 2003의 지원 기한이 도래했다는 사태에 직면했습니다.

후속 OS로 Windows Server 2008이 있는데, 이 제품은 Microsoft Azure에서도 새로 이용할 수 있지만 이와 같이 지원 기한이 끝날 때 종래의 클라우드 이용자가 연장 지원의 대상이 되는지, 아니면 강제적으로 업그레이드를 해야 하는지와 같은 대처를 확실하게 하는 것이 클라우드 서비스를 펼치는 사업자에게 요구됩니다.

유지보수 지원 기한을 넘기면 그 이후에 발견된 보안 허점 등에 대한 패치 배포도 없고, 클라우드 사업자의 서버(인프라)가 공격의 대상이 될 가능성도 있습니다.

또한 이 책에서도 여러 번 말했듯이 CPU의 성능은 거의 매년 향상되어 새로운 모델의 CPU가 출하되고 있습니다. 이는 예를 들어 3년 전의 CPU와 현재 CPU가 있다면 코어 한 개분의 성능이 다르다는 것을 의미합니다. 우연히 '신규'로 구축한 가상 머신의 CPU가 구세대인 경우, 처리 성능이 떨어짐에도 불구하고 새로운 CPU를 사용한 가상

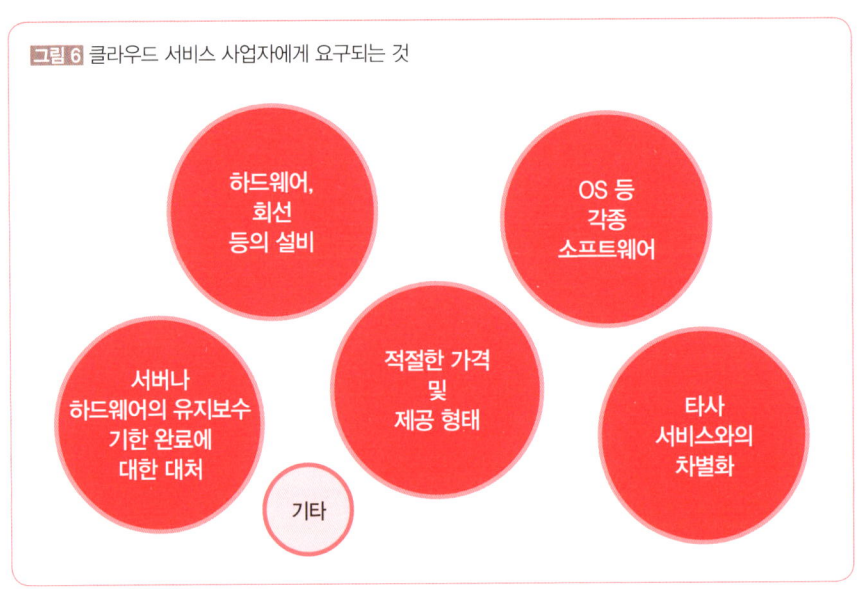

그림 6 클라우드 서비스 사업자에게 요구되는 것

머신과 요금 체계가 똑같다는 것은 납득이 가지 않는 사용자가 있을지도 모릅니다. 이것들을 구 세대로 시리즈 분류를 하여 가격 차이를 줄지, 항상 최신의 CPU가 탑재된 서버를 준비할지, 클라우드 사업을 펼치는 기업은 이러한 다양한 현안에 대해 착실한 폴리시와 대처가 요구되고 있습니다(그림 6).

● 적극적인 정보 수집을!

이와 같은 배경 속에서 클라우드 서비스의 제공 사업자, 서비스 내용, 가격 체계 등에 대해 무엇이 정답이고 무엇이 표준이 될지는 필자도 모릅니다. 단, 이와 같이 다른 배경이나 접근 방식이 있다는 것도 매우 재미있는 현상이라고 생각합니다.

또한 클라우드를 생각하는 데 있어서는 앞에서 말했듯이 클라우드 서비스를 펼치는 사업자가 잘하는 분야를 생각하면 서비스를 보다 잘 이해할 수 있을 것입니다.

그리고 하드웨어나 OS 등에 관해서는 각 제조업체가 힘쓰는 분야나 전략이 반드시 있으며, 사전 릴리즈 등으로 발표되고 있습니다. 그런 메시지를 그때마다 입력하고 필요한 경우는 트라이얼이나 검증을 해보기 바랍니다. 이러한 노력을 적극적으로 함으로써 '지금보다 조금이라도 미래'를 느끼면서 눈앞의 일에 종사하는 것이 기술자가 가져야 할 자세가 아닐까요?

7장의 정리

- 실제 서버군과 클라우드 서비스를 조합한 구성을 '하이브리드 클라우드'라 한다.
- AWS나 Microsoft Azure 등과 같은 서비스에서는 각 서비스가 수행되는 데이터 센터로부터 전용선으로 연결되어 있는 거점에 직접 접속함으로써 프라이빗 클라우드처럼 이용할 수 있다.
- 가상화 시스템이나 클라우드 서비스를 도입할 때는 경영층, 사업 부서, 시스템 부서를 불문하고 확실한 교육 시행이 필요하다.
- 클라우드를 생각하는 데 있어서 클라우드 서비스를 펼치는 사업자가 잘하는 분야(대규모 시스템의 노하우, 데이터 센터 등과 같은 고정비, 서버 등 리소스, 라이선스 등)를 이해하는 것도 중요하다.

Q1 다음 중 '하이브리드 클라우드 시스템'에 대한 설명으로 올바른 것은 무엇입니까?

- A 실제 기기(하이퍼바이저)와 여러 개의 클라우드 서비스 사업자 간을 자유롭게 왕래할 수 있는 것
- B 실제 기기(하이퍼바이저)와 클라우드 간의 데이터나 가상 머신 자체의 왕래를 매끄럽게 할 수 있는 것
- C 실제 기기(하이퍼바이저)에서 서로 다른 거점 간을 리플리케이션할 수 있는 것
- D 실제 기기 구성에서 말하는 클러스터링

Q2 아래의 메뉴가 동일한 요금인 경우, 어떤 것을 선택하는 것이 가장 좋은 퍼포먼스를 기대할 수 있을까요?

- A 1코어, 8GB 메모리 128GB SSD ※ 최신의 저사양 CPU를 이용
- B 1코어, 8GB 메모리 128GB SSD ※ 최신의 고사양 CPU를 이용
- C 1코어, 8GB 메모리 128GB SSD ※ 구 고사양 CPU를 이용
- D 1코어, 8GB 메모리 128GB SSD ※ 구 저사양 CPU를 이용

Q3 OS와 같은 라이선스 공급 기업이 클라우드 사업을 할 경우, 장점은 무엇입니까?

- A 자사 서비스상에서의 라이선스 비용을 저렴하게 조달할 수 있으며, 다른 클라우드 기업으로부터 정규 라이선스 비용을 벌어들일 수 있다.
- B 대량으로 서버를 조달하거나 자사 서비스의 노하우를 활용한 연장선에서 서비스를 펼칠 수 있다.
- C 회선, 부동산, 전력 등과 같은 인프라를 조달 및 운용할 수 있기 때문에 이를 장점으로 추구할 수 있다(국내 한정).

Q4 대규모 인터넷 서비스를 제공하고 있는 기업이 클라우드 사업을 서비스로서 제공할 경우, 장점은 무엇입니까?

A 자사 서비스상에서의 라이선스 비용을 싸게 조달할 수 있으며, 다른 클라우드 기업으로부터 정규 라이선스 비용을 벌어들일 수 있다.
B 대량으로 서버를 조달하거나 자사 서비스의 노하우를 활용한 연장선에서 서비스를 펼칠 수 있다.
C 회선, 부동산, 전력 등과 같은 인프라의 조달 및 운용을 잘하기 때문에 이를 장점으로서 추구할 수 있다(국내 한정).

Q5 국내 데이터 센터 사업자가 클라우드 사업을 서비스로서 제공할 경우, 장점은 무엇입니까?

A 자사 서비스상에서의 라이선스 비용을 싸게 조달할 수 있으며, 다른 클라우드 기업으로부터 정규 라이선스 비용을 벌어들일 수 있다.
B 대량으로 서버를 조달하거나 자사 서비스의 노하우를 활용한 연장선에서 서비스를 펼칠 수 있다.
C 회선, 부동산, 전력 등과 같은 인프라의 조달 및 운용을 잘하기 때문에 이를 장점으로서 추구할 수 있다(국내 한정).

Q6 다음 중 클라우드의 미래, 특히 하드웨어 면에서 본 이용자가 기대할 수 있는 장점은 무엇입니까? 해당되는 것을 모두 고르십시오.

A CPU 등과 같은 하드웨어의 고성능, 고밀도화가 진행되어 낮은 가격(또는 동일 가격)으로 성능 향상을 기대할 수 있다.
B 기억 장치 등과 같은 하드웨어의 고성능, 고밀도화가 진행되어 대규모 데이터의 취급에 대한 문턱이 낮아진다.
C 네트워크가 고속화됨으로써 하드웨어와 소프트웨어의 울타리가 낮아져 보다 안전하며 유연한 시스템 구성이 가능해진다.
D 스토리지에 축적되는 데이터가 대규모화되어 사용자의 체감 속도가 저하된다.

Q7 다음 중 가상화 기술(하이퍼바이저)의 미래로서 기대할 수 있는 것은 무엇입니까? 해당되는 것을 모두 고르십시오.

A 하드웨어의 발전으로 호스트 OS형 하이퍼바이저에서 관리 및 운용 장치가 고성능화, 간략화되어 사용자가 편해진다.
B 하드웨어의 발전으로 하이퍼바이저형은 지금까지 한 대로는 해결할 수 없었던 부하를 가진 시스템을 가상화할 수 있는 가능성이 높아진다.
C 하드웨어의 발전으로 주변 기기 등과 같은 디바이스 주변은 보다 복잡해지며 그 부담이 커진다. 결과 성능이 부족해질 가능성이 있다.
D 새로운 하이퍼바이저는 구 버전과의 호환성이 힘들다.

해답 Q1. B Q2. B Q3. A Q4. B Q5. C Q6. A, B, C Q7. A와 B

부록 01

VDI란?
프레젠테이션 가상화

지금까지 다양한 가상화 기술을 소개해왔습니다. 하지만 아직 접하지 않는 기술 중에서 폭넓게 이용되고 있는 것이 있습니다. 바로 '프레젠테이션의 가상화'입니다. 프레젠테이션 가상화는 말하자면 '원격지 PC 화면이 바로 자기 앞에 있는 것처럼 보이게 하는 기술'입니다. 여기서는 프레젠테이션 가상화와 그것을 구현하는 'VDI'라는 기능에 대해 설명합니다.

프레젠테이션 가상화

● VDI란?

지금까지 이 책에서 소개한 서버의 가상화, 스토리지의 가상화, 그리고 네트워크의 가상화 외에도 많은 기업과 많은 엔지니어가 이용하고 있는 가상화 기술이 있습니다.

바로 '프레젠테이션 가상화'라 부르는 것입니다. 서버의 가상화가 마치 물리 서버가 많이 있는 것처럼 보이게 하는 기술이라고 한다면, 프레젠테이션의 가상화는 마치 머신이 바로 자기 앞에 있는 것처럼 보이게 하는 기술로, '화면 가상화'라고 생각하면 쉽게 이해할 수 있을 것입니다.

실제로는 없는 컴퓨터 화면을 눈앞에 표시하여 이용할 수 있는 이 기술은 Windows에 표준 탑재되어 있는 '원격 데스크톱'이라는 기능을 필두로, 유료 또는 무료를 불문하고 여러 가지 툴이 나와 있습니다.

그리고 이 원격 데스크톱의 세계에서는 다양한 기능 확장이 진행되어 지금은 'Virtual Desktop Infrastructure', 약자로 'VDI'라는 시장이 형성되어 있습니다. 여기서는 가상화의 응용편으로 VDI를 소개하겠습니다.

● 프레젠테이션 가상화의 기초 지식

프레젠테이션의 가상화를 이용하면 사용자는 자기 앞에 있는 PC를 사용하여 다른 장소에 있는 PC나 서버 등을 조작할 수 있습니다.

구체적으로는 사용자가 자신의 PC에서 수행한 키보드나 마우스 조작 정보를 원격지로 송신하여 원격지에서는 전달받은 정보를 기초로 처리한 후 처리된 후의 화면이 원격지로부터 사용자 쪽으로 전송됩니다(그림 1).

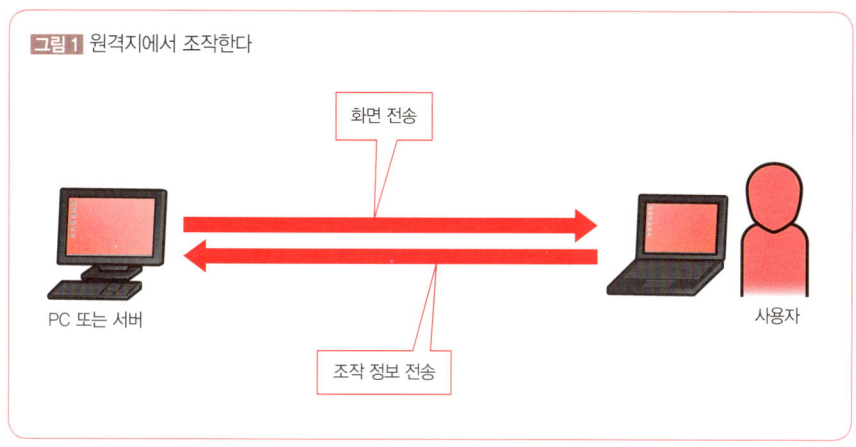

그림 1 원격지에서 조작한다

● 프레젠테이션 가상화의 장점

그림 1 에서 확인한 이 장치의 장점을 확인해봅시다.

이 경우 실제로 데이터를 저장 및 처리하는 것은 왼쪽의 PC나 서버가 됩니다. 왼쪽이 '사내', 오른쪽이 '외출지'라고 하면 사내에서 정보를 가지고 갈 필요없이 사외에서 데이터를 처리할 수 있습니다(그림 2).

예전에는 네트워크 회선도 느리고 불안정했기 때문에 이용이 한정적이었지만 요즘은 통신 기기가 발전하고 통신 속도도 고속화, 안정화되어 대부분의 가상화 업체가 프레젠테이션 가상화 처리를 수행하는 장치(Microsoft의 경우는 RDP[*1], Citrix의 경우

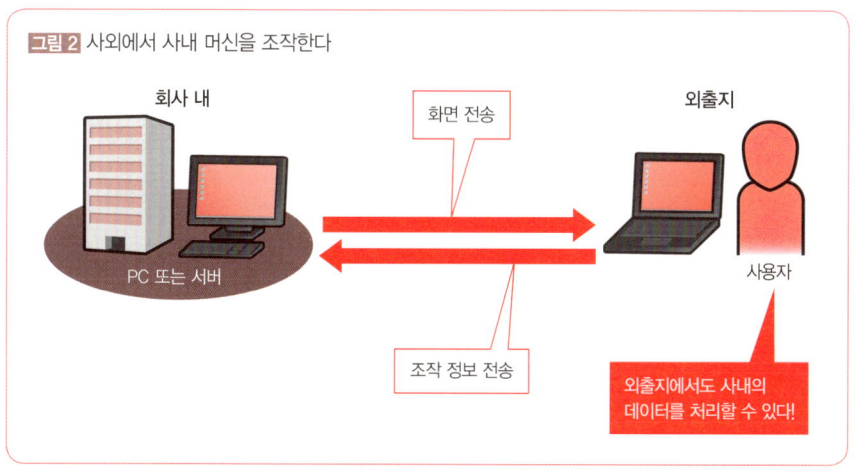

그림 2 사외에서 사내 머신을 조작한다

부록 01 VDI란? **257**

는 ICA[*2] 등)를 발전시켜 원격지라는 것을 의식하지 않아도 됩니다.

요즘은 정보 유출에 관한 사건이 끊이지 않고 기업 측면에서 대응책이 요구되는 상황이기 때문에 프레젠테이션 가상화에 기대를 모으는 기업도 적지 않습니다.

● 서버 기반 컴퓨팅이란?

하지만 프레젠테이션 가상화도 사내에서 외출하는 사람 수만큼 머신을 가동 상태로 해두지 않으면 안 되는 등 약간의 문제가 있습니다.

그래서 PC보다 사양이 높은 서버를 대신 사용하여 여러 명의 사용자가 한꺼번에 동시에 서버에 액세스하여 애플리케이션을 원격지에서 이용할 수 있도록 한 '서버 기반 컴퓨팅'이라는 장치가 등장했습니다.

즉, 사내에 Windows 7이나 Windows 8.1이 돌아가는 가상 머신을 대량으로 마련해 놓고 그 가상 머신에 사용자가 액세스할 수 있도록 하는 것입니다. 1990년대부터 IT 업계에 있던 분은 Microsoft의 '터미널 서버'(현재는 원격 데스크톱 서비스)나 Citrix의 '메타 프레임'(현재는 XenApp)이라는 말을 기억하고 있을지 모르겠습니다. 이렇게 함으로써 애플리케이션을 설치할 서버의 수도 줄이고, 사내외를 불문하고 원

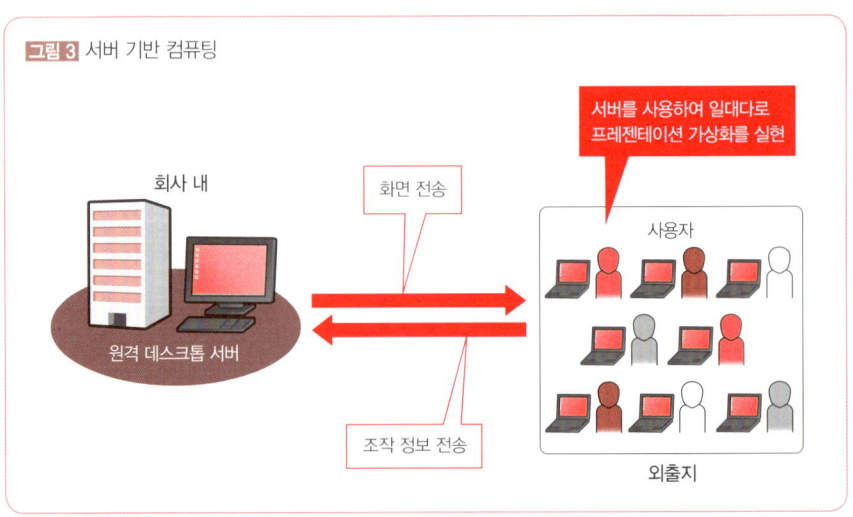

그림 3 서버 기반 컴퓨팅

*1 'Remote Desktop Protocol'의 약자로, Microsoft가 제공하는 원격 데스크톱 서비스의 프로토콜입니다.
*2 'Independent Client Architecture'의 약자로, Citrix 제공하는 서버 기반 컴퓨팅의 프로토콜입니다.

격지에서 동일한 일을 계속할 수 있게 되었습니다(그림 3). 또한 현재 일반적으로 '프레젠테이션 가상화'라고 하면 이 상태를 가리키는 경우가 많습니다.

● 프레젠테이션의 원격 실행

프레젠테이션 가상화에는 그 다음 이야기가 있습니다.
바로 '사용자가 사용하는 것은 데스크톱이 아니라 애플리케이션이다'라는 관점에서 태어난 새로운 기능입니다.
예를 들어 사용자가 'Excel'이라는 애플리케이션을 원격으로 사용한다고 가정합시다. 보통은 원격지에서 서버에 액세스하여 데스크톱 화면을 표시하고 시작 메뉴에서 Excel을 선택하여 실행시킨다는 2단계 작업이 필요합니다.
하지만 'Excel을 원격지에서 직접 실행'할 수 있다면 '서버의 데스크톱 화면을 표시' 하는 작업은 생략할 수 있습니다(그림 4).
참고로 보통의 조작에서는 Excel 등의 파일을 더블클릭하여 여는 경우가 많다는 사람도 많을 것입니다.
이 기능은 거기까지 생각해서 외출지에서도 Excel 파일을 더블클릭하면 바로 원격지에서 Excel을 열 수 있도록 되어 있습니다.

● 프레젠테이션 가상화의 과제

단, 한 대의 PC에 설치한 애플리케이션을 여러 사용자가 동시에 사용하는 데는 적합하지 않거나 서버와 PC용 OS의 기능 차이가 애플리케이션의 정상 동작을 방해하는 등 애플리케이션에 따라서는 그대로 이용할 수 없는 것도 있다는 문제도 있습니다.
또한 많은 사람이 공유하는 머신이므로 사용자가 마음대로 애플리케이션을 설치하는 등의 운용에서는 적합하지 않습니다. 그래서 나온 것이 '서버 가상화'와의 조합입니다.

그림 4 애플리케이션을 직접 실행시킨다

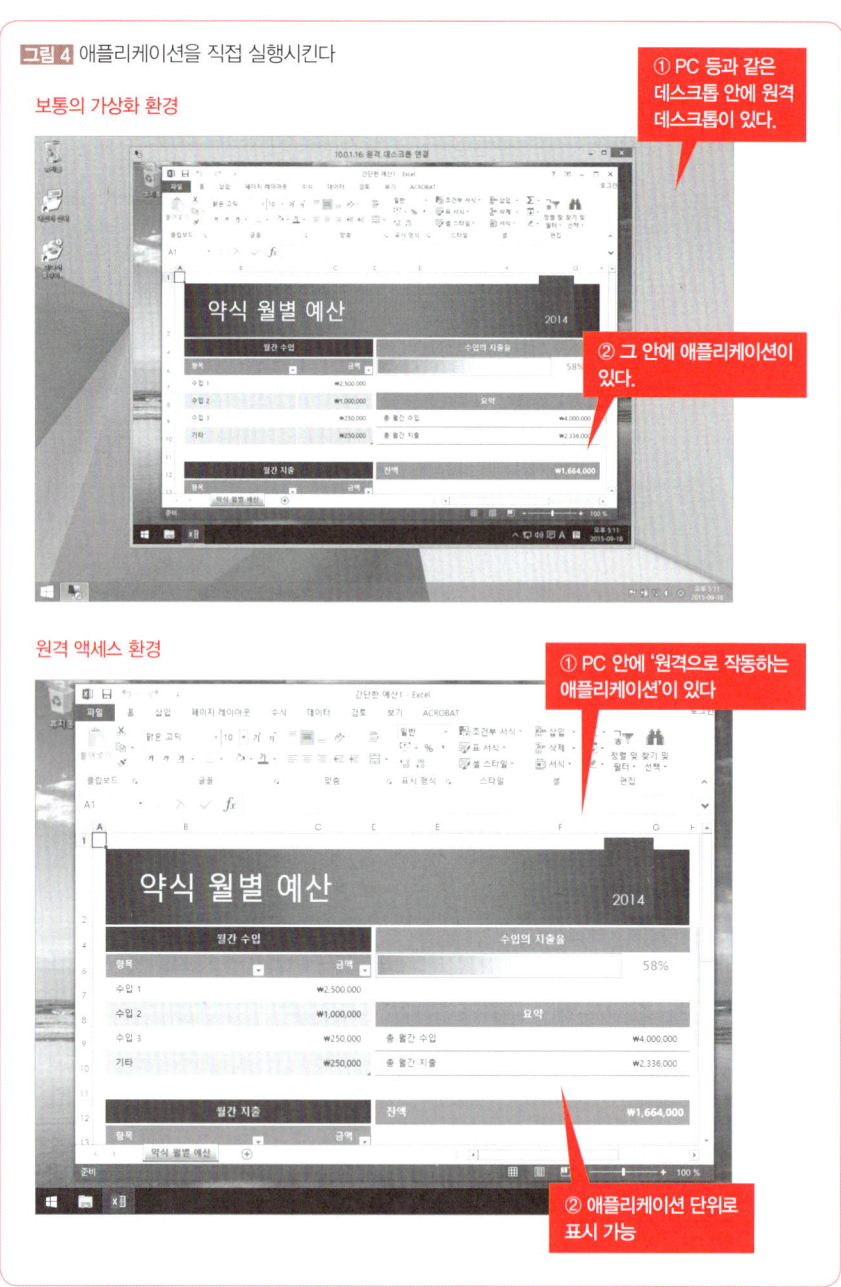

보통의 가상화 환경

① PC 등과 같은 데스크톱 안에 원격 데스크톱이 있다.

② 그 안에 애플리케이션이 있다.

원격 액세스 환경

① PC 안에 '원격으로 작동하는 애플리케이션'이 있다

② 애플리케이션 단위로 표시 가능

서버 가상화와 VDI

● 서버 가상화와의 조합

외출지에서 사내에 있는 Windows PC에 액세스하려면 대량의 PC를 발주하여 박스에서 꺼내 셋업을 하고 전원이나 네트워크를 연결하여 원격으로 사용할 수 있도록 가동시켜둘 필요가 있습니다.

또한 24시간 계속 가동시킨다고 하면 전기료도 드는데, 그렇다고 해서 아침과 밤에 대량의 PC의 전원을 넣거나 끄거나 하는 작업은 상상만으로도 머리가 아플 것입니다. 그래서 '서버 가상화'를 이용하여 물리 서버 한 대에 대해 오십 대, 백 대의 클라이언트 OS가 움직이는 가상 머신을 준비하고, 그 가상 머신에 원격으로 접속하도록 하자는 아이디어가 나왔습니다. 서버 가상화의 기술을 사용함으로써 대량의 머신 관리 기능을 그대로 활용할 수 있으며, 물리적인 기자재의 관리 부하도 대폭으로 줄이는 것입니다(그림 5). 이것이 프레젠테이션 가상화와 서버 가상화의 조합입니다.

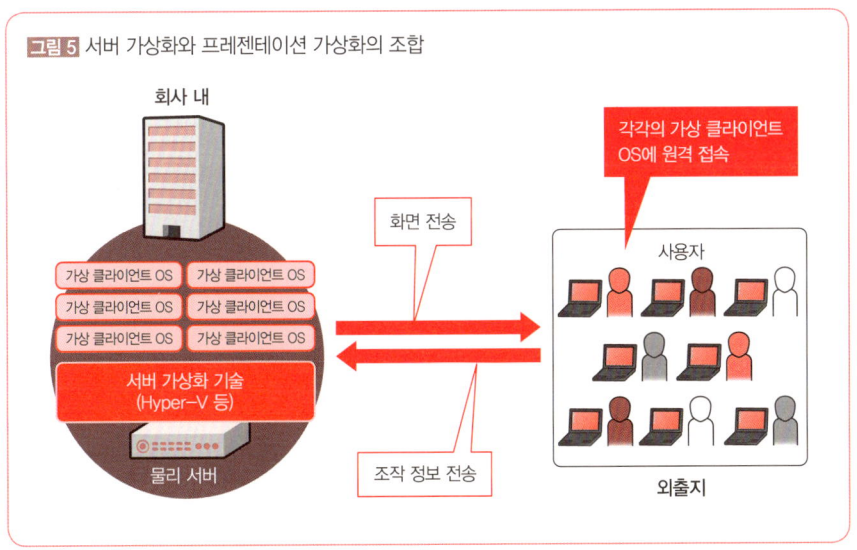

그림 5 서버 가상화와 프레젠테이션 가상화의 조합

● VDI의 역할

그런데 프레젠테이션 가상화와 서버 가상화의 조합을 원활하게 이용하기 위해서는 몇 가지 기능을 추가할 필요가 있습니다.

예를 들면 가상화 서버상에 대량의 Windows 가상 머신을 한꺼번에 만들 필요가 있습니다. Active Directory에 대한 도메인 참가도 자동화하고 싶을 것입니다.

아니면 한 명의 사용자가 원격지에서 작업을 하고 있을 때 네트워크가 끊어져 버렸다고 가정합시다. 그 사용자는 다시 한 번 접속을 시도하려고 할 텐데 그때 다른 PC에 연결되어 버리면 작업을 계속할 수 없습니다.

이러한 경우 도움이 되는 것이 'VDI(Virtual Desktop Infrastructure)'라는 가상 데스크톱용 인프라입니다.

VDI는 대량의 가상 머신을 자동으로 작성하는 기능이나 어떤 사용자가 어떤 머신을 원격으로 사용하고 있는지를 관리하여 재접속 시에 동일한 머신으로 유도해주는 처리도 담당하고 있습니다.

● 데스크톱의 풀화

또한 사용자가 1,000명 있다고 해서 1,000명이 동시에 원격지에서 접속한다고는 할 수 없습니다.

그렇다면 동시에 이용할 수만큼 가상 머신을 준비해두고, 이용자가 액세스를 요청할 때 비어 있는 가상 머신으로 유도하면 좋을 것입니다. 이를 '데스크톱의 풀화'라고 하며, 풀링(Pooling) 중인 머신 중 하나를 이용자에게 데스크톱 환경으로 제공해줍니다.

VDI를 단순히 '데스크톱 가상화'라 부르지 않고 '가상 데스크톱 인프라', 즉, '가상 데스크톱을 제공하는 기반'이라 부르고 있는 이유는 사용자에게 있어서도, 관리자에게 있어서도 유익한 처리를 자동으로 수행할 수 있는 기능을 가지고 있기 때문입니다.

더욱이 풀링화된 데스크톱, 서버 기반의 가상 데스크톱, 애플리케이션을 직접 호출하는 기능 등을 사용자가 자유롭게 선택할 수 있도록 하는 전용 포털 화면도 마련되어 있습니다(그림 6).

그림 6 VDI의 사용자 화면

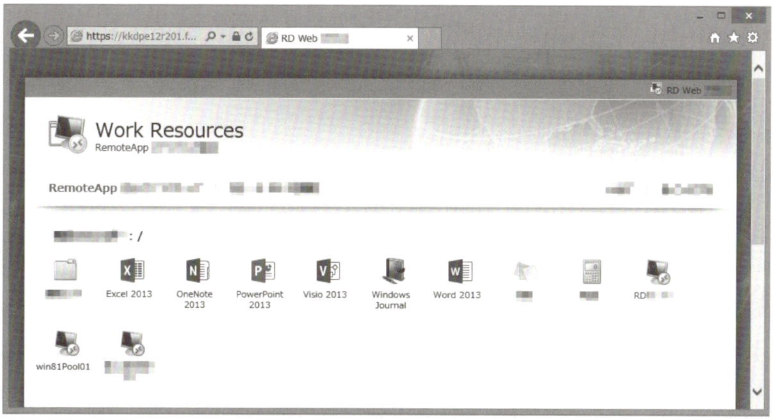

● VDI가 근무 형태를 바꾼다

이와 같이 자신이 필요로 하는 것을 선택하여 원격으로 이용할 수 있게 된다면 사내에만 놓아두고 싶은 데이터를 외출지로 가지고 나갈 필요가 없어집니다.

또한 외출지에서 일부러 회사로 돌아가지 않아도 업무를 완료할 수 있으며, 지진이나 폭설 등과 같은 자연 재해 시에도 집에 있으면서 업무를 계속할 수 있게 됩니다.

VDI에는 보안 리스크에 대한 대처도 있기 때문에 사원의 근무 형태를 바꾸고 회사 전체의 업무 효율화를 꾀한다는 역할이 크게 기대됩니다.

VDI의 편리성을 높여주는 다양한 기능

● MDM과 MAM

VDI는 원격으로 일을 할 수 있는 툴이기 때문에 PC뿐만 아니라 보다 기능성이 뛰어난 '태블릿'이나 '스마트폰'에서도 업무를 계속하고 싶다는 요청이 늘고 있습니다. 그래서 VDI 업체는 다양한 기종에서 접속을 할 수 있도록 하는 기능을 제공하고 있습니다. 또한 VDI는 매우 편리하기 때문에 그 밖의 요구도 계속해서 나오고 있습니다. 그중 일부가 여기서 소개할 'MDM(Mobile Device Management)'과 'MAM(Mobile Application Management)'입니다. MDM은 모바일 장치 관리 기능을 제공하는 기술입니다. 데이터가 사내에 있다고 하더라도 사내의 가상 데스크톱이나 애플리케이션에 액세스하는 것이므로 해당 모바일 단말기를 관리할 필요가 있습니다. 또한 모바일 단말기에서 이용하게 하고 싶은 애플리케이션을 관리하는 MAM도 필요해졌습니다.

● 제품 선택의 포인트

제조업체에 따라서는 VDI와 관련된 기능만을 제공하는 경우도 있는가 하면 PC의 관리 툴을 제공하던 업체가 MDM/MAM으로 기능을 확장시키는 경우도 있습니다.
VDI로 찾을지, '장치 관리 툴'이라는 장르로 찾을지에 따라 전혀 다른 툴에 도달하는 특이한 패턴이 나오기도 하므로 용도를 잘 파악하기 바랍니다.
또한 PC나 장치 관리 툴은 클라우드화가 진행되어 있으므로 VDI를 너무 의식하지 말고 장치 관리의 세계를 폭넓게 알아두는 것도 좋을 것입니다.

● VDI 관련 클라우드 서비스

사용자에게 자기 앞에 없는 것을 자기 앞에 있는 것처럼 이용할 수 있게 해주는 VDI와 서비스화된 IT를 원격으로 이용하는 클라우드는 매우 궁합이 잘 맞습니다.

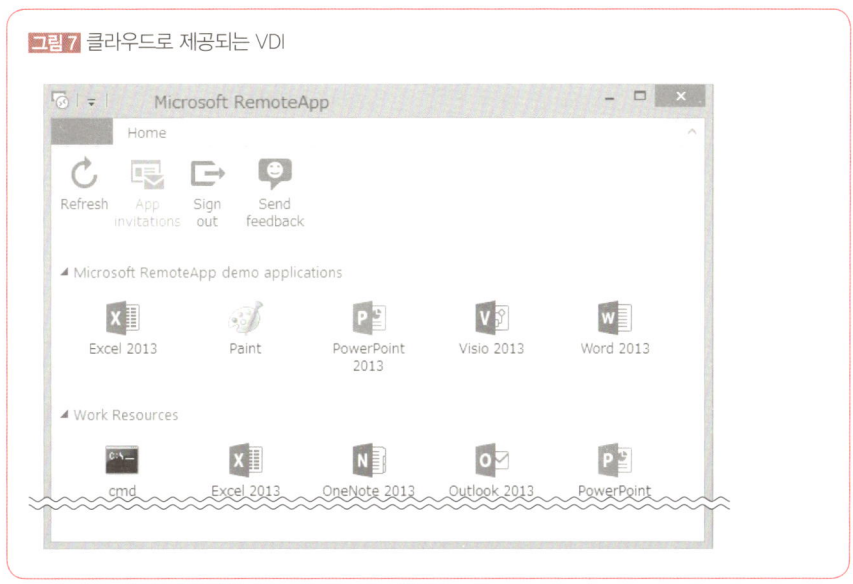

그림 7 클라우드로 제공되는 VDI

그래서 최근에는 VDI 환경을 클라우드상에 구축하여 실행하는 기업이나 VDI 자체를 서비스로서 제공하는 클라우드 기업도 나오고 있습니다(그림 7). 데스크톱을 표시하여 애플리케이션을 기동시키는 것부터 직접 애플리케이션을 호출할 수 있는 서비스까지 다양한데, VDI 비즈니스의 일부는 클라우드화가 진행되어 갈 것입니다.

● 클라우드와 VDI

그림 7 은 Microsoft Azure라는 클라우드에서 제공하는 'RemoteApp'이라는 기능입니다. 이 서비스의 경우 데스크톱 환경을 표시하는 것이 아니라 조금 전에 설명한 애플리케이션을 직접 호출하는 서비스로 되어 있습니다.

애플리케이션 아이콘을 클릭하면 클라우드상에서 작동하는 애플리케이션 화면이 표시되므로 이용자는 VDI와 똑같이 이용할 수 있으며, 관리자는 사내에서 서버 가상화와 가상 머신을 관리할 필요가 없어진다는 장점이 있습니다. 원래 모바일 장치는 사내가 아니라 인터넷에 액세스하고 있기 때문에 사내에서 환경을 만드는 것보다 '클라우드'라는 인터넷상의 서비스로서 제공하는 편이 좀 더 자연스럽다고 말할 수 있습니다. VDI 시장은 가상 데스크톱의 풀링화나 모바일 장치 관리, 애플리케이션 관리 등으로 확장되어 왔지만 원래의 요건, 즉, 프레젠테이션 가상화가 담당하던 '원격지에서도 자기 앞에 있는 것처럼 이용하고 싶다'로 되돌아가고 있다는 점도 부정할 수 없습니다. 이와 같이 VDI를 심플하게 다시 보고 필요한 IT를 필요할 때에 서비스로서 이용하는 클라우드를 좀 더 활용하고 싶다고 생각할 때 PC나 스마트폰뿐만 아니라 다양한 장치로부터의 액세스 가능성이 커져 갑니다.

● 내장형 기기가 넘쳐나는 사회

그림 8과 같이 우리가 생활하는 이 세상에는 '내장형 기기'가 넘쳐나고 있습니다. 내장형 기기란, 소프트웨어를 사용하여 제어하는 기기를 말합니다.[*1]

은행의 ATM이나 편의점의 POS 단말기, 전철 안의 전자 광고 및 역 통로를 장식하는 디지털 액정 디스플레이(대량의 화면을 한꺼번에 조작하여 동영상을 표시하는 광고 기자재), 의료 기기에 공장 자동화 기자재, 게임기 등은 모두 내장형 기기의 일종이며, 그중에는 '지금의 자동차는 컴퓨터다.'라고 말하는 사람도 있을 정도입니다. 이와 같이 컴퓨터화된 기계와 VDI를 연동시킴으로써 데이터를 한군데에 집약시켜 재이용성을 높이거나 데이터 보호를 하거나 기자재의 신속한 교체에 대응할 수 있게 됩니다. 즉, VDI는 우리의 생활과 밀접히게 관련된 솔루션이라고 할 수 있습니다.

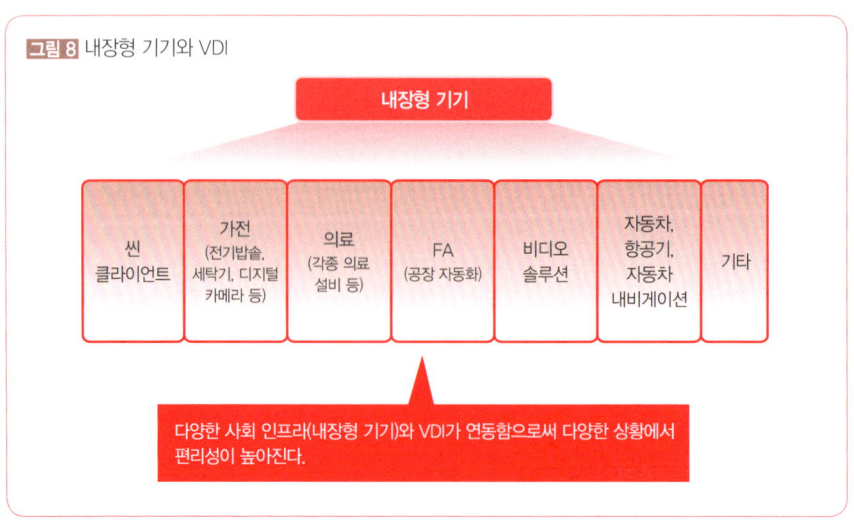

그림 8 내장형 기기와 VDI

＊1　내장형 기기의 제어에 대해서도 다양한 제조업체가 서비스를 제공하고 있습니다. 예를 들어 Microsoft 사의 경우, 내장형 기기를 대상으로 하는 'Windows Embedded'라는 OS군을 제공하고 있습니다.

부록

02

대표적인 가상화 서비스
주변에서 활약하는 가상화 기술

마지막으로 대표적인 가상화 서비스를 소개하겠습니다. '가상화'라는 기술이 우리에게 있어서 매우 가까운 존재라는 것을 실감할 수 있을 것입니다. 물론 여기서 소개하는 것은 일부에 지나지 않으며, 앞으로도 다양한 서비스가 계속 생겨날 것입니다. 가상화는 벌써 우리에게 없어서는 안 될 기술이 되었습니다.

대표적인 가상화 서비스 목록

● 다양한 가상화 서비스

가상화 기술은 구체적으로 어떤 곳에서 이용되고 있을까요? 간단하게 말하자면 '불특정 다수의 사용자'에게 '스토리지, 메모리 등의 리소스를 필요로 하는' 서비스를 제공하는 경우, 대부분이 가상화 기술을 사용하고 있습니다. 여기서는 이 책에서 소개한 것을 포함하여 가상화 기술이 사용되고 있는 대표적인 서비스를 몇 가지 소개합니다.

● 일반의 불특정 다수의 사용자를 대상으로 하는 서비스

일반 사용자를 대상으로 하는 서비스는 예를 들면 인터넷에 접속되어 있는 모든 장치(단말기)나 특정 장치(예를 들면 애플 제품 등)를 대상으로 하는 서비스 등 다양한 형태가 있습니다. 서비스의 내용도 아래와 같이 다양합니다.

- 온라인 스토리지 서비스
- 인터넷 메일 서비스
- 메시지 서비스
- 대규모 소셜 네트워크 서비스
- 인터넷 동영상 배포 서비스

온라인 스토리지로 유명한 것은 'OneDrive'나 'Google Drive' 등이 있습니다. 인터넷 메일 서비스로는 'Gmail'이나 'Outlook.com'이 유명합니다.
또한 메시지 서비스로는 보통 우리가 스마트폰 등에서 사용하는 SMS 등이 해당합니다. 그리고 대규모 소셜 네트워크 서비스는 'Facebook'이나 '카카오톡', 'Twitter' 등을 말합니다. 인터넷 동영상 서비스의 대표적인 것으로는 'YouTube'나 'Hulu' 등을 들 수 있습니다.

그림 1 일반 불특정 다수의 사용자를 대상으로 한 서비스

Google Drive

Facebook

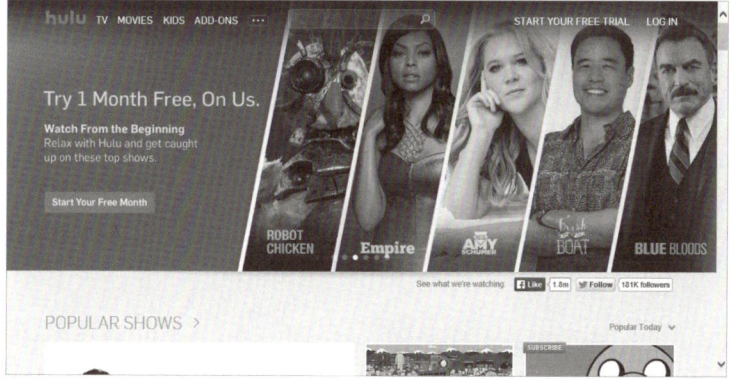
Hulu

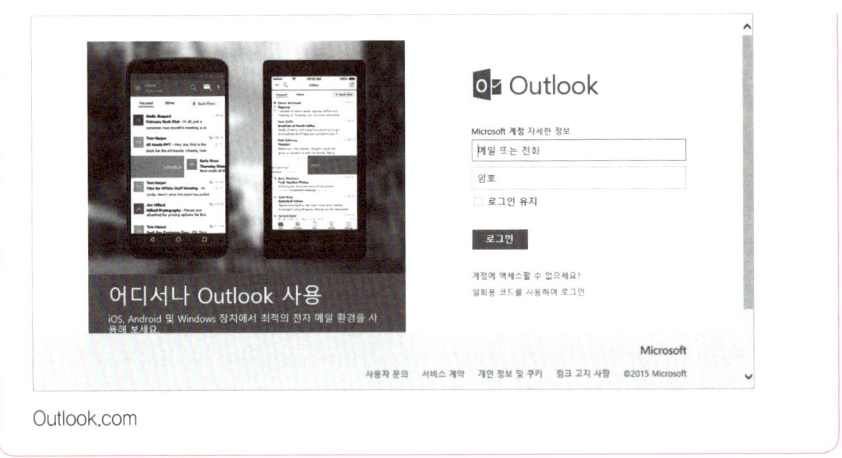

Outlook.com

이와 같이 나열해보면 가상화 기술이 우리에게 매우 가까운 존재라는 것을 알 수 있습니다.

그 밖에도 가상화 기술을 사용하고 있는 '일반 불특정 다수의 사용자를 대상으로 한 서비스'로는 다음과 같은 것이 있습니다.

iCloud

Apple이 제공하는 'iCloud'는 Apple 제품 디바이스 또는 활용하는 데이터 등을 클라우드로 연결하는 서비스입니다(그림 2).

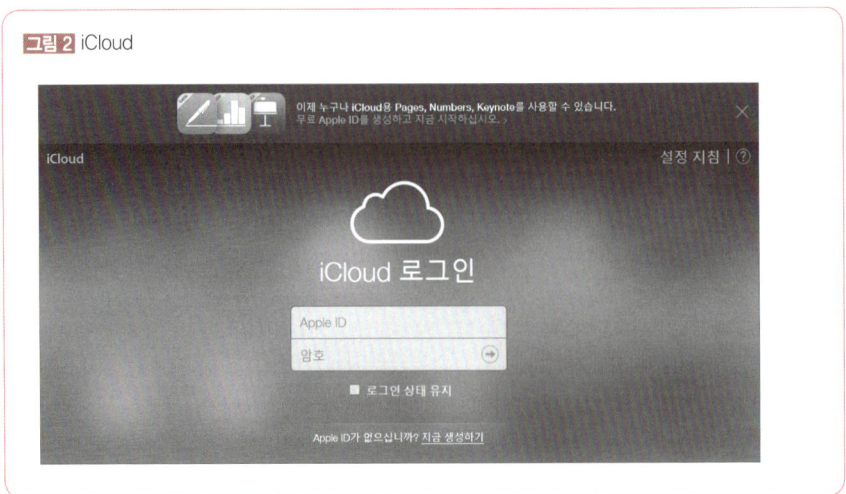

그림 2 iCloud

사진, 서류, 애플리케이션, 메모, 연락처 등을 항상 최신 상태로 유지하여 어떤 디바이스에서든 액세스할 수 있게 되어 있습니다.

또한 동일 ID나 카테고리로 관리되는 디바이스의 위치 정보를 얻을 수 있기 때문에 분실한 경우, 위치 추적을 도와줍니다.

스마트폰이나 태블릿의 데이터를 클라우드상에 보관하면, 예를 들어 디바이스를 여러 대 가지고 있는 경우 데이터의 통일성을 유지할 수 있고, 동일 회사의 다른 디바이스로 바꾸는 경우 클라우드상의 데이터를 새 디바이스로 옮기는 작업에 드는 수고를 최소화할 수 있습니다.

데이터는 클라우드상에서 만든 ID별로 관리됩니다.

Office 365

Microsoft가 제공하는 Office 365는 클라우드 기반으로 제공되는 사내 그룹웨어입니다(그림 3). 예전에는 개인이 이용하던 Microsoft Office 패밀리를 클라우드 또는 비즈니스 뉴스에서 이용할 수 있습니다.

이 서비스는 클라우드 이용을 전제로 한 설계 및 가상화가 사용되고 있기 때문에 다

그림 3 Office 365

양한 장점을 가지고 있습니다.

예를 들어 예전에는 사원에게 배포한 PC에는 Office를 비롯한 애플리케이션이나 라이선스가 부여되어 있었지만 Office 365를 사용하면 라이선스가 유효한지 아닌지 신경 쓸 필요없이 항상 최신판의 서비스를 이용할 수 있습니다.

EVERNOTE

EVERNOTE는 이른바 Web상의 '메모장'입니다. 간단한 리스트부터 대규모 조사 프로젝트에 이르기까지 모든 원고를 작성할 수 있으며, 아이디어를 구현화하는 데에 집중할 수 있습니다(그림 4).

텍스트 에디터나 메모장의 내용을 인터넷상에 기록할 수 있으며, 저장 작업도 매우 간결하기 때문에 많이 보급되어 있습니다. 요즘은 손으로 쓰는 메모를 저장하거나 스냅숏 사진을 찍어서 아날로그와 디지털 양쪽의 정보를 기록할 수 있습니다.

개인의 경우 인터넷에 접속할 수 있는 환경에서 ID를 등록하면 어디에서든, 어떤 장치에서든 이용할 수 있습니다.

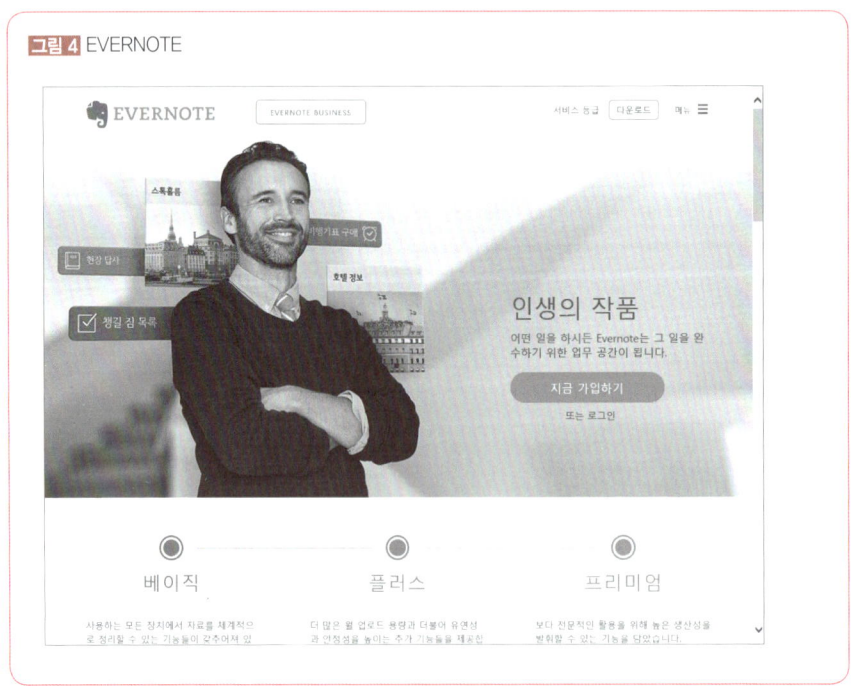

그림 4 EVERNOTE

Dropbox

Dropbox는 지금은 폭넓은 사용자에게 지지되고 있는 인기 온라인 스토리지입니다 (그림 5).

EVERNOTE는 클라우드상의 도큐먼트 작성이나 관리 등에 특화되어 있지만, Dropbox는 온라인 스토리지로 특화된 서비스로서 많은 인기를 모으고 있습니다.

EVERNOTE 등 다른 Web 서비스와 마찬가지로 Dropbox도 ID를 등록하면 이용할 수 있습니다.

PC 등에서 이용하는 USB 드라이브와 같은 외부 기억 장치를 클라우드상에 보유하고 있는 것과 같은 이미지입니다.

물리적인 외부 기억 장치를 가지고 다닐 필요가 없기 때문에 분실이나 파손 등을 신경 쓰지 않아도 됩니다.

요즘은 이러한 클라우드상의 스토리지를 이용하여 다른 사용자와의 공유나 비즈니스에도 이용할 수 있는 서비스가 추가되었습니다.

이와 같이 가상화를 활용한 소비자용 서비스는 혼자서 여러 대의 PC나 스마트폰, 태

그림 5 Dropbox

블릿을 가지고 있는 경우, 데이터의 공유나 가족끼리의 디바이스 관리, 스케줄이나 사진 데이터의 공유, 더 나아가 비즈니스 이용 등 다양한 방면에 활용되고 있습니다.

● 리소스 자체를 메뉴화한 서비스

가상화를 이용하면 리소스를 세세하게 메뉴화할 수 있습니다.

예를 들어 요즘의 PC는 CPU의 코어가 여러 개 있는 것이 많은데, 사용자 중에는 '하나의 코어로 충분하다.'라고 생각하는 사람도 있을 것입니다. 하지만 그런 경우에 실제 기기를 구입하려고 하면 '여러 개의 코어를 가지고 있는 제품밖에 팔지 않는다.', '물리적인 제한이 있다.' 등과 같은 이유로 '원하는 것에 맞는 가격만을 지불'하는 경우는 보기 힘듭니다.

이러한 경우 '리소스 자체를 메뉴화한 서비스'가 있다면 기업 용도의 서버든, 개인의 인터넷 서비스 이용이든 상관없이 고가의 기기를 구입하지 않고도 필요한 코어 수나 메모리 수를 신청하기만 하면 됩니다. 이와 같이 논리적으로 가상화된 리소스를 제공받을 수 있는 서비스는 요즘의 클라우드 서비스 외에도 몇 가지가 더 있습니다.

여기서는 그러한 서비스의 대표적인 예를 소개하겠습니다.

호스팅 서비스

호스팅 서비스란 '렌탈 서버'라고 부르는 서비스입니다. 서비스 사업자가 제공하는 서버 기기를 이용함으로써 자사에서 서버 설비를 마련할 필요가 없어집니다.

클라우드 서비스가 나오기 전까지는 데이터 센터 업자 등이 이미 가지고 있던 리소스(CPU 코어나 메모리, 디스크 등)를 메뉴화하여 사용자 기업에게 제공했습니다.

사용자 기업 측은 호스팅 서비스를 이용함으로써 하드웨어 등을 조달하거나 자산을 관리해야 하는 수고를 덜 수 있다는 장점이 있습니다. 또한 서버 한 대분의 리소스만 필요로 하는 가벼운 처리(블로그나 홈페이지의 설치 등)에 대해 쓸데없는 투자를 할 필요가 없다는 점도 장점 중 하나입니다.

호스팅 서비스에는 서버 한 대를 통째로 이용하는 메뉴도 있어서 물리 머신의 조달이나 유지보수를 부담스러워하는 기업에게 적합한 서비스라고 할 수 있습니다.

그런데 요즘은 호스팅 서비스와 클라우드 서비스의 장점을 융합시킨 서비스도 등장하고 있습니다. '호스팅'으로 Web 검색을 하면 다양한 서비스가 나오므로 관심 있는 분은 한번 확인해보는 것도 좋을 것입니다(그림 6).
대표적인 호스팅 서비스로는 IBM이 펼치고 있는 'SoftLayer'가 있습니다(그림 7).

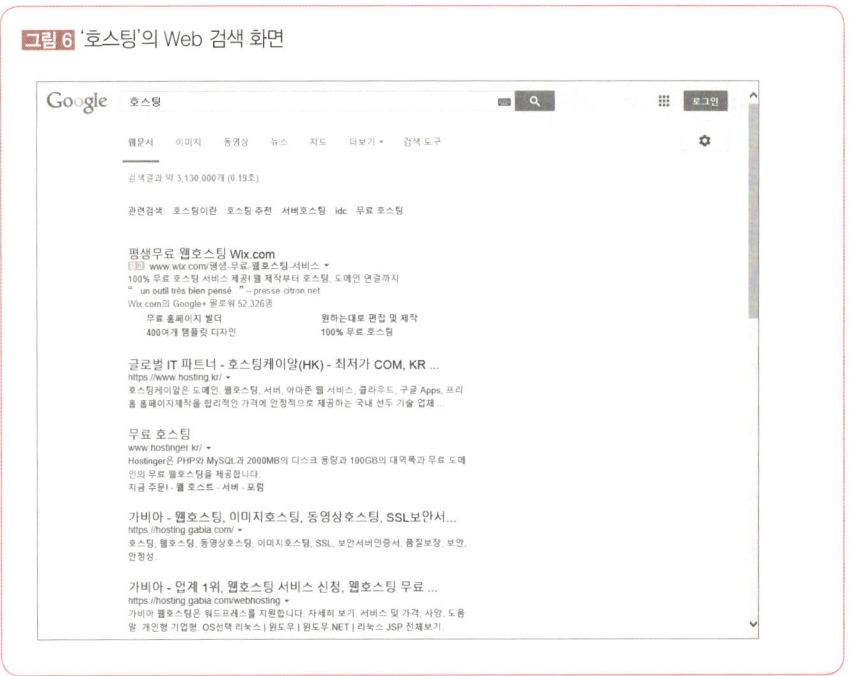

그림 6 '호스팅'의 Web 검색 화면

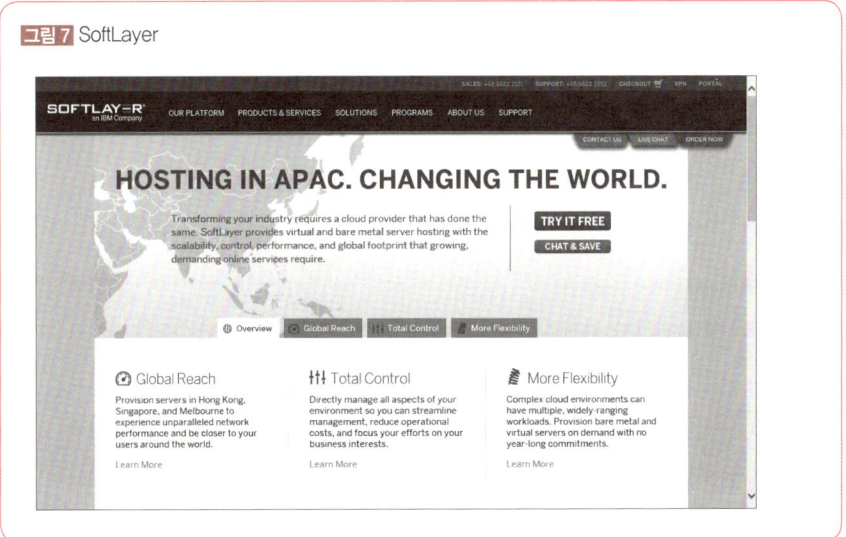

그림 7 SoftLayer

부록 02 대표적인 가상화 서비스 275

SoftLayer는 원래 미국에서 AWS, RackSpace와 견줄 3대 벤더로서 인지된 기업이었지만 IBM이 매수하여 회사 이름이 서비스명이 되었습니다.

네트워크 트래픽과 관련된 전송 요금의 개요나 '베어메탈(Bare-metal)'이라 부르는 물리 머신을 이용할 수 있다는 점이 SoftLayer의 특징입니다.

클라우드 서비스의 경우, 여러 기업이 한 대의 물리 머신 리소스를 공유(실제로는 타사의 영향을 받는 경우는 없지만)하는 이미지인데 반해, SoftLayer는 물리 머신 한 대를 '점유'하는 이미지라고 할 수 있습니다. 그럼에도 불구하고 거의 일반적인 클라우드와 똑같은 감각으로 이용할 수 있습니다.

SoftLayer에는 이미 국내의 데이터 센터에 저장된 대규모 서버가 있으며, 필요에 따라 이용할 수 있습니다.

클라우드 서비스

클라우드 서비스도 '리소스 자체를 메뉴화한 서비스'의 일종이라 할 수 있습니다. 이 책에서도 여러 번 설명했듯이, 클라우드 서비스란 종래에는 사용자가 로컬 환경에서 이용하던 데이터나 애플리케이션을 Web 서비스로서 제공하는 기술을 가리킵니다. 클라우드 서비스를 이용하면 필요할 때 항상 최신 버전의 서비스를 PC, 스마트폰, 태블릿 등 여러 장치에서 이용할 수 있습니다.

대표적인 클라우드 서비스로는 아래와 같은 것이 있습니다.

Microsoft Azure

Microsoft Azure는 말 그대로 Microsoft가 제공하는 클라우드 서비스입니다.

CPU나 메모리를 메뉴화한 '가상 머신(IaaS)' 서비스 외에도 Office 365와 같이 신청하면 바로 서비스를 이용할 수 있는 'WebSites(PaaS)', Microsoft SQL Server 시리즈의 Azure 클라우드판이기도 한 'Azure SQL 서비스', Visual Studio Online, 실제 기기와 Azure 클라우드를 연결하는 복구 서비스인 'Azure Site Recovery'등 Microsoft 제품 패밀리를 잘 조합한 서비스를 제공하고 있습니다(그림 8).

AWA(Amazon Web Service)

AWS는 Amazon이 제공하는 클라우드 서비스입니다(그림 9).

대규모 클라우드 사업자로서는 누구보다 빨리 일본(도쿄)에 데이터 센터를 구축하여,

그림 8 Microsoft Azure

그림 9 AWS

특히 가상 컴퓨팅(IaaS) 분야에서는 매우 많은 지지를 받고 있습니다(역자 주: 한국에는 2015년 8월에 클라우드 데이터 센터를 구축할 예정입니다. 현재는 일본의 데이터 센터를 이용하고 있습니다). 이러한 역사적인 노력과 서비스의 성능으로 큰 지명도와 높은 점유율을 가지고 있습니다.

특히 오픈 소스를 이용한 시스템의 조합이나 대규모로 스케일하기 위한 네트워크 설계 등을 유연하게 할 수 있다는 점에서 벤처 기업이나 소셜, 게임 업계 등에서 폭넓게 이용되고 있습니다.

Google Cloud Platform

'Google Cloud Platform'은 이름 그대로 Google이 사업하는 클라우드 서비스입니다(그림10).

2012년 Google I/O에서 일반에 공개되었는데, 집필 당시(2015년 2월)에는 한국과 일본 등에 데이터 센터가 설치되지 않았습니다.

Microsoft Azure나 AWS와 비교하면 후발 서비스이지만 Google이 펼치는 다양한 서비스와 인프라를 이용할 수 있습니다. 대표적인 인프라로는 네트워크를 들 수 있습니다.

예를 들어 보통 Google 검색이나 Google Map을 사용할 때 처리 속도에 그다지 지연을 느끼지 못했을 것입니다.

Google Cloud Platform에서는 이와 거의 동급의 네트워크 인프라를 이용할 수 있습니다. 이 네트워크를 강력한 데이터베이스와 조합함으로써 컴퓨팅 리소스에 의한 계산 처리나 전송을 신속하게 처리할 수 있습니다.

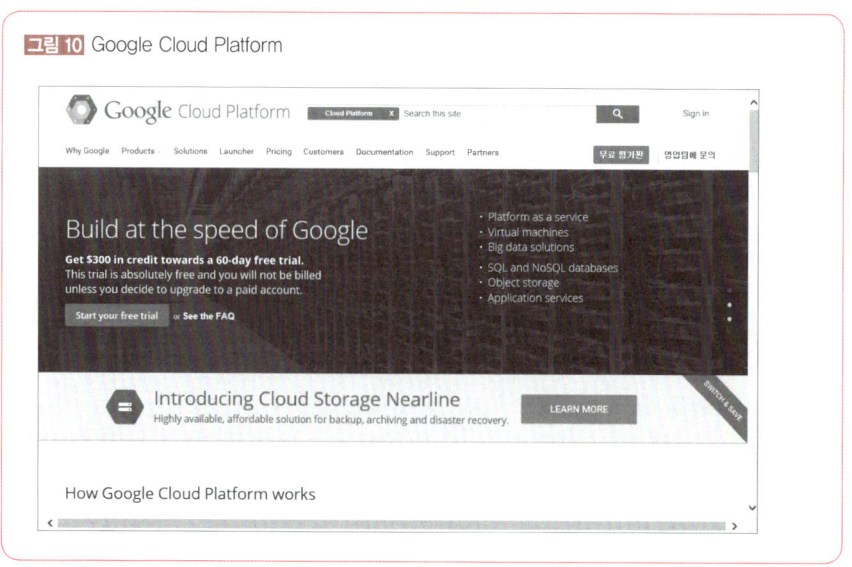

그림10 Google Cloud Platform

● 가상화를 채택한 사례

조금 다른 이야기이지만 사내 서버 등의 리소스를 가상화하는 것을 도와주는 서비스도 있습니다.

서비스 내용은 여러 분야로 나눠지기 때문에 자세한 설명은 생략하지만, '가상화 구축 사례'등의 단어로 Web에서 검색하면 다양한 가상화 서비스의 도입 사례가 검색될 것입니다(그림11). 기업의 가상화에 대한 노력이나 시스템 구성 등의 정보가 소개되어 있는 경우도 있으므로 여러 사례를 찾아볼 것을 권장합니다.

또한 가상화 서비스 제공 사업자의 Web 사이트에 사례가 게재되어 있는 경우도 있습니다(그림12).

가상화 서비스를 도입할 때 본래는 해당 기업의 정보 시스템 부서나 시스템을 전담하는 부서가 대응을 하는 것이 바람직하지만 규모나 기간 등에 따라 외부의 전문 회사에 시스템 설계나 구축을 위탁하는 경우도 많습니다.

이 책에서는 가상화의 개념에 초점을 맞춰 설명을 하고 있지만, 실제 기업에서는 어떤 서버를 가상화할지, 그를 위해서 시스템 디자인은 어떻게 할지 등 보다 실무에 가까운 부분에 관해서는 이 책이 아니라 다른 다양한 사례를 찾아 이해를 돕는 것이 좋습니다.

그림 11 가상화 구축 사례의 검색 예 ①

그림 12 가상화 구축 사례의 검색 예 ②

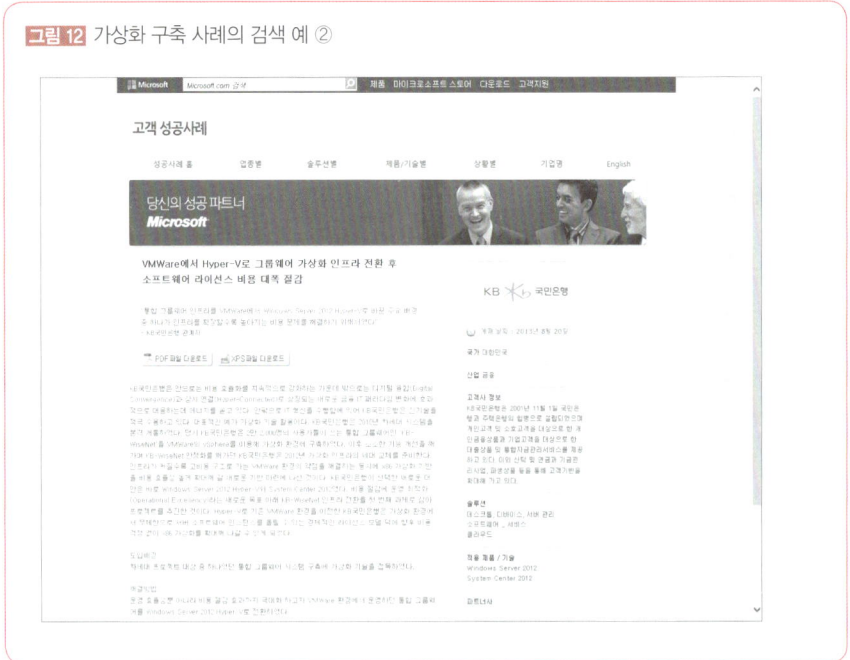

● 가상 데스크톱 서비스

가상 데스크톱 서비스란, 비교적 고가의 그래픽 카드의 리소스를 공유하거나 OS, 애플리케이션 라이선스 등과 같은 집중 관리의 번잡함에서 해방되기 위해 클라우드 기반에서 작성한 가상 데스크톱을 서비스로 제공하는 것입니다.

이를 이용하면 필요한 만큼의 자원과 라이선스를 운용할 수 있고, 또 네트워크에 연결되면 오피스, 자택, 외출지 등 일하는 장소를 가리지 않고 작업을 할 수 있습니다 (**그림 13**).

비용 절감, 시스템 변경에 대한 유연한 대응과 보안이나 재해 시의 리스크 경감으로도 이어지므로 가상 데스크톱 서비스는 Microsoft 사와 같은 제조업체가 제공하고 있습니다.

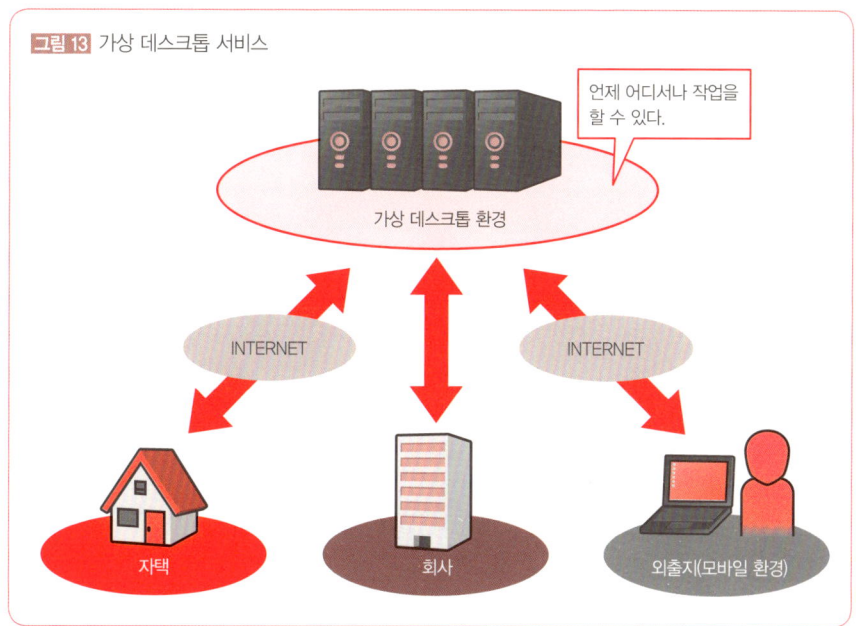

그림 13 가상 데스크톱 서비스

● 그 밖의 가상화 기술

이 책에서는 '집에서 배운다'를 주제로 설명을 했기 때문에 집에서 간단히 동작을 확인할 수 있는 하이퍼바이저를 중심으로 설명했습니다. 하이퍼바이저를 일반 기업에 있는 플랫폼으로 보면 다양한 가상화 기술이 존재합니다.
여기서는 이 책에서 소개한 것도 포함하여 다시 한 번 대표적인 가상화 기술을 소개해두겠습니다.

● 하이퍼바이저

Hyper-V

이 책에서 여러 번 다룬 Microsoft의 하이퍼바이저입니다. Windows나 Windows Server상에서 가동됩니다(그림 14).
원래의 OS가 기동된 상태에서 가동시키는 하이퍼바이저로 '호스트 OS형' 하이퍼바이저로 분류됩니다. 하드웨어의 처리 능력으로부터 호스트 OS 부분의 리소스가 나뉘어 그 나머지를 하이퍼바이저와 그 위에서 가동되는 가상 머신에 할당되기 때문에 종

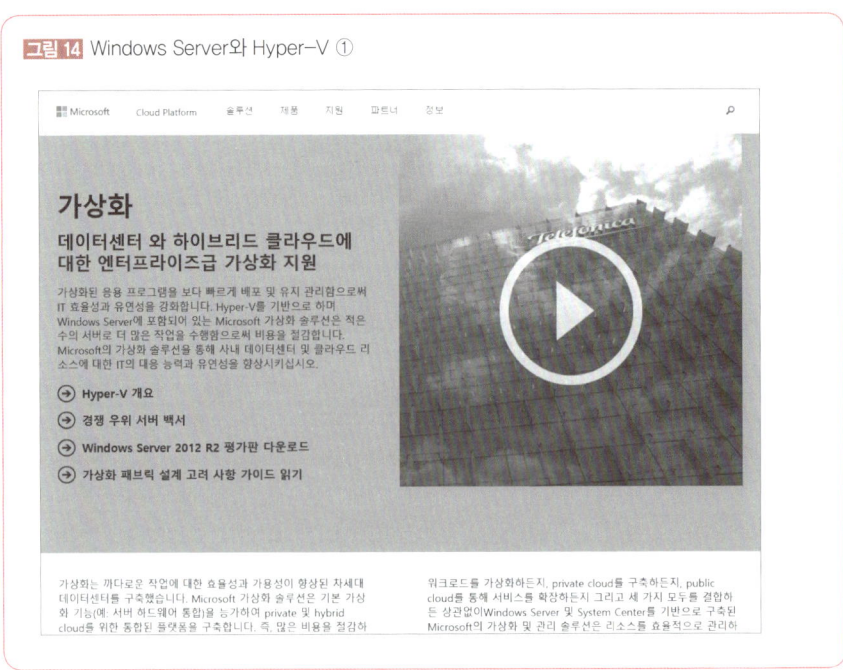

그림 14 Windows Server와 Hyper-V ①

래의 모든 하드웨어 리소스를 필요로 하는 시스템에서 도입하기 어려운 부분도 있습니다.

하지만 요즘에는 하드웨어 자체의 처리 능력이 대폭 향상된 것과 OS나 하이퍼바이저 자체도 크게 향상되었기 때문에 단독으로도 관리가 쉬운 호스트 OS 부분을 긍정적으로 판단하게 되었습니다.

또한 실제 서버에서 가동되는 Hyper-V와 Microsoft Azure 클라우드상에서 움직이는 가상 머신에는 심리스한 호환성이 있으며, 실제 기기와 클라우드를 간단히 오고 갈 수 있는 등 하나의 기술로 완결시킬 수 있다는 장점도 있습니다.

VMware vSphere

VMware vSphere도 이 책에서 여러 번 나왔습니다. VMware가 제공하는 하이퍼바이저로, 하드웨어상에 거의 직접 하이퍼바이저인 vSphere를 전개하여 그 위에서 대상이 되는 가상 머신을 움직일 수 있습니다(그림 15).

호스트 OS가 되는 부분이 없기 때문에 한계가 있는 하드웨어 리소스를 효율적으로 이용할 수 있습니다. 오래전부터 많은 점유율을 가지고 채택되어 왔으며, 기술자 사이

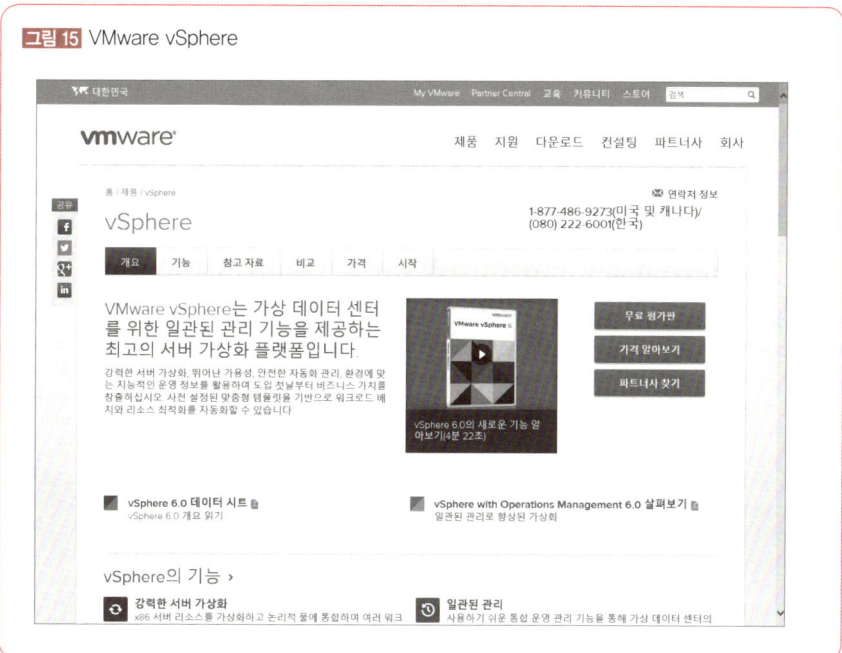

그림 15 VMware vSphere

에서 인기가 많은 하이퍼바이저입니다.

단, 호스트 OS가 되는 부분이 없기 때문에 다른 방법으로 가상 머신이나 하이퍼바이저를 관리할 필요가 있습니다.

RedHat KVM

이 책에서는 언급하지 않았지만 RedHat이 제공하는 하이퍼바이저로 'RedHat KVM'(Kernel-based Virtual Machine)이 있습니다(그림 16).

'RedHat'이라는 이름으로도 알 수 있지만 Linux와의 친화성이 매우 높고, 최대 특징으로는 Linux의 장치 드라이버를 그대로 이용할 수 있다는 점을 들 수 있습니다.

이미 Linux가 주류인 시스템이나 가상화할 대상 서버가 Linux인 경우라면 설계나 운용, 퍼포먼스나 지원 등과 같은 면으로 봐서도 도입하기 좋은 하이퍼바이저라고 할 수 있습니다.

Citrix XenServer

'Citrix XenServer'는 원래 오픈 소스인 'XenServer'를 기초로 하여 Citrix의 상용

그림 16 RedHat KVM

그림 17 Citrix XenServer

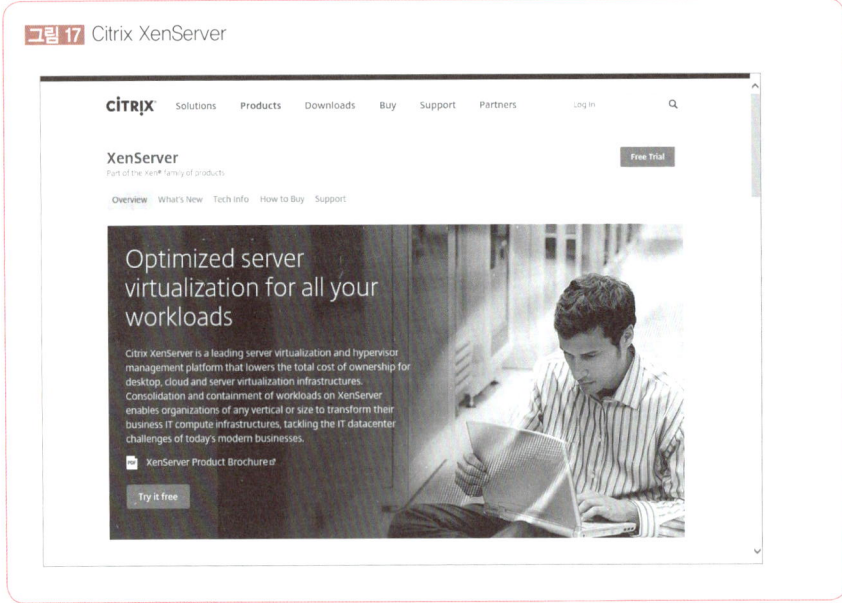

제품으로 제공되는 하이퍼바이저입니다(그림 17).

오픈 소스라는 점과 옛날부터 있었다는 점에서 다양한 기술자가 검증하거나 활용하고 있습니다.

지금은 타사의 하이퍼바이저와 마찬가지로 관리 기능이나 다른 기기 간의 가상 머신의 이동 등 다양한 기능을 갖추고 있습니다.

● 가상화 기술의 집합체(클라우드 컨트롤러)

여러 개의 클라우드 서비스를 일원적으로 관리 및 운용하기 위한 관리 전용 소프트웨어를 '클라우드 컨트롤러'라고 합니다. 클라우드 컨트롤러를 사용하면, 예를 들어 자사 내에서만 클라우드를 전개하는 프라이빗 클라우드에서 자사에서 관리하고 있는 하드웨어를 하나의 리소스로 하여 필요에 따라 리소스를 제공하거나 OS나 미들웨어(데이터베이스 등)를 자동으로 전개(프로비저닝)하거나 이용 상황 등을 파악할 수 있습니다.

클라우드 컨트롤러를 이용하지 않고 가상화만으로 대응하는 경우, 예를 들어 기업에서 '개발 환경을 작성하고 싶다.' 또는 대학이나 연구 기관에서 '특정 용도를 위해 컴퓨터 리소스를 이용하고 싶을' 때 코어 수나 메모리 등과 같은 사양 목록을 작성하거나 요건 등을 수작업으로 구축할 필요가 있습니다.

이것이 한 건에서 수 건 정도 있으면 괜찮지만 건수가 늘면 늘수록 부담도 커집니다. 이럴 때 호스팅 서비스나 클라우드 서비스의 경우 관리 화면에서 사용자가 조건을 지정하여 신청하면 바로 이용을 시작할 수 있습니다. 클라우드 컨트롤러가 있으면 이 과정을 온프레미스(기업이 유지보수하는 서버 자산)로 구현할 수 있습니다. 대표적인 클라우드 컨트롤러로는 다음과 같은 것이 있습니다.

Windows Azure Pack

'Windows Azure Pack'은 Microsoft의 클라우드 컨트롤러입니다.
실제 서버군은 Hyper-V를 사용하여 그 리소스들을 SystemCenter에서 정리하며, 사용자 인터페이스로서 Microsoft Azure와 거의 비슷한 UI 화면을 제공하고 있습니다(그림18).
Microsoft 제품의 UI로 간단히 프라이빗 클라우드를 구축 및 운용할 수 있으며, 설계 및 구축 등을 설정 파트너나 실적이 있는 SI 기업과 함으로써 지원을 받을 수도 있습니다.

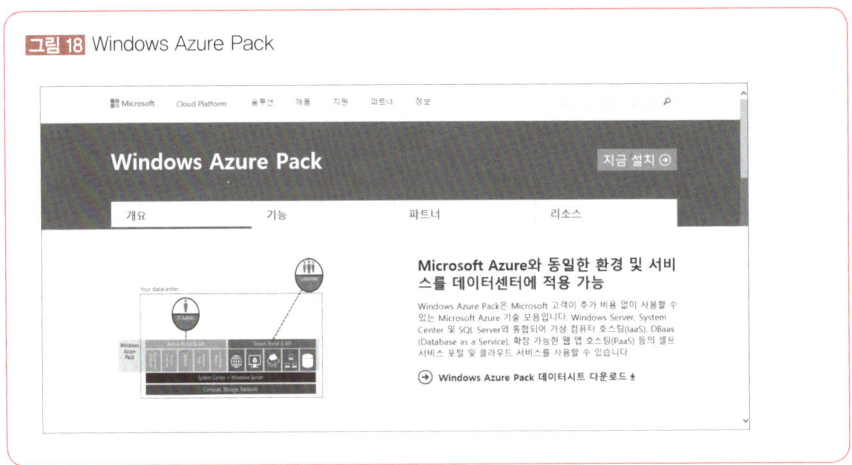

그림 18 Windows Azure Pack

OpenStack

'OpenStack'은 오픈 소스로 된 클라우드 컨트롤러입니다. 이 분야에서는 비교적 역사가 있는 제품으로 오픈 소스를 사용하여 프라이빗 클라우드를 구축할 수 있습니다 (그림 19).

미들웨어와 같은 비용은 상용 제품보다 뛰어나지만 전문적인 지식이 필요한 부분도 있습니다. 세세한 패치나 버전 관리 등 안정적인 시스템을 구축 및 운용하기 위해서는 어느 정도의 스킬이 필요하기 때문에 이러한 오픈 소스 제품을 사용하여 시스템을 구축 및 운용할 수 있는 기술자를 확보할 수 있는 기업에서 이용하는 것이 전제가 됩니다.

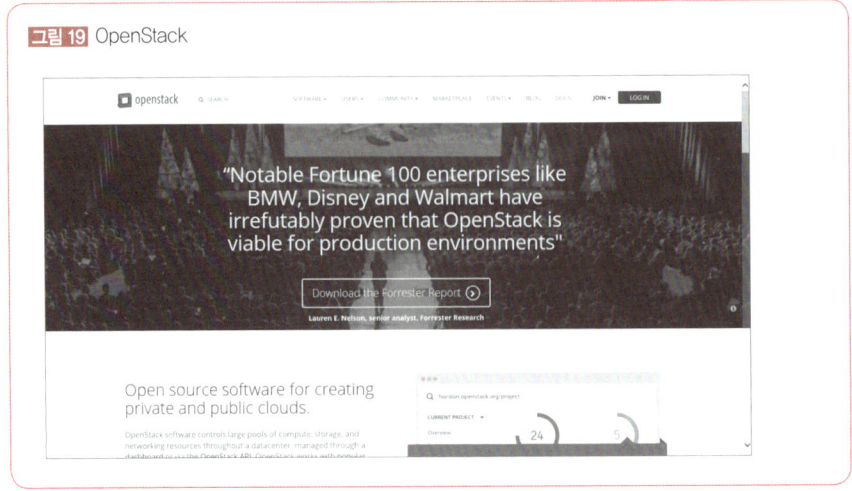

그림 19 OpenStack

 **'비용 절감'의 덫에 주의**

어떤 시스템의 도입을 검토할 때의 개념이 최근에 크게 바뀌고 있습니다. '실제 기기에서 서비스를 실제로 가동시킨다.'는 형태가 '실제 기기를 사용하여 가상화한다.'라는 형태로 바뀌었습니다. 가상화에 의해 리소스를 집약할 수 있다는 점에서 종래에는 '가상화=비용 절감'이라는 도식이 이미 실제 상태 이상으로 여겨지고 있는 듯합니다.

다행스럽게도 당시는 실제로 비용이 절감되는 경우가 많았고, '가상화를 사용하여 비용 절감을 하자.'라는 말이 유행할 정도였습니다. 하지만 필자와 같은 IT 기술자의 입장에서 보면 '비용 절감'이라는 말이 조금 앞서간 느낌이 들었던 기억이 있습니다.

더욱이 시대가 바뀌어 지금은 '클라우드' 전성 시대입니다. 지금까지 실제 기기를 사용하여 (가상화를 이용하든 하지 않든) 서비스를 하던 기업이 클라우드를 검토할 때도 '어느 정도의 비용 절감으로 이어지는지'와 같은 논의가 우선시되고 있는 듯합니다. 실제로 클라우드를 사용하면 비용이 내려갈 가능성도 있습니다.

하지만 그 이유는 아마 지금까지의 리소스가 과잉이었을 가능성이 큽니다. 한마디로 '클라우드를 도입하면 얼마나 비용 절감을 할 수 있을까'라는 점만을 생각하는 것은 좋지 않으며, 실제로 클라우드 도입의 장점은 비용 절감뿐만이 아닙니다.

클라우드가 주는 장점 중 하나로 '서비스 제공의 속도'가 있습니다. 이 제공 속도를 '사람의 힘으로 하려고 하면 어느 정도의 비용이 들까?' 등을 객관적으로 수치화하면 좋겠지만, 그런 작업이 그렇게 간단하지는 않습니다. 그 결과 지금까지의 실제 기기에서 제공하기 위한 비용과 클라우드 도입의 비용을 단순히 비교해 버리고 있지만, 조금 다른 각도로 생각해보는 것도 중요합니다. 종래 환경과 클라우드 환경에서 각각이 잘하는 분야나 구현할 수 있는 것, 장점을 부각시킬 수 있는 것 또는 그 반대 등 여러 가지 측면이 있습니다.

클라우드 도입으로 눈에 보이는 비용은 내려갈지 모르지만, 이와 반대로 사원에 대한 교육이 필요하거나 새로운 시스템을 도입하려면 그 나름대로의 조사도 필요합니다. 이러한 부분은 '눈에 보이는' 비용의 증감으로는 측정할 수 없는 부분이기도 합니다.

IT 기술자는 다양한 정보를 폭넓게 수집하여 회사의 시스템과 경영에 가장 맞는 해답을 찾는 것이 중요합니다.

찾아보기

A~D

AWS 31

Bare-metal 276

Capacity Planning 112

Citrix XenServer 283

CMS 192

Contents Management System 195

CPU 83

Dropbox 273

E~M

EVERNOTE 272

Google Cloud Platform 278

Hyper-V 10

IA 51

IaaS 204

iCloud 270

IML 10

Intel Architecture 51

Intel Virtualization Technology 83

Intel VT 83

Intel VT-d 85

Intel VT-x 84

LPAR 50

MAM 264

MDM 264

Microsoft Azure 31, 210

O~S

OEM 82

OpenFlow 10

OpenStack 286

Operating System 77

OS 77

P2C 91

P2V 91, 119

PaaS 212

Parity 161

Physical to Virtual 119

PR/SM 50

RAID 159

RAID 레벨 162

RAID 카드 163

RAID 컨트롤러 163

RDP 257

RedHat KVM 283

SaaS 213

SDN 142

Second Level Address Translation 85

Sizing 113

SLAT 85

SoftLayer 275

SSD 158

U~W

Ubuntu 204

V2C 91, 119

V2V 91

VDI 47

VirtualBox 10, 68

VLAN 10, 134

VMware ESXi 21

VMware vSphere 282

Web 서버 90

Windows Embedded 266

WordPress 192

ㄱ

가상 데스크톱 서비스 280

가상 데스크톱 인프라 262

가상 스위치 126

가상 환경 120

가상화 10, 16

가상화 플랫폼 52

가상화 환경 53

공유 14

관리 머신 55

관리 포털 218

그룹웨어 서버 90

ㄴ

내장형 기기 266

네트워크 엔지니어 141

네트워크의 가상화 130

ㄷ

다운사이징 51

대규모 소셜 네트워크 서비스 268

대시보드 46

대응 레벨 98

대형 컴퓨터 50

데스크톱의 풀화 262

동작 주파수 112

ㄹ

라우터 139

라이브 마이그레이션 132, 238

라이선스 82

랜덤 액세스 172

로드 밸런서 52

리매핑 85

찾아보기 **289**

리모트 데스크톱 37
리테일 82
리플리케이션 10

ㅁ

마이그레이션 10
매핑 85
메시지 서비스 268
메인 스트림 103
메일 서버 90, 95
메일 시스템 104
모바일 장치 264
물리 네트워크 139
미들웨어 15
미러링 160

ㅂ

범용기 51
베어메탈 276

ㅅ

사용자 계정 165
사이징 113
서버 12
서버 가상화 16
서버 관리자 46

서버 기반 컴퓨팅 258
서비스 사업자 25
섬유 케이블 연결 트랜시버 181
세그먼트 184
순차 액세스 171
스냅샷 171
스케일아웃 10
스케일업 10
스토리지 12
스토리지 가상화 153
스토리지 기술 154
시분할 51
시퀀셜 액세스 171

ㅇ

애플리케이션 15
액세스 암 158
오버 커미트 163
오버레이 50
오버레이 네트워크 137
오버커미트 10
온라인 스토리지 24
온라인 스토리지 서비스 268
외부 공개용 서버 105
용량 산정 113
원격 서버 관리 도구 44
원격 액세스 환경 260
이중화 160
익스포트 175
인증 서버 90

인터넷 동영상 배포 서비스　268
인터넷 메일 서비스　268
인터넷 연결용 서버　90
인터페이스　77
임포트　175

ㅈ

점유　12
중앙 처리 장치　51

ㅋ

캡슐화　137
커뮤니케이션 서버　93
코드네임　86
콘솔　37
콜로케이션　29
클라우드　10
클라우드 기업　265
클라우드 서비스　276
클라우드 컨트롤러　285

클라이언트　17
클라이언트 가상화　17
클럭 주파수　112

ㅍ

파일 서버　96
파티션　152
패리티　161
페이징　50
폴리시 레벨　98
풀링화　262
프레젠테이션 가상화　261
프로비저닝　10

ㅎ

하이브리드 클라우드　238
하이퍼바이저　10
하이퍼바이저형　77
호스트 OS형　77
호스팅 서비스　274, 285

저자 프로필

Takaoka Susumu

대규모 금융 관련 시스템, 대기업 모바일 플랫폼 등에서 운용부터 시스템 엔지니어, 아키텍트, 기술 책임자 등을 경험했다. 사용자와 업체, 벤처와 엔터프라이즈, 대형 범용기부터 최근의 하드웨어 플랫폼에 이르기까지 다양한 분야에 걸친 업무에 종사했다. 현재는 Microsoft의 에반젤리스트(Evangelist, 전도자)로서 활동하고 있다.

Takazoe Osamu

Microsoft의 에반젤리스트로, 가상화 기술이나 클라우드를 중심으로 DevOps나 운용 효율화 등을 폭넓게 커버하면서도 알기 쉽게 전달하는 능력으로 정평이 나 있다. 최근에는 연간 150회의 강연과 기사 집필 등을 소화하면서 IT 업계의 최신 동향을 누구보다 빨리 일본 시장에 발신하고 있다.

이 책의 내용에 대한 문의

- 이 책에 기재된 URL 등은 예고 없이 변경될 수 있습니다.
- 이 책을 출판함에 있어 정확한 내용을 기술하려고 노력했지만, 저자나 출판사 등은 이 책의 내용에 대해 어떠한 보증을 하지 않으며, 내용이나 예제에 기초하는 어떤 운용 결과에 대해서도 일체의 책임을 지지 않습니다.
- 이 책에 기재되어 있는 예제 프로그램이나 스크립트 및 실행 결과를 표시한 화면 이미지 등은 특정 설정에 기초한 환경에서 재현되는 예제입니다.
- 이 책에 기재된 회사명, 제품명은 각각 회사의 상표 및 등록 상표입니다.
- 이 책에 나타내고 있는 견해는 저자의 개인적 견해로, 저자가 소속된 기업의 견해를 반영한 것은 아닙니다.
- 이 책에 기재된 내용은 2015년 3월 집필 시점의 것이고, 번역은 2015년 9월 시점의 것입니다.